Nationalstaat und Föderalismus

Andreas Wirsching ist Direktor des Instituts für Zeitgeschichte München–Berlin und Inhaber des Lehrstuhls für Neueste Geschichte an der Ludwigs-Maximilians-Universität München.

Lars Lehmann ist Wissenschaftlicher Koordinator des Schelling-Forums der Bayerischen Akademie der Wissenschaften an der Julius-Maximilians-Universität Würzburg.

Andreas Wirsching, Lars Lehmann (Hrsg.)

Nationalstaat und Föderalismus

Zum Wandel deutscher Staatlichkeit seit 1871

Campus Verlag
Frankfurt/New York

Leibniz Institute
for Contemporary History

**Institut für
Zeitgeschichte**
München–Berlin

FULDAER FÖDERALISMUS FORUM

MIX
Papier | Fördert
gute Waldnutzung
FSC
www.fsc.org   FSC® C089473

Sonderausgabe für die Landeszentralen für politische Bildung

Inhalt

Zum Geleit

Die vorliegende, auf das FULDAER FÖDERALISMUS FORUM zurückgehende Publikation dient der Pflege der Geschichte des Prinzips föderaler deutscher Staatlichkeit. Der Erfüllung dieser Aufgabe von nationalem Rang hat sich die Stadt Fulda – durch die Bürgerschaftliche *INITIATIVE* angestoßen – verschrieben. Denn in Hinsicht auf die politische Kultur Deutschlands handelt es sich bei Fulda um einen besonders bedeutsamen Erinnerungsort: Hier ruht seit mehr als 1.100 Jahren König Konrad I., der erste Wahlkönig des Ostfrankenreichs. Eine Gegebenheit, die Veranlassung gibt, sich stets zu vergegenwärtigen, welcher Wert der Wahl im deutschen Staatsverständnis zukommt – ermöglicht sie doch Teilhabe an der politischen Macht und damit die Rückführung politischer Herrschaft auf den Willen derjenigen, die ihr unterworfen sind.

Dieser Ordnungsvorstellung entsprach das Zustandekommen der konradinischen Regentschaft: Ihr ging der Zusammenbruch des fränkischen Großreichs im 9. Jahrhundert voraus, der das Entstehen eines westfränkischen sowie eines ostfränkischen Teilreichs zur Folge hatte. Der König des letzteren verstarb im Jahr 911 kinderlos. Nach dem geltenden Geblütsrecht hätte es nun zu einer Wiedervereinigung der beiden Teilreiche kommen müssen. In diesem Fall wäre der in Paris residierende karolingische König Alleinherrscher gewesen. Allerdings widersetzten sich die Großen des ostfränkischen Teilreichs der Herrschaftstradition der Karolinger. Sie bestimmten einen der ihren – nämlich den Frankenherzog Konrad – zum Herrscher, wodurch das deutsche Wahlkönigtum seine Grundlegung erfuhr.

Der Ablauf der Königswahl wurde später durch die Goldene Bulle Karls IV. kodifiziert, welche die föderale Struktur des Alten Reiches für einen Zeitraum von 450 Jahren sicherstellte. Zu dieser Gewährleistung haben auch die Landesherren des geistlichen Territoriums Fulda beigetragen, indem sie ihrer reichsrechtlichen Verpflichtung nachkamen, zwei Kurfürsten im Rahmen der Königswahlen zu Frankfurt am Main Geleit zu bieten. Auch hierin kam die Hochschätzung der Wahl zum Ausdruck, die zudem für das geordnete Zusammenleben im fuldischen Herrschaftsbereich von grundlegender Bedeutung war. Bei ihm handelte es sich nämlich um einen sogenannten Wahlstaat – und zwar insofern, als dieser keine durch Erbfolge etablierte Dynastie im Fürstenamt kannte. Ihn kennzeichnete das wiederkehrende Erfordernis, die Macht im Wege der Wahl neu zu vergeben, wobei ein herrschaftsbeschränkender Zwang zum gegenseitigen Einvernehmen gegeben war, der seinen Niederschlag auch in Wahlkapitulationen fand.

Solche regionalhistorischen Tatbestände ergänzen das nationalhistorische Alleinstellungsmerkmal Fuldas als »Bestattungsort des ersten Wahlkönigs«. Darauf beruht das föderalismusgeschichtliche Engagement der Stadt. Dem liegt die Erkenntnis zugrunde, dass sowohl die Binnen- als auch die Außenwahrnehmung von Orten erheblich durch deren Umgang mit ihrer Geschichte bestimmt wird. Deshalb wurden die bisher von der Bürgerschaftlichen INITIATIVE geleisteten Beiträge zu einer zukunftsorientierten, auf sorgsamen Erhalt sowie behutsame Veränderung bedachten Weiterentwicklung des Selbst- und Fremdbildes der Stadt Fulda von deren Repräsentanten wiederholt gewürdigt.

Somit zeigte sich der amtierende Oberbürgermeister, Herr Dr. Heiko Wingenfeld, erwartungsgemäß aufgeschlossen, als die Bürgerschaftliche INITIATIVE in jüngerer Zeit eine weitere, die Geschichte des deutschen Föderalismus betreffende Maßnahme ins Gespräch brachte. Anlass dazu gab das durch die Corona-Krise der Jahre 2020 und 2021 ausgelöste Tauziehen zwischen Bund und Ländern, welches an der Tauglichkeit der föderalen Struktur Deutschlands Zweifel aufkommen ließ.

Man beschloss daher, diese gemäß der Auffassung »Wer die Vergangenheit nicht kennt, kann die Gegenwart nicht verstehen und die Zukunft nicht gestalten« aufzugreifen und ein FULDAER FÖDERALISMUS FORUM durchzuführen. Die Umsetzung dieser Absicht konnte gelingen, weil der Direktor des Instituts für Zeitgeschichte München–Berlin, Herr Prof. Dr. Andreas Wirsching, dankenswerterweise die wissenschaftliche Regie übernahm. Aus didaktisch-methodischen Gründen entschied man sich für einen Blick auf die zurückliegenden 150 Jahre. Das Vorhaben erfuhr seine genauere Ausrichtung dann mit der Formulierung »Nationalstaat und Föderalismus«, wie sie sich auch in der Betitelung des vorliegenden Buches findet.

Dessen Lektüre verdeutlicht, dass die Tagungsergebnisse aufgrund ihrer herausragenden fachlichen Beschaffenheit die gegenwärtige und zukünftige Bewertung des Antagonismus von Partikularismus und Zentralismus beeinflussen dürften. Solcherart von der Bürgerschaftlichen INITIATIVE angezielten Wirkungen liegt eine bereits seit Längerem währende wissenschaftliche Beschäftigung mit der deutschen Verfassungstradition zugrunde, die im Jahr 2019 Veranlassung zu einem Tagungsband mit dem Titel »Föderalismus in Deutschland. Zu seiner wechselvollen Geschichte vom ostfränkischen Königtum bis zur Bundesrepublik« gab, als dessen Herausgeber Herr Prof. Dr. Dr. h. c. Dietmar Willoweit fungierte.

Eine derart ausgreifende Längsschnittbetrachtung war bis dahin noch nicht unternommen worden, so dass damit zugleich ein Forschungsdefizit offenbar wurde. Dieser Effekt entsprach dem Motto »BÜRGERSCHAFT inspiriert WISSENSCHAFT!«, auf dem bereits das von der Bürgerschaftlichen *INITIATIVE* bewirkte Symposium und der von Herrn Prof. Dr. Hans-Werner Goetz im Jahr 2006 herausgegebene Sammelband »Konrad I. – Auf dem Weg zum ›Deutschen Reich‹?« beruhte. Der Band avancierte in der Zwischenzeit zu einem Standardwerk der Mediävistik.

Diese Veröffentlichung unterstrich die Absicht der Bürgerschaftlichen *INITIATIVE*, weiterhin unter Verweis auf den in Fulda bestatteten ersten Wahlkönig daran erinnern zu wollen, dass in der vom föderalen Herrschaftskompromiss gekennzeichneten Gründungssituation des ostfränkischen Reiches mit seinen unterschiedlichen Regionen die Wurzeln der Bundesrepublik Deutschland zu suchen sind.

In ihr geht alle Staatsgewalt vom Volke aus, das diese in Wahlen ausübt. Mithin möge sich das von der Stadt Fulda ideell und finanziell geförderte, in Tagung und Tagungsband verwirklichte FULDAER FÖDERALISMUS FORUM auch als ein Beitrag zur Sicherung der Wertschätzung der Wahl als der wichtigsten Form politischer Partizipation in Bund, Ländern und Kommunen erweisen.

Beauftragte der Bürgerschaftlichen *INITIATIVE*

Josef Hoppe   *Dr. Thomas Heiler*

Fulda, am 18. November 2023, dem 234. Jahrestag der letztmaligen Wahl eines Landesherrn für das geistliche Territorium Fulda, das im Rahmen der Säkularisation aufgelöst wurde

Einleitung

Andreas Wirsching

Wir leben in einer Zeit, in der Nationalismus und Demokratiefeindschaft, Macht-missbrauch und Alleinherrschaft mit geradezu brutaler Wucht in die Geschich-te zurückgekehrt sind. Unverhofft gewinnen alte Probleme, die zumindest die westliche Welt für erledigt halten konnte, neue und fast bedrückende Aktualität. Hierzu gehört die Frage nach institutionellen Vorkehrungen, Gegengewichten und verfassungsrechtlichen Sicherungen gegen die möglichen Exzesse exekuti-ver Macht. Angesichts eines neuen Nationalismus, der umso gefährlicher werden kann, wenn ihm die Machtmittel einer zentralisierten Staatsgewalt zu Gebote ste-hen, sehen sich die demokratischen Verfassungsordnungen mit neuen Herausfor-derungen konfrontiert. Ihre Stabilität und Funktionalität sind nicht mehr selbst-verständlich, sondern müssen neu justiert werden.

Neben Gewaltenteilung und Rechtsstaatlichkeit gehört der Föderalismus zu den historisch gewachsenen und wirksamen Instrumenten zur Einhegung exe-kutiver Macht. Nicht zufällig hatte die »Gleichschaltung« der Länder eine der höchsten Prioritäten auf der nationalsozialistischen Agenda des Jahres 1933. Und man mag sich kaum vorstellen, welche Auswirkungen Donald Trumps Präsident-schaft in den USA hätte haben können ohne die Macht der Bundesstaaten. Um-gekehrt gehört die systematische Zurückdrängung des russischen Föderativsys-tems zur unmittelbaren Vorgeschichte von Putins Diktatur. Historisch werfen diese Bemerkungen die in der Forschung schon seit Längerem diskutierte Fra-ge danach auf, inwieweit das 19. Jahrhundert föderative Entwicklungspotenziale in sich trug, die alternative Wege in die Moderne aufzeigten: Wege abseits eines einseitigen nationalstaatlichen Telos, das den Nationalismus prämierte und ent-sprechende Kosten verursachte. Föderativ-übernationale Gebilde, die vor 1914 als »Völkergefängnisse« bezeichnet wurden, wie insbesondere das Habsburgerreich, das Osmanische Reich oder das zaristische Russland, erscheinen angesichts des Horrors von Ausgrenzung und Gewalt, den das 20. Jahrhundert bereithielt, in einem anderen Licht, als es eine einfache Fortschrittsgeschichte von Nation, De-mokratie und Moderne glauben machen möchte.

Für die deutsche Geschichte ist dieser Forschungskomplex paradigmatisch. Der Föderalismus ist eine ihrer Grundtatsachen – und er blieb es auch nach dem

Zusammenbruch des Heiligen Römischen Reichs Deutscher Nation.[1] Über das ganze 19. und 20. Jahrhundert hinweg koexistierten die »modernen« Ideen der nationalen Einigung und des Nationalstaates mit dem Fortbestand der traditionellen föderalen Struktur deutscher Territorialität und Staatlichkeit. Über die Frage, wie eine Balance zwischen beiden Prinzipien verfassungsrechtlich, politisch und kulturell einzurichten sei, entstand ein Dauerthema der deutschen Politik, das uns bis heute begleitet. Das nationalstaatliche Prinzip ließ auf Einheit und Zusammengehörigkeit, Wirtschaftswachstum und Machtentfaltung hoffen. Das Prinzip einer föderativen Nation versprach, Einheit und Pluralität zu verbinden und damit die Koexistenz ethnischer, politisch-regionaler und kultureller Vielfalt unter einem nicht zu schwachen verfassungspolitischen Dach. Insbesondere Dieter Langewiesche und jüngst Jana Osterkamp am Beispiel der Habsburgermonarchie haben eindringlich gezeigt, dass die deutsche Geschichte in sehr viel stärkerem Maße von zukunftsfähigen föderativen Ideen durchzogen war, als es die lange Zeit dominante borussische Geschichtsschreibung wissen wollte.[2] In der Paulskirche etwa war die amerikanische Verfassung das große Vorbild für die Verbindung von Föderation und nationaler Einheit. Erst das politische Scheitern der Revolution, der Aufstieg des »realpolitischen« Denkens im Stile August Ludwig von Rochaus und dann vor allem die Einigungskriege von 1864 bis 1871 erzeugten eine Umdeutung der deutschen Geschichte in Richtung kleindeutscher Einigung. Der Kritik an der »Märchenwelt des deutschen Particularismus«[3] entsprach die Heroisierung Preußens, dessen frühneuzeitlicher Geschichte ein deutscher Sinn eingeschrieben wurde. Es gehört zu den langfristig höchst wirksamen Folgen dieser Wende, dass sich der Hauptstrom deutschen Geschichtsdenkens darauf fixierte, die nationale Geschichte bis zu Bismarcks Reichsgründung als historischen Irrweg zu zeichnen: als Geschichte einer großen Kulturnation, die aber aufgrund dynastischer Eigensucht, innerer Uneinigkeit und politisch-militärischer Ohnmacht regelmäßig zum Opfer gieriger Nachbarn – und hier natürlich vor allem Frankreichs – wurde. Föderalistisch orientierte Skeptiker und Gegner dieser Deutung wie Constantin Frantz[4] fielen dem Vergessen anheim oder mussten, wie Heinrich

---

1 Grundlegend nach wie vor: Thomas Nipperdey, Der Föderalismus in der deutschen Geschichte, in: ders., Nachdenken über die deutsche Geschichte, München 1986, S. 60–109.

2 Dieter Langewiesche, Föderativer Nationalismus als Erbe der deutschen Reichsnation. Über Föderalismus und Zentralismus in der deutschen Nationalgeschichte, in: ders., Nation, Nationalismus, Nationalstaat in Deutschland und Europa, München 2000, S. 55–79; Jana Osterkamp, Vielfalt ordnen. Das föderale Europa der Habsburgermonarchie (Vormärz bis 1918), Göttingen 2020.

3 Heinrich von Treitschke, Bundesstaat und Einheitsstaat, in: ders., Historische und Politische Aufsätze, Bd. II, Leipzig ²1886, S. 77–241, hier S. 81 ff.

4 Siehe die nach wie vor wichtige Sammlung seiner Schriften: Constantin Frantz, Der Föderalismus als universale Idee. Beiträge zum politischen Denken der Bismarckzeit, eingeleitet und hrsg. von Ilse Hartmann, Berlin 1948. Vgl. Manfred Ehmer, Constantin Frantz. Die politi-

von Treitschke mit Blick auf Georg Gottfried Gervinus schrieb, »durch eine tragische Demütigung gezüchtigt« werden.[5] Zur Aufgabe der Geschichtswissenschaft gehört es demgegenüber, Aspekte und Ansätze alternativer, stärker föderativ orientierter Staatsbildungsideen aufzusuchen und zu diskutieren. Letztendlich geht es um den Ort der Reichsgründung von 1871 in dem komplexen Kontext von Einzelstaaten und Nationalbewegung, längerfristigen Bundesvorstellungen und preußischem Machtstaat. Zu diesem Zweck muss das Knäuel der borussischen Geschichtsschreibung entwirrt und dekonstruiert werden. In diesem Sinne zeigt zunächst *Wolfgang Neugebauer*, wie insbesondere Treitschke sich gegen den dynastischen Partikularismus wandte und Preußen zu einem Einheitsstaat erklärte, dem sich die deutschen Kleinstaaten anschließen sollten. Die kleindeutsche, auf Preußen fixierte »Homogenitätsfiktion« wird damit einer kritischen Prüfung unterzogen. Neugebauer führt vor Augen, wie Heinrich von Treitschke und Johann Gustav Droysen diese Fiktion entwarfen, um sie in den Dienst einer (scheinbar) zielstrebigen Reichgründungspolitik und der damit einhergehenden Machterweiterung des preußischen Staates zu stellen.

Das führt zum Thema der Staatlichkeit des im Jahr 1871 gegründeten Deutschen Reichs, in dem von Beginn an föderale und einheitsstaatliche Machtzentren und Tendenzen spannungsvoll koexistierten und miteinander konkurrierten. Vor allem der Reichstag mit seinem demokratischen Männerwahlrecht bildete im Kaiserreich zunehmend eine unitarische Klammer. Er war dies auch durch die in ihm vertretenen Parteien, die sich über die Einzelstaaten hinweg organisierten. Liberalismus und Sozialdemokratie vertraten ohnehin explizit unitarische Konzepte. Aber auch Konservatismus und politischer Katholizismus fanden ihren politischen Fluchtpunkt in Berlin, selbst wenn der föderale Gedanke Teil ihrer politischen Identität war.

Mit seinen Abgeordneten und Parteien baute der Reichstag seine Kompetenzen aus und erreichte eine immer weiter ausgreifende öffentliche Sichtbarkeit.[6] Der Bundesrat hingegen blieb die föderale Klammer des Reichs. Er wahrte den Schein einer bündischen Ordnung, schützte das monarchische Prinzip und

---

sche Gedankenwelt eines Klassikers des Föderalismus, Rheinfelden 1988. Frantz gilt nicht nur als überzeugter Föderalist; er wies auch gewisse antisemitische Tendenzen auf. Vgl. hierzu Michael Dreyer, Constantin Frantz. Der Außenseiter des Antisemitismus, in: Werner Bergmann/Ulrich Sieg (Hrsg.), Antisemitische Geschichtsbilder (Antisemitismus: Geschichte und Strukturen, Bd. 5), Essen 2009, S. 39–60.

5 Heinrich von Treitschke, Deutsche Geschichte im 19. Jahrhundert, Bd. 5 (1894), Leipzig 1927, S. 409.

6 Für die Bismarckzeit ist dies gut untersucht von: Andreas Biefang, Die andere Seite der Macht. Reichstag und Öffentlichkeit im »System Bismarck« 1871–1890, Düsseldorf 2009. Zur nationalen Integration im Kaiserreich durch Infrastruktur, Rechtssetzung und Kultur vgl. Siegfried Weichlein, Nation und Region. Integrationsprozesse im Bismarckreich, Düsseldorf 2004.

sicherte die Vormachtstellung Preußens.[7] Jedoch verlor er im Gegensatz zum Reichstag an Bedeutung. *Oliver F. R. Haardt* zeigt auf, wie sich das Verfassungssystem zwischen 1871 und 1918/19 wandelte: Aus einem Fürstenbund wurde ein integrierter Bundesstaat, der als Reichsmonarchie unitarische Züge annahm. Die Entwicklung der »Verfassungsrealität drängte den Bundesrat in ein politisches Schattendasein«; er wurde zum »Satellitenorgan« und zum Spielball der Reichsleitung. Lässt sich mithin für das Kaiserreich von einer Art funktionalem Unitarismus im parlamentarisch-parteipolitischen Bereich sprechen, so gilt das ganz sicher auch für die Staatsfinanzen. Zwar blieb das Kaiserreich weitestgehend der Kostgänger der Länder. Die Reichsfinanzen lebten von deren Matrikularbeiträgen, also den regelmäßigen jährlichen Überweisungen der Länder an das Reich entsprechend ihrer Bevölkerungszahl. Zugleich aber ist es ein gutes Beispiel für die Stichhaltigkeit des von dem preußischen Finanzwissenschaftler und -politiker Johannes Popitz aufgestellten Gesetzes von der »Anziehungskraft« des höheren Etats.[8] Da nur der Zentralstaat die Gleichheit der Lebensbedingungen gewährleisten bzw. darauf hinarbeiten kann, wächst die Relevanz seiner Aufgaben. Übernimmt aber die zentrale Ebene mehr Staatsaufgaben, so wachsen auch ihr Anteil an der Staatsquote und deren Relevanz. Das Kaiserreich mit dem allmählichen Ausbau seiner Reichsämter zu Quasi-Ministerien, seinem Militäretat und seiner Kolonial- und Außenpolitik war geradezu ein Musterbeispiel für dieses Gesetz – Popitz selbst hatte das natürlich vor Augen. Heute können wir fragen, ob dieses Gesetz nicht auch Anwendung auf die Europäische Union finden kann: Damals in der frühen Weimarer Republik führte die Erzberger'sche Reichsfinanzreform dazu, dass die Finanzverfassung unitarisiert und damit vom Kopf auf die Füße gestellt wurde.[9] Auch wenn die unitarisierenden Tendenzen im Kaiserreich klar erkennbar waren, muss zugleich gefragt werden, welche Rolle das fortbestehende Übergewicht Preußens spielte. War Preußen mit seinem bis 1918 geltenden Dreiklassenwahlrecht ein retardierendes Element in der Geschichte des Kaiserreichs – retardierend in dem Sinne, dass es die unitarisierend-demokratischen Kräfte blockierte und eine reaktionäre Form des Föderalismus verkörperte?[10] Während der Revolution von 1918/19 fanden nicht wenige, dass Preußen in einem neuen demokratischen Deutschland keinen organischen

---

7 Oliver F. R. Haardt, Bismarcks ewiger Bund. Eine neue Geschichte des Deutschen Kaiserreichs, Darmstadt 2020.

8 Johannes Popitz, Der Finanzausgleich, in: Wilhelm Gerloff/Franz Meisel (Hrsg.), Handbuch der Finanzwissenschaft, Bd. 2, Tübingen 1927, S. 338–375, hier S. 347 f.

9 Dazu jetzt auf breiter Quellen- und Literaturgrundlage: Stefanie Middendorf, Macht der Ausnahme. Reichsfinanzministerium und Staatlichkeit (1919–1945), Berlin 2022, S. 55–67.

10 Für eine entsprechend preußen-kritische Position insbesondere Hartwin Spenkuch, Das Preußische Herrenhaus: Adel und Bürgertum in der ersten Kammer des Landtags 1854–1918, Düsseldorf 1998.

Platz mehr haben dürfe und deshalb aufgelöst werden müsse. Das avancierteste Konzept in dieser Richtung stammte von Hugo Preuß. Preuß verfolgte eine unitarische Verfassungslösung, die dem Reich in weitaus konsequenterer Weise als die Bismarckverfassung alle notwendigen Kompetenzen übertragen sollte. Aufzubauen war dieser Einheitsstaat von unten nach oben. Gestärkt werden sollten die kommunale Selbstverwaltung und die zentralstaatliche Ebene. Preußen dagegen wollte Preuß in mehrere mittelgroße Einzelstaaten aufteilen. Kleinere Staaten sollten zusammengefasst und die Kompetenzen der Länder deutlich reduziert werden. In einem solchen »dezentralisierten Einheitsstaat« wären die Länder ihrer Eigenstaatlichkeit beraubt worden und hätten nur noch die Funktion von Organen »höchstpotenzierter Selbstverwaltung« erfüllt.[11] Solche Pläne blieben bekanntlich in ihren Anfängen stecken. Nicht zuletzt scheiterten sie am konkreten Verlauf der Novemberrevolution, die in der Provinz begann und damit die föderale Struktur des Deutschen Reichs bekräftigte. Damit setzten sich Preußens ambivalente Position und Wirkung im deutschen Föderalismus fort. Einerseits kann man mit gutem Recht sagen, dass Preußen zu *der* demokratischen Hochburg der Weimarer Republik wurde. Das gilt nicht nur für den bis zuletzt leidlich funktionierenden Parlamentarismus mit der Weimarer Koalition als demokratischem Parteienbündnis, sondern auch für die Demokratisierung der Verwaltung, die unter sozialdemokratischen Innenministern spürbar vorangetrieben wurde – auch wenn längst nicht jeder Oberpräsident und jeder Polizeibeamte zu entschiedenen Anhängern der Weimarer Republik wurden.[12] Andererseits ist unstrittig, dass das unausgewogene Verhältnis zwischen Reich, Preußen und den übrigen Ländern durch die Neuordnung von 1918/19 nicht beseitigt wurde. Es bestand als ungelöstes Verfassungsproblem in der Weimarer Republik fort. Seinen Niederschlag fand dies in der nicht enden wollenden Diskussion um eine Reichsreform.[13] In seinem Beitrag zeigt *Detlef Lehnert*, welche Bedeutung der Diskussion um den Föderalismus in der Staatsrechtslehre und in der politischen Öffentlichkeit zukam. Angestoßen von Preuß' Ideen, die von verschie-

---

11 Hugo Preuß, Denkschrift zum Verfassungsentwurf (3./20. Januar 1919), in: ders., Gesammelte Schriften, Bd. III: Das Verfassungswerk von Weimar, hrsg. v. Detlef Lehnert, Christoph Müller und Dian Schefold, Tübingen 2015, S. 134–152, hier S. 142. Vgl. hierzu die Einleitung der Herausgeber, ebenda, S. 18–28, sowie Horst Möller, Parlamentarismus in Preußen 1919–1932, Düsseldorf 1985, S. 93–98, und Michael Dreyer, Hugo Preuß. Biografie eines Demokraten, Stuttgart 2018, S. 371–377. Siehe auch in diesem Band den Beitrag von Detlef Lehnert.

12 Vgl. Hagen Schulze, Otto Braun oder Preußens demokratische Sendung. Eine Biographie, Frankfurt a. M. u. a. 1981; Möller, Parlamentarismus; ders., Die preußischen Oberpräsidenten der Weimarer Republik als Verwaltungselite, in: Vierteljahrshefte für Zeitgeschichte 30 (1982), S. 1–26.

13 Gerhard Schulz, Zwischen Demokratie und Diktatur. Verfassungspolitik und Reichsreform in der Weimarer Republik, Bd. I: Die Periode der Konsolidierung und der Revision des Bismarckschen Reichsaufbaus 1919–1930, Berlin (West) ²1987.

denen Staatsrechtslehrern wie etwa Gerhard Anschütz reflektiert und teilweise aufgegriffen wurden, entstand in der Weimarer Republik eine detailreiche Debatte über den Föderalismus und den Unitarismus, die auch immer wieder neue Querverbindungen zwischen den Auseinandersetzungen im Reichstag und in der Staatsrechtslehre sowie in der Presseberichterstattung erzeugte. Im Grunde beendete erst der Nationalsozialismus auf seine Weise die seit 1918/19 zumindest untergründig schwelende Reichsreformdebatte. Tatsächlich kann man sich fragen, ob nicht das Konzept des dezentralisierten Einheitsstaates zumindest teilweise und selbstverständlich in pervertierter und fragmentierter Form vom NS-Regime durchgeführt wurde. Das Konzept griff Johannes Popitz auf, der es vor allem in finanzpolitischer Hinsicht weiterentwickelte.[14] Popitz, der später wegen seiner Beteiligung am 20. Juli 1944 hingerichtet wurde, stieg unter der Regierung Hitler zum preußischen Finanzminister auf und war als solcher an der Entstehung der Deutschen Gemeindeordnung (DGO) von 1935 beteiligt. In diesen Gesetzestext fand der von Hugo Preuß geprägte, von der Weimarer Staatsrechtslehre überwiegend abgelehnte Begriff der »öffentlichen Gebietskörperschaft« Eingang (§ 1 DGO).[15] Bedeutsam im vorliegenden Zusammenhang ist die Tatsache, dass die DGO das kommunale Aufsichtsrecht auf das Reichsinnenministerium verlagerte und damit den Status der Länder weiter schwächte. Tatsächlich verschwanden die Länder ja während der nationalsozialistischen Diktatur nicht. Aber faktisch wurden sie ihrer eigenstaatlichen Funktionen beraubt. Und blieben sie nicht stattdessen, so lässt sich fragen, so etwas Ähnliches wie »höchstpotenzierte Selbstverwaltungskörperschaften«, auf welche Funktion Hugo Preuß sie gerne zurückgedrängt gesehen hätte? Wie auch immer man das beurteilt: Die Länderregierungen unterlagen seit 1933 einer weitreichenden Gleichschaltung auf Grundlage der NS-Ideologie mit einem auf den Führer ausgerichteten zentralistischen Staat. *Michael Kißener*, der in seinem Beitrag Freiräume und Grenzen regionaler Herrschaftspraxis auslotet, lässt ersichtlich werden, dass zumindest punktuell und in begrenzter Weise eine regional eigenständige Herrschaftspolitik erhalten blieb. Diese sei durch die polykratischen Machtstrukturen im NS-Regime und aufgrund regionalspezifischer Beharrungskräfte möglich geworden. Regionale Handlungsspielräume seien jedoch meist nur dann nachweisbar, wenn sie systemstützend gewirkt hätten.

---

14 Siehe insbesondere Johannes Popitz, Zentralismus und Selbstverwaltung, in: ders., Volk und Reich der Deutschen, hrsg. v. Bernhard Harms, Bd. II, Berlin 1929, S. 328–361; ders., Der künftige Finanzausgleich zwischen Reich, Ländern und Gemeinden, Berlin 1932, v. a. S. 1–11. Vgl. auch Hildemarie Dieckmann, Johannes Popitz. Entwicklung und Wirksamkeit in der Weimarer Republik, Berlin (West) 1960, v. a. S. 113 ff.

15 Deutsche Gemeindeordnung vom 30. Januar 1935, in: Reichsgesetzblatt I (1935), S. 49–64, hier S. 49.

Am Beispiel Bayerns weist *Bernhard Gotto* nach, wie sehr das Föderalismusverständnis zwischen den 1920er Jahren und den 1950er Jahren einem fundamentalen Wandel unterlag. An der bayerischen Finanzverwaltung wird deutlich, dass der Föderalismusbegriff von einem Fahnenwort gegen das Reich zu einem demokratiestützenden Leitbegriff aufstieg. Nach dem Ende des Zweiten Weltkriegs führte die Auseinandersetzung mit der NS-Vergangenheit unter den Mitarbeitern der Finanzverwaltung dazu, den Föderalismus retrospektiv in einen Gegensatz zur zentralistischen NS-Diktatur zu stellen. Auf diese Weise etablierte sich nach 1945 ein neugeartetes, prodemokratisches Föderalismusverständnis.

Welche Rolle Föderalismus und deutsche Einzelstaaten in der Diktatur spielen können, war nach dem Ende des NS-Regimes auch in der Sowjetischen Besatzungszone (SBZ) bzw. in der Deutschen Demokratischen Republik (DDR) eine neu zu beantwortende Frage. *Hermann Wentker* zeichnet die Geschichte der fünf ostdeutschen Länder in der Phase von 1945 bis 1952 nach. Er macht deutlich, dass sie vor allem aus pragmatischen und deutschlandpolitischen Gründen eingerichtet wurden. Zudem sollten sie die weitreichende Macht der sowjetischen Militäradministration verschleiern. Trotzdem traten einzelne Landesakteure selbstbewusst auf und spielten zumindest teilweise eine eigenständige Rolle. In der Frühphase der SBZ gab es demzufolge mehr als einen bloßen »Scheinföderalismus«. Seit 1948 wurden jedoch die Landtage und Landesregierungen entmachtet, und die Länder verkamen zur bloßen Fassade der zentralistischen Diktatur. Im Jahr 1952 konnten die Länder daher ohne größeren Widerstand durch 14 Bezirke (plus Ost-Berlin) abgelöst werden.

Insofern war es die DDR, die am systematischsten mit dem traditionellen deutschen Länderföderalismus Schluss machte und ein auf die Sozialistische Einheitspartei Deutschlands (SED) gegründetes einheitsstaatliches System installierte. Die Bezirke der DDR besaßen weder staatlichen Charakter noch Selbstverwaltungsrechte, sondern waren reine Mittelinstanzen der zentralisierten Verwaltungsstruktur.

Kennzeichnend ist es aber, dass auch dieser radikalste Versuch, die deutsche föderalistische Pfadabhängigkeit zu durchbrechen, gleichsam eingerahmt war von Länderneugründungen. Jedenfalls gründeten sich sowohl am Beginn der SED-Herrschaft wie auch nach deren Ende fast selbstverständlich die ostdeutschen Länder. In seinem Beitrag widmet sich *Andreas Malycha* der Wiedergründung der ostdeutschen Länder im Jahr 1990 und zeigt dabei auf, wie sich in einer intensiven und vielstimmigen Diskussion in Politik und Gesellschaft eine Neubelebung der alten, 1952 abgebrochenen föderalen Struktur durchsetzte. »Die im Herbst 1989 entstandenen politischen Oppositionsgruppen und Bürgerbewegungen«, so hebt Malycha hervor, »betrachteten die Wiedergründung der Länder als Schritt hin zur Zerschlagung des staatlichen Zentralismus und der Machtkonzentration der SED.«

Dies führt zum bundesdeutschen Föderalismus, der unsere verfassungspolitische, kulturelle und verwaltungspraktische Gegenwart sehr viel mehr prägt, als uns meistens bewusst sein dürfte. Historisch geht er auf eine doppelte Wurzel zurück: Erstens ließ sich nach dem Ende aller Staatlichkeit im Jahre 1945 gar nichts anderes neu begründen als die Staatlichkeit einzelner Länder. Hier wirkte sich die jahrhundertealte Tradition des deutschen Föderalismus positiv aus. Und das gilt nicht nur für Bayern, das als einziges Land in seiner Territorialität unbeschadet blieb (sieht man von der linksrheinischen Pfalz ab), sondern auch für die verschiedenen westdeutschen Neugründungen. *Andreas Hedwig* zeichnet in seinem Beitrag den Weg des Landes Hessen in die Bundesrepublik nach und arbeitet Leistungen hessischer Persönlichkeiten bei der westdeutschen Staatsgründung heraus. Am Beispiel Hessens zeigt sich, dass schon bei der Konstituierung der Länder deren Einbettung in einen späteren deutschen Bundesstaat antizipiert wurde. Zudem akkumulierten die beteiligten Akteure im Zuge des Aufbaus der Länder ein Erfahrungswissen, das sie bei der Gründung der Bundesrepublik einbringen konnten.

So trug die lange etablierte administrativ-politische Professionalität, die in den Ländern, aber auch in den preußischen Provinzen bestand, zum erfolgreichen Neuaufbau Westdeutschlands entscheidend bei. Allerdings – und das ist die zweite Wurzel des bundesdeutschen Föderalismus – war völlig klar, dass die Westalliierten nur einen strikt föderalen Aufbau des zu errichtenden Weststaates dulden würden. Wie genau er aussehen würde, war 1948/49 der teils strittige Gegenstand der Aushandlungsprozesse zwischen den Westalliierten, den westdeutschen Ministerpräsidenten und den Parteiführern. Wegmarken waren die Londoner Konferenz und die Frankfurter Dokumente, der Verfassungskonvent von Herrenchiemsee und der Parlamentarische Rat.

Manfred Görtemaker widmet sich in seinem Beitrag den föderalistischen Weichenstellungen in Westdeutschland und betont dabei beide historischen Wurzeln. Keineswegs sei der föderalistische Charakter der Bundesrepublik »nur auf Druck der Siegermächte« zustande gekommen. Denn die deutschen Ministerpräsidenten und die im Parlamentarischen Rat vertretenen Parteien waren sich ganz überwiegend in ihrer »Ablehnung zentralstaatlicher Vorstellungen« einig. Etabliert wurde stattdessen ein kooperativer Föderalismus, der die Zusammenarbeit von Bund und Ländern erzwang und sich gegenseitig stützende Aufgaben vorsah.

In Westdeutschland entstand somit ein insgesamt weniger stark zentralisierter Bundesstaat als in der Weimarer Republik. Allerdings offenbart schon die Geschichte der »alten« Bundesrepublik ein kompliziertes und häufig neu verhandeltes Gleichgewicht zwischen zentraler und föderaler Ebene. Das zentralisierend wirkende Parteiensystem, die konkurrierende Gesetzgebung, die Ausgestaltung der Gemeinschaftsaufgaben und das damit zusammenhängende Dauerthema der

Föderalismusreform sind wesentliche Stichworte für komplexe Verhältnisse. In den 1970er Jahren bildeten sie denn auch den Stoff für skeptische Diagnosen zwischen »Politikverflechtungsfalle« und »Unregierbarkeit«.[16] Insofern ist die Ausgestaltung des Föderalismus zwischen Gemeinschaftsaufgaben und Eigenständigkeit der Länder ein Schlüsselthema der deutschen Verfassungsgeschichte und des bundesrepublikanischen Verfassungsrechts seit 1949. Wie *Stefan Oeter* ausführt, ist denn auch die Frage nach einer effizienzsteigernden Reform des Föderalismus ein Dauergast auf der politischen Agenda der Bundesrepublik.

Zwei zentrale Akteursebenen des bundesdeutschen Föderalismus werden ebenfalls näher beleuchtet, nämlich die Parteien und die Ministerpräsidenten der Länder. *Siegfried Weichlein* arbeitet heraus, wie sich die Parteien nicht nur mit dem Föderalismus arrangierten, sondern diesen selbst von Beginn an als Resonanzraum für den Aufbau ihrer Strukturen nutzten. So entwickelten sich die etablierten Parteien in Deutschland zu Mehrebenengebilden. Allein die Rekrutierung des Führungspersonals auf Bundesebene war und ist häufig das Ergebnis eines erfolgreichen Durchlaufens verschiedener Parteiebenen. Umgekehrt übernahmen die dezentralisierten Parteien, so Weichleins Resümee, gleichsam »die Ausfallbürgschaft für das territoriale Moment. In ihren dezentralen Strukturen hielt sich der regionale Eigensinn mehr als im west- und später gesamtdeutschen Föderalismus.«

Ariane Leendertz widmet sich der Geschichte der Ministerpräsidentenkonferenz (MPK) von ihrer Herausbildung in den Jahren nach Ende des Zweiten Weltkriegs bis in die Zeit nach der Wiedervereinigung. Damit verfolgt sie den Aufstieg dieses Gremiums »von einem freiwilligen Koordinationsorgan der Länder zu einem bundespolitischen Akteur mit nationaler Reichweite«. So wirkten die Regierungschefs der Bundesländer seit den 1950er Jahren im Rahmen der MPK an zahlreichen Entscheidungen und Prozessen mit und prägten damit die wirtschaftliche, soziale und politische Ordnung der Bundesrepublik maßgeblich.

Über solche politischen Strukturen hinaus lassen sich auch zahlreiche praktische Problembereiche aufzeigen, die dem bundesdeutschen Föderalismus entspringen. So ist zum Beispiel die Hoheit über die Schulpolitik zweifellos die heiligste Kuh des deutschen Föderalismus. Sie führt aber zu der höchst problematischen Situation, dass zum Beispiel eine hessische Lehrerin in aller Regel nicht einfach nach Bayern kommen kann, um dort eine neue Stelle anzutreten – und wenn, dann nur unter massiven Statusabstrichen. Umgekehrt mag es leichter gehen, aber das macht die Sache auch nicht besser. Insofern muss die Frage

---

16 Fritz W. Scharpf, Optionen des Föderalismus in Deutschland und Europa, Frankfurt a. M. 1994; ders., Föderalismusreform: Kein Ausweg aus der Politikverflechtungsfalle? Frankfurt a. M. 2009. Vgl. insgesamt Andreas Wirsching, Abschied vom Provisorium. Geschichte der Bundesrepublik Deutschland 1982–1990, München 2006, S. 215–219.

erlaubt sein, ob hier nicht eine Art föderaler De-facto-Barriere gegen das Prinzip der Freizügigkeit und freien Berufswahl aufgerichtet wurde, die zum Beispiel mit europäischem Recht kaum vereinbar zu sein scheint.[17] Das führt zu der essentiellen Frage, wie sich Bundesländer und deutscher Föderalismus mit der europäischen Integration auseinandersetzen bzw. in diesen Prozess rechtlich und politisch eingebunden wurden und werden. *Jonas Becker* und *Guido Thiemeyer* widmen sich den deutschen Bundesländern im europäischen Einigungsprozess und machen dabei deutlich, dass der deutsche Föderalismus von Anfang an in das sich herausbildende europäische Mehrebenensystem eingebunden war und föderale Akteure auf die neue europäische Handlungsebene reagierten. So bauten die Bundesländer inoffizielle Strukturen auf und entsandten eigene Beobachter nach Straßburg und Brüssel. Sie suchten zudem persönliche Kontakte in die Gemeinschaftsorgane und führten staatsbesuchsähnliche Reisen durch. Ab den 1980er Jahren richteten sie zudem eigene Ländervertretungen in Brüssel ein. Im Rahmen eines Trial-and-Error-Verfahrens hat sich ein europäisches System mit einer regionalen, nationalen und europäischen Ebene herausgebildet. Alle drei Ebenen blieben eng miteinander verflochten und lassen untereinander keine klare Hierarchie erkennen. Die konkrete Ausgestaltung des Mehrebenensystems variiert je nach Politikfeld. »Langsam entwickelte sich so ein Netz informeller Strukturen zwischen den einzelnen Bundesländern und der EWG, welches von beiden Seiten gepflegt wurde.«

Wie lebendig und machtvoll mithin auch heute der deutsche Föderalismus ist, weiß jeder, der in seiner Berufspraxis entsprechende Erfahrungen macht. Die Corona-Krise hat jedoch seine Realität noch einmal mit geradezu voller Wucht ins breite Bewusstsein gebracht. Wie fungibel sich das System mit seinen 16 Bundesländern angesichts der Corona-Krise tatsächlich erwiesen hat, bleibt gegenwärtig noch strittig. Aber die Krise hat den Föderalismus als schiere und unhintergehbare Grundtatsache der deutschen Geschichte und Gegenwart eindrucksvoll demonstriert. *Christian Walter* blickt aus verfassungsrechtlicher Perspektive auf den Föderalismus im politischen Management der Corona-Pandemie. Die Einschätzung, die Pandemiemaßnahmen hätten zu einem Flickenteppich und zu einer Entinstitutionalisierung der Entscheidungsfindungen geführt, beurteilt er als zu negativ. Viele Prozesse seien vor allem Ausdruck historischer Pfadabhängigkeiten. Entscheidend sei gewesen, »dass die parlamentarische Legitimation für den Grundrechtseingriff eben nicht aus dem Landesrecht, sondern aus dem Infektionsschutzgesetz des Bundes kam«. Zwischen Gesetzgebungs- und exekutiver Ver-

---

17 Siehe z. B. die offiziellen »Informationen für Bewerber mit einer Festanstellung an Schulen in anderen Bundesländern« des Bayerischen Kultusministeriums, https://www.km.bayern.de/lehrer/ausserbayerische_bewerber.html (letzter Abruf: 9.9.2023).

waltungsebene klaffte somit eine tiefe Lücke, die künftige verfassungsrechtliche Diskussionen provozieren könnte.

Am Ende ist zu konstatieren: Es ist nicht möglich, aus der Geschichte herauszuspringen; der Föderalismus ist eine historisch gewachsene Pfadabhängigkeit der deutschen Geschichte, die immer wieder neue Realitäten schafft. Sie setzt auch Grenzen für seine Reformfähigkeit, insbesondere für eine grundlegende Reform durch Neugliederung. Alle Leserinnen und Leser erinnern sich gewiss an das 2006 gescheiterte Plebiszit zur Vereinigung von Berlin und Brandenburg zu einem neuen Bundesland. Andere Volksabstimmungen über eigentlich sinnvolle Konsolidierungen des deutschen Föderalismus, zum Beispiel mittels der Gründung eines leistungsfähigeren »Nordstaates« oder der Eingliederung des Saarlandes in das Land Rheinland-Pfalz, werden gar nicht erst zustande kommen, weil die deutschen Bundesländer inzwischen nicht nur eigene Regierungen und Parlamente, eine eigene Verwaltung und Justiz geschaffen haben, sondern eben auch eine regionale Identität. Die zahlreichen Neugliederungsmodelle, die vorgelegt wurden, bleiben folglich eine eher akademische Übung. Mit diesem Umstand muss jede deutsche Politik, aber auch die Geschichtswissenschaft stets rechnen.

Die Fiktion des Einheitsstaates.
Zur historischen Argumentation
in der Reichsgründungszeit

Wolfgang Neugebauer

Zur Jahreswende 1873/74 wurde Heinrich von Treitschke, geboren 1834 in Dresden, von Heidelberg auf einen Lehrstuhl für Geschichte an der Berliner Friedrich-Wilhelms-Universität berufen. Seine wissenschaftlichen Leistungen, die er bis dahin erbracht hatte, waren nicht über alle Zweifel erhaben. Leopold von Ranke traf den wunden Punkt, als er ihm zu verstehen gab, dass die nun über ein Jahrzehnt sein Schaffen bestimmende Aufsatzproduktion[1] jetzt nicht mehr genüge. »Ihr Entschluß, nicht bloß Artikel, sondern einmal auch ein zusammenhängendes Buch zu schreiben, hat meinen ganzen Beifall.«[2]

Gerade waren Treitschkes gesammelte Aufsätze schon in vierter Auflage in drei Bänden erschienen, und der zweite, der zu den »Einheitsbestrebungen zertheilter Völker«,[3] besaß ganz besonderen Aktualitätsbezug. Dieser Präsentismus hatte im preußischen Kultusministerium der frühen 1870er Jahre, als es um die Besetzung gleich mehrerer Lehrstühle ging,[4] die Aufmerksamkeit auf den Heidelberger Ordinarius gelenkt, und der seinerseits hatte den liberalen Kultusminister Adalbert Falk wissen lassen, es würde im Falle seiner Berufung in die preußisch-deutsche Hauptstadt »mein ernstes Bestreben sein[,] an der Pflege des wissenschaftlichen und patriotischen Sinnes in der Jugend zu arbeiten«.[5] Ganz in diesem Sinne wies der Immediatbericht des preußischen Kultusministers vom 1. November 1873 darauf hin, dass es sich im Falle Treitschkes um die Berufung eines Mannes handele, der »mehr Politiker als eigentlicher Historiker« sei, mehr Darsteller als methodischer Erforscher. Von ihm sei also eine »Förderung namentlich der politischen

---

1 Vgl. Heinrich von Treitschke, Historische und Politische Aufsätze, 4., verm. Aufl., 3 Bde., Leipzig 1871, mit den Untertiteln: »Charaktere« (Bd. 1), »Einheitsbestrebungen zertheilter Völker« (Bd. 2), »Freiheit und Königthum« (Bd. 3).

2 Leopold von Ranke, Neue Briefe, gesammelt und bearbeitet von Bernhard Hoeft, hrsg. von Hans Herzfeld, Hamburg 1949, Ranke an Heinrich von Treitschke, 27. März 1872, S. 575.

3 Vgl. Treitschke, Historische und Politische Aufsätze.

4 Zu der komplizierten Konstellation und zu der strittigen Frage, ob Treitschke als Nachfolger Rankes berufen worden ist, vgl. mit Verweis auf Quellen und Literatur Wolfgang Neugebauer, Karl Wilhelm Nitzsch, in: Geisteswissenschaftler II, hrsg. von Hans-Christof Kraus (= Berlinische Lebensbilder, Bd. 10), Berlin 2012, S. 27–46, hier S. 33–35.

5 Brief Treitschkes an Falk, 23. Mai 1873, in den Akten des preußischen Kultusministeriums: Geheimes Staatsarchiv Preußischer Kulturbesitz (GStA PK), I. HA, Rep. 76 Va, Sekt. 2, Tit. IV, Nr. 47, Bd. 13.

Interessen der Nation in der unmittelbaren Gegenwart zu erhoffen«.[6] »Erst in der letzten Zeit hat er sich der eigentlichen historischen Forschung zuzuwenden angefangen«,[7] so wusste der Kultusminister ferner zu berichten; er wies damit auf die schon seit Jahren betriebenen Archivforschungen des südwestdeutschen Gelehrten hin, die dann seit 1879 in seine fünfbändige »Deutsche Geschichte im Neunzehnten Jahrhundert« mündeten.

Treitschke diente aber noch als Professor der Staatswissenschaften im badischen Freiburg, als er denjenigen, fast buchstarken Essay schrieb, der im zweiten Band der »Historischen und Politischen Aufsätze«[8] erschien: der Beitrag über »Bundesstaat und Einheitsstaat« aus dem Jahre 1864.[9] Diese Abhandlung »über den Einheitsstaat ist meines Wissens der erste Versuch in Deutschland, das Glaubensbekenntniß der Unitarier in gebildeter Form auszusprechen und zu begründen«, so hat er im November 1864 formuliert,[10] und er kündigte zugleich an, dass »der Aufsatz ›Bundesstaat und Einheitsstaat‹ […] vielleicht viel Geschrei erregen« werde.[11]

---

6 Immediatbericht des Kultusministers vom 1. November 1873, ebenda; Treitschke gehörte von 1871 bis 1884 als (national)liberales Mitglied dem Reichstag an, Details bei Ernst Rudolf Huber, Deutsche Verfassungsgeschichte seit 1789, Bd. 3, 2., verb. Aufl., Stuttgart/Berlin (West)/Köln/Mainz 1970, S. 497, Anm. 33.

7 Immediatbericht vom 1. November 1873, GStA PK), I. HA, Rep. 76 Va, Sekt. 2, Tit. IV, Nr. 47, Bd. 13, mit der Berufung Treitschkes gelinge eine wichtige Acquisition für die Universität im »Mittelpunkt des deutschen Reiches«, mit dem Zusatz: »Wenn der p. von Treitschke in der strengen Wissenschaft Männern wie Helmholtz oder Zeller nicht gleichgestellt werden kann, so ist dagegen seine Lehrtätigkeit von hervorragender politischer Bedeutung.« Die Berufung erfolgte aufgrund königlicher Order vom 17. November 1873 (ebenda); zum Hauptwerk Treitschkes vgl. mit Quellen und Literatur Wolfgang Neugebauer, Preußische Geschichte als gesellschaftliche Veranstaltung. Historiographie vom Mittelalter bis zum Jahr 2000, Paderborn 2018, S. 283–290, dort auch ältere und neuere biographische Literatur. Treitschke hat seit 1866 zum Zwecke seiner deutschen Geschichte preußisches Archivmaterial ausgewertet: GStA PK, III. HA, Abt. III, Nr. 18214; vgl. noch Herman von Petersdorff, Treitschke, Heinrich Gotthard v., in: Allgemeine Deutsche Biographie, Bd. 55, Leipzig 1910, S. 263–326, hier 272–274, S. 303 f., 313; Andreas Biefang, Der Streit um Treitschkes »Deutsche Geschichte« 1882/85. Zur Spaltung des Nationalliberalismus und der Etablierung eines nationalkonservativen Geschichtsbildes, in: Historische Zeitschrift 262 (1996), S. 391–422, hier S. 394 f.

8 Vgl. Treitschke, Historische und Politische Aufsätze.

9 So mit der Datierung: Heinrich von Treitschke, Bundesstaat und Einheitsstaat, in: ders., Historische und Politische Aufsätze, 2. Bd., 6. Aufl., Leipzig 1903, S. 77–243 (wenn nichts Anderes angegeben wird, ist im Folgenden nach dieser Auflage zitiert); ders., Bundesstaat und Einheitsstaat, in: ders., Historische und politische Aufsätze, 2. Bd., 4., verm. Aufl., Leipzig 1871, S. 77–241.

10 Heinrich von Treitschke, Briefe, hrsg. von Max Cornicelius, 3. Bd., Leipzig 1920, Nr. 481, S. 349 (16. November 1864); vgl. Nr. 416, S. 345 (an Gustav Freytag): »Namentlich dem Aufsatze über den Einheitsstaat wünsche ich Leser«.

11 Treitschke, Briefe, Bd. 2, Nr. 432, Nr. 367 (an K. Mathy, 25. November 1864); zu Unterschieden früher Fassungen dieses Aufsatzes vgl. Erich Marcks, Der Aufstieg des Reiches. Deutsche Geschichte von 1807–1871, 2. Bd., Stuttgart/Berlin 1936, S. 112 f., auch zu dem (von Marcks vielleicht überschätzten) Einfluss dieses Textes.

Es war gewiss pikant, dass gerade aus dem deutschen Südwesten der Kampfruf erscholl, dass »Preußen [...] unsere Zukunft«[12] bringen werde und eine Einigung Deutschlands nur durch Preußen möglich sei.[13] Die Dichotomie, die Treitschke entwarf, war agitatorisch-schlicht: hier Preußen, auf der anderen Seite die »Märchenwelt des Partikularismus«,[14] umfassend die »achtzehn Millionen Deutschen in Kleinstaaten«, worunter Bayern ebenso subsumiert wurde wie die Untertanen von Schaumburg-Lippe und Reuß ältere Linie. Die Kritik an diesen staatlichen Traditionen besaß eine starke liberal-antifeudale Note: »Nein, die Zersplitterung Deutschlands wird aufrechterhalten nicht durch den Stammeshaß der Deutschen, sondern allein durch das Interesse der Höfe und ihres Anhanges und durch die Trägheit und Unentschlossenheit der Nation.« Es ging nicht zuletzt gegen den »dynastischen Partikularismus« im Allgemeinen[15] und denjenigen des Hauses Österreich im Besonderen. »Der unversöhnliche Gegner unseres Volkes«, so Treitschke 1864/65, »ist das Haus Habsburg-Lothringen und der diesem Hause fröhnende vaterlandslose Adel.«[16] Nur gegen die Dynastien in Deutschland sei der künftige Einheitsstaat zu begründen.

Dafür böte Preußen den einzigen Weg, jener Staat also, der – so interpretierte der südwestdeutsche Staatswissenschaftler – zentralisiert, ja nach dem Vorwurf seiner Feinde »unnatürlich centralisiert« sei.[17] Mit dem Übergang Preußens zum Konstitutionalismus, mit der Januar-Verfassung des Jahres 1850, sei »die Staatseinheit Preußens [...] jetzt erst ganz zur Wahrheit geworden«.[18] Die Argumentation wurde untergründig getragen von einem zeittypischen Fortschrittstopos. »Mit der Beseitigung der kleinen Kronen vollzieht sich nur ein Akt der historischen Notwendigkeit«, so hat Treitschke dann 1866 argumentiert.[19]

Es ist an dieser Stelle wohl nicht erforderlich, darauf im Einzelnen hinzuweisen, wie sehr Treitschkes Bild von Preußen an der historischen Realität vor-

---

12 Treitschke, Bundesstaat, S. 192–241.

13 Ebenda, S. 236.

14 Treitschke, Bundesstaat, S. 81–96, folgendes Zitat S. 80.

15 Ebenda, S. 95. Vgl. Ulrich Langer, Heinrich von Treitschke. Politische Biographie eines deutschen Nationalisten, Düsseldorf 1998, S. 186–188, hier S. 196.

16 Treitschke, Bundesstaat, 4. Aufl., S. 221, das Weitere S. 233 f.; vgl. dazu aus der neuesten Literatur Sebastian Haas, Die Preußischen Jahrbücher zwischen Neuer Ära und Reichsgründung (1858–1871). Programm und Inhalt, Autoren und Wirkung einer Zeitschrift im deutschen Liberalismus (= Quellen und Forschungen zur Brandenburgischen und Preußischen Geschichte, Bd. 47), Berlin 2017, S. 240 (zu Treitschkes Argumentation).

17 Treitschke, Bundesstaat, 4. Aufl., S. 194.

18 Ebenda, S. 197.

19 So Heinrich von Treitschke, Die Zukunft der norddeutschen Mittelstaaten, zuerst 1866, wieder in ders.: Zehn Jahre Deutscher Kämpfe 1865–1874. Schriften zur Tagespolitik, Berlin 1874, S. 108–132, hier S. 114.

beikonstruiert worden ist, wie mit der Sehnsucht nach dem »Einheitsstaat«[20] die Wirklichkeit eines jahrhundertealten politischen Regionalismus in Preußen schlechterdings ausgeblendet wurde.[21] Treitschkes Preußen war ein aktualitätsorientiertes Konstrukt. Dies gilt umso mehr, wenn er die – mit Klaus Zernack gesprochen[22] – »halbdeutsche Großmacht« Preußen zum schlechthin »deutsche[n] Staat« stilisierte, und das ausgerechnet für die Zeit Friedrichs des Großen, unter dem ja der Anteil slawisch bewohnter Gebiete dieses Staates bekanntlich drastisch vermehrt worden war. Gleichwohl war für Treitschke Preußen »der am reinsten ausgebildete deutsche Staat«.[23]

Es ist an dieser Stelle nicht nötig, im Detail die Erkenntnisse zu Sprachenstruktur und Sprachstatistik Preußens zu referieren, wie sie seit den ersten Jahrzehnten des 19. Jahrhunderts mit erstaunlicher Präzision vorlagen.[24] Es war eine

---

20 Vgl. Treitschke, Bundesstaat, 4. Aufl., S. 233; »Einheitsstaat« durch Annexionen in Italien: S. 228.

21 Vgl. für die Entwicklung vom 15. bis zur Mitte des 18. Jahrhunderts mit Literatur Wolfgang Neugebauer, Staatliche Einheit und politischer Regionalismus. Das Problem der Integration in der brandenburg-preußischen Geschichte bis zum Jahre 1740, in: Staatliche Vereinigung. Fördernde und hemmende Elemente in der deutschen Geschichte. Tagung der Vereinigung für Verfassungsgeschichte in Hofgeismar vom 13.3.–15.3.1995, hrsg. von Wilhelm Brauneder (= Beihefte zu »Der Staat«, Heft 12), Berlin 1998, S. 49–87; Fallstudie: Wolfgang Neugebauer, Zwischen Preußen und Rußland. Rußland, Ostpreußen und die Stände im Siebenjährigen Krieg, in: Eckhart Hellmuth/Immo Meenken/Michael Trauth (Hrsg.), Zeitenwende? Preußen um 1800, Stuttgart-Bad Cannstatt 1999, S. 43–76; dazu Johannes Burkhardt, Vollendung und Neuorientierung des frühmodernen Reiches 1648–1763 (= Gebhardt. Handbuch der deutschen Geschichte, Bd. 11), zehnte, völlig neu bearbeitete Aufl., Stuttgart 2006, S. 421 f.; Wolfgang Neugebauer, Politischer Wandel im Osten. Ost- und Westpreußen von den alten Ständen zum Konstitutionalismus (= Quellen und Studien zur Geschichte des östlichen Europa, Bd. 36), Stuttgart 1992 (bis zur Mitte des 19. Jahrhunderts).

22 Klaus Zernack, Preußen als Problem der osteuropäischen Geschichte, zuerst 1977, in: Otto Büsch/Wolfgang Neugebauer (Hrsg.), Moderne Preußische Geschichte 1648–1947. Eine Anthologie, Bd. 3 (= Veröffentlichungen der Historischen Kommission zu Berlin, Bd. 53/3), Berlin (West)/New York 1981, S. 1602–1623, hier S. 1621.

23 Treitschke, Bundesstaat, 4. Aufl., S. 205 f.

24 Vgl. in den ersten präzisen Erhebungen über die Sprachstatistik des preußischen Staates Wolfgang Scharfe/Wolfgang Neugebauer, Administrativ-Statistischer Atlas vom preußischen Staate. Vorgeschichte, Entstehung und Umfeld des Preußischen Nationalatlas von 1827/28, in: Forschungen zur Brandenburgischen und Preußischen Geschichte NF 1 (1991), S. 241–284, hier S. 273–275; Kurt Forstreuter, Die Anfänge der Sprachstatistik in Preußen und die Ergebnisse zur Litauerfrage, zuerst 1953, in: ders., Wirkungen des Preußenlandes. Vierzig Beiträge (= Studien zur Geschichte Preußens, Bd. 33), Köln/Berlin (West) 1981, S. 312–333, bes. S. 318–322; zu den Sprachgruppen im Überblick Jürgen Hensel, Sprachen, in: Administrativ-Statistischer Atlas vom Preussischen Staate … Neudruck mit einer Einführung und Erläuterungstexten zu den 22 Atlaskarten, hrsg. von Wolfgang Scharfe (= Publikationen der Historischen Kommission zu Berlin. Reihe: Kartenwerk zur Preußischen Geschichte, Lfg. 3), Berlin 1990, S. 151–163, bes. S. 152–159; Ernst Opgenoorth, Regionale Identitäten im absolutistischen Preußen, in: Nationale, ethnische Minderheiten und regionale Identitäten in Mittelalter und

Homogenitätsfiktion, die Treitschke für Preußen benötigte, um für diesen Staat die spezifisch deutsche Aufgabe in der Politik der Gegenwart zu reklamieren: »Unter allen reindeutschen Staaten hat allein Preußen in unvergeßlichen Zeiten die Kraft bewiesen, die eine Gesellschaft zum Staate macht, die Kraft sich durch sich selbst allein zu erhalten.« Es sei eine »Erfahrung, daß das Wesen des Staats zum Ersten Macht, zum Zweiten Macht und zum Dritten nochmals Macht ist«.[25]

Aber erst »sehr langsam hat der Staat selber klar begriffen, was diese große Fügung bedeute, die ihn also stätig hineinwachsen ließ in das deutsche Land. Während Oesterreich seine rein-deutschen Lande im Westen nicht behaupten konnte, ist dem preußischen Staate, gleich jenem Riesensohne der Erde, immer neue Kraft erwachsen aus dem deutschen Boden, der ihn erzeugte. Ein mäßig bevölkertes Land von junger Cultur und bescheidenem Wohlstande, konnte und kann er der geistigen Kräfte des Vaterlandes nicht entrathen; in allen Kreisen seiner neueren Geschichte hat er Gelehrte, Feldherren, Staatsmänner aus dem nichtpreußischen Deutschland herangerufen und durch seine Zucht gebildet.«[26] Langsam sei Preußen »fortgeschritten [...] zu hellerem Verständniß seiner nationalen Pflichten«,[27] nunmehr sei »Preußen also ein deutscher Staat«, einer mit »geschlossene[r] Staatseinheit« und »moderner Verwaltung«[28], und dies führte zur »Forderung« an die »Kleinstaaten«: »Anschluß an Preußen«.[29] An Preußen aber erging aus dem südwestdeutschen Freiburg der Appell zu Annexionen: »Preußens Machterweiterung wird allmählich zu einer Forderung der Gerechtigkeit«, und »so wird der Staat durch die schwersten Gründe der Selbsterhaltung fort und fort auf die Erweiterung seines Gebietes hingewiesen«. Seit den Tagen Friedrichs II. habe Preußen geradezu »die Pflicht, die Macht des Staates in Deutschland fortschreitend zu erweitern«.[30]

Neuzeit (= Universitas Nicolai Copernici), Toruń/Thorn 1994, S. 177–189 (zu administrativen Praktiken); acht Sprachen in Preußen: Friedrich Samuel Bock, Einleitung in den Staat von Preußen, die er in besondern academischen Lehrstunden zum Grunde ausführlicher Erzählungen leget, Berlin 1749, S. 147.

25 Treitschke, Bundesstaat, S. 152.

26 Ebenda, S. 193; dort auch die folgende, wohl auf die Gebiete der 2. und 3. Teilung Polens bezügliche, sonst aber ganz unverständliche Mitteilung: »Die weiten polnischen Provinzen sind ihm kein Heil gewesen, er hat sie aufgegeben und sich nur in deutschen und in solchen Ländern, die von uns gesittet werden können und gesittet werden, als ein rechter Eroberer erwiesen. Von seinem heutigen Gebiete gilt unbedingt und ohne Prahlerei das Wort Friedrich Wilhelms III.: ›Deutschland hat gewonnen, was Preußen erworben hat‹.«

27 Ebenda, S. 209.

28 Ebenda, S. 195 f.; dass Preußen mit den Annexionen von 1866 ein Zentralisierungsdefizit in Kauf nahm, zeigt Treitschke, Zukunft, S. 117 f.

29 Treitschke, Bundesstaat, 4. Aufl., S. 218.

30 Ebenda, S. 204 und 208; vgl. Marcks, Aufstieg, Bd. 2, S. 112; nach 1871 hat auch der an föderalistischen Modellen interessierte Constantin Frantz, ausgehend von ganz anderen Positionen als Treitschke, für Preußen nur den Weg »fortschreitender Annexion« gesehen, mit dem

So hingen Einheitsstaat und deutsche Einheit in der Reichsgründungszeit zusammen in Treitschkes wichtigster programmatischer Abhandlung; damit war zugleich ausgesprochen, dass eine bündische Lösung der Einheitsfrage unmöglich sei.[31] Noch nach Jahrzehnten, und ungeachtet massiver politischer Differenzen, hat sich der sozialdemokratische preußische Ministerpräsident Otto Braun eben auf Treitschkes Zukunftsvision des nationalen Einheitsstaates positiv bezogen.[32] In der Reichsgründungszeit selbst war dies eine markante Stimme unter vielen,[33] charakteristisch aber gerade dadurch, dass hier politische *Forderungen an Preußen* von außerhalb Preußens erhoben wurden. Dies hatte damals schon eine längere Tradition. Der Württemberger Paul Achatius Pfizer, Jurist, Abgeordneter und Publizist aus Tübingen, veröffentlichte 1831 in Stuttgart und Tübingen im Cottaschen Verlag seinen »Briefwechsel zweier Deutscher«, in dem er »in Preußen das, wozu es durch seine Anstrengungen im Befreiungskriege geworden ist, nämlich den Repräsentanten und den Wortführer der deutschen Nation«, sehen wollte.[34]

Fluchtpunkt des »Einheitsstaates«, siehe die für das Thema nach wie vor fundamentale Arbeit von Heinrich Triepel, Unitarismus und Föderalismus im Deutschen Reiche. Eine staatsrechtliche und politische Studie, Tübingen 1907, S. 3 f.

31 Vgl. aus der Literatur Walter Bußmann, Treitschke. Sein Welt- und Geschichtsbild (= Göttinger Bausteine zur Geschichtswissenschaft, Bd. 3/4), 2. Aufl., Göttingen/Zürich 1981, S. 234, 245–247, 274 f., 278–280, 289 und 292–295.

32 So Otto Braun, Deutscher Einheitsstaat oder Föderativsystem?, Berlin 1927, S. 30–32; und ebenso Gerhard Anschütz, Das preußisch-deutsche Problem. Skizze zu einem Vortrage (= Recht und Staat in Geschichte und Gegenwart, Bd. 22), Tübingen 1922, S. 29; zur begrifflichen Unschärfe des Topos vom Einheitsstaat vgl. Richard Thoma, Die Forderung des Einheitsstaates. Festrede zur Reichsgründungsfeier der Universität Heidelberg am 18. Januar 1928 (= Heidelberger Universitätsreden, Nr. 3). Heidelberg 1928, S. 7. Es fällt auf, dass im »Deutschen Staats-Wörterbuch« von J.[ohann] C.[aspar] Bluntschli und Karl Brather, 11 Bde., Stuttgart/Leipzig 1857–1870, der Begriff »Einheitsstaat« nicht auftaucht, im Unterschied zum Wort »Bundesstaat, Staatenbund« (in: Bd. 2, S. 284–292).

33 Hans Rosenberg, Die nationalpolitische Publizistik Deutschlands vom Eintritt der Neuen Ära in Preußen bis zum Ausbruch des deutschen Krieges. Eine kritische Bibliographie (= Veröffentlichungen der Historischen Reichskommission), 2 Bde., München/Berlin 1935, Bd. 2, S. 908, wies skeptisch darauf hin, dass die »ungeheure Wirkung, die dieser berühmte Aufsatz unmittelbar nach seinem Erscheinen auf die Zeitgenossen geübt haben soll, […] eine von späteren Geschlechtern geschaffene Legende« sei. »Soweit sich aus der Resonanz innerhalb der Broschüren- und Zeitschriftenliteratur ein Urteil gewinnen läßt, ist die Wirkung, abgesehen auf gewisse Gruppen innerhalb der geistigen Aristokratie, nicht größer gewesen als diejenige zahlreicher anderer Schriften«; Langer, Treitschke, S. 184, Anm. 1; Hans-Christof Kraus, Geschichtspolitik im Kaiserreich. Wilhelm II. und der Streit um den fünften Band von Treitschkes »Deutscher Geschichte«, in: Forschungen zur Brandenburgischen und Preußischen Geschichte NF 20 (2010), S. 73–91, hier S. 75.

34 P.[aul] A.[chatius] Pfizer, Briefwechsel zweier Deutscher, Stuttgart/Tübingen 1831, S. 224; aus der Literatur: Hans-Dietrich Loock, Paul Achatius Pfizer – Poesie und Praxis, in: Aus Theorie und Praxis der Geschichtswissenschaft. Festschrift für Hans Herzfeld zum 80. Geburtstag, hrsg. von Dietrich Kurze (= Veröffentlichungen der Historischen Kommission zu Berlin,

In Preußen sei schlechterdings »der Repräsentant der Nation anzuerkennen«.[35] Schon bei Pfizer hatte »Preußen den Charakter eines allgemein europäischen Staats mit dem eines deutscheuropäischen vertauscht«, ein junger Staat mit »musterhaft geordnete[r] Verwaltung«[36] und starker Regierung, »eine Art von militärischer aber wohlwollender Diktatur«.[37] Dies war der Staat, dem der schwäbische Jurist in der weiteren Entwicklung das »Protectorat über Deutschland« zusprach.

Aber gerade preußische Beobachter, und zwar solche der streng konservativen Observanz, vernahmen solche Stimmen ohne Freude, ja mit Sorge; sie hatten nur »Hohn und Spott für Männer, welche wie Paul Pfizer den Gedanken der deutschen Einheit unter preußischer Führung als logische und historische Folgerichtigkeit erfaßten und vertraten«.[38] Schwerlich hätte Pfizers Schrift im Jahr seines Erscheinens 1831 in Preußen gedruckt werden können. Wenn da ein Autor auch nur den Anschein erweckte, er würde »andere Mächte ersten Ranges« in Mitteleuropa »herabsetzen« und Preußens Bedeutung in den jüngst verflossenen antinapoleonischen Kriegsjahren allzu sehr herausstreichen, wurde gerade dies zum Anlass für harte, zensierende Eingriffe. Denn – so liest man es in den Akten des Auswärtigen Amtes in Berlin um 1825 – dies könne außerhalb Preußens »leicht zu compromittirenden Misdeutungen« führen, so als ob eine »angeblich[e] […] Ueberlegenheit des preußischen« Staats behauptet werde. Auch wenn eine solche Argumentation in einer Abhandlung ganz außeramtlicher, privater Art erscheinen sollte, griff das Amt mit harter Hand ein, damit auch nicht der Anschein erweckt werde, dies sei etwa Ausdruck preußischer Politik.[39] Das war sie eben nicht, und Friedrich Wilhelm III. hat noch auf dem Sterbebett seinen »letzten Willen« dahingehend formuliert, dass Preußen auch künftig *mit* Österreich und Russland gehen solle und diese »sich nie voneinander trennen« dürften. »Ihr Zusammen-

---

Bd. 37), Berlin/New York 1972, S. 280–298, hier S. 285; Friedrich Meinecke, Weltbürgertum und Nationalstaat, hrsg. von Hans Herzfeld (= Friedrich Meinecke: Werke, Bd. 5). München 1962, S. 287 f., auch zu der Kondition, dass nur ein liberales Preußen die Führung in Deutschland übernehmen könne; Theodor Schieder, Partikularismus und Nationalbewußtsein im Denken des Vormärz, in: Werner Conze (Hrsg.), Staat und Gesellschaft im deutschen Vormärz 1815–1848 (= Industrielle Welt, Bd. 1), 2. Aufl., Stuttgart 1970, S. 9–38, hier S. 10; Treitschke, Bundesstaat, S. 209, hat sich auf Pfizer berufen.

35 Pfizer, Briefwechsel, S. 228.

36 Ebenda, S. 197.

37 Ebenda, S. 200, folgendes Zitat: S. 201.

38 So der preußische Gesandte in Stuttgart von Rochow, das Zitat: Karl Mendelssohn-Bartholdy, Vorwort, in: Briefe des Königlich Preußischen Generals und Gesandten Theodor Heinrich Rochus von Rochow an einen Staatsbeamten. Ein Beitrag zur Geschichte des neunzehnten Jahrhunderts, hrsg. von Ernst Kelchner/Karl Mendelssohn-Bartholdy, Frankfurt a. M. 1873, S. III–XIX, hier S. IV.

39 So der Vorgang des Karl Christian von Leutsch, der eine »Geschichte des Preußischen Reichs« (3 Bde., Berlin 1825, besonders zum 3. Teil) schreiben wollte, nach den internen Akten des Auswärtigen Amtes: GStA PK, III. HA, Abt. III, Nr. 18720.

halten ist als der Schlußstein der großen Europäischen Allianz zu betrachten.«[40] Das war das Gegenteil von kleindeutschen Träumen preußischer Dominanz in Mitteleuropa unter Verdrängung der Habsburger aus Deutschland.

Die politischen Appelle dagegen kamen zunächst ganz wesentlich von außen, vor allem von geborenen Nichtpreußen. Johann Gustav Droysen, Pfarrerssohn aus Pommern, hat seinen historisch-politischen Impuls gesetzt, als er von den von ihm eingenommenen Professuren im (dänisch regierten) Kiel und aus dem thüringischen Jena schrieb und agitierte. Es war aber alles andere als eine Zustimmungsfanfare des liberalen Historikers auf das real existierende Preußen, was der Professor aus dem Großherzogtum Weimar mit seiner seit 1855 erscheinenden »Geschichte der Preußischen Politik« ertönen ließ.[41] Auch ihm ging es um die »Einigung« Deutschlands, und das im Verlauf einer »vierhundertjährigen Geschichte«, als eine »geschichtliche Notwendigkeit« des »nationalen Lebens«, in dem der »Beruf« Preußens sich offenbare, im weitesten Sinne seit dem hohen Mittelalter, dem Zeitalter der Staufer, im engeren seit dem Eintreffen der Hohenzollern in der Mark Brandenburg, d. h. seit dem 15. Jahrhundert.[42] Das zielte auf Geschichte im Sinne nationaler Teleologie und zugleich auf das Entstehen einheitsstaatlicher, modern verstandener politischer Strukturen. Das uns schon bekannte Argument, Preußen sei durch ein besonderes Maß politischer Geschlossenheit gekennzeichnet, eben die *Homogenitätsfiktion*, spielte in darstellender Wertung und programmatischer Forschung eine entscheidende Rolle. Das historische Recht lag (auch) bei Droysen ganz auf der Seite des »monarchischen Gedankens«, und alles, was dagegen stand, war – wir begegneten dem Topos schon bei Treitschke – »Particularismus«[43]. Preußen aber war Droysen schlechterdings Einheitsstaat: »Kein Staat hat vielleicht mehr Anlaß und besseren Grund, seine Vergangenheit(en) fest und energisch aus dem Gesichtspunkt der gewordenen Einheit, aus der lebendigen Energie des Staatsgefühls, aus dem stetigen Gedanken der diese vielerlei Territorien und Particularitäten zu Einem politischen Körper zusammengearbeitet hat,

---

40 Nach dem Druck bei Richard Dietrich (Hrsg.), Die politischen Testamente der Hohenzollern (= Veröffentlichungen aus den Archiven Preußischer Kulturbesitz, Bd. 20), Köln/Wien 1986, S. 754.

41 Mit allen Nachweisen Neugebauer, Preußische Geschichte, Kap. 9.

42 Johann Gustav Droysen, Geschichte der Preußischen Politik, 1. Teil, Berlin 1855, S. 3–5 (»Die Aufgabe«); in der 2. Aufl., Leipzig 1868, S. 3 f.; zur Genese der Argumentation seit den 1840er Jahren vgl. Felix Gilbert, Johann Gustav Droysen und die preußisch-deutsche Frage (= Beiheft 20 der Historischen Zeitschrift), München/Berlin 1931, S. 50, S. 125–127; Wilfried Nippel, Johann Gustav Droysen. Ein Leben zwischen Wissenschaft und Politik, München 2008, S. 216–218; und Stephan Paetrow, Die Produktivität der Provinz. Zur Entstehung von Droysens Historik und Preußischer Politik, in: Jenaer Universitätsreden (Droysen-Vorlesungen Bd. 18), Jena 2005, S. 201–227, hier S. 220 f. (begonnen 1853).

43 Johann Gustav Droysen, Geschichte der Preußischen Politik, 3. Teil, 1. Abt.: Der Staat des großen Kurfürsten, 1. Aufl., Leipzig 1861, S. 351–356, bes. S. 355 f.

aufzufassen und sich und seinem Volk gegenwärtig zu halten.«[44] Die Hohenzollern hätten (spätestens) im 17. Jahrhundert den »egoistischen, trotzigen und unbotmäßigen« landschaftlichen Widerständen ein Ende bereitet.[45]

Ganz im Sinne dieses Programms haben Droysens Mitarbeiter begonnen, die Akten einzelner Landschaften Brandenburg-Preußens und der Organisation der regionalen Eliten, also der Landstände, aus dem 17. Jahrhundert zu erschließen. Und sie taten dies, wie die Arbeitsberichte zu ihren Editionen zeigen, ganz in der Spur von Droysens Teleologie, die nicht nur eine nationale deutsche war, sondern eben zugleich eine des preußischen Einheitsstaates.[46] Da waren die »Partikular-Existenzen« dann gefährliche Quellen für »Anarchie« im Staat, die das »Durchgreifen des Staats-Gedankens« provozierten. Das »Particularistische«, das war das an sich Illegitime, ja eine – im 17. Jahrhundert – »staatsgefährliche Hinzögerung notwendiger Reformen«, ein »mißbrauchtes« politisches Recht. Die Legitimität des Handelns lag da ganz bei dem, der den Weg zum starken, geschlossenen, zum modernen Staat und seinem »Staats-Beamtentum« zu vertreten schien, also beim Monarchen und seinen Organen.[47] Freilich darf nicht übersehen werden, dass nicht nur diejenigen Mitarbeiter Droysens, die in den eben geöffneten Archivbeständen forschten, selbst sehr bald die Fragwürdigkeit von Droysens Interpretation erkannten.[48] Droysens konservativer Berliner Antipode Leopold (von) Ranke hat, wenn es um die preußische Produktion des liberalen Kollegen ging, schon mal das Wort »Fälschung« ausgesprochen[49] oder in Gutachten über den Jenenser Kollegen gehöhnt: »An Droysens Geschichte der preußischen Politik fällt es auf, daß es eine preußische Politik gegeben haben soll, ehe es einen preußischen Staat gab.« Das zielte auf die ersten Bände des Werks bis zum

---

44 Johann Gustav Droysens Gutachten betreffend die Förderung des Studiums der preußischen Geschichte (1866), jetzt gedruckt in: Johann Gustav Droysen, Historik, Teilband 2,2: Texte im Umkreis der Historik. Unter Berücksichtigung der Vorarbeiten von Peter Leyh nach Erstdrucken und Handschriften hrsg. von Horst Walter Blanke. Stuttgart-Bad Cannstatt 2007, S. 488 f.

45 Denkschrift von Droysens Hand, datiert Berlin, 5. März 1860: GStA PK, I. HA, Rep. 76 V^c, Sekt. 1, Tit. 11, Teil VB, Nr. 1, Bd. 1, in den Akten des Kultusministeriums.

46 Nach den Handakten Droysens, die sich im Nachlass Gustav Schmollers gefunden haben: GStA PK, VI. HA, NL Schmoller, Nr. 252; vgl. Wolfgang Neugebauer, »Großforschung« und Teleologie. Johann Gustav Droysen und die editorischen Projekte seit den 1860er Jahren, in: Johann Gustav Droysen. Philosophie und Politik – Historie und Philologie, hrsg. von Stefan Rebenich/Hans Ulrich Wiemer (= Campus Historische Studien, Bd. 61), Frankfurt a. M./ New York 2012, S. 261–292, hier S. 277–280.

47 Niederschriften der Mitarbeiter von Haeften und Isaacsohn, vom 26. Oktober 1864 und vom 11. April 1876, GStA PK, VI. HA, NL Schmoller Nr. 252 bzw. 254.

48 Neugebauer, Preußische Geschichte, Kap. 9.

49 So Theodor Wiedemann, Sechzehn Jahre in der Werkstatt Leopold von Rankes. Ein Beitrag zur Geschichte seiner letzten Lebensjahre, in: Deutsche Revue über das gesamte nationale Leben der Gegenwart 16 (1891) – 18 (1893), hier Teil 18, 4 (1893), S. 253–265, Zitat: S. 261.

Ende des 15. Jahrhunderts, eine Epoche, »die doch nur sehr uneigentlich als eine preußische bezeichnet werden kann [...]. Der ghibellinische Gedanke«, d. h. der Bezug auf die Stauferzeit, »der eine so große Rolle in dem Buch spielt, existiert bei weitem mehr im Kopfe des Autors als in den einfachen und mit der Erledigung der ihnen vorliegenden Schwierigkeiten beschäftigten Persönlichkeiten jener Zeit.«[50] Die Fachkritik hat auch in Droysens besten Jahren massive Bedenken formuliert und nicht geschwiegen.[51]

Gerade konservative Organe, voran die »Kreuzzeitung«, die damals das Organ einer altpreußischen Tradition in Distanz zum modern-nationalen Programm war, haben Droysens Konzeption als »Partei-Anschauung«[52] bekämpft. Aber die Parteianschauung war – und darauf kommt es hier an – nicht identisch mit der preußischen Politik der Entstehungszeit von Droysens Preußensicht. Bis zum Ende der 1850er Jahre war die preußische Staatspolitik ja noch von der Programmatik Friedrich Wilhelms IV. bestimmt, die aus seinem Verständnis historisch begründeter Politik mit Blick auf das Alte Reich schon deshalb einer preußischen Hegemonie in Deutschland Hemmungen entgegenstellte, weil solche Bestrebungen – in einer jahrhundertetiefen Betrachtung – eigentlich »undeutsch« seien. Deshalb müssten, so lange als nur irgend möglich, Preußen und Österreich zusammengehen, und erst, wenn dies endgültig scheitere, müsse die preußische Machtposition ausgeweitet werden, freilich immer mit der Grenze der durch Gott gegebenen Rechte anderer deutscher Fürsten[53] – die ein Treitschke ja so

50 Druck von Rankes Gutachten, o. D. (1858) bei Frieduhelm von Ranke, Vierzig ungedruckte Briefe Leopold von Rankes, hrsg. von seinem Sohne, in: Deutsche Rundschau 29 (1904) – 31 (1906), hier: 29 II (1904), S. 63; dazu Gunter Berg, Leopold von Ranke als akademischer Lehrer. Studien zu seinen Vorlesungen und seinem Geschichtsdenken (= Schriftenreihe der Historischen Kommission bei der Bayerischen Akademie der Wissenschaften, Schrift 9), Göttingen 1968, S. 43–45.

51 Beispiel: Alfred Dove, Johann Gustav Droysen. Geschichte der preußischen Politik, in: Zeitschrift für Preußische Geschichte und Landeskunde 6 (1869), S. 125–133, hier S. 131–133; ders.: Johann Gustav Droysen, zuerst 1878, wieder in ders.: Ausgewählte Schriftchen vornehmlich historischen Inhalts, Leipzig 1898, S. 369–383, hier S. 378 f. (»schräge Beleuchtung von einer späteren Zeit aus«).

52 Konservative Verrisse: Wilfried Nippel, Das »forschende Verstehen«, die Objektivität des Historikers und die Funktion der Archive. Zum Kontext von Droysens Geschichtstheorie, in: Rebenich/Wiemer (Hrsg.), Droysen, S. 337–391, hier S. 344 und 346.

53 Nach wie vor wichtig Erich Brandenburg, Untersuchungen und Aktenstücke zur Geschichte der Reichsgründung, Leipzig 1916, S. 240 f.; Frank-Lothar Kroll, Friedrich Wilhelm IV. und das Staatsdenken der deutschen Romantik (= Einzelveröffentlichungen der Historischen Kommission zu Berlin, Bd. 72), Berlin (West) 1990, S. 138, S. 142; ders., Politische Romantik und romantische Politik bei Friedrich Wilhelm IV., in: Jahrbuch für die Geschichte Mittel- und Ostdeutschlands 36 (1987), S. 94–106, hier S. 104 f.; Recht Österreichs auf die Kaiserwürde: Meinecke, Weltbürgertum, S. 232; um und nach 1850: Winfried Baumgart, Europäisches Konzert und nationale Bewegung. Internationale Beziehungen 1830–1878 (= Handbuch der

rücksichtslos verachtete. Gegen diese Politik des real existierenden Preußen stand auch Droysens Argumentation. Sie war kein affirmatives Konstrukt, sondern um 1860 ein kritischer Appell an Preußen, endlich Preußen zu sein, das Preußen des Einheitsstaates im Inneren und der Reichseinigungspolitik nach außen: ein kritisches Konstrukt. »Da die Hohenzollern-Monarchie unter Friedrich Wilhelm IV. […] gerade diese Führungsrolle nicht wahrnahm, war Droysens Monumentalwerk […] gerade keine ›Sieger-Historiographie‹«,[54] aber verbunden mit der Illusion eines schon lange existierenden »starken Staates«[55], der freilich umso mehr ein Staat moderner Reformen sein müsse.[56]

Deshalb war es für Droysen eine nicht einfache Konstellation, in der er in den Jahren der »Neuen Ära« unter einem altliberalen Ministerium an die Berliner Universität berufen wurde und dort seine preußische Geschichtsschreibung fortsetzte.[57] Die preußischen Konservativen begegneten der deutschen Politik Bismarcks nicht ohne Skepsis und versuchten, »die geschichtliche Eigenart der Monarchie Friedrichs des Großen behaupten zu helfen gegen die gefährlichen Ansprüche der nationalen Einheitsbewegung.«[58] Sie sprachen wie die Gerlachs, die Vordenker der konservativen Preußenpolitik, vom »Laster des Patriotismus«.[59] Die »Kreuzzeitung« redete angesichts der nationalen und liberalen Vereinsbewegung in Deutschland vom »Einheitsgeschwätz«.[60]

Geschichte der internationalen Beziehungen, Bd. 6), Paderborn usw. 1999, S. 246 f., auch zu den Spannungen zu Österreich nach Olmütz.

54 Paetrow, Produktivität, S. 224 f.

55 Gerrit Walther, Droysen als Geschichtsschreiber. Beobachtungen zum Beginn der »Geschichte der Preußischen Politik«, in: Rebenich/Wiemer (Hrsg.), Droysen, S. 293–336, hier S. 323.

56 Dazu wichtig Reinhart Koselleck, Zur Rezeption der preußischen Reformen in der Historiographie. Droysen, Treitschke, Mehring, in: ders./Heinrich Lutz/Jörn Rüsen (Hrsg.), Formen der Geschichtsschreibung (= Theorie der Geschichte. Beiträge zur Historik, Bd. 4), München 1982, S. 245–265, hier S. 250–252, und Walter, Droysen, S. 335.

57 Zu der Arbeit an seinem schließlich 14-bändigen Werk zur preußischen Politik und an der von ihm begründeten Edition der »Urkunden und Aktenstücke«: Neugebauer, Großforschung, passim, bes. S. 267 f.; Berufung 1859: ders., Wissenschaftsautonomie und universitäre Geschichtswissenschaft im Preußen des 19. Jahrhunderts, in: Die Berliner Universität im Kontext der deutschen Universitätslandschaft nach 1800, um 1860 und um 1910, hrsg. von Rüdiger vom Bruch (= Schriften des Historischen Kollegs. Kolloquium, Bd. 76), München 2010, S. 129–148, hier S. 138; Nippel, Droysen, S. 263–267; und Neugebauer, Preußische Geschichte, S. 218.

58 So Gerhard Ritter, Die preußischen Konservativen und Bismarcks deutsche Politik 1858–1871 (= Heidelberger Abhandlungen zur mittleren und neueren Geschichte, Heft 43), Heidelberg 1913, S. 1.

59 Ernst Ludwig von Gerlach, Aufzeichnungen aus seinem Leben und Wirken 1795–1877, hrsg. von Jakob v. Gerlach, 2. Bd., Schwerin i. M. 1905, S. 297 (1867).

60 Ritter, Konservative, S. 57 und 58: »Schwadroneure eines deutschen Parlamentes«, »und die Kreuzzeitung wiederholte endlos dieselben Urteile: Preußens Hegemonie ist unmöglich, solange Österreich noch dem Bunde angehört, und umgekehrt; beide Großmächte müssen

Der Kampf ging um die doppelte Erinnerung: um die behauptete deutsche Mission preußischer Politik, und zwar seit Jahrhunderten, und um die immer umkämpfte innere Einheit Preußens selbst, um die Vorgeschichte des Einheitsstaates.[61] Auch diese Stilisierung besaß eine offensive, eine Appellfunktion: Schon die konstitutionelle Gesamtstaatsverfassung stand, in der Sicht mancher altadliger Beobachter, gegen das alte Recht und die Einrichtung von Staatsregionen, und diese machten eigentlich eine weitere Zentralisation des Staats unmöglich.[62] Das gleichsam antifeudale Argument, nach dem die Hohenzollern seit langem für die »Staatseinheit« gekämpft hätten, um die »locale und ständische Selbstsucht zu brechen«, hat der gerade von München nach Bonn berufene, in diesen Jahren strikt oppositionelle Heinrich von Sybel vorgetragen.[63] Das war der Kern dessen, was Sybel – mit einem damals noch recht modernen Begriff – »Absolutismus« nannte, als er von der Epoche des Großen Kurfürsten sprach. Das alles machte Preußen schon an sich modern, so wie auch Treitschke schon für das 18. Jahrhundert »straffe Centralisation« und »moderne Institutionen« in Preußen sehen wollte.[64] Das Ziel, die »Beschränkung oder Vernichtung von dreißig Souveränitäten« in Deutschland, förderte auch in Preußen selbst den Kampf gegen die »adelige Herrlichkeit«.[65] Das war anschlussfähig an konfessionelle Argumente, wenn der Heidelberger Professor Ludwig Häusser um 1860 Preußens Geschichte im 18. Jahrhundert durch »festere Staatsbildungen«, »getragen von dem Landes-

---

Hand in Hand gehen« (S. 60); vgl. noch Gustav Adolf Rein, Die Reichsgründung in Versailles am 18. Januar 1871 (= Janus-Bücher, Bd. 7), München 1958, S. 76; zur Differenzierung innerhalb der Konservativen um 1866 als Fallstudie nach wie vor illustrativ Herman von Petersdorff, Kleist-Retzow. Ein Lebensbild. Stuttgart/Berlin 1907, S. 368, S. 372–378; Hans-Joachim Schoeps, Das andere Preußen. Konservative Gestalten und Probleme im Zeitalter Friedrich Wilhelms IV., 3. Aufl., Berlin (West) 1964, S. 63–65; zum Folgenden vgl. S. 45–47; und die Quelle bei Wolfgang Neugebauer, Der Adel in Preussen im 18. Jahrhundert, in: Ronald G. Asch (Hrsg.), Der europäische Adel im Ancien Régime. Von der Krise der ständischen Monarchien bis zur Revolution (ca. 1600–1789), Köln/Weimar/Wien 2001, S. 49–76, hier S. 49 f. (1897).

61 Vgl. Rosenburg, Publizistik, Bd. 1, S. 377 (H. V. v. Unruh).

62 Siehe C. T. Freiherr Gans, Edler Herr zu Putlitz, Der Nationalcharakter des preußischen Volkes und seine historische Entwicklung während des Königthumes, Leipzig 1843, S. 101: »Im preußischen Staate würde eine reichsständische Verfassung um so mehr Schwierigkeiten haben, als die einzelnen Theile des Staates nicht allein ganz verschiedene Interessen, sondern auch verschiedene Einrichtungen haben […].«

63 Heinrich von Sybel, Über die Entwicklung der absoluten Monarchie in Preußen. Rede, gehalten am 3. August 1863 in der Aula der Friedrich-Wilhelms-Universität in Bonn, Bonn 1863, S. 8, und in ders., Kleine Historische Schriften, München 1863, S. 517 f.

64 Treitschke, Bundesstaat, S. 205 f., S. 213.

65 Heinrich von Sybel, Das neue Deutschland und Frankreich. Sendschreiben an Herrn Forcade in Paris, zuerst 1866, wieder in ders.: Vorträge und Aufsätze, Berlin 1874, S. 277–302, hier S. 297.

fürstenthum« und dem Protestantismus gekennzeichnet sah.[66] Dieser Einheitsstaat Preußen, entstanden im Kampf gegen die »Herrschaft unbändiger Junker«, ein »früh zu einer gewissen Einheit verschmolzener Staat von ganz überwiegend deutschem Wesen«,[67] war auch »am ehesten dann berufen [...], die Führung jenes engeren Bundes« in Deutschland »zu übernehmen«,[68] den er erhoffte.

Eben diese Interpretation war aber einer schroff negativen Wendung zugänglich, ähnlich wie dem seit Görres' Vormärz-Zeiten in Umlauf gesetzten Topos vom »Preußentum«[69], dem zunächst all das zugeordnet wurde, was nach 1815 bei der territorialen Neuordnung im rheinischen Westen als bürokratisch-fremd und zugleich als spezifisch protestantisch erfahren und gefühlt wurde. Nach 1848 wurde dies zum positiven Programmbegriff, etwa beim jungen Bismarck.

Zunächst war es die spezifische preußische »Einheit der Staatskräfte in dem Oberhaupte des Staates«, also die »Einheit des Absolutismus«, die kritisch ins Auge stach.[70] Der aus dem Pariser Exil schreibende, radikal-demokratisch-republikanische Jakob Venedey konnte dem eine gleichsam volkspsychologische (und antinationale) Wendung geben: Es sei der starke Anteil der slawischen »Race«, der zur Förderung politischer Zentralisation durch Untertänigkeit in Preußen beitrage.[71]

Diejenigen, die den »Einheitsstaat« in Preußen und in Deutschland wollten,[72] waren die Liberalen und unter den agitierenden Historikern ganz wesentlich sol-

---

66 Ludwig Häusser, Zur Beurtheilung Friedrichs des Großen. Sendschreiben an Dr. Onno Klopp, 2. Aufl., Heidelberg 1862, S. 18; vgl. Näheres im antiständischen Sinne bei dems., Deutsche Geschichte vom Tode Friedrichs des Grossen bis zur Gründung des Deutschen Bundes, Bd. 1 (2. Aufl. Leipzig 1858), Neudruck Meersburg/Naunhof/Leipzig 1933, S. 39 f., 32 (deutscher »Beruf« Preußens) und 33.

67 Häusser, Deutsche Geschichte, Bd. 1, S. 33 und 34: »hier alles modern und auf die Gestaltung einer modernen Staatsordnung berechnet«, »die Aristokratie in ihrer Macht gebrochen«, »das ganze Regiment bürgerlich-soldatisch«.

68 Häusser, Beurtheilung, S. 13.

69 Dazu Details bei Neugebauer, Preußische Geschichte, S. 291 f.; Topos des preußischen Zentralismus im Süddeutschland der 1860er Jahre: Walter Bußmann, Vom Heiligen Römischen Reich deutscher Nation zur Gründung des Deutschen Reiches, in: Handbuch der europäischen Geschichte, Bd. 5, Stuttgart 1981, S. 404–615, hier S. 591; »Preußenthum« 1831: Pfizer, Briefwechsel, S. 205.

70 So J.[akob] Venedey, Preußen und Preußentum. Mannheim 1839, ND o. O. o. J. (ca. 1972), S. 187, aus der Literatur: Hermann Venedey, Jakob Venedey. Darstellung seines Lebens und seiner politischen Entwicklung bis zur Auflösung der ersten deutschen Nationalversammlung 1849, phil. Diss. Freiburg, Stockach 1930, S. 3 und 54–56.

71 Venedey, Preußen, S. 109 f., 187 f. und 199, übrigens durch die »Ausrottung des ursprünglichen Adels dieses Landes«, weiter S. 223; H. Venedey, Darstellung seines Lebens, S. 56; Sybel äußerte brieflich (29. Juni 1855), »daß dieser Venedey ein Lump ist«, an M. Duncker: GStA PK, VI. HA, NL Duncker, Nr. 137.

72 Siehe z. B. Andreas Biefang, »Der Reichsgründer«? Bismarck, die nationale Verfassungsbewegung und die Entstehung des Deutschen Kaiserreichs (= Friedrichsruher Beiträge, Bd. 7), Friedrichsruh 1999, S. 18 f.

che von außerhalb Preußens und durchaus nicht beamtete Propagandisten der aktuellen Politik dieses Staats in den beiden ersten Dritteln des 19. Jahrhunderts. Dies verdeckt der zeitgenössische Hohn über die »kleindeutschen Geschichtsbaumeister«, wie ihn der ostfriesisch-hannoversche Historiker Onno Klopp gekonnt und durchaus kenntnisreich verbreitete.[73] Seine Kritik an den kleindeutsch inspirierten Historikern, an Droysen, an Häusser und an Sybel richtete sich nicht zuletzt gegen ihre Tendenz, die Politik und das Streben nach dem »centralisirten nationalen Einheitsstaat« schon in das 15. Jahrhundert und die beginnende Neuzeit vorzuverlegen,[74] ein Einwand, der aus grundsätzlicheren Erwägungen für die moderne Frühneuzeithistoriographie mit ihrer Distanz zu allzu modernen Begriffen in ihrer Anwendung auf vormoderne Zeiten plausibel erscheint. Aber auch der erobernde Militärstaat Preußen, der darin »von Anfang an« seine Charakteristika bewiesen habe, gekennzeichnet von seinem »Preußentum«, besaß in den Augen von Onno Klopp seine Wurzeln tief in der Geschichte.[75]

Unter nationalem Aspekt ließ sich das alles auch gegen Preußen wenden, das Nicht-allein-Deutsche[76] oder, wie Venedey es charakterisiert hatte, das Halbslawische und also Sklavische an und in Preußen. Unbemerkt scheint von denen, die im politischen Kampf seit dem Vormärz standen, geblieben zu sein, dass es auch in Preußen eine subdominante historiographische Strömung gegeben hatte, die diese spezifisch ostmitteleuropäische Dimension und Verankerung Preußens zu einem programmatischen Fundament einer Gesamtinterpretation dieses Phänomens gemacht hatte.[77] Preußen und das Konstrukt des »Preußentums« als der behaupteten und essentialisierten Kombination gleichsam überepochaler Tendenzen und Qualitäten ließen sich jedenfalls sehr leicht als Gegensatz zur »Idee der Nationalität«[78] deuten. So stand zur Mitte der 1860er Jahre Konstrukt gegen Konstrukt, Preußentumsvision und sein Gegenbild, und die Vorstellung von einem

---

73 Zur Person z. B. Lorenz Matzinger, Onno Klopp (1822–1903). Leben und Werk (= Abhandlungen zur Geschichte Ostfrieslands, Bd. 72), Aurich 1993, S. 27, 70–72 und 81–85; aus der Literatur Karl Erich Born, Der Wandel des Friedrich-Bildes in Deutschland während des 19. Jahrhunderts, phil. Diss. Köln 1953, S. 90 f.

74 Vor allem Onno Klopp, Kleindeutsche Geschichtsbaumeister, Freiburg i. Br. 1863, S. 68–72, bes. S. 70 f.; gegen die These vom deutschen »Beruf« Preußens: S. 60 f.; zum »militärischen Absolutismus« Preußens im 18. Jahrhundert: Onno Klopp, Der König Friedrich II. von Preußen und seine Politik, 2. Aufl., Schaffhausen 1867, S. 552 f.

75 Zu einer Flugschrift Klopps von 1861 das Referat bei Rosenberg, Publizistik, Bd. 1, S. 396 f.; zur publizistischen Diskussion um O. Klopp S. 346–348.

76 Ebenda.

77 Zu Karl Christian von Leutsch und Johann Friedrich Reitemeier vgl. Neugebauer, Preußische Geschichte, S. 141 und Anm. 15, S. 146 f.

78 Hier nicht zu wiederholende Details bei Neugebauer, Preußische Geschichte, S. 291–293; aus der Flugschriftenliteratur der 1860er Jahre vgl. Rosenberg, Publizistik, Bd. 2, S. 862; wichtig ders.: Rudolf Haym und die Anfänge des Klassischen Liberalismus (= Beiheft 31 der Historischen Zeitschrift), München 1933, S. 92 mit Anm. 1.

»preußischen Einheitsstaat«, der zum Anschluss dränge und zwänge – wir erinnern uns an die Forderungen aus Südwestdeutschland der 1830er bis zu den frühen 1860er Jahren –, wurde um 1866/67 zum notwendigen Fundament eines neuartigen »Preußenhasses«.[79]

Begrifflich gebündelt wurde dies durch die Kampfschrift des Mainzer Bischofs Wilhelm Emmanuel Freiherr von Ketteler über »Deutschland nach dem Kriege von 1866«; das Vorwort datiert vom Januar 1867.[80] Droysens These von einer »geschichtlichen Notwendigkeit«, die die preußische Politik seit jeher bestimmt habe, galt ihm schlechterdings als »doktrinärer Schwindel«[81] – ganz so, wie Ranke diese Lehre abgelehnt hatte. Ketteler nannte es »Borussianismus«, ein politisches »System, das sich erst nach und nach ausgebildet und allmählig zu seiner vollen Klarheit entwickelt hat«; es »hat eigentlich den Höhepunkt seiner Entwicklung erst in unsern Tagen gefunden. Unter Borussianismus verstehen wir nämlich die fixe Idee über den Beruf Preußens, eine unklare Vorstellung einer Preußen gestellten Weltaufgabe, verbunden mit der Ueberzeugung, daß dieser Beruf und diese Aufgabe eine absolut nothwendige sei, die sich mit derselben Nothwendigkeit erfüllen müsse, wie der losgelöste Fels herabrollt und daß es unstatthaft sei, diesem Weltberufe sich im Namen des Rechtes oder der Geschichte entgegenzustellen. Bei den Anhängern des Borussianismus steht dieser Beruf Preußens obenan, höher als alle Rechte, und Alles, was sich ihm entgegenstellt, ist deshalb Unrecht. Er vollzieht sich mit absoluter innerer Nothwendigkeit.«[82]

Damit war das Krankheitsbild des Borussianismus, gekennzeichnet von historisch-pathologischen Zügen, umrissen. Es trat in Varianten auf. Zum einen in po-

---

79 Siehe die anonyme Flugschrift: Der Preußenhaß. Beleuchtet von einem Süddeutschen, Leipzig 1867, S. 54, und die Trivialisierung S. 32: »preußischer Gardelieutnant als Typus des Preußentums«.

80 Wilhelm Emmanuel Freiherr von Ketteler, Deutschland nach dem Kriege von 1866. Mainz 1867, das Vorwort S. VI.

81 Ketteler, Deutschland, S. 32 f.

82 Ebenda, S. 30 f.; aus der Literatur dazu Lothar Gall, Bismarcks Preußen, das Reich und Europa, in: Historische Zeitschrift 234 (1982), S. 317–336, hier S. 318; Werner Conze, Das Kaiserreich von 1871 als gegenwärtige Vergangenheit im Generationenwandel der deutschen Geschichtsschreibung, zuerst 1979, in: ders., Gesellschaft – Staat – Nation. Gesammelte Aufsätze, hrsg. von Ulrich Engelhardt, Reinhart Koselleck und Wolfgang Schieder (= Industrielle Welt, Bd. 52), Stuttgart 1992, S. 44–65, hier S. 47 f.; Wolfgang Hardtwig, Von Preußens Aufgabe in Deutschland zu Deutschlands Aufgabe in der Welt. Liberalismus und borussianisches Geschichtsbild zwischen Revolution und Imperialismus, in: Historische Zeitschrift 231 (1980), S. 265–324, hier S. 265 f., 270, 273 und 286; Edgar Wolfrum, Geschichte als Waffe. Vom Kaiserreich bis zur Wiedervereinigung, Göttingen 2001, S. 12–14; nach Jürgen Mirow, Das alte Preussen im deutschen Geschichtsbild seit der Reichsgründung (= Historische Forschungen, Bd. 18), Berlin (West) 1981, S. 55, lässt sich die Interpretation, nach der Preußen einem deutschen Beruf gefolgt sei, bis in das späte 18. Jahrhundert, also bis zu Johannes von Müller, zurückverfolgen.

litikgeschichtlicher Ausprägung. »Der Inhalt dieses Berufes Preußens ist nach der Stellung der Anhänger dieser Richtung sehr verschieden.« Und eine dieser Richtungen zielte auf den starken, geschlossenen Staat, der Preußen seit langem gewesen sein soll: »Ist der Mann dieser Richtung ein begeisterter Diener seines Königs, so denkt er dabei an die Oberherrschaft eines absoluten preußischen Königthums.« Dazu gehörte dann auch die »Glorificirung des preußischen Bürokratismus«, kombinierbar in konfessioneller Hinsicht mit protestantischen Elementen.[83] Der »Absolutismus« und der »Militärstaat«, wenn positiv konnotiert, waren dann Indizien für »Borussianismus«[84], und *dagegen* wurde bei Ketteler die Forderung nach »deutsche[r] Freiheit« gestellt, eine Freiheit, die eine christliche Freiheit sei. Jede »Glorifizierung des preußischen Bürokratismus« konnte mithin »Borussianismus« sein, so jene »festen Staatsbildungen«, von denen Ludwig Häusser in Heidelberg gesprochen habe.[85] Derart definiert, musste borussisches oder borussianisches Argumentieren nicht unbedingt mit dem nationalen Telos preußischer Politik zusammengehen, wie sie Droysen ja schon im Mittelalter gesucht hatte. Dadurch gewann der Begriff freilich an Beliebigkeit, nicht an analytischer Schärfe.[86]

Die Behauptung einer geschichtlich notwendigen Entwicklung, die – wir erinnern uns an Treitschkes Legitimierung preußischer Annexionen – immer wieder zur »Angliederung weiterer Teile«[87] geführt habe, war freilich durchaus nicht auf die deutschsprachige Historiographie der Reichsgründungszeit beschränkt. Soll man es borussianisch nennen, wenn auch im Westen Europas bei der Suche nach den historischen Wurzeln aktueller Kräftelagen weit in die Vergangenheit zurückgegriffen und mutig konstruiert wurde? Ernest Lavisse, bedeutender französischer Historiker und nach 1870 auch Wissenschaftspolitiker von hohen Graden,[88] des-

---

83 Ebenda, S. 31.

84 Ebenda, S. 92, vgl. auch S. 106 (Freiheitstopos versus »absolute[r] Militärstaat«), hier auch folgendes Zitat im Text.

85 Ebenda, S. 33 f.

86 Bis hin zur These, dass »autochthone« Modernisierungstendenzen Indiz für »borussische« Tendenzen seien, so z. B. Barbara Vogel, Literaturbericht. Das alte Preußen in der modernen Geschichtswissenschaft, in: Geschichte und Gesellschaft 11 (1985), S. 377–396, hier S. 382; die Unschärfe des Begriffs »borussisch« bzw. borussianisch in der Argumentation der DDR zeigt sich deutlich bei Ingrid Mittenzwei/Karl-Heinz Noack, Einleitung. Das absolutistische Preußen in der DDR-Geschichtswissenschaft, in: Ingrid Mittenzwei/Karl-Heinz Noack (Hrsg.), Preußen in der deutschen Geschichte vor 1789 (= Akademie der Wissenschaften der DDR. Zentralinstitut für Geschichte. Studienbibliothek DDR-Geschichtswissenschaft, Bd. 2), Berlin (DDR) 1983, S. 11–51, hier S. 30 f.

87 Ketteler, Deutschland, S. 35.

88 Erwähnt bei Pierre Bourdieu, Homo academicus, übersetzt von Bernd Schwibs (= Suhrkamp Taschenbuch Wissenschaft, Bd. 1002), 2. Aufl., Frankfurt a. M. 1998, S. 197; zur Person auch Karl Lohmeyer, Rezension zu: Études sur l'Histoire de Prusse par Ernest Lavisse. Deuxieme édition …, in: Historische Zeitschrift 59 (1888), S. 323–329, hier S. 323 f.; Gerd Krumeich, Ernest Lavisse (1842–1922), in: Volker Reinhardt (Hrsg.), Hauptwerke der Geschichts-

sen Rolle auch im preußischen Kultusministerium beobachtet wurde,[89] hat dazu Beiträge geleistet. Lavisse wollte die Wurzeln der »preußischen« Monarchie im hohen und späten Mittelalter, und zwar in der Mark Brandenburg jener Zeit, erkennen. Dabei setzte er schon in vordeutscher, in der Zeit der Elbslawen an. Als die Dynastie der Askanier 1319 in diesen Landschaften ausstarb, stand nach Lavisse der preußische Staat in allen wesentlichen Zügen schon fertig da, wohlgemerkt: lange bevor die ersten Hohenzollern den Boden zwischen Elbe und Oder betraten.[90] Der künstliche Charakter Preußens, auch schon seine Staatsauffassung, die bereits im hohen Mittelalter ausgeprägte Expansionstendenz, alles das zeigte dem französischen Geschichtsschreiber die eigentlichen Wurzeln aktueller Erscheinungen an. Schon um 1300 war die eigentliche »industrie nationale de la Prusse«, das Kriegführen, voll ausgeprägt.[91] Bis in diese Epochen reiche also jene notwendige Entwicklung zurück, die in jüngeren Zeiten, auch nach 1813, fortgewirkt habe.

Eine solche, um weitere Jahrhunderte zurückgreifende, nun freilich negativ konnotierte Teleologie hatte selbst ein Johann Gustav Droysen nicht gewagt. Ihre Konstruktion kam ursprünglich nicht aus Preußen, und sie blieb nicht auf Preußen-Deutschland beschränkt. Es würde verlocken, ihre Auswirkungen im 20. Jahrhundert, 1919 und 1947, aufzusuchen. Und immer wirkte neben der nationalen eine zweite Fiktion mit, die des in Preußen früh entstandenen Einheitsstaates.

---

schreibung, Stuttgart 1997, S. 362–365, und vor allem Beate Gödde-Baumanns, Deutsche Geschichte in französischer Sicht. Die französische Historiographie von 1871 bis 1918 über die Geschichte Deutschlands und der deutsch-französischen Beziehungen in der Neuzeit (= Veröffentlichungen des Instituts für europäische Geschichte Mainz. Abt. Universalgeschichte, Bd. 49), Wiesbaden 1971, S. 100 f.

89 Schreiben Albert Nandés an Friedrich Althoff, 22. April 1892, in: GStA PK, VI. HA, NL Althoff Nr. 868 (alte Signatur: 136 Bd. 1).

90 Vor allem: Ernest Lavisse, Étude sur l'une des origines de la Monarchie Prussienne ou la marche de Brandenbourg sous la dynastie ascanienne, Paris 1875; Gödde-Baumanns, Deutsche Geschichte, S. 66–76; Lohmeyer, Rezension, S. 324, S. 326; Ernst Berner, Neuere französische Forschungen zur preußischen Geschichte, in: Forschungen zur Brandenburgischen und Preußischen Geschichte 2 (1889), S. 305–340, hier S. 310 f.; siehe auch die Einzelstudien bei Ernest Lavisse, Études sur l'histoire de Prusse, 4. Aufl., Paris 1896, S. 21–72.

91 Lavisse, Étude, S. 263, mit einem Zitat Mirabeaus, nun bezogen aber auf die Askanier; dazu speziell Lohmeyer, Rezension, S. 328.

Bundesrat als föderale Klammer des Kaiserreiches

Oliver F. R. Haardt

»Die Tätigkeit des Bundesrates [ist] eine Farce, an der sich zu beteiligen die Mühe nicht lohnt«, beschwerte sich der badische Ministerpräsident Julius Jolly 1872.[1] Diese Klage kam nicht von ungefähr. Bereits ein Jahr nach Gründung des Deutschen Reiches war die von Bismarck in den Verfassungsverhandlungen geschürte Erwartung verpufft, der Bundesrat würde als Verkörperung des Fürstenbundes der Regierungsmotor des neuen Nationalstaates sein. Je mehr Zeit verging, desto deutlicher wurde, wie weit die Länderkammer von dieser Rolle entfernt war. Alle Sitzungen fanden unter Ausschluss der Öffentlichkeit statt und wurden daher kaum beachtet. Der routinemäßige Austausch zwischen den Landesregierungen fand über ihre diplomatischen Gesandtschaften und nicht im Bundesrat statt. Das dortige Plenum, in dem über Gesetze und andere Maßnahmen abgestimmt wurde, war kein Ort für Verhandlungen, da die Bevollmächtigten an die Weisung ihrer jeweiligen Regierung gebunden waren. Langwierige Vorträge waren unerwünscht. Als ein neuer Bevollmächtigter diese ungeschriebene Regel einmal missachtete, wies ihn ein altgedienter Kollege zurecht, indem er kurz, aber laut schnarchte. Darüber hinaus war der Bundesrat alles andere als selbständig. Er hatte keine eigenen Sekretäre, Bücher oder Akten. Der Betrieb konnte überhaupt nur am Laufen gehalten werden, weil das Reichskanzleramt bzw. ab 1879 das Reichsamt des Innern alle nötigen Büromitarbeiter und Sachmittel stellte. Es existierte noch nicht einmal ein eigenes Gebäude. Das formell höchste Organ der Verfassung war zunächst Untermieter im Reichskanzler- und dann im Reichsinnenamt. Nach der Einweihung des neuen Reichstagsgebäudes 1894 fanden die Sitzungen immer öfter in einem extra dafür dort eingerichteten Prunksaal statt.

---

1 Zit. in Walter Peter Fuchs, Bundesstaaten und Reich. Der Bundesrat, in: Oswald Hauser (Hrsg.), Zur Problematik »Preußen und das Reich«, Köln 1984, S. 83–104, hier S. 93.

1. Das Stiefkind der Kaiserreichsforschung

In Anbetracht dieser Umstände entsteht schnell der Eindruck, dass der Bundesrat ein verstaubtes Gremium aus unbedeutenden Gesandten war, die nichts weiter taten, als ihren Anweisungen gemäß die Hand zu heben. Dementsprechend gering ist das Interesse, mit dem Historikerinnen und Historiker den Bundesrat seit jeher bedacht haben. Die Länderkammer ist gewissermaßen das »Stiefkind« der wissenschaftlichen Auseinandersetzung mit dem Kaiserreich, wie Hans Fenske schon 1974 in einem Literaturbericht feststellte.[2] Diese Einschätzung trifft in unseren Tagen noch genauso zu. Während Studien zum Reichstag, den Reichskanzlern und den Kaisern ganze Regalreihen füllen, passen die wenigen Arbeiten zum Bundesrat bequem auf einen kleinen Schreibtisch. Darunter sind vor allem staatsrechtliche Untersuchungen, die teilweise noch aus dem späten Kaiserreich oder der Weimarer Republik stammen.[3] Dazu kommen die fünf zwischen 1897 und 1901 veröffentlichten Bände Heinrich von Poschingers, die allerdings mehr eine begeisterte Apotheose Bismarcks als eine nüchterne Analyse der Vorgänge in der Länderkammer sind.[4] Die relevanten geschichtswissenschaftlichen Studien erschöpfen sich in zwei kurzen Aufsätzen aus den 1980er Jahren und einer Monographie Hans-Otto Binders, die sich ganz auf die Beziehungen des Bundesrates zu Bismarck konzentriert und daher auch mit dessen Entlassung endet. Selbst in Heiko Holstes ansonsten sehr gründlichen rechtshistorischen Studie zum Wandel des deutschen Bundesstaates zwischen 1867 und 1933 spielt der Bundesrat nur eine Nebenrolle.[5] Mehr Aufmerksamkeit hat der Bundesrat im Zusammenhang mit jenen größeren historiographischen Debatten erfahren, die sich mit der Entwicklung des Regierungssystems insgesamt und den dafür verantwortlichen strukturellen Wandlungsprozessen auseinandergesetzt haben. Besonders die Diskussion um die vermeintliche Parlamentarisierung der Reichsleitung hat den Bundesrat immer wieder in den Blick genommen. Dabei haben die verschiedenen Seiten der Debatte gezeigt, dass die Länderkammer im Laufe der Jahre in ihrer

---

2 Hans Fenske, Reich, Bundesrat und Einzelstaaten 1867 bis 1914: Ein Literaturbericht, in: Der Staat 13 (1974), H. 2, S. 265–279, hier S. 265.

3 Vollständige Liste in Oliver F. R. Haardt, Bismarcks ewiger Bund. Eine neue Geschichte des Deutschen Kaiserreichs, Darmstadt 2020, S. 347 f., Anm. 9.

4 Heinrich Poschinger, Fürst Bismarck und der Bundesrat, 5 Bde., Stuttgart/Leipzig 1898–1901.

5 Hans-Otto Binder, Reich und Einzelstaaten während der Kanzlerschaft Bismarcks 1871–1890. Eine Untersuchung zum Problem der bundesstaatlichen Organisation, Tübingen 1971; Fuchs, Bundesstaaten und Reich, in: Hauser (Hrsg.), Zur Problematik »Preußen und das Reich«; Heinrich Otto Meisner, Bundesrat, Bundeskanzler und Bundeskanzleramt (1867–1871), in: Ernst-Wolfgang Böckenförde (Hrsg.), Moderne deutsche Verfassungsgeschichte (1815–1914), Königstein (Taunus) 1981, S. 76–94.

Bedeutung hinter den Reichstag zurücktrat und immer mehr zu einem Spielball der Reichsleitung wurde.[6] Auch wenn die allermeisten Historikerinnen und Historiker in diesem Kontext Manfred Rauhs Parlamentarisierungsthese abgelehnt haben, prägt die Debatte darüber unseren Blick auf den Bundesrat bis heute.[7] Der Rahmen, den Rauh für die Betrachtung des Bundesrates abgesteckt hat, ist nämlich nie gesprengt worden. Nach wie vor konzentrieren sich große Gesamtdarstellungen zum politischen System des Kaiserreiches in der Regel auf das Verhältnis zwischen Reichsleitung und Reichstag. Den Bundesrat begreifen sie als einen Nebenschauplatz, der zwar einer Parlamentarisierung im Wege stand und die preußische Hegemonie absicherte, aber »faktisch keine so prominente Rolle spielte«, wie es in einem aktuellen Seminarbuch zum Bismarckreich heißt.[8] Dadurch wird das komplexe Dreiecksverhältnis, das die Verfassung zwischen Reichstag, Bundesrat und Kanzler bezw. Kaiser definierte, auf eine einfache Zweierbeziehung zwischen Regierung und Parlament reduziert. Anders gesagt: Statt als Zentrum wird der Bundesrat als bloße Randerscheinung eines »hegemonialen Föderalismus« begriffen, innerhalb dessen die preußisch geprägte Reichsleitung die Politik in Auseinandersetzung mit dem Reichstag bestimmte und die Regierungen der Mittel- und Kleinstaaten außen vor standen, wie schon Christian Henrich-Franke bemerkte.[9] Dadurch spricht man dem Bundesrat von vornherein jede größere Bedeutung ab und verzichtet darauf, seine innere Dynamik und seine verfassungspolitische Bremsfunktion näher zu untersuchen. Das größte Problem an dieser Sichtweise ist ihr verengtes Blickfeld. Sie betrachtet den Bundesrat als einen vom Rest des Verfassungssystems weitgehend isolierten Teil und übersieht so die vielen Formen föderaler Entscheidungsfindung, die außerhalb seines institutionellen Rahmens existierten, aber eng mit ihm verflochten waren. Der Bundesrat bildete als föderale Klammer des Kaiserreiches gewissermaßen das Zentrum eines Netzes einzelstaatlicher Einflussmechanismen, durch das »jeder irgendwie wichtige Akt der Gesetzgebung erst nach umständlichem Verhandeln und Feilschen mit den Landesregierungen, namentlich den Mittelstaaten, durchgesetzt werden« konnte, wie der Staatsrechtler Heinrich Triepel 1907 in seiner Untersuchung von

---

6 Guter Überblick über die Debatte in Marcus Kreuzer, Und sie parlamentarisierte sich doch: Die Verfassungsordnung des Kaiserreiches in vergleichender Perspektive, in: Marie-Luise Recker (Hrsg.), Parlamentarismus in Europa, München 2004, S. 17–40.

7 Manfred Rauh, Föderalismus und Parlamentarismus im Wilhelminischen Reich, Düsseldorf 1973; ders., Die Parlamentarisierung des Deutschen Reiches, Düsseldorf 1977.

8 Beate Althammer, Das Bismarckreich, Paderborn 2009, S. 42.

9 Christian Henrich-Franke, Integrieren durch Regieren – ein Phasenmodell, in: Gerold Ambrosius/ Christian Henrich-Franke/Cornelius Neutsch (Hrsg.), Föderalismus in historisch-vergleichender Perspektive, Bd. 6: Integrieren durch Regieren, Baden-Baden 2018, S. 15–51, hier S. 18.

»Unitarismus und Föderalismus im Deutschen Reiche« bemängelte.[10] Eine von der Deutschen Forschungsgemeinschaft geförderte Projektgruppe an der Universität Siegen hat die Strukturen und Prozesse dieses informellen Systems föderalen Regierens zwischen 2012 und 2016 in mehreren Studien zu ausgewählten Gesetzgebungsprozessen akribisch herausgearbeitet.[11] Dank dieser Arbeiten haben wir zwar ein viel klareres Bild davon gewonnen, wie sich die Rolle des Bundesrates im Laufe der Jahre in dem immer komplexer werdenden institutionellen Gefüge der föderalen Regierungsordnung wandelte. Darüber, wie sich seine innere Dynamik entwickelte und wie diese mit seiner sich verändernden Position im Verfassungssystem zusammenhing, wussten wir bis vor kurzem aber weiterhin ausgesprochen wenig. Das hat erst die verfassungsgeschichtliche Gesamtschau des Kaiserreiches geändert, die ich Ende 2020 veröffentlicht habe. Darin habe ich die innere Zusammensetzung und die äußere Funktion des Bundesrates im politischen System des Reiches in allen Einzelheiten für die gesamte Zeitspanne zwischen der Reichsgründung und der Revolution untersucht.[12] Die Ergebnisse dieser komplexen Analyse können in dem begrenzten Rahmen, den der vorliegende Aufsatz bietet, nur grob skizziert werden. Das will ich im Folgenden in drei Schritten tun. Der erste Abschnitt wird sich mit der Stellung des Bundesrates in der Verfassung von 1871 beschäftigen und dabei zeigen, dass die Länderkammer als zentrale Schutzvorrichtung monarchischer Souveränität konzipiert war. Danach wird der Aufsatz schildern, wie sich die Anwesenheitsmuster auf den Bänken der Einzelstaaten im Laufe der Zeit entwickelten. Diese Darlegung wird die Mechanismen offenlegen, durch die die Länderkammer mit den Jahren nationalisiert wurde. Der letzte Abschnitt wird schließlich einen chronologischen Überblick über die sechs Phasen geben, in denen die großen strukturellen Wandlungsprozesse der Verfassung den Bundesrat immer weiter in ein Schattendasein drängten und so den Aufstieg des Reichstages ermöglichten. Am Ende wird der Aufsatz ein kurzes Fazit darüber ziehen, was uns der Bundesrat als föderale Klammer eigentlich über das Kaiserreich sagt. Aus Platzgründen verzichte ich bei dieser Darstellung auf detaillierte Literaturangaben und eine genaue Beschreibung der rechtlichen Grundlagen sowie der

---

10 Heinrich Triepel, Unitarismus und Föderalismus im Deutschen Reiche. Eine staatsrechtliche und politische Studie, Tübingen 1907, S. 122 f.

11 Paul Lukas Hähnel, Föderalismus in historisch vergleichender Perspektive, Bd. 6: Föderale Interessenvermittlung im Deutschen Kaiserreich am Beispiel der Nahrungsmittelregulierung, Baden-Baden 2017; Julia Liedloff, Föderalismus in historisch vergleichender Perspektive, Bd. 4: Föderale Mitwirkung an den Unfallversicherungsgesetzen im Kaiserreich (1884–1911), Baden-Baden 2017; Philipp Höfer, Föderalismus in historisch vergleichender Perspektive, Bd. 5: Einzelstaatliche Einflussnahme auf die Finanzpolitik im Deutschen Kaiserreich, Baden-Baden 2017. Dazu die relevanten Aufsätze in Gerold Ambrosius/Christian Henrich-Franke/Cornelius Neutsch (Hrsg.), Föderalismus in historisch vergleichender Perspektive, Bd. 2: Föderale Systeme Kaiserreich – Donaumonarchie – Europäische Union, Baden-Baden 2018.

12 Haardt, Bismarcks ewiger Bund.

statistischen Untersuchungen, auf denen meine Argumente beruhen. Alle Einzelheiten dazu finden sich in meinem bereits erwähnten Gesamtwerk zur Verfassungsgeschichte des Kaiserreichs.[13]

2. Der Bundesrat als monarchische Schutzvorrichtung

Der Bundesrat war – so viel ist hinlänglich bekannt – ein Garant der preußischen Hegemonie. Die Stimmverteilung gab Preußen ein starkes Übergewicht. Außerdem gab es mehrere Verfahrensregeln, die Preußen begünstigten, wie etwa die Stichstimme in Fällen von Stimmengleichheit oder ein faktisches Vetorecht gegen alle Verfassungsänderungen (Sperrminorität). Die Absicherung der preußischen Hegemonie war aber nicht der wichtigste Daseinszweck des Bundesrates. Das lässt sich schon daran erkennen, dass Preußens Stimmgewicht nicht so stark war, wie es hätte sein können. Zwar schlug Bismarck 1866 bei der Ausarbeitung der norddeutschen Bundesverfassung, die vier Jahre später unter Hinzufügung einiger süddeutscher Sonderrechte praktisch für das Reich übernommen wurde, dem Hohenzollern-Königreich die Stimmen jener Bundesglieder zu, die Preußen im Zuge der Reichsgründung annektiert hatte (Hannover, Kurhessen, Holstein, Nassau und Frankfurt). Ansonsten übernahm er aber die Stimmverteilung des alten Bundestages aus der Bundesakte von 1815 ohne Änderungen.[14] Er verzichtete ganz bewusst darauf, diese Distribution, die auf der Bevölkerungsgröße der einzelnen Staaten Anfang des 19. Jahrhunderts beruhte, an die aktuellen Verhältnisse anzupassen, da dann »die anderen Regierungen neben Preußen vollständig mundtot gemacht« worden wären, wie er in seinen Putbuser Diktaten erklärte.[15] Mehr als an einem maximalen Ausbau der preußischen Hegemonie war ihm bei der Konstruktion des Bundesrates also an der Bewahrung des bündischen Scheins gelegen, in den er die Verfassung hüllte, um das monarchische Prinzip zu schützen. Dementsprechend war der Bundesrat vor allem als Bollwerk monarchischer Macht angelegt. Um diese dezidiert antiparlamentarische Funktion zu verstehen, müssen wir den Aufbau, die Arbeitsweise und die Aufgaben beleuchten, die die Verfas-

---

13 Ebenda, bes. Kapitel 5 und 6. Siehe auch Oliver F. R. Haardt, Innenansichten des Bundesrates im Deutschen Kaiserreich 1871–1918, in: Historische Zeitschrift 310 (2020), S. 333–386.

14 Das Herzogtum Schleswig, das zu der nach dem Deutsch-Dänischen Krieg von 1864 eingerichteten österreichisch-preußisch geführten Sonderverwaltungszone an der Nordgrenze des Deutschen Bundes gehörte, wurde 1866 zwar ebenfalls von Preußen annektiert, war zu diesem Zeitpunkt aber kein ordentliches Bundesglied und hatte infolgedessen auch kein Stimmrecht im Bundestag, das Preußen sich hätte einverleiben können.

15 Zweites Putbuser Diktat »Unmaßgebliche Ansichten über Bundesverfassung«, in Gesammelte Werke, Bd. 6, 1929, Nr. 616, S. 169.

sung für ihn festlegte. Die Länderkammer bestand aus den Regierungsgesandten der 22 einzelstaatlichen Monarchien und drei freien Städte des Reiches. Zusammen bildeten diese Bevollmächtigten eine Vollversammlung. Die Funktion und die Zusammensetzung dieses Plenums waren – auch wenn dort keine Verhandlungen stattfanden – äußerst wichtig. Es bildete nämlich den Ort für alle entscheidenden Abstimmungen im Gesetzgebungsverfahren. Kein legislatives Projekt, aber auch keine zur Durchführung der Gesetze notwendige Verordnung – es sei denn, sie fiel in den Zuständigkeitsbereich des Kaisers – konnten in Kraft treten, ohne im Plenum von einer Stimmenmehrheit angenommen zu werden. Außerdem bildete das Plenum Ausschüsse, in denen Gesetzesentwürfe und andere Maßnahmen beraten und überarbeitet wurden. Die Verfassung schuf insgesamt acht solcher Ausschüsse, die jeweils mit einem bestimmten Feld der Reichsgewalt betraut waren. Kurz nach der Reichsgründung kamen vier weitere hinzu.

Jeder Ausschuss bestand aus den Vertretern von mindestens vier verschiedenen Landesregierungen. Nach 1890 wurde diese Zahl für die meisten Ausschüsse auf sieben erhöht. Das Plenum verteilte die Sitze in den Ausschüssen bis auf wenige Ausnahmen jährlich durch Wahlen an die einzelnen Staaten. Die Landesregierungen beriefen ihre Vertreter in den Ausschüssen aus den Reihen ihrer Bundesratsbevollmächtigten. In den Ausschüssen verfügte jeder Einzelstaat über eine Stimme. Anders als im Plenum, wo das Stimmgewicht der einzelnen Staaten sehr unterschiedlich ausfiel, war das Beschlussverfahren in den Ausschüssen damit egalitär. Zumindest theoretisch konnte dort also jede Landesregierung ihre Interessen auf Augenhöhe mit dem Hegemonialstaat Preußen vertreten.

Die Arbeit der Ausschüsse und der Abstimmungsprozess im Plenum waren eng miteinander verzahnt. Wurde eine neue Gesetzesvorlage ins Plenum eingebracht, überwies man sie zumeist gleich an den relevanten Ausschuss. Waren dort die Verhandlungen abgeschlossen, stellte ein Referent – diese Position wurde für manche Fachgebiete traditionell von bestimmten Staaten besetzt, etwa in Finanzfragen von Bayern und in Verfassungsangelegenheiten von Sachsen – die Ergebnisse der Vollversammlung mündlich oder schriftlich vor. Daraufhin konnten Änderungen am Gesetzentwurf vorgeschlagen werden, bevor die erste Abstimmung im Plenum erfolgte. Wurde der (abgeänderte) Entwurf abgelehnt, war er in seiner jetzigen Form gescheitert. Gewann er eine Mehrheit der Stimmen, ging er anschließend an den Reichstag. Dieser verhandelte den Entwurf seinerseits in entsprechenden Ausschüssen und konnte ihn dann entweder verwerfen, in gleicher Form annehmen oder Veränderungen verlangen. Geschah Letzteres, kam der Entwurf zurück in den Bundesrat. Das Plenum konnte ihn alsdann entweder in der vom Reichstag geänderten Form annehmen, woraufhin er dem Kaiser zur Ausfertigung übermittelt wurde, oder wieder an den relevanten Ausschuss zu weiteren Beratungen überweisen. Waren diese abgeschlossen, schritt das Plenum zur

Schlussabstimmung. Gab es keine Mehrheit, war der Entwurf gescheitert. Fiel das Votum dagegen positiv aus, ging der Entwurf zurück an den Reichstag. Wurde er dort angenommen, lag es am Kaiser, ihn im Bundesgesetzblatt zu veröffentlichen. Lehnte das Parlament ihn hingegen ab, war er endgültig gescheitert.

Durch dieses doppelte Zustimmungsverfahren war das Bundesratsplenum der Dreh- und Angelpunkt des von der Verfassung vorgegebenen Gesetzgebungsprozesses. Egal, welche zusätzlichen Verhandlungsforen sich mit der Zeit herausbildeten – am Plenum führte kein Weg vorbei. Nicht umsonst bezeichnete Bismarck den Bundesrat wenige Monate nach der Reichsgründung im Reichstag als »ein Palladium für unsere Zukunft, eine große Garantie für die Zukunft Deutschlands«.[16] Mit diesem Prädikat spielte er auf die strategische Stellung der Länderkammer an. Der Bundesrat war das zentrale Organ der Verfassung. Als institutionelle Verkörperung des Fürstenbundes besaß er wichtige Kompetenzen in allen drei Zweigen der Staatsgewalt. Zusammen mit dem Reichstag bildete er die nationale Legislative. Ohne seine Zustimmung konnte kein Reichsgesetz verabschiedet werden. Auch in der Exekutive gab die Verfassung ihm eine bedeutende Position. Er teilte sich mit dem Kaiser, der als »Bundespräsidium« dem von der Länderkammer verkörperten Fürstenbund gewissermaßen vorsaß, die Regierungsgewalt des Reiches. Weil der Bundesrat dabei den kollektiven Souverän des Reiches repräsentierte, nämlich die Gesamtheit der verbündeten Regierungen, genoss er einige exekutive Vorrechte, die klassischerweise einem Monarchen zustanden. Am wichtigsten waren das Recht, Verordnungen zur Ausführung der Reichsgesetze zu erlassen, und die Befugnis, im Rahmen der sogenannten Reichsexekution in Einzelstaaten, die ihre verfassungsmäßigen Pflichten verletzten, zu intervenieren. Schließlich hatte der Bundesrat auch wichtige Aufgaben im Justizwesen inne. Die Reichsverfassung schuf keinen Verfassungsgerichtshof, sondern eine Reihe alternativer Konfliktlösungsmechanismen. An diesen war der Bundesrat stets in der einen oder anderen Form beteiligt. Für Streitigkeiten zwischen verschiedenen Einzelstaaten war er sogar ganz allein zuständig. Durch diese zentrale Position in der Verfassung schützte der Bundesrat die wichtigsten Schaltstellen monarchischer Macht vor möglichen Übergriffen des Reichstages. Als institutionelle Verkörperung des kollektiven Souveräns des Reiches bestand der Bundesrat aus Gesandten, die allein ihren jeweiligen Heimatregierungen gegenüber verantwortlich waren und daher nominell gar nicht zur Reichsebene gehörten. Folglich konnten sie auch nicht vom nationalen Parlament belangt, geschweige denn zur Rechenschaft gezogen werden. Das galt auch für den Reichskanzler, weil die Verfassung diesen als Präsidialgesandten Preußens definierte. Als Ersatz für eine offizielle Reichsregierung waren der Bundes-

---

16 Stenographische Berichte über die Verhandlungen des Deutschen Reichstages, 19.4.1871, S. 299, online verfügbar unter: https://www.reichstagsprotokolle.de/index.html (letzter Abruf: August 2022).

rat und alle Stellen, die – wie der Kanzler – in seinen Schutzbereich eingepflegt waren, gegenüber dem Reichstag somit unangreifbar. Anders gesagt: Die Verzahnung der unterschiedlichen Regierungsebenen des monarchischen Bundesstaates im Knotenpunkt Bundesrat stellte strukturell sicher, dass eine Parlamentarisierung des föderalen Verfassungsgefüges in der Gestalt, in der es 1871 geschaffen wurde, überhaupt nicht möglich war. Am deutlichsten betonte Bismarck diese antiparlamentarische Blockierfunktion wohl in den 1880er Jahren, als liberale Forderungen nach Einführung einer verantwortlichen Reichsregierung wegen der zunehmend wichtigen Rolle der Chefs der Reichsämter immer lauter wurden: »In der Erhaltung des Föderativ-Staats erblicke ich eine viel größere Widerstandsfähigkeit gegen das republikanische Andrängen, das sich im Reichstage wie in ganz Europa bemerkbar macht, als sie dem Einheitsstaate zu Gebote stehen würde, wo nur eine einzige Regierung, nicht eine Mehrheit von Regierungen, dem Reichstage gegenüber stehen würde.«[17] Diese Überlegung hatte allerdings einen Haken: Die Verfassung verharrte nach der Reichsgründung eben nicht in dem Zustand von 1871, sondern veränderte sich im Laufe der Jahrzehnte fundamental. Angetrieben von einer umfangreichen Zentralisierung, die den Schwerpunkt staatlicher Macht von den Einzelstaaten auf das Reich verlagerte, bauten mehrere große Wandlungsprozesse den strukturellen Rahmen föderalen Regierens gründlich um. Der Kaiser erhob sich vom *primus inter pares* im Kreis der Bundesfürsten zu einem Reichsmonarchen. Der Kanzler wuchs in die Rolle des Chefs einer kaiserlichen Reichsregierung hinein, die nach und nach in Person der Leiter der obersten Reichsbehörden, den sogenannten Reichsämtern, um ihn herum entstand und sich zusehends von ihren preußischen Wurzeln emanzipierte. Und der Reichstag ersetzte die einzelstaatlichen Regierungen als wichtigsten Verhandlungspartner der exekutiven Entscheidungsträger des Reiches. Diese Entwicklung der Verfassungsrealität drängte den Bundesrat in ein politisches Schattendasein, das seine Schutzfunktion zur Verhinderung parlamentarischer Übergriffe auf die Regierungsgewalt langsam aushöhlte. Um diesen Zusammenhang zu verstehen, müssen wir zunächst den Wandel begreifen, der sich im Innern des Bundesrates vollzog.

3. Die Nationalisierung der Länderkammer

Das Innenleben des Bundesrates geriet innerhalb der ersten zwei Jahrzehnte nach der Reichsgründung komplett unter die Kontrolle der sich gleichzeitig ausdifferenzierenden Reichsregierung. Diese Nationalisierung der Länderkammer vollzog

---

17 Zit. in Poschinger, Fürst Bismarck und der Bundesrat, Bd. 4, S. 165.

sich auf der Grundlage einer zweiteiligen Manipulation der Zusammensetzung des Plenums.

3.1 Die Übernahme der preußischen Bundesratsbank

Zunächst machte sich die Reichsregierung die preußische Bundesratsvertretung zu eigen. Zu diesem Zweck sorgte der Reichskanzler dafür, dass der Kaiser in seiner Eigenschaft als preußischer König eine große Schar leitender Beamter der Reichsämter zu stellvertretenden Bundesratsbevollmächtigten Preußens ernannte. Auf diese Weise schleuste die Reichsregierung ihre eigenen Interessenvertreter gewissermaßen durch die Hintertür in die Länderkammer ein und ließ sie dort die mit Abstand wichtigste Bank besetzen. Anders gesagt: Die Reichsregierung nutzte die Institution der Stellvertreter als ein Vehikel zur Verreichlichung der preußischen Bundesratsbank. Bis 1910 stieg so der Anteil an Reichsbeamten unter allen preußischen Bevollmächtigten auf über 90 Prozent.[18] Die Reichsregierung übernahm mit der preußischen Bundesratsgesandtschaft also eines der wichtigsten Instrumente der preußischen Hegemonie und versetzte sich dadurch in die Lage, das zentrale Organ der Verfassung selbst zu dirigieren. In dieser Entwicklung zeigte sich, dass im föderalen Regierungssystem des Kaiserreiches keine Borussifizierung Deutschlands, sondern eine Mediatisierung Preußens erfolgte. Statt sich nach der Reichsgründung zu konsolidieren oder gar weiter auszudehnen, löste sich die Vorherrschaft der preußischen Regierung über das Reich schrittweise auf. Dafür hätte es kaum einen deutlicheren Beleg geben können als die Übernahme der preußischen Bundesratsbank durch die Reichsleitung. Denn diese Manipulation der verfassungsrechtlich festgelegten Strukturen nahm der ursprünglichen Hegemonialmacht des Reiches das fundamentalste Recht, das jedem Einzelstaat üblicherweise in einer föderalen Ordnung zusteht: die eigenständige Teilnahme am Willensbildungsprozess des Bundes.

Diese Entmündigung schlug sich im Bundesrat noch in mehreren anderen Faktoren nieder. So sank die Anwesenheit der preußischen Fachminister im Laufe der Zeit gegen Null. Wegen der oben beschriebenen Arbeitsweise des Bundesrates saßen dort zwar von Beginn an hauptsächlich Verwaltungsfachleute, die eine Position unterhalb der Ministerebene bekleideten. In den ersten zwei Jahrzehnten nach der Reichsgründung erschienen die Leiter der obersten preußischen Ministerialbehörden aber immerhin noch sporadisch zu besonders wichtigen Sitzungen. Danach verschwanden die Ressortminister praktisch komplett aus der preußischen Delegation. Noch stärker manifestierte sich diese Verreichlichung

---

18 Haardt, Bismarcks ewiger Bund, S. 866, Graph 10.

darin, dass ab Mitte der 1880er Jahre bis zum Ausbruch des Ersten Weltkrieges durchgängig mehr Mitglieder des Preußischen Staatsministeriums auf der preußischen Bank Platz nahmen, die kein Ressort leiteten, als solche, die ein Landesministerium führten. Diese Minister ohne Ressort waren hochrangige Beamte aus den obersten Verwaltungsbehörden des Reiches, zumeist die Staatssekretäre, die den Reichsämtern vorstanden. Sie wurden von ihrem obersten Chef, dem Kaiser, in seiner Eigenschaft als König von Preußen zu Mitgliedern des Preußischen Staatsministeriums ernannt, um dort die Interessen der Reichsleitung zu vertreten. Der Umstand, dass die durch diese Staatssekretarisierung des preußischen Kabinetts ins Amt gekommenen »falschen Minister« die preußische Bundesratsdelegation öfter verstärkten als die eigentlichen Ressortleiter, zeigt, wie sehr die Reichsregierung letztere spätestens in wilhelminischer Zeit beherrschte. Am deutlichsten drückte sich diese totale Kontrolle aber darin aus, dass die Position des preußischen Stimmführers fast immer von einem Repräsentanten der kaiserlichen Reichsregierung besetzt wurde. Bereits 1871 wurde die preußische Stimme in 67 Prozent der Sitzungen von einem leitenden Reichsbeamten abgegeben. Ab den 1880er Jahren steigerte sich dieser Anteil auf über 90 Prozent.[19]

3.2   Der Rückzug der Kleinstaaten

Um die Abstimmungen im Bundesrat für sich zu entscheiden, reichten die 17 preußischen Stimmen allein nicht aus. Dazu brauchte es mindestens 13 weitere Stimmen. Deshalb übte die Reichsregierung – häufig unter Zuhilfenahme jener hegemonialen Machtmittel, auf die der Kaiser in seiner Rolle als preußischer König Zugriff hatte – massiven Druck auf die kleinstaatlichen Regierungen dahingehend aus, ihre eigenständige Teilnahme am Entscheidungsprozess des Bundesrates aufzugeben. Ohne echte Chance, sich gegen die Übermacht der wichtigsten Regierungsstellen im Reich zu wehren, zogen sich die allermeisten kleinstaatlichen Regierungen tatsächlich aus dem Plenum zurück und etablierten ein komplexes Substitutionssystem, das sie zu Mehrheitsbeschaffern der preußischen Bank degradierte.

Das Rückgrat dieses Systems waren die sogenannten Substitutionsbevollmächtigten. Dabei handelte es sich um Gesandte, die zusätzlich zu den Stimmen ihrer Heimatregierungen auch noch die Stimmen anderer Landesregierungen abgaben. Einige Substitutionsbevollmächtigte vertraten bis zu zehn Staaten und gaben daher mitunter mehr Stimmen ab als der Stimmführer der preußischen Bank. Die Doppelrolle dieser Spezialgesandten ermöglichte die Bildung von mehreren

---

19 Ebenda, S. 867, Graph 12.

Abstimmungsgemeinschaften, die praktisch immer mit der preußischen Delegation stimmten und so Mehrheiten für die Reichsregierung sicherstellten. Diese Praxis war von Anfang an die Regel, nahm im Laufe der Jahre aber noch weiter zu. Während der gesamten Kaiserzeit lag der Anteil an Substitutionen auf den Bänken der Kleinstaaten immer deutlich über 50 Prozent, in der Spitze sogar über 70 Prozent.[20] Wie groß die Kontrolle war, die das Substitutionssystem der preußischen Bank über das Plenum gewährleistete, wird deutlich, wenn man das Teilnahmeverhalten Waldeck-Pyrmonts betrachtet. Das nordhessische Fürstentum war ein Sonderfall unter den Kleinstaaten. Im Juli 1867, also einige Monate nach dem Ende des Deutsch-Österreichischen Krieges, schloss der chronisch finanzschwache Zwergstaat einen sogenannten Akzessionsvertrag mit Preußen. Dieses Abkommen übertrug der preußischen Regierung praktisch die gesamte innere Verwaltung und alle Außenbeziehungen Waldeck-Pyrmonts. Da letztere auch das Verhältnis des Fürstentums zu dem sich gerade formierenden Bund einschlossen, fiel Preußen nach Inkrafttreten der föderalen Verfassung die waldecksche Bundesratsstimme zu. In der Praxis verfügte Preußen deswegen nicht über 17, sondern über 18 Stimmen im Plenum. Mit den Jahren verzichtete Preußen aber immer öfter darauf, für Waldeck-Pyrmont einen Delegierten ins Plenum zu schicken. In diesen Fällen wurde die Stimme des Fürstentums einfach nicht abgegeben und verfiel. Zwischen 1899 und 1901 war der waldecksche Bevollmächtigte erstmals häufiger ab- als anwesend. Nach 1907 wurde das zum Dauerzustand. Bis 1918 blieb die waldecksche Bank in einigen Jahren in über 80 Prozent der Sitzungen unbesetzt.[21] Dieser beständige Verzicht bekundete, dass die preußische Bundesratsbank nicht darauf angewiesen war, die Stimme Waldecks in Anspruch zu nehmen, um im Plenum Mehrheiten zu erreichen. Durch das sich über die Jahre immer besser einspielende Substitutionssystem waren ihr so viele Zusatzstimmen sicher, dass sie die eine des nordhessischen Fürstentums getrost verfallen lassen konnte. Die Tatsache, dass diese Handhabung ab der Jahrhundertwende zur Regel wurde, spiegelt die Kontrolle wider, die die preußische Bank seit Anbeginn des Reiches über den Bundesrat gewonnen hatte. Spätestens zu Beginn des neuen Jahrhunderts bestimmte sie die Mehrheitsbildung im Plenum unangefochten.

Diese Vorrangstellung bedeutet aber nicht, dass es die preußische Regierung war, die den Bundesrat beherrschte. Im Gegenteil: Da die preußische Bank, wie wir oben gesehen haben, schon lange vor 1900 von Abgesandten der Reichsämter vereinnahmt worden war, verschaffte das Substitutionssystem nun vielmehr der sich seit Jahrzehnten stetig konsolidierenden Reichsregierung zuverlässige Mehrheiten. In Kombination miteinander machten die Übernahme der preußischen Bank und der erzwungene Rückzug der kleinstaatlichen Regierungen den Bun-

---

20 Ebenda, S. 868, Graph 14.
21 Ebenda, S. 869, Graph 16.

desrat also zu einem Satellitenorgan der Reichsregierung, das deren Vorlagen in den allermeisten Fällen ohne größere Probleme abnickte.

Man mag gegen diese Interpretation der statistischen Daten zu den Anwesenheitsmustern im Bundesrat einwenden, dass ein Großteil der Reichsbeamten, die den Bundesrat über die preußische Bank kontrollierten, gebürtige Preußen war. Dieser Vorbehalt entkräftet allerdings das Argument der Nationalisierung der Länderkammer keineswegs. Natürlich ist es schwer, im dichten Netz der föderalen Verantwortlichkeiten, welches das Reich besonders mit seinem hegemonialen Mitgliedstaat verflocht, Bundes- und Landesinteressen sauber voneinander abzugrenzen. Außerdem vertreten Entscheidungsträger nicht immer zwangsweise die Interessen, die mit ihren Ämtern verbunden sind. Persönliche Zugehörigkeitsgefühle, strategische Überlegungen und gegebenenfalls auch Unwissenheit oder Unfähigkeit spielen stets eine Rolle. Das gilt besonders nach einem so epochalen Umbruch, wie es die Umwandlung Deutschlands von einem bunten Flickenteppich eigenständiger Länder in einen gemeinsamen Nationalstaat war. Dennoch ist es gerechtfertigt, sich bei der Analyse der Zusammensetzung der Bundesratsdelegationen auf die Loyalität der Beamten gegenüber ihrer jeweiligen Dienststelle zu verlassen. Mehrere neuere Studien zur föderalen Interessenvermittlung haben gezeigt, dass diese Loyalität auf den Posten der Reichsverwaltung schon in den Anfangsjahren relativ ausgeprägt war.[22] Je mehr Zeit nach der Reichsgründung verging, desto stärker wurde sie. Dies lag daran, dass sich auf der Funktionärsebene des Reiches immer klarer herausstellte, was Pflichtbewusstsein gegenüber dem Reich eigentlich bedeutete, wie ein deutsches Nationalgefühl mit traditionellen, partikularistischen Zugehörigkeitsgefühlen zu vereinbaren war, wie die neuen Strukturen der Verfassung funktionierten und wie Politik und Verwaltung innerhalb dieses Rahmens gerade in neu entstehenden Regierungsfeldern effektiv gestaltet werden konnten. Spätestens in der wilhelminischen Epoche waren die Ministerialämter Preußens und des Reiches sowie die diesen nachgeordneten Behörden klar voneinander getrennt. Die jeweiligen Repräsentanten vertraten verschiedene, an ihre jeweiligen Dienststellen gebundene Interessen, die mitunter in starkem Kontrast zueinander standen, wie zahlreiche Studien zu den verschiedenen Zweigen der obersten Reichsverwaltung gezeigt haben.[23] Zudem setzte nach 1890 in den Reichsämtern ein Generationswechsel ein. Sowohl auf der höchsten als auch auf der mittleren Verwaltungsebene übernahmen verstärkt Ministerial-

---

22 Besonders die verschiedenen Bände in der Reihe »Föderalismus in historisch vergleichender Perspektive«, siehe oben Anm. 119. Vgl. auch Marko Kreutzmann, Die höheren Beamten des Deutschen Zollvereins. Eine bürokratische Funktionselite zwischen einzelstaatlichen Interessen und zwischenstaatlicher Integration (1834–1871), Göttingen 2012.

23 Jüngst z. B. Axel C. Hüntelmann, Hygiene im Namen des Staates. Das Reichsgesundheitsamt 1876–1933, Göttingen 2008.

beamte das Ruder, die ihre Ausbildung und Laufbahn nicht mehr in der Zeit vor Gründung des Nationalstaates, sondern im Kaiserreich absolviert bzw. begonnen hatten und dementsprechend von Anfang an daran gewohnt waren, die Interessen der verschiedenen Ebenen des föderalen Systems voneinander zu trennen. Aus all diesen gerade genannten Gründen besteht gerade für die zweite Hälfte des Kaiserreiches, sprich: für die Phase, in der die Übernahme der preußischen Bank durch die Reichsregierung, die Zurückdrängung der Kleinstaaten und die damit einhergehende Nationalisierung des Bundesrates ihren Höhepunkt erreichten, an der oben erläuterten Bedeutung dieser statistisch klar belegbaren Entwicklungen also kein Zweifel.

4. Das Schattendasein des Bundesrates und der Aufstieg des Reichstages

Die Nationalisierung des Bundesrates führte mitnichten dazu, dass die einzelstaatlichen Regierungen jeglichen Einfluss auf die Gestaltung der Reichspolitik verloren. Im Gegenteil: Mit den Jahren bildete sich rund um den Bundesrat ein umfangreiches Netz an alternativen Entscheidungsprozessen und -foren heraus, die gerade den Regierungen der kleineren Einzelstaaten mitunter mehr Gehör verschafften, als es die Länderkammer je getan hatte. Allerdings beeinträchtigte die Nationalisierung des Bundesrates dessen Funktion als Schutzwall gegen die Machtansprüche des Reichstages. Die bloße Existenz der Länderkammer schirmte zwar die Reichsregierung, die in den ersten Jahren nach der Reichsgründung entstand und liberalen Forderungen nach Einführung einer parlamentarischen Verantwortlichkeit der exekutiven Entscheidungsträger eine konkrete Angriffsfläche bot, vorerst weiterhin vor Übergriffen des Reichstages ab. Mit der Zeit wurde diese Schutzfunktion aber zusehends schwächer.

Insgesamt lassen sich in der Verfassungsentwicklung des Kaiserreiches sechs Phasen unterscheiden, in denen der Bundesrat immer weiter an den Rand und der Reichstag immer weiter ins Zentrum des politischen Entscheidungsprozesses rückten. Diese Entwicklung begann nicht erst nach dem Abgang Bismarcks, sondern gleich nach der Reichsgründung. Außerdem war es nicht so, dass der Reichstag das, was der Bundesrat an politischem Einfluss verlor, unmittelbar hinzugewann. Es gab kein Nullsummenspiel der Macht zwischen den beiden Legislativorganen. Vielmehr war es so, dass der Reichstag im Zuge einer ganzen Reihe von komplexen strukturellen Wandlungsprozessen davon profitierte, dass sich eine von Preußen unabhängige kaiserliche Reichsregierung ausformte, vom Bundesrat emanzipierte und sich so gegenüber dem Parlament exponierte. Anders gesagt: Je stärker die Reichsregierung auf Kosten des Bundesrates wurde, desto stärker wurde der Reichstag. Mit Manfred Rauhs These von der »stillen Parlamentarisierung« hat dieses »Paradoxon des deutschen Konstitutionalismus«, wie es Mark Hewitson nennt, herzlich wenig zu tun.[24]

4.1 1867/71–1876: Die praktische Umsetzung der Idee vom Fürstenbund

In den ersten sechs Jahren nach der Reichsgründung versuchte Bismarck, das neue Regierungssystem so weit wie möglich staatenbündisch zu betreiben. Mit anderen Worten: Er lotete aus, inwieweit man den von der Verfassung gerade geschaffenen Bundesstaat als Fürstenbund auslegen konnte. Zu diesem Zweck ließ er die einzelstaatlichen Regierungen ihre Verhandlungen aus dem offiziellen institutionellen Rahmen der Verfassung auslagern. Statt den Bundesrat machten sie ihre diplomatischen Missionen in Berlin zum wichtigsten Forum, um sich kurzzuschließen. Als Koordinationsstelle diente das Kanzleramt unter der Leitung von Rudolph Delbrück. Bismarcks rechte Hand etablierte ein System föderalen Regierens, das dem Bundesrat von Anfang an eine Nebenrolle im politischen Entscheidungsprozess zuwies, da die wichtigsten Entscheidungen schon getroffen wurden, bevor überhaupt das offizielle Gesetzgebungsverfahren begann. Diese Praxis hatte den Vorteil, den Reichstag von den wesentlichsten Vorentscheidungen fernzuhalten. Das gelang aber nur zu einem hohen Preis: Die wichtigste von der Verfassung unverrückbar vorgeschriebene Institution zum Schutz monarchischer Macht – der Bundesrat – wurde in diesen so prägenden Anfangsjahren des föderalen Verfassungssystems nie richtig ausgebildet.

4.2 1876–1879/80: Der Durchbruch der Reichsregierung

Zwischen 1876 und 1879/80 spaltete sich das Kanzleramt in mehrere oberste Reichsbehörden auf. Dadurch formierte sich eine von Preußen institutionell unabhängige Reichsregierung, die sogenannte Reichsleitung. Diese begann umgehend damit, den Bundesrat durch die oben beschriebenen Unterwanderungsvorgänge unter ihre Kontrolle zu bringen. Weil die Länderkammer jedoch am Rande des politischen Entscheidungsprozesses stand, der sich in den ersten Jahren nach der Reichsgründung formiert hatte, vermochte sie die Reichsregierung nur unzureichend vom Reichstag abzuschirmen. Dessen verstärkte Angriffe auf den Kanz-

---

24 Rauh, Föderalismus und Parlamentarismus; ders., Parlamentarisierung; Mark Hewitson, Germany and the Modern World, 1890–1914, Cambridge 2018, S. 95. Zu den Unterschieden siehe speziell auch Haardt, Bismarcks ewiger Bund, S. 385–389, 405–410, 598–601.

ler und die Leiter der Reichsämter waren umso wirkungsvoller, weil sich die einzelstaatlichen Regierungen, allen voran die preußische, von der Etablierung einer eigenständigen Reichsregierung bedroht fühlten und dieser bei zahlreichen Gesetzgebungsprojekten die Gefolgschaft versagten. Kurzum: Die Front der verbündeten Regierungen bröckelte. Die Risse, die dadurch in den bündischen Schutzmauern rund um die Reichsregierung entstanden, konnte der Reichstag nutzen, um letztere verstärkt anzugehen.

4.3 1879/80–1890: Die gescheiterte Restauration

Nach der innenpolitischen Wende von 1878 reagierte Bismarck auf die anhaltenden Vorstöße des Reichstages mit dem Versuch, die in den letzten zehn Jahren entstandene Regierungsordnung wieder in den Zustand zurückzuversetzen, der in der geschriebenen Verfassung vorgesehen war. Der Grundgedanke dieser staatenbündischen Restauration lag darin, den Bundesrat endlich ins Zentrum des föderalen Entscheidungssystems zu stellen und die Reichsregierung gänzlich hinter das so gestärkte Bollwerk monarchischer Souveränität zurückzuziehen. Alle Maßnahmen, die Bismarck zur Umsetzung dieses Planes unternahm, wie zum Beispiel eine Reform der bundesrätlichen Geschäftsordnung, scheiterten jedoch kläglich. Die Eigendynamik, die die Monarchisierung des Kaiseramtes, die Verselbständigung der Reichsregierung, die Nationalisierung des Bundesrates und der Aufstieg des Reichstages infolge der kontinuierlichen Zentralisierung föderaler Kompetenzen entwickelt hatten, war mittlerweile einfach zu stark. So ging der Umbau des Verfassungssystems in eine Reichsmonarchie im Endeffekt ungebremst weiter. Am Ende von Bismarcks Kanzlerschaft war der Bundesrat daher bereits nur noch ein Nebenschauplatz, auf dem die Reichsregierung, getrieben von der permanenten Auseinandersetzung mit dem Reichstag, den Ton angab.

4.4 1890–1907/08: Die Neujustierung der Reichsmonarchie

Nach Bismarcks Abgang 1890 stellten sich zunächst erhebliche Koordinationsprobleme ein. Das föderale Entscheidungssystem musste sich nach dem Ausscheiden seines alles dominierenden Übervaters erst einmal neu sortieren. Dieser Anpassungsprozess brachte für den Bundesrat jedoch keine Veränderung mit sich. Er blieb am Rande des politischen Geschehens, wo er vor allem als Rückzugsort diente, dessen schützende Sphären die Reichsregierung aufsuchen konnte, um besonders heftigen Übergriffen des Reichstages auszuweichen. Statt in der Länderkammer brachten sich die einzelstaatlichen Regierungen vornehmlich in jene alternativen Verhandlungsforen ein, die schon unter Bismarck entstanden waren und jetzt in den Mittelpunkt des föderalen Entscheidungsprozesses rückten. Besonders wichtig waren einerseits die Spezialkommissionen, vermittels derer die Reichsregierung neben Vertretern der Landesregierungen auch Experten aus Wissenschaft und Wirtschaft bereits in die Entwurfsphase von Gesetzesvorlagen einband, und andererseits die Reichstagsausschüsse, in denen die Vertreter der großen Fraktionen, der Reichsregierung und der einzelstaatlichen Regierungen direkt miteinander verhandeln konnten. Vor allem Letzteres machte die Reichsregierung zusehends abhängig von der Kooperationsbereitschaft bestimmter Schlüsselfraktionen, deren Wünsche die zuständigen Reichsämter denn auch immer häufiger schon bei der Ausarbeitung von Gesetzesentwürfen berücksichtigten. Dieses System litt unter zahlreichen Unruhefaktoren, die im Laufe der Zeit aber weniger wurden. Einer der größten war der Kaiser. Besonders im ersten Jahrzehnt nach seiner Thronübernahme versuchte Wilhelm II. immer wieder, in föderale Entscheidungsprozesse einzugreifen. Das änderte sich spätestens 1908 mit der »Daily-Telegraph«-Affäre, in der ein ungeschicktes Interview des Kaisers mit der gleichnamigen englischen Tageszeitung zu einer veritablen Staatskrise führte. Danach war Wilhelm gezwungen, sich so weit zurückzunehmen, dass er die föderale Maschinerie nicht mehr nennenswert beeinträchtigte.

4.5 1909–1914: Das integrierte System zwischen Stabilität und Krise

Gegen Ende des ersten Jahrzehnts des neuen Jahrhunderts hatte sich das seit der Reichsgründung herausgebildete Netz alternativer Entscheidungsmechanismen so sehr verdichtet, dass ein integriertes System entstanden war. In dessen Zentrum stand nicht mehr – wie von der Verfassung ursprünglich vorgesehen – der Bundesrat, sondern das widerstreitende Tandem aus Reichsleitung und Reichstag. Dieses integrierte System besaß in allen Politikfeldern einheitliche und professionalisierte politisch-administrative Abläufe, koordinierte die verschiedenen Machtzentren auf Reichs- und Landesebene durch zahllose institutionelle Verflechtungen und erwies sich trotz mehrerer schwerer Krisen, bei denen sich politische und verfassungsstrukturelle Probleme vermischten (wiederholtes Scheitern einer preußischen Wahlrechtsreform, Eskalation des ungeklärten Verhältnisses zwischen Militär- und Zivilgewalt in der Zabern-Affäre), insgesamt als relativ stabil. Von einer strukturellen Dauerkrise, wie sie etwa Hans-Ulrich Wehler diagnostizierte, kann also keine Rede sein.[25] Gleichzeitig baute das integrierte System die Barrieren, die einer Parlamentarisierung der Reichsgewalt entgegenstanden,

---

25 Hans-Ulrich Wehler, Das Deutsche Kaiserreich 1871–1918, Göttingen 1973, S. 69–72.

ein ganzes Stück weit ab. Dies lag vor allem daran, dass der Bundesrat endgültig zu einem bloßen Verwaltungsausschuss herabsank, hinter dem sich die Reichsregierung nur noch mehr schlecht als recht vor dem Reichstag verstecken konnte. Bevor die Schüsse von Sarajevo die Umstände föderalen Regierens komplett veränderten, standen daher alle Anzeichen darauf, dass der sich seit der Reichsgründung vollziehende Strukturwandel der Verfassung verstärkt in Richtung einer konstitutionellen Reichsmonarchie mit einer von der Kooperation des Parlamentes abhängigen Regierung weiterentwickeln würde.

4.6 1914–1918: Die Doppeldiktatur und der Durchbruch des Reichstages

Nach dem Ausbruch des Ersten Weltkrieges erlebte der Bundesrat formal gesehen eine Renaissance. Die Kriegsordnung umfasste neben einer Militärdiktatur des Kaisers nämlich auch eine Zivildiktatur der Länderkammer. Das eher unscheinbar wirkende Kriegsermächtigungsgesetz vom August 1914 verlieh dem Bundesrat ein umfangreiches Notverordnungsrecht, das den normalen Gesetzgebungsprozess in vielen Bereichen ersetzte. Weil der Bundesrat durch die Verreichlichung der preußischen Bank und das Substitutionssystem unter den Kleinstaaten zu diesem Zeitpunkt aber schon lange zu einem Satellitenorgan der Reichsregierung geworden war, handelte es sich in Wirklichkeit um eine Ermächtigung des Kanzlers und der Chefs der Reichsämter. Durch diese Machtkonzentration exponierte sich die Reichsregierung endgültig so weit, dass sie die Schutzfunktion des Bundesrates aufbrach. Infolgedessen konnten die Mehrheitsparteien unter dem Druck der sich verschlechternden militärischen Lage ab Sommer 1917 schrittweise in die Reichsregierung eindringen. Die Oktoberreformen des Folgejahres beteiligten sie schließlich offiziell an der Regierungsgewalt. Schon wenige Wochen später wurde die so geschaffene parlamentarische Monarchie von der Revolution überrollt. Der Bundesrat war da schon so unbedeutend geworden, dass er in diesem Umwälzungsprozess überhaupt keine Rolle mehr spielte.

5. Fazit: Der Bundesrat als föderale Klammer

Was sagt uns der Bundesrat als föderale Klammer über das Kaiserreich? Zwischen Reichsgründung und Revolution wandelte sich das föderale Verfassungsgefüge des Reiches fundamental. Aus der in das Gewand eines Fürstenbundes gehüllten, dezentralen Mischordnung entwickelte sich ein integrierter Bundesstaat, der als Reichsmonarchie stark unitarische Züge trug. Der Bundesrat spielte bei dieser Transformation eine eigentümliche Rolle. Er führte von Anfang an ein Schattendasein am Rande des föderalen Entscheidungsverfahrens, das seiner eigentlich von der Verfassung vorgesehenen Stellung als Zentrum des politischen Prozesses widersprach. Seine Funktion beschränkte sich im Wesentlichen darauf, eine strukturelle Barriere zu bilden, die die sich mit der Zeit immer weiter ausformende Reichsregierung vor dem Reichstag schützte und so eine Parlamentarisierung der Reichsgewalt verhinderte. Diese verfassungspolitische Bremsfunktion war allerdings ausgesprochen wichtig. Ohne sie konnte die komplexe Verfassungsmaschinerie, die ständig bündische und hegemoniale, unitarische und partikularistische sowie monarchische und parlamentarische Kräfte ausbalancieren musste, ebenso wenig funktionieren wie ohne den zweitaktigen Motor aus Reichsleitung und Reichstag, der sich bald nach der Reichsgründung herausbildete.

Somit war der Bundesrat als föderale Klammer des Reiches nicht zuletzt ein Indikator für die Langlebigkeit, die Widerstandskraft, aber auch für die oft unterschätzte bzw. übersehene Wandlungsfähigkeit des monarchischen Obrigkeitsstaates. Bis zu den Oktoberreformen von 1918, die es Reichstagsabgeordneten nicht nur erstmals ermöglichten, in die Reichsregierung einzutreten und die Leitung von Reichsämtern zu übernehmen, sondern auch, Mitglieder des Bundesrates zu werden und so in das ehemalige Bollwerk monarchischer Macht einzudringen, machte die Länderkammer durch ihre bloße Existenz eine Parlamentarisierung des Regierungssystems unmöglich. Insofern ist der Bundesrat *per se* ein Beweis dafür, dass ein wie auch immer geartetes parlamentarisches System im Kaiserreich bis zum Herbst 1918 nie entstanden ist. Gleichzeitig zeigen die Umwandlung des Bundesrates in ein Satellitenorgan der Reichsregierung und seine damit zusammenhängende Marginalisierung in der politischen Praxis aber auch, dass sich das föderale Verfassungssystem im Laufe der Jahre dynamisch veränderte und dabei Freiräume entstanden, die den Einfluss des Reichstages erheblich vergrößerten. Angesichtes der teils heftigen Kontroversen, die seit dem 150. Jubiläum der Reichsgründung 2021 um den Ort des Kaiserreichs in der deutschen Demokratiegeschichte entbrannt sind, wäre die historische Zunft gut beraten, diesen Wandel näher zu untersuchen – und das heißt, dem Bundesrat, ja der föderalen Organisation des Kaiserreiches insgesamt mehr Beachtung zu schenken, als das bisher der Fall war.

E pluribus unum – Unitas in diversitate? Unitarismus und Föderalismus in der Weimarer Republik

Detlef Lehnert

»E pluribus unum« (»Aus vielen eines«) ist ein offiziell verwendetes Leitmotiv der US-amerikanischen Bundesstaatlichkeit seit den Gründungsjahren; es ragt sogar auf Umlaufmünzen geprägt auch heute noch in die alltägliche Lebenswelt eines nicht nur vielfältigen, sondern inzwischen auch tief gespaltenen Landes hinein. »Unitas in diversitate« darf als eine lateinische Version für das seit dem Jahr 2000 verwendete Motto der Europäischen Union gelten, das auf Deutsch ursprünglich »Einheit in Vielfalt« lautete. Kaum jemand sonst hat die verwandte Formulierung von der »Einheit in der Vielheit« so häufig verwendet wie bereits im Kaiserreich für sein »bürgergenossenschaftliches« (versus obrigkeitliches) Staatsverständnis »von unten nach oben« der künftige Weimarer »Verfassungsvater« Hugo Preuß.[1] Dabei setzte er nach dem Sturz des monarchischen Obrigkeitsstaates auf eine demokratische Selbstorganisation im Stufenbau der Gebietskörperschaften von den Gemeinden über eine Länderneugliederung zur dezentralisierten Einheitsstaatlichkeit.

1. Hugo Preuß und die Fragen der Länder(neu)gliederung 1918/19

Ursprünglich war Preuß, in seiner Heimatstadt Berlin ein habilitierter Gelehrtenpolitiker als Stadtverordneter und sodann ab 1910/11 unbesoldeter Stadtrat für das Verkehrswesen, gerade auch sozusagen ein »Kommunalist« gewesen, dem nach englischen Vorbildern eine Verknüpfung des selbstverwalteten »local« mit dem parlamentarischen »national government« vorschwebte. Sein Konzept lief auf einen dezentralisierten Unitarismus hinaus, nicht auf einen ausgeprägten Zentralismus wie in der damaligen französischen Staatsorganisation.[2] Die überlieferte

---

1 Hugo Preuß, Gesammelte Schriften, Bd. 2: Öffentliches Recht und Rechtsphilosophie im Kaiserreich, hrsg. u. eingel. von Dian Schefold, Tübingen 2009, S. 95, 113 f., 147, 164, 176, 225, 233, 250–252, 261 f. und weitere.
2 Detlef Lehnert, Verfassungsdemokratie als Bürgergenossenschaft. Politisches Denken, Öffentliches Recht und Geschichtsdeutungen bei Hugo Preuß. Beiträge zur demokratischen Institutionenlehre in Deutschland, Baden-Baden 1998; Michael Dreyer, Hugo Preuß. Biogra-

»Länderstaatlichkeit«, zumal mit einem hegemonialen Preußen, wollte er aber im Übergang zur demokratischen Republik überwinden, wie Preuß in seiner Verfassungsdenkschrift im Januar 1919 zur neuen Rolle der Länder ausführte: »Es sind die Funktionen *höchstpotenzierter Selbstverwaltung,* für die die kleinsten der bisherigen Einzelstaaten viel zu klein, der Großstaat Preußen aber viel zu groß und in sich selbst zu verschiedenartig ist.«[3] Allerdings begann auch sein die Denkschrift begleitender Verfassungsentwurf – und das wird angesichts des etwas voluntaristischen § 11: »Dem deutschen Volke steht es frei, ohne Rücksicht auf die bisherigen Landesgrenzen neue deutsche Freistaaten innerhalb des Reiches zu errichten«, häufig übersehen – in § 1 mit der normativen Kraft des Faktischen: »Das Deutsche Reich besteht aus seinen bisherigen Gliedstaaten […].«[4] In den kleinen Gliedstaaten Anhalt, Braunschweig und Mecklenburg-Strelitz fanden jedoch bereits im Dezember 1918 demokratische Neuwahlen statt. Sie erbrachten in diesen evangelischen Regionen absolute Mehrheiten für Sozialdemokraten,[5] die so nicht zu grundlegenden Neugliederungsplänen motiviert wurden. Die unmittelbar nach dem Rat der Volksbeauftragten formierte preußische Revolutionsregierung aus SPD und USPD hatte zuvor schon am 13. November eigene demokratische Wahlen zu einer verfassunggebenden Landesversammlung angekündigt.[6] Sie fanden dann eine Woche nach der Nationalversammlungswahl am 19. Januar 1919 und einen Tag nach einer »Länderkonferenz« vom 25. Januar statt, womit die Weichen in Richtung zunächst der überlieferten Reichsgliederung gestellt waren.[7]

Der ursprüngliche Verfassungsentwurf von Preuß[8] hatte gemäß §§ 24 bis 29 neben den neuen Reichstag als das »Volkshaus«, somit Nationalparlament, eine zweite Kammer als das »Staatenhaus« stellen wollen, dieses entgegen dem kaiserzeitlichen Bundesratserbe: Die Abgeordneten des Staatenhauses waren nicht als Regierungs-

---

fie eines Demokraten, Stuttgart 2018; Almut Neumann, Preußen zwischen Hegemonie und »Preußenschlag«. Hugo Preuß in der staatsrechtlichen Föderalismusdebatte, Tübingen 2019.

3 Hugo Preuß, Denkschrift zum Verfassungsentwurf (3./20. Januar 1919), in: ders., Gesammelte Schriften, Bd. 3: Das Verfassungswerk von Weimarer, Hrsg., eingel. u. erläutert von Detlef Lehnert, Christoph Müller und Dian Schefold, Tübingen 2015, S. 134–153, Zitat S. 142.

4 Hugo Preuß, Entwurf des allgemeinen Teils der künftigen Reichsverfassung (3. Januar 1919), in: ebenda, S. 533–540, hier S. 533 f.

5 Jürgen Falter/Thomas Lindenberger/Siegfried Schumann, Wahlen und Abstimmungen in der Weimarer Republik. Materialien zum Wahlverhalten 1919–1933, München 1986, S. 89, 92 und 99.

6 Gerhard A. Ritter/Susanne Miller (Hrsg.), Die deutsche Revolution 1918–1919. Dokumente, Hamburg ²1975, S. 104 f.

7 Horst Möller, Parlamentarismus in Preußen 1919–1932, Düsseldorf 1985, S. 61–79 (Grundlagen) und 601 (Ergebnisse).

8 Detaillierter bei Detlef Lehnert, Die Entwürfe von Hugo Preuß zur Weimarer Verfassung. Hintergründe und Veränderungen bis zum Zusammentritt der Nationalversammlung im Februar 1919, in: Zeitschrift für Geschichtswissenschaft 71 (2013), S. 499–517; die §§-Angaben nach Preuß, Schriften, Bd. 3, S. 536 f.

vertreter vorgesehen, sondern als von den Landtagen zu wählen, wie das übrigens das – insoweit bis heute fortgeltende – österreichische Bundesverfassungs-Gesetz von 1920 in den Artikeln 34 und 35 (mit Proportionalsystem) so geregelt hat. Kein deutscher Einzelstaat sollte mehr als ein Drittel der Mandate konzentrieren und auf je eine Million Einwohner ein Abgeordneter entfallen. Das konnte gleichermaßen Anreize der Zusammenführung von Zwergterritorien wie der Aufgliederung von Preußen schaffen. Die provisorische Aufteilung (gemäß § 29 I) in 14 Entsendungsgebiete (hier ohne einen damals als möglich angenommenen österreichischen Beitritt gerechnet) war dabei noch kein endgültiger Neugliederungsplan – und schon gar kein von oben zu dekretierender. Die Aufzählung ab Nr. 3: Brandenburg, Berlin, Niedersachsen, Hansestädte, Obersachsen, Thüringen, Westfalen, Hessen, Rheinland, Bayern, Württemberg und Baden klingt in heutigen Ohren überraschend zukunftsschlüssig (hinzu kamen seinerzeit noch 1. Ost- und Westpreußen sowie 2. Schlesien). Ohne Neugliederung war für Preuß das Dilemma unlösbar, entweder die preußische Hegemonie zu perpetuieren oder die preußische Bevölkerung im Stimmengewicht in einem undemokratischen Ausmaß zu diskriminieren.[9] Insofern konnten nach – in seiner Denkschrift erläuterter – Überzeugung von Preuß »unmöglich die Grenzen maßgebend bleiben, wie sie durch die Zufälle der dynastischen Hauspolitik je nach Kinderreichtum, Heiraten, Käufen, Eroberungen der regierenden Familien oder durch die jenen Familien mehr oder minder gnädige Willkür Napoleons gezogen worden sind«.[10]

Doch Preuß stellte, was damals wie später wenig beachtet wurde, auch gegen überzogene föderalistische Besorgnisse klar: »Vom Standpunkt des Reichsinteresses können die süddeutschen Staaten bleiben wie sie sind«; das galt aber sonst nicht überall, wofür er als »das schlagendste Beispiel« zersplitterte »kleine Gebietsstücke« in Thüringen erwähnte[11] – das freilich bald zum gelungenen Weimarer Neugliederungsfall wurde.[12] Keineswegs vertraute Preuß wesentlich nur auf die eigenen Kon-

---

9 Zur Neugliederungsproblematik Neumann, Preußen, insbes. S. 160–178; dazu auch Michael Dreyer, Der Preußsche Neugliederungsplan 1919 und sein Scheitern, in: Detlef Lehnert (Hrsg.), Hugo Preuß 1860–1925. Genealogie eines modernen Preußen, Köln/Weimar/Wien 2011, S. 279–300, sowie Dreyer, Hugo Preuß, S. 371–377.

10 Preuß, Denkschrift, S. 137.

11 Aufzeichnungen über die Besprechungen im Reichsamt des Innern über den in der verfassunggebenden deutschen Nationalversammlung vorzulegenden Verfassungsentwurf (25. Januar 1919), in: Preuß, Schriften, Bd. 3, S. 163–196, Zitate S. 167.

12 Anke John, Der Weimarer Bundesstaat. Perspektiven einer föderalen Ordnung (1918–1933), Köln/Weimar/Wien 2012, S. 300–310, insbes. S. 303–306, auch sonst (mit weiterer Literatur) zur länderbezogenen Realhistorie der hier stärker konzeptionsgeschichtlich behandelten Thematik, für die hinsichtlich des Verhältnisses der Reichsebene insbesondere gegenüber Preußen und Bayern weiterhin heranzuziehen ist: Gerhard Schulz, Zwischen Demokratie und Diktatur. Die Periode der Konsolidierung und der Revision des Bismarckschen Reichsaufbaus 1919–1930, Berlin (West)/New York ²1987.

zepte, denn wie sich die neu konstituierte Demokratie entwickeln konnte, hing laut seiner entwurfsbegleitenden Denkschrift »weniger von Verfassungsparagraphen ab, als von der sozialen und wirtschaftlichen Struktur der Gesellschaft«.[13] Insoweit war es aus seiner rückblickenden Sicht für das Scheitern der eigenen Neugliederungspläne maßgebend, dass es in Deutschland – hergebrachter Anzahl der kaiserzeitlichen Einzelstaaten pfadabhängig folgend – »25 Einzelrevolutiönchen« gegeben hatte.[14] Für deren umgestaltende Gesamtwirkung hatte aber schon nach seinem zeitgenössischen Urteil gegolten, diese Revolution »had not been energetic enough«[15], auch infolge eines fehlenden unitarischen politischen Gestaltungswillens.

2. Vergleichsperspektiven und terminologische Kontexte

Gleichwohl war der unblutige Verlauf des politischen Systemwechsels im November 1918 zunächst ein humanitärer Aktivposten, insbesondere nach millionenfachen Todesopfern eines mehr als vierjährigen Großen Krieges. Grundlegende bundesstaatliche Neuschöpfungen hatte es allerdings faktisch zumeist nur mit begleitenden historischen »Geburtshelfer«-Diensten der Gewalt gegeben.[16] Das galt für die »Reichseinigungskriege« bis zur deutschen Reichsgründung von 1871 ebenso wie hinsichtlich des Sonderbundkrieges (1847) auf dem Weg zur modernen Schweiz seit dem Folgejahr und auch für den nordamerikanischen Bürgerkrieg der frühen 1860er Jahre im Übergang zu seither ausgeprägten »Vereinigten« Staaten. Die Schweiz hat in deutschen Verfassungsdebatten im Übergang vom Kaiserreich zur Republik auch mit ihrer direkten bzw. Referendumsdemokratie nur eine geringe Rolle gespielt.[17] Wenn man bedenkt, dass um 1870 die Einwohnerzahl der Schweiz erst 2,65 Millionen betrug, während das Deutsche Reich 1871 mehr als 40 Millionen Köpfe zählte und darin sogar die USA geringfügig über-

---

13 Preuß, Denkschrift, S. 147.

14 Hugo Preuß, Reich und Länder. Bruchstücke eines Kommentars zur Verfassung des Deutschen Reiches (1928), Hrsg. Gerhard Anschütz, in: Preuß, Schriften, Bd. 3, S. 299–476, Zitat S. 398.

15 So berichtete der US-Diplomat Ellis Loring Dresel zur Jahreswende 1918/19 über Auskünfte von Preuß, zit. nach Detlef Lehnert, Ein »obskurer« Weimarer Verfassungsvater? Oder wie Hugo Preuß seinen Auftrag bekam und ihn nutzte, in: Zeitschrift für Parlamentsfragen 43 (2012), S. 901–914, hier S. 907.

16 »Die Gewalt ist der Geburtshelfer jeder alten Gesellschaft, die mit einer neuen schwanger geht«; so allerdings primär ökonomisch akzentuiert bei Karl Marx, Das Kapital. Kritik der politischen Ökonomie, Erster Band (1867), in: ders./Friedrich Engels, Werke (MEW), Bd. 23, Berlin (DDR) 1972, S. 779.

17 Sogar die ausführliche Dokumentation und Analyse bei Jörg-Detlef Kühne, Die Entstehung der Weimarer Reichsverfassung. Grundlagen und anfängliche Geltung, Düsseldorf 2018, ergibt diesbezüglich nur Randnotizen.

traf, war eher dieses naheliegend: Auch jenseits einer nur anfänglichen Geneigt-
heit zum amerikanischen Präsidenten Woodrow Wilson wurde in Deutschland
für nunmehr republikanisch-»bürgergenossenschaftliche« und nicht länger mo-
narchisch-obrigkeitliche Bundesstaatsmodelle die transatlantische Blickrichtung
wichtiger. Das schon ältere, doch erst in den 1920er Jahren als »ernsthafte politische Option« diskutierte Stichwort der »Vereinigten Staaten von Europa«[18] abstra-
hierte dabei nicht nur entwicklungsoptimistisch von der andersartigen Diversität
einer »aus vielen eines« zusammenfügenden klassischen US-Einwanderergesell-
schaft gegenüber der nur mühsam auf »Einheit in der Vielheit« auszurichtenden
europäischen Pluralität der Nationalstaaten. Zudem lag die Bevölkerungszahl mit
gut 100 Millionen Menschen der USA zum Zeitpunkt der »Weimarer« Republik-
gründung erst minimal über jener allein von Deutschland und Frankreich zusammen; so hatten auch das britische, russische und türkische Reich ausklammernde
Konzepte einer kontinentaleuropäischen Föderationsbildung mit anderen Grö-
ßenordnungen und insbesondere weitaus höherer, gerade auch sprachlich-kultu-
reller innerer Diversität zu rechnen.

Eine terminologische Gegenüberstellung von Unitarismus und Föderalismus ist
durchaus erläuterungsbedürftig. Als Kontrastbegriff zum Unitarismus würde sich
begriffslogisch der Partikularismus anbieten, was aber in der Regel negativ konnotiert blieb, so wie umgekehrt die Kategorie des »Zentralismus« von damaligen
Exponenten dezentralisierter (»föderaler«) Staatsorganisation kritisch bis polemisch
abgrenzend verwendet wurde. Sofern eine Föderation von einer Konföderation unterschieden wird, kann das weitgehend parallel mit der Unterscheidung zwischen
Bundesstaat und Staatenbund verstanden werden. Die schweizerische *Confoedera-
tio Helvetica* wurde aber nach dem erwähnten Sonderbundkrieg zum Bundesstaat,[19]
während im US-Bürgerkrieg der frühen 1860er Jahre die *Confederate States of America* die Sezessionisten der Südstaaten von den Unionisten der Nordstaaten trenn-
ten. Seit den »Federalist Papers« der nordamerikanischen Gründerjahre stand in der
englischsprachigen Welt (bis in die Gegenwart) »Federalism« für gestärkte Kompetenzen der bundesstaatlichen Zentralgewalt von *United States of America*, somit
für den Unitarismus gegenüber dem Partikularismus der Einzelstaaten. Demgemäß
sind in länderübergreifenden Europa-Debatten nach 1945 mit der Bezeichnung als
»Föderalisten« die (zunächst nicht selten enthusiastischen) Befürworter eines nach
Art der USA aus Gliedstaaten zusammenwachsenden neuen Bundesstaates verbunden worden. Hingegen wurden entgegen deutscher politischer Alltagssprache als

---

18 Jürgen Mittag, Kleine Geschichte der Europäischen Union. Von der Europaidee bis zur Gegenwart, Münster 2008, S. 37.
19 Überblick mit neuester Literatur bei Silvia Serena Tschopp, (Nationale) Einheit aus der Vielfalt?
Zum Demokratiemodell der modernen Schweiz, in: Detlef Lehnert (Hrsg.), Transnationale Demokratisierung in Europa. Von den Anfängen bis zur Gegenwart, Berlin 2023, S. 125–156.

»Unionisten« die Verfechter eines wesentlich nur intergouvernemental konstruierten Staatenbundes verstanden.[20] Um die verbreitete historische Begriffsverwirrung komplett zu machen, nannten sich die Gegner des bloßen Unionismus nach Art der Europaideen des britischen Premiers Winston Churchill – im Sinne einer »Avantgarde« des künftig zu finalisierenden europäischen »Föderalismus« als supranationale Organisation – »Europa-Union der Föderalisten«.[21]

Hingegen wurde deutschsprachig Föderalismus vorzugsweise gegen eine (»zu stark«) unitarisierende Zentralgewalt in Stellung gebracht und teilweise (insbesondere von bayerischer Seite wie bei dem kaiserzeitlichen Staatsrechtler Max von Seydel) partikularistisch im Sinne des Fortlebens staatenbündischer Überlieferung zugespitzt. Ein konservativer Staatsrechtler wie Erich Kaufmann registrierte aber schon zu Beginn der Weimarer Republik klarsichtig mit kritischem Unterton die »große unitarische und zentralisierende Wirkung der parteipolitischen Durchorganisiertheit des ganzen Volkes [...]. Die Parteien liefern nicht nur die Klischees für das politische Denken von Königsberg bis Konstanz, sondern sie haben neben die staatliche Organisation eine großartige gesellschaftliche Organisation gestellt, welche alle ihre Mitglieder zum politischen Wollen und Handeln zusammenfaßt und das politische Leben der Nation zu führen unternimmt.« Der Apparat der Parteien werde inzwischen »bei der überragenden Bedeutung der Reichspolitik [...] immer stärker auf deren Bedürfnisse eingespielt«.[22] Nicht allein in dieser Wortmeldung ist ersichtlich, dass im Übergang vom Kaiserreich zur Weimarer Republik von offenen Gegnern und beharrlichen Skeptikern wie auch von Vernunftrepublikanern und Überzeugungs-Demokraten eine unitarisierende Tendenz wahrgenommen wurde. Dieser gilt es nun zunächst anhand der Weimarer Staatsrechtslehre und dann auch in ausgewählten Beiträgen der zeitgenössischen Richtungs- und Qualitätspresse nachzuspüren.

3.   Positionen und Debatten der Weimarer Staatsrechtslehre

»Konstruktive Untersuchungen über den Begriff ›Föderalismus‹ sind nutzlos, wenn man dabei nicht stets zugleich auch den Gegenbegriff, den des Unitaris-

---

20 Frank Niess, Die europäische Idee – aus dem Geist des Widerstands, Frankfurt a. M. 2001, insbes. S. 126–129.

21 Frederike Neißkenwirth, »Die Europa-Union wird Avantgarde«. Transnationale Zusammenarbeit in der niederländischen und deutschen Europabewegung (1945–1958), Münster 2016, S. 73–77, 147, 202 und passim.

22 Erich Kaufmann, Die Regierungsbildung in Preußen und im Reiche und die Rolle der Parteien (1921), in: ders., Gesammelte Schriften, Bd. 1, Göttingen 1960, S. 374–387, hier S. 383.

mus, im Auge behält.« So begann Gerhard Anschütz[23] auf der ersten Staatsrechtslehrertagung (April 1924) nach Gründung der betreffenden, die deutschsprachi-
gen Länder umfassenden Fachvereinigung (Oktober 1922) seinen Vortrag. Der
»Bundesstaat« sei ein »dehnbarer Begriff«, auf den als »Oberbegriff« sich Föderalismus und Unitarismus gleichermaßen bezögen, wobei dann Föderalismus näher
am »Staatenbund« und Unitarismus näher am »Einheitsstaat« angesiedelt sei.[24]
Als die »extreme Spielart des Föderalismus« könne der »Deutsche Bund« (1815–
1866) gelten, was den Redner zu dem Verdikt hinführte: »Den reinen Föderalismus wollen heißt den Staatenbund wollen, und den Staatenbund wollen, heißt
die nationale Einheit *nicht* wollen.«[25] Die neue Weimarer Verfassung sei hingegen
durch eine »imponierende Mehrheit für eine ausgesprochen unitarische, antiföd-
eralistische Gestaltung des Reichs unter Beibehaltung seiner bundesstaatlichen
Grundlage« geschaffen worden, erscheine aber gegenüber der Verfassung des späten Kaiserreiches »nicht als Antithese der alten, sondern als ihre geradlinige Fortbildung«.[26] Die Kontrastfolie sah Anschütz im »bayerischen Föderalismus, der
zu mindestens fünfzig Prozent Partikularismus ist« und »Sonderinteressen« sowie eine »Sonderstellung« geltend machte, zumal Bayern anders als Preußen zu
klein für eine Hegemonialposition, aber zu groß erscheine, »um sich gleich den
andern Ländern dem Reiche als dienendes Glied einzufügen«.[27] Das Fazit seiner
Auseinandersetzung mit den gerade im Krisenwinter 1923/24 artikulierten Par-
tikulartendenzen aus Bayern lautete diesen schroff entgegengesetzt: »Wir brauchen – alles vom Standpunkt des nationalen, des Reichsinteresses aus gesehen –,
im Reichsrat das volle, nicht halbierte Stimmgewicht Preußens«, denn »auch heute ist Preußens deutsche Sendung noch nicht erfüllt«.[28] Unter der Rubrik »Leitsätze« stellte Anschütz dem »Reich« als »eine nationale Lebensfrage, über die sich
nicht diskutieren läßt«, die Ländergliederung gegenüber als »eine Zweckmäßig-
keitsfrage, über die sich diskutieren läßt«.[29]

---

23 Zu seiner Konzeption im Überblick Kathrin Groh, Demokratische Staatsrechtslehrer in der
   Weimarer Republik. Von der konstitutionellen Staatslehre zur Theorie des modernen demokratischen Verfassungsstaats, Tübingen 2010, S. 42–69, 333–342, 496–505 und passim.
24 Gerhard Anschütz, Der deutsche Föderalismus in Vergangenheit, Gegenwart und Zukunft,
   in: Veröffentlichungen der Vereinigung der Deutschen Staatsrechtslehrer, Heft 1, Berlin/Leip-
   zig 1924, S. 11–34, Zitate S. 11.
25 Ebenda, S. 12.
26 Ebenda, S. 16 f.; dieses Zitat wie auch sonst deren viele in damaligen Publikationen, nicht allein Zeitungen und Broschüren, war im Original komplett hervorgehoben, was hier und nachfolgend zugunsten des Schriftbildes, und zumal verschiedene Formen der Hervorhebung verwendet wurden, anders als die zeitgenössische Rechtschreibung in Zitaten nicht übernommen
   wird, es sei denn, die Betonung *einzelner* Wörter könnte wie hier aussagerelevant sein.
27 Ebenda, S. 23.
28 Ebenda, S. 31 f.
29 Ebenda, S. 32.

Anschütz sprach nicht nur als namhafter Heidelberger Staatsrechts-Ordinarius, sondern er war Zweiter Vorsitzender jener Fachvereinigung, deren Erster Vorsitzender Heinrich Triepel[30] die stichwortprägende Abhandlung »Unitarismus und Föderalismus im Deutschen Reiche« (Tübingen 1907) vorgelegt hatte. Obwohl Triepel als kaiserzeitlicher Freikonservativer (»Deutsche Reichspartei«) seit 1919 der DNVP zugehörig war und der Weimarer Verfassung anders als der DDP-nahe Anschütz recht distanziert gegenübertrat, verband beide ein preußenakzentuierter, insofern hegemonialer Unitarismus. Der nach Anschütz referierende Mit-Berichterstatter Carl Bilfinger war im Tagungsmonat noch Privatdozent an der Universität Tübingen und galt seit der 1922 veröffentlichten Dissertation »Der Einfluß der Einzelstaaten auf die Bildung des Reichswillens« als Experte zum behandelten Thema. Besonders deutlich wurde seine Grundauffassung durch »Leitsätze« formuliert, wo der »deutsche Föderalismus« wesentlich darin bestand, »daß die noch vorhandenen Kräfte der Einzelstaaten möglichst einheitlich in den Dienst des Reiches gestellt werden«. Es bestünde deshalb kein »Gegensatz zum sogenannten Unitarismus« in der »Durchsetzung einer starken Reichsgewalt gegenüber partikularistischen Strömungen«. Während Anschütz die Entwicklungskontinuität seit dem späten Kaiserreich betonte, verblieb Bilfinger – insoweit eher wie Triepel – in erheblicher Distanz zur Republik: »Die Verfassung von Weimar und die bisher unter ihr geübte Praxis des Reiches hat demgegenüber durch Ueberspannung des formalen und absoluten Einheitsgedankens unter Zurücksetzung der Einzelstaaten, voran Preußens, deren reale Lebenskraft unterschätzt wurde, zur politischen Schwäche der Reichsgewalt und zum Partikularismus beigetragen.« Dass Bilfinger letztlich so wie Triepel die Vorkriegsverfassung präferierte, wurde auch in seinen Revisionszielen »Einräumung eines dem Rechte des Reichstags gleichwertigen Mitbeschließungsrechtes des Reichsrates bei der Gesetzgebung des Reiches« und »regelmäßige Verbindung des Reichskanzleramtes und des preußischen Ministerpräsidiums in einer Person« verdeutlicht.[31]

Dass sich Anschütz und Bilfinger (jener an der Seite von Carl Schmitt) 1932 im auch vor Gericht ausgetragenen Konflikt um den »Preußenschlag« des rechtsautoritären Kabinetts Franz von Papens auf entgegengesetzter Prozessvertretersei-

---

30 Zu diesem einflussreichen, aber hinsichtlich der Weimarer Staatsrechtsdebatten wenig beachteten Generationskollegen (Jg. 1868) von Anschütz (Jg. 1867): Ulrich M. Gassner, Heinrich Triepel. Leben und Werk, Berlin 1999.

31 Karl Bilfinger, Der deutsche Föderalismus in Vergangenheit, Gegenwart und Zukunft, in: Veröffentlichungen der Vereinigung der Deutschen Staatsrechtslehrer, Heft 1, Berlin/Leipzig 1924, S. 35–59, Zitate S. 58 f.; an einer anderen Teststelle (S. 50, Anm. 1) zu den Reichsratsrechten verweist der Autor auf die Broschüre von Hans Nawiasky, Die föderalistische Ausgestaltung der Reichsverfassung, München 1924, während dessen Schrift ders., Der Bundesstaat als Rechtsbegriff, Tübingen 1920, zunächst kaum Rezeptionsspuren hinterließ.

te wiederfanden[32], lag also weniger in verschiedenen staatsrechtlichen Deutungen des Reich-Länder-Verhältnisses, sondern in konträrer Haltung zur Weimarer Verfassung und der parlamentarischen Demokratie begründet. Anschütz stand im Kaiserreich, ohne jemals Parteimitglied geworden zu sein, den Nationalliberalen nahe, »freilich nur in Ermangelung eines Besseren«, denn von den Linksliberalen habe diesen überzeugten Etatisten deren »staatsverneinende Haltung« ferngehalten.[33] Als in den ersten Wochen der Republik noch Kernfragen des künftigen Verfassungsbaus zur Disposition standen, hatte sich Anschütz eindeutig positioniert: »Ich bekenne mich zum reinen Unitarismus«, doch rechnete er in der Weimarer Nationalversammlung mit einer Mehrheitsströmung zur »Föderativrepublik, also dem Bundesstaat«. Aber das Parlament sollte die Souveränität ausüben, »das Nurhistorische zu entthronen zugunsten des Vernünftigen«, und damals stimmte er sogar einer »Zerlegung des preußischen Staates« zu.[34] Das überlieferte deutsche »Bundesratssystem« – unterschieden vom »Staatenhaussystem« im »amerikanischen, schweizerischen oder Frankfurter Stil« (von 1848/49) – akzeptierte er nur »aus realpolitischen Gründen«, da »man sonst Gefahr läuft, daß der Föderalismus zum Partikularismus, wo nicht gar zum Separatismus wird«, was sich explizit auf die »Mittelstaaten« (in Süddeutschland) bezog.[35] Grundsätzlich begrüßte Anschütz den Verfassungsentwurf von Preuß samt zugehöriger Denkschrift vom Januar 1919 als »unverschleiert unitarisch«, weshalb er an den Widerständen bedauerte, »wie tief den Deutschen der Partikularismus im Blute sitzt«.[36]

In einer Vortragsskizze mit dem Titel »Das preußisch-deutsche Problem« von 1922,[37] die Anschütz rückblickend »eine meiner besten« Schriften nannte,[38] blieb für ihn gleich Preuß ein »dezentralisierter Einheitsstaat«[39] das Leitbild. Dabei sollten einerseits die »preußischen Provinzen«, ohne den Großstaat als den Garanten der unitarischen Tendenz im Reich aufzulösen, »so gestellt und behandelt werden, als wären sie selbständige Länder«, was auf die »weitgehende Autonomisierung der Provinzen« hinauslief.[40] Fernerhin bekannte sich Anschütz zur Wiederherstellung der »Personalunion«, so wie faktisch unter Geltung der Bismarck-Verfassung, aber nun in umgekehrter Richtung auch im Rahmen der neuen Ordnung des Weima-

---

32 Dazu Neumann, Preußen, S. 240 f. mit weiterer Literatur.
33 Gerhard Anschütz, Aus meinem Leben, hrsg. und eingel. von Walter Pauly, Frankfurt a. M. 1993, S. 119 f.
34 Ders., Die kommende Reichsverfassung, in: Deutsche Juristen-Zeitung (DJZ), Heft 3–4, 1. Februar 1919, Sp. 113–123, Zitate Sp. 116 f.
35 Ebenda, Sp. 119.
36 Gerhard Anschütz, Der Aufbau der obersten Gewalten im Entwurf der deutschen Reichsverfassung, in: DJZ, Heft 5–6, 1. März 1919, Sp. 199–205, Zitat Sp. 199.
37 Anschütz, Das preußisch-deutsche Problem, Tübingen 1922.
38 Anschütz, Leben, S. 89.
39 Anschütz, Problem, S. 23.
40 Ebenda, S. 19.

rer Staates gewollt: »Wer Reichskanzler ist, ist immer zugleich preußischer Ministerpräsident, es ist also stets derselbe Mann, der die ›Richtlinien der Politik‹ (RVerf.
Art. 56, preuß. Verf. Art. 46) im Reiche und in Preußen bestimmt.«[41] Das lief auf
die weitgehende Entmachtung des ohne Präsidentenamt besonders ausgeprägten
Parlamentarismus in Preußen hinaus, indem einerseits politisch vielgestaltige Pro-
vinzialorgane einschließlich dortiger Vertretungskörperschaften ermächtigt, andererseits über das Reichskanzleramt der leitende Zugriff auf die preußische Zentralregierung institutionalisiert werden sollte. Auch weil Anschütz grundsätzlich das
parlamentarische System festigen wollte, zielte er auf die stärkere Konzentration
der Kompetenzen im Reichstag, während ihm die Parallelität einer allzu gewich-
tigen Rolle des Preußischen Landtags offenbar als Schwächung der unitarischen
Kräfte erschien. Wenn sich in seiner Perspektive die beiden Vorgängermodelle der
Weimarer Zeit »kurz dahin formulieren« ließen, »daß die Paulskirche Preußen in
Deutschland aufgehen lassen wollte, während Bismarck umgekehrt das außerpreu-
ßische Deutschland an Preußen angegliedert hat«,[42] so erschienen ihm beide in gegensätzlicher Richtung konsequente Entscheidungen als – wegen der im Einzelnen
von ihm dargelegten Gründe – nicht (mehr) durchsetzbar.

In seiner Heidelberger Rektoratsrede vom 22. November 1922 hat Anschütz,
eingangs Frankreich schon vor der Ruhrbesetzung des Folgejahrs als den »Erb-
und Todfeind im Westen« bezeichnend und am Ende gar »Haß« gegen diesen
beschwörend, den »Abstand der Weimarer Verfassung von ihrer Vorgängerin, der
Verfassung Bismarcks«, auch am »Verhältnis des Reiches zu den Gliedstaaten«
festgemacht: »Richtmaß ist heute nicht mehr der Föderalismus, sondern sein Ge-
genprinzip, der Unitarismus.«[43] Gleichwohl nannte der Redner gerade die seit
1919 geltende Staatskonstitution als ein Beispiel dafür, »daß die Verfassung eines Bundesstaates unitarische und föderalistische Züge nebeneinander aufweist«.
Als Element der Teilkontinuität föderalistischer Elemente erwähnte Anschütz den
Reichsrat als »Nachfolger des alten Bundesrats«.[44] Während föderale Komponen-
ten für ihn bloße »Zweckmäßigkeitsfragen« waren, lautete sein persönliches Cre-
do unzweideutig: »Ich bekenne, zu denen zu gehören, denen im Streitfalle das
Reich alles, der Einzelstaat nichts ist«, weshalb er »im nationalen Interesse« für die
»Weiterentwicklung Deutschlands zum Einheitsstaat« und gleichzeitig dafür plädierte, man solle dabei auch »Geduld haben«.[45] Die Länder sollten perspektivisch
die »Stellung großer, starker und freier Selbstverwaltungskörper« annehmen, un-

41 Ebenda, S. 21.
42 Ebenda, S. 3.
43 Gerhard Anschütz, Drei Leitgedanken der Weimarer Reichsverfassung, Tübingen 1923, S. 2,
    34 und 5.
44 Ebenda, S. 13 und 15.
45 Ebenda, S. 17–19.

ter »Verzicht auf eine – schon heute doch nur mehr formale – Eigenstaatlichkeit«.[46] Die »Vossische Zeitung« berichtete über das gedruckte Erscheinen dieser bekenntnisfreudigen Rektoratsrede und deren Charakterisierung der geltenden Verfassung mit dem »stärkeren Hervortreten des Unitarismus als Richtmaß gegenüber dem Föderalismus, der früher herrschte«.[47]

Der erstmals 1921 erschienene, das Vorwort dem »fünfzigsten Jahrestage der Reichsgründung« widmende Standardkommentar von Anschütz[48], der sich auch rückblickend als »stets bestrebt gewesen« bekannte, »das Werk von Weimar nicht so sehr als einen Umsturz, denn als eine historische Fortentwicklung, Fortbildung der Verf. des Kaiserreichs« erscheinen zu lassen[49], hat durch 14 Auflagen bis Anfang 1933 trotz (oder gerade wegen) dieser Kontinuitätsbeschwörung seinen Ruf als sozusagen der Weimarer »Kronjurist« begründet. Im 14-seitigen doppelspaltig eng bedruckten Sachverzeichnis finden sich aber weder die Stichworte »Föderalismus« noch »Unitarismus« oder »Einheitsstaat«, weil sie im Verfassungstext nicht vorkamen und das restriktive Verständnis des Autors in dessen eigenem Rechtspositivismus bei einem Text dieser Art eine Theoriedistanz schuf. Selbst Preußen, zu dem Anschütz 1912 einen dem Weimarer Monumentalwerk vorausgehenden Verfassungskommentar publiziert hatte,[50] über den wiederum Preuß eine ausführliche Rezension vorlegte,[51] kam im Sachverzeichnis des Kommentars zur Weimarer Reichsverfassung (WRV) nur hinsichtlich der Stimmen im Reichsrat, Bayern sogar nur mit dem Übergang des Postwesens vor. Ersatzweise lässt sich zum einen der Kommentartext zu Artikel 13 Absatz 1 WRV »Reichsrecht bricht Landrecht« (analog Artikel 31 des Grundgesetzes, GG, von 1949: »Bundesrecht bricht Landesrecht«) heranziehen, wo Anschütz über den so formulierten »Grundsatz des Vorrangs der Reichsgesetze vor den Landesgesetzen« hinaus die »Souveränität des Reichs gegenüber den Ländern« veran-

---

46 Ebenda, S. 21.

47 Vossische Zeitung, 4.4.1923 A, S. 2: Drei Leitgedanken der Reichsverfassung. – Die »Vossische Zeitung« wird nachfolgend mit VZ abgekürzt; M steht für Morgen- und A für die Abendausgabe der jeweiligen Zeitung, fehlt beides, handelt es sich um die einzige Ausgabe des Tages.

48 Gerhard Anschütz, Die Verfassung des Deutschen Reiches vom 11. August 1919. Ein Kommentar für Wissenschaft und Praxis, Berlin ¹⁴1933, S. V (Vorwort 1921); der 1921 noch unter 300-seitige Kommentar wuchs auf zuletzt 800 Seiten und erreichte die stattliche Gesamtauflage von 41.000 Exemplaren: ders., Leben, S. 254 f.

49 Anschütz, Leben, S. 287.

50 Anschütz, Die Verfassungsurkunde für den Preußischen Staat vom 31. Januar 1850. Ein Kommentar für Wissenschaft und Praxis, Berlin 1912.

51 Hugo Preuß, Gerhard Anschütz, Kommentar zur preußischen Verfassung (1912), in: ders., Schriften, Bd. 2, S. 570–577, mit der ambivalenten Einordnung S. 572: »Bei uns wird man seine Anschauung als liberal bezeichnen dürfen; in anderen Verfassungsstaaten wäre sie gut konservativ.« Anschütz, Leben, S. 122 f. hingegen missfiel an Preuß die »radikale Schärfe«, die ihn sogar in seiner »linksliberalen« Partei tendenziell zu einem Außenseiter gemacht habe, dessen Stunde erst nach dem »Novemberumsturz« 1918 schlagen konnte.

kert sah.[52] Aufschlussreich war ferner der Abschnitt »Zur Entstehungsgeschichte des Art. 18« (Länderneugliederung), wo der Verfasser jenseits des letztlich kodifizierten Textes durchaus meinungsfreudig Preuß in dessen Erstentwurf die »Zerstückelung Preußens« als »einseitig« verfolgtes Ziel vorhielt.[53]

Im Unterschied zum Kommentarwerk nur sehr knapp, aber dafür weniger entlang der Verfassungsartikel enggeführt äußerte sich Anschütz im gemeinsam mit seinem teilweise denkverwandten Kollegen Richard Thoma[54] herausgegebenen »Handbuch des Deutschen Staatsrechts«. Geradezu lapidar begann der Autor mit dem Satz: »Es ist auszugehen von dem Begriffe des Bundesstaats«, verstanden als »Gesamtstaat, körperschaftlich zusammengefügt aus einfachen Staaten, die einerseits ihm unterworfen, andererseits beteiligt sind an der Bildung seines Willens«, wobei er hinzufügte, dass die Gliedstaaten »im heutigen Deutschland ›Länder‹ genannt werden«, obwohl sie »die Eigenschaft als Staaten besitzen«.[55] Gerade Preuß hatte sich im bereits erwähnten Sinne der »höchstpotenzierten Selbstverwaltung« gegen »Länderstaatlichkeit« gewandt.[56] Aus seiner Perspektive ließen sich insbesondere Zwergterritorien nicht ernstlich als »Staaten« bezeichnen und wurde mit Betonung der (plausibleren) Staatlichkeit von Bayern und erst recht des ungeteilten Preußens, das schon vor der Reichsgründung einen Großstaat für sich gebildet hatte, der Partikularismus gefördert. Auch bei Anschütz klang mit der Übernahme der geltenden Verfassungsterminologie nun mehr eine Selbstverwaltungslehre an. »Die *negativen* Rechte der Länder entsprechen den Freiheitsrechten des Individuums. Sie sind, wie diese, Rechte auf ein gewisses Nichttätigwerden der Staats- (hier der Reichs-)gewalt: auf die Unterlassung von widerrechtlichen Eingriffen des Reichs in die Freiheitssphäre der Länder«,[57] wobei die positiven und aktiven Länderrechte anschließend wieder anhand einzelner Verfassungsartikel kurz erläutert wurden.

---

52 Anschütz, Verfassung, S. 101.

53 Ebenda, S. 141. Preuß hat zwar noch einen Kommentar zum einschlägigen Neugliederungsartikel 18 WRV vorgelegt (Berlin 1922), als ein am neuen demokratischen preußischen Verfassungswerk maßgeblich beteiligter Landtagsabgeordneter die konkrete Umsetzung aber gewollt zurückgestellt.

54 Zu seinen Konzeptionen im Überblick Groh, Demokratische Staatsrechtslehrer, S. 70–105, 360–371, 505–513 und passim.

55 Gerhard Anschütz, Das System der rechtlichen Beziehungen zwischen Reich und Ländern, in: ders./Richard Thoma (Hrsg.), Handbuch des Deutschen Staatsrechts, Erster Band, Tübingen 1930, S. 295–300, Zitate S. 295 f.

56 Hugo Preuß, Um die Reichsverfassung von Weimar (1924), in: ders., Gesammelte Schriften, Bd. 3: Politik und Verfassung in der Weimarer Republik, hrsg. u. eingel. von Detlef Lehnert, Tübingen 2008, S. 367–438, hatte rückblickend »die dynastisch-militärisch-bürokratische Länderstaatlichkeit« (S. 379) und in der Weimarer Gegenwart »eine Länderstaatlichkeit nach bayerischem Muster« (S. 381) im kontrastierenden Blick.

57 Anschütz, System, S. 299.

Ergiebiger ist der Handbuchbeitrag des Mitherausgebers Thoma über »Das Reich als Bundesstaat«, der unmittelbar nachfolgend auch den Text »Das Reich als Demokratie« übernommen hatte. Dort zollte er seinem Status als Heidelberger Lehrstuhlnachfolger (der Jahre 1911 bis 1928) Georg Jellineks Tribut, indem er von der normativen Kraft des Faktischen und nicht von einer Diskontinuität ausging: »Die deutsche Republik ist vielmehr als ein Ganzes, juristisch gesprochen: als Körperschaft *identisch* mit der Körperschaft, die am 1. Juli 1867 unter dem Namen Norddeutscher Bund ins Leben getreten ist und sich in der Folge vergrößert und den Namen Deutsches Reich angenommen hat«, wenngleich die »Struktur des Staatswesens« seit 1918 »von Grund auf verändert worden« ist.[58] Während nämlich das Kaiserreich »noch betont ›föderalistische‹ Züge trug und die Einheit der Nation mehr mittelbar durch die preußische Hegemonie verbürgte«, sei davon trotz vorgenannter äußerlicher Kontinuitätslinie seit 1867/71 die entstandene demokratische Republik zu unterscheiden, die »ein überwiegend ›unitarisches‹ Gepräge trägt«. Die Bezeichnung als »Bundesstaat« folge dem »Sprachgebrauch des politischen Lebens«, wobei »dessen bundesstaatlichen Charakter die föderalistisch gerichteten Politiker erhalten und weiter verstärken möchten, während die unitarisch gerichteten an seine Stelle den erst noch zu schaffenden dezentralisierten ›Einheitsstaat‹ zu setzen trachten«.[59] Der Querverweis auf die »States« in den USA[60] hatte wegen unterschiedlicher Sprachkontexte und anderer deutscher staatstheoretischer Traditionen für sich genommen wenig Überzeugungskraft. Das Festhalten am – die Kontinuität zu 1871 transportierenden – Identifikationsbegriff »Deutsches Reich« als nunmehr demokratische Republik (Artikel 1 Absatz 1 WRV) ließ Raum für ein nicht die Reichsebene meinendes Staatsverständnis, so wie Artikel 17 Absatz 1 vermeintlich beides verband: »Jedes Land muß eine freistaatliche Verfassung haben«, in Wirklichkeit aber nur der zeitgenössischen terminologischen »Eindeutschung« von »Republik« zum »Freistaat« folgte.

Indem Thoma jedoch »eine grundsätzliche Bemerkung über Unitarismus und Föderalismus« einfügte und betonte, dass beide der »Idee« nach entgegen den Kontroversen »in unserer Zeit« keine »Gegensätze« sein müssten, entwarf dieser Autor gegenüber »partikularistisch« zu nennender Engführung des Föderalismusbegriffs eine konzeptionelle Synthese: »Denkt man sich ein Reich, das aus zirka einem Dutzend verständig umgrenzter, an Fläche und Volkszahl unter sich nicht allzu verschiedener Länder besteht; eine Kompetenzverteilung, welche in der Hand des Reiches alles vereinigt, dessen es bedarf, um die Einheit der nationalen Politik, Rechtsord-

---

58 Richard Thoma, Das Reich als Bundesstaat, in: Anschütz/Thoma (Hrsg.), Handbuch, S. 169–186, Zitate S. 169.
59 Ebenda, S. 170.
60 Ebenda, S. 173.

nung und Wirtschaftsordnung, Wehrkraft und obersten polizeilichen Vollzugsgewalt kraftvoll zu vollenden und zu verwalten, dafür aber diesen Ländern als großen Verwaltungskörpern beläßt und zurückgibt, was irgend an Heimat-, Kultur- und Volkspflege, unterer Polizeigewalt und Finanzhoheit ohne Schaden für die nationale Einheit an diese großen Körperschaften (und durch sie an Gemeinden) zur Selbstverwaltung und Selbstverantwortung ausgetan werden kann, dann werden Unitarismus und Föderalismus zu Bundesgenossen.«[61] Außer dem Kultur- und Vollzugsföderalismus setzte allein noch das für einen bürgerlichen Liberalen wie Thoma ebenso tradierte Plädoyer zugunsten einer mindestens regionalisierten »Finanzhoheit« eine Grenze der sonst gewollten nationalen Unitarisierung.

Irgendeine Kompetenz- oder grundsätzliche Bestandsgarantie (wie später in Artikel 79 Absatz 3 GG verankert) sah Thoma in der geltenden Verfassungsordnung nicht installiert: »Die Weimarer Verfassung ist die erste und meines Wissens bisher einzige Bundesstaatsverfassung, deren föderalistische Elemente ohne Rechtsbruch aufgehoben werden könnten und also juristisch labil erscheinen.«[62] Allerdings konnte das legal nur durch verfassungsändernde Mehrheiten zulässig sein, denn im Streit mit dem Reich vermochten Länder den Staatsgerichtshof anzurufen (Artikel 19 WRV). Die Ergebnisse einer »Länderkonferenz« von 1928 wollte der Autor dahingehend interpretieren, das »sogenannte preußisch-deutsche Problem« könne »nicht anders gelöst werden« als »dadurch, daß der preußische Landtag und eine besondere preußische Regierung verschwinden und die aus den Gebieten Preußens und der Kleinstaaten bestehende Ländermasse in eine Anzahl zweckmäßig umgrenzter ›Reichsprovinzen‹ mit hochentwickelter Selbstverwaltung eingeteilt wird«.[63] Eine aus *Provinzen* und Klein*staaten* bestehende *Länder*masse vollendete zwar eine diesbezügliche Begriffsdiffusion, lief aber letztlich doch auf so etwas wie den von Preuß ursprünglich erstrebten dezentralisierten Einheitsstaat mit auch neu zu gliedernden Ländern als Trägern »höchstpotenzierter Selbstverwaltung« und nicht Eigenstaatlichkeit hinaus.

4. »Unitarismus« bzw. »Einheitsstaat« im »Vorwärts« und der »Vossischen Zeitung«

Unitarismus und Föderalismus waren in der Weimarer Republik nicht allein staatsrechtliche Fach-, sondern auch politische Identifikations- und Kampfbegriffe.

---

61 Ebenda, S. 177.
62 Ebenda, S. 182.
63 Ebenda, S. 185 f.

Umso aufschlussreicher kann es sein, richtungspolitische Tagespresse mit heranzuziehen. Wenn dies hier mit dem sozialdemokratischen »Vorwärts« und der li-
beral-demokratischen »Vossischen Zeitung« geschieht (jeweils ohne Beilagen und
Sonderausgaben), dann hat es auch den forschungspragmatischen Grund, dass beide republiktragende Blätter für den betrachteten Zeitraum in hinreichender Qua-
lität digitalisiert verfügbar sind und so die Suchworteingabe zwar nicht zu voll-
ständigen, aber hinreichend aussagekräftigen Ergebnissen führt.[64] Der Begriff des
»Unitarismus« war allerdings im »Vorwärts« weitestgehend ungebräuchlich.[65] Ersatzweise ist die viel häufiger verwendete Kategorie »Einheitsstaat« heranzuziehen,
auch wenn dies Bedeutungsnuancen verwischen kann, zumal im politischen Schlag-
wortgebrauch selten dargelegt wurde, ob die Beseitigung der Ländergliederung oder
nur verstärkte Reichskompetenz gemeint war. Als Ende 1919 eine gemeinsame Resolution der Weimarer Koalitionsparteien, also einschließlich der zuvor traditionell föderalistischen Zentrumspartei, in der Preußischen Landesversammlung sogar konkrete Verhandlungen über die »Schaffung des deutschen Einheitsstaates«
anregte, wurde die Enttäuschung über das bisherige Scheitern der Neugliederungspläne im SPD-Zentralorgan deutlich formuliert: »Wir bleiben weit vom Einheitsstaat entfernt. Der Verfassungsentwurf von Preuß suchte wenigstens einen großen
Schritt zur Reichseinheit zu machen, aber die tatsächliche Verfassung, wie sie heute rechtens ist, ändert nichts an den Zwergstaaten, an all den ungesunden Grenzen
innerhalb des Reiches, an den Enklaven und Exklaven, an der Tatsache, daß man
mit dem billigsten Vierklassen-Billett immer noch durch drei selbständige deutsche
Staaten fahren kann«. Doch wurde der zeitgeschichtliche Hintergrund dafür ebenso klar benannt: »Die Revolution vom Jahr 1918 war leider auch nicht die deutsche Revolution, weit mehr war sie die Revolution der Bayern, der Kieler und der
Kölner, der Sachsen-Weimareaner und der Reuß-Gothaer«, somit vieler »Partikula-
rismen der zahlreichen Klein-Deutschlands«.[66] Der insofern denkverwandte Hugo

---

64 Eine Ausweitung mit dem seit Herbst 2021 möglichen Zugriff über https://www.deutsche-di-
gitale-bibliothek.de wäre für ein größeres Projekt lohnend. Doch allein fast 8.000 Zeitungs-
nummern (mit teilweise auch noch mehreren bis zahlreichen Textstellen) zum Stichwort »Föderalismus« zwischen der Republikausrufung 1918 und der Zäsur des Reichstagsbrandes/des
Ermächtigungsgesetzes 1933 übersteigen die Verarbeitungskapazität auch eines längeren Aufsatzes (wobei die »Vossische Zeitung« dort noch gar nicht mit erfasst wurde und auch sonst die
bisherige regionale Zufälligkeit der institutionellen Bereitstellung auffällt).

65 Die Erweiterung um die Begriffsvariante »unitarisch« ändert daran wenig: Bei Gustav Radbruch findet diese sich im »Vorwärts« als bayerische Opposition zum Weimarer Verfassungsentwurf (25.1.1919 M), beim preußischen Ministerpräsidenten Otto Braun als gleichbedeutend
mit »reichsfreundlich« (16.12.1927 A); wenige weitere Textstellen ergeben keinen zusätzlichen
Aufschluss über einen SPD-spezifischen Wortgebrauch.

66 Vorwärts, 15.12.1919 A, S. 1: Ein einiges Deutschland!; der Antrag zum »Einheitsstaat« wurde am 17. Dezember 1919 mit 210 gegen 32 Stimmen (der Rechtsparteien) angenommen: Vorwärts, 18.12.1919 M, S. 7: Heine fordert den Wahlblock.

Preuß hatte dies wie erwähnt nicht minder ironisierend mit den »25 Einzelrevolutiönchen« charakterisiert.[67]

Die preußisch-parlamentarische Initiative führte in der knappen Jahresspanne bis zum Verfassungsbeschluss auch im größten deutschen Gliedstaat zu etlichen namhaften Wortmeldungen im »Vorwärts«. Zunächst wollte Ministerpräsident Paul Hirsch artikulierten Widerspruch mit dem Hinweis abfangen, »die Länder werden mehr und mehr ihres Charakters als Staaten entkleidet und in die Rolle von Verwaltungsorganisationen gedrängt«, und man plane die sich lagebedingt ohnehin vollziehende Entwicklung nicht forciert »durch Gesetz zu dekretieren«.[68] In der späteren Phase sah die kommunal- und bildungspolitisch sowie in der »Arbeiterwohlfahrt« tätige Hedwig Wachenheim die bestehende Verfassungsordnung in einer unfertigen Zwischenposition: »In Weimar ist der Bundesstaat begraben, aber der Einheitsstaat noch nicht geschaffen worden«, doch sei ein »zentralistischer Staat, wie die französische Republik es ist«, nicht das Ziel, sondern der »Einheitsstaat mit weitgehender Selbstverwaltung der Provinzen«.[69] Ein Programmatiker wie der Verfassungsrechtler und SPD-Reichstagsabgeordnete Gustav Radbruch hatte schon die frühen Verfassungsentwürfe mit Neugliederungsakzenten unterstützt: »Bei der Sozialdemokratie steht es jetzt, mit Entschiedenheit und Festigkeit den Entwurf Preuß durchzusetzen, der den einzigen Ausweg aus den sonst unlösbaren Schwierigkeiten weist.«[70] Im Folgejahr hatten ihn die »Bedenken gegen die Auflösung Preußens« zwar überzeugt, aber er plädierte auf dem »Weg zum deutschen Einheitsstaat« nun für eine teil-unitarisierte Synthese: »Preußen muß als erstes unter den Ländern in Deutschland aufgehen« und so zum »Reichsland« werden.[71] Als zugleich preußischer Parlamentspräsident widersprach der Hannoveraner Oberbürgermeister Robert Leinert (SPD) diesem Vorschlag: »Wie so oft in der Geschichte ist auch die Schaffung des Einheitsstaates nach der Revolution verpaßt worden. Durch die Idee des Reichslandes erhält der Einheitsstaat keinerlei Förderung«, denn jenseits der Neubildung Thüringens werde die »entsetzliche Kleinstaaterei« fortbestehen und statt deren Beseitigung eher das Partikularstreben innerhalb Preußens angeregt.[72]

---

67 Wie oben Anm. 14.

68 Paul Hirsch, Um den Einheitsstaat, in: Vorwärts, 22.12.1919 A, S. 1.

69 Hedwig Wachenheim, Einheitsstaat und Partei, in: Vorwärts, 19.9.1920, S. 1 f.

70 G.[ustav] Radbruch, Der Sturm gegen den Verfassungsentwurf, in: Vorwärts, 25.1.1919 M, S. 1 f., Zitat S. 2. Schon Friedrich Engels, Kritik des sozialdemokratischen Programmentwurfs 1891, in: MEW, Bd. 22, Berlin (DDR) 1977, S. 225–240, hier S. 235, hatte postuliert: »Einerseits muß die Kleinstaaterei beseitigt werden [...] Andrerseits muß Preußen aufhören zu existieren, muß in selbstverwaltete Provinzen aufgelöst werden, damit das spezifische Preußentum aufhört, auf Deutschland zu lasten.«

71 Gustav Radbruch, Reichsland Preußen, in: Vorwärts, 3.11.1920 A, S. 1 f., Zitate S. 1.

72 Robert Leinert, Preußen Reichsland?, in: Vorwärts, 24.11.1920 A, S. 1 f., Zitate S. 1.

Der nach dem Kapp-Lüttwitz-Putsch und dem Amtsverlust an Otto Braun in die Kommunalpolitik zurückgeworfene Ex-Ministerpräsident Hirsch sah eine Perspektive in einer schrittweisen Transformation der Staatsstruktur von unterschiedlichen Ausgangspunkten her: »Wenn auf der einen Seite durch die Reichsverfassung die Zuständigkeiten der Länder mehr und mehr eingeschränkt, auf der anderen Seite durch die preußische Verfassung die Zuständigkeiten der Provinzen erweitert werden, so werden sich in absehbarer Zeit die Länder nicht mehr wesentlich von den preußischen Provinzen unterscheiden, und der Boden für den Einheitsstaat ist geebnet.«[73] Eine von weiter kooperationswilligen Vertretern der Weimarer Koalitionsparteien (Hermann Müller/SPD, Hermann Luppe/DDP, Carl Spiecker/Zentrum) getragene Denkschrift des Republikanischen Reichsbundes präsentierte 1926 sogar einen »Vorschlag für die Neugliederung Deutschlands« in »11 Wirtschaftsgebiete«, gewissermaßen als zeittypische Erscheinungsform einer Gebietsrationalisierung: »Ostpreußen«, »Pommern, Mecklenburg«, »Brandenburg«, »Schlesien«, »Mitteldeutschland«, »Niedersachsen«, »Norddeutschland«, »Rheinland-Westfalen«, »Südwestdeutschland« und »Bayern«.[74] In einer Rede an der Berliner Universität wollte Otto Braun, der Preußen als den »Kern des zu bildenden deutschen Einheitsstaates« betrachtete, sogar eine »mächtige Volksbewegung« beschwören, »die über alle kleinlichen Partikularisten hinweggehen würde«.[75] Das Bekenntnis als »Unitarier« hinderte ihn als Landtagsredner aber beispielsweise nicht, in der »Groß-Hamburg-Frage« gleichermaßen »hamburgische Expansionsbestrebungen gegen Preußen zurückzuweisen« und zu dementieren, »daß Preußen die Aufsaugung der norddeutschen Kleinstaaten erstrebt«,[76] was beides zusammen eher auf den Status quo der realen Politik hinauslief.

In seiner viel beachteten Grundsatzrede auf dem Kieler SPD-Parteitag 1927 akzentuierte Rudolf Hilferding im »Kampf um den Einheitsstaat« ein anderes Problem: »Vor dem Kriege herrschte, wie Preuß gesagt hat, eine Hegemonie des preußischen Staates mit föderalistischer Bekleidung. Die neue Reichsverfassung hat sich einer Sünde gegen das Prinzip der Demokratie schuldig gemacht« durch »Entrechtung Preußens«, denn im Reichsrat hatte dieses bei drei Fünfteln der Bevölkerung nur zwei Fünftel der Stimmen, von denen die Hälfte dessen Provinzen zufiel, was die SPD fast wie bei einem ungleichen Wahlrecht benachteiligte: »Bei der letzten Wahl hatten wir in Preußen 25 Proz. der Stimmen, aber im Reichsrat haben wir unter den preußischen Provinzialvertretern nur 7 ⅛ Proz.,

---

73 Paul Hirsch, Der Preußische Staatsrat, in: Vorwärts, 1.8.1922 M, S. 1 f., Zitat S. 1.
74 Vorwärts, 25.9.1926 M, S. 1 f.: Wege zum Einheitsstaat, Zitate S. 2; wenn man Ostpreußen, Schlesien und überwiegend Pommern ab 1945 vernachlässigt und Mecklenburg/Vorpommern als norddeutsch definiert, war das auch für gegenwartsnähere (wie damals zumeist fruchtlose) politische Neugliederungsdebatten eine weitreichende Vorstellung.
75 Vorwärts, 25.2.1927 M, S. 3: Wege zum Einheitsstaat.
76 Vorwärts, 23.2.1927 A, S. 1: Preußen und Groß-Hamburg.

das Zentrum hatte 17 ½ Proz. der Stimmen und hatte 38 Proz. der Vertreter.«[77] Ein Bericht zum Städtetag desselben Jahres ließ erkennen, dass eine dortige klare Präferenz aus den eigenen Belangen folgte: »Im Einheitsstaat hat in der Tat die Gemeinde eine ganz andere Stellung als im Bundesstaat. Bisher ist der Kampf zwischen Ländern und Reich meistens auf dem Rücken der Gemeinden ausgetragen worden und hat zur Schwächung ihrer Befugnisse und der Selbstverwaltung geführt.«[78] Von solcher Tendenz des Städtetags zum dezentralisierten Unitarismus fand sich auch der preußische Innenminister Carl Severing ermutigt, die »Wege zum Einheitsstaat« wieder stärker zu thematisieren, ohne den bisherigen Mangel an einem »praktischen Ergebnis« zu verschweigen.[79]

Noch einmal zurück zum äußerst seltenen Wortgebrauch des »Unitarismus« im »Vorwärts«: Der innerparteilich rechtsstehende (mangels Vorsorge gegen die Kapp-Putschisten im Frühjahr 1920 sein Amt verlierende) preußische Innenminister Wolfgang Heine, als Jurist mit solchen Fragen vertraut, wandte sich in einem Leitartikel vom Sommer 1919 unmittelbar vor Inkraftsetzung der Weimarer Reichsverfassung »Gegen Preußens Zerstückelung« und zeigte eine so bedingte Aversion gegenüber den mit diesem Begriff zu verbindenden Tendenzen: »Kein Schlagwort ist heute abgenutzter, als das des ›Unitarismus‹, kein Bekenntnis alltäglicher und billiger als das für das einige Reich im Gegensatz zu Preußen.«[80] Wenn von einem historischen Erinnerungsartikel abgesehen wird, der Konservativen zu wilhelminischer Zeit eine »partikularistische Polizeiinfamie gegen den Unitarismus der ein einheitliches, freies Reichsrecht fordernden Sozialdemokratie« vorhielt,[81] findet sich diesbezüglich nur die kritische Bemerkung Carl Severings in einer zitierten Reichstagsrede am 10. Juli 1928, »daß die Verfassung auf halbem Wege mit dem Versuch von [sic!] Föderalismus zum Unitarismus stehen geblieben ist«.[82] Demgegenüber legte er kurz darauf besonderen Wert auf die

---

77 Vorwärts, 27.5.1927 M, S. 3: Genosse Hilferding, S. 1–3, Zitat S. 3.

78 Paul Hertz, Städte und Einheitsstaat, in: Vorwärts, 27.9.1927 M, S. 1 f., Zitat S. 1; der Städtetag 1928 bekräftigte dieses Bekenntnis: Vorwärts, 26.9.1928 M, S. 2: Für Einheitsstaat und Selbstverwaltung!; ähnlich VZ, 30.9.1928, S. 3: Die Städte für den Einheitsstaat.

79 Carl Severing, Ein Wort zur Länderkonferenz, in: Vorwärts, 8.10.1927 M, S. 1 f., Zitate S. 1.

80 Vorwärts, 29.7.1919 A, S. 1 f., Zitat S. 1; auch der preußische Ministerpräsident Paul Hirsch (SPD) wandte sich als »Anhänger des Unitarismus« gegen die »Zerstückelung« Preußens, zit. nach VZ, 17.9.1919 A, S. 2: Die Umformung Preußens, dort bezugnehmend auf Paul Hirsch, Zerstückelung oder Autonomie, in: Deutsche Allgemeine Zeitung, 17.9.1919 M, S. 1 f., Zitate S. 1, wo aber statt vom »Unitarismus« nur von der »Reichseinheit« die Rede ist.

81 Vorwärts, 11.12.1927, S. 1 f., Zitat S. 1.

82 Vorwärts, 11.7.1928 M: Um den Nationalfeiertag, S. 1 f., Zitat S. 2; der Protokolltext lautet sinngleich, »daß die Verfassung auf halbem Wege, der vom Föderalismus zum Unitarismus eingeschlagen wurde, stehengeblieben ist« mit dem Zusatz »Sehr richtig! bei den Sozialdemokraten und Deutschen Demokraten«, in: Verhandlungen des Reichstags. IV. Wahlperiode 1928, Bd. 423, Berlin 1929, 7. Sitzung am 10. Juli 1928, S. 124–127, Zitat S. 125 D.

Feststellung, dass die SPD »vom Jahre 1919 an den dezentralisierten Einheitsstaat gefordert und eine entsprechende Formulierung auch in das Heidelberger Aktionsprogramm aufgenommen hat«.[83]

Als Chefredakteur der »Vossischen Zeitung« hatte Georg Bernhard schon 1920 beklagt, die »Weimarer Verfassung« sei »weder unitarisch noch föderalistisch«, sondern darin »eine Halbheit«.[84] Die in dieser Thematik intensiver engagierte »Vossische« sprach bereits in einer frühen Phase der Verfassungsberatungen von einem »Kampf um Unitarismus und Föderalismus«, in dem eigene Sympathien der »unitarischen Idee« galten und die Hauptgegner der »Unitaristen« in Bayern mit dessen »Bauernorganisator Dr. Heim« ausgemacht waren.[85] In umgekehrter Richtung wurde aus der Parlamentssitzung vom 27. November 1919 »der deutschnationale Abgeordnete Düringer« mit Kritik an der »Reichsabgabenordnung« erwähnt, diese »bedeute in politischer Beziehung den Unitarismus im Gegensatz zum Föderalismus, der die ganze Tendenz der Verfassung bilde«. Daraufhin wertete Reichsfinanzminister Matthias Erzberger (Zentrum) jenen Vorwurf, »daß wir zielbewußt den Weg zum deutschen Einheitsstaat gehen«, zu einem »Vorzug der Reichsabgabenordnung« um.[86] Dazu wurde in der »Vossischen« angemerkt, dass Erzbergers diesbezügliches »Eintreten für den Unitarismus« Anfang 1920 wesentlich mit zur »Sezession des bayerischen Flügels« geführt habe.[87] Der Königsberger Staatsrechtsrechtsprofessor Ludwig Waldecker bedauerte die parteipolitische Instrumentalisierung der Finanzreform mittels »Gleichsetzung von Unitarismus und Zentralismus«.[88] In seinen zitierten Erinnerungen verband »Graf Bernstorff, der deutsche Botschafter in Washington«, sein Bekenntnis zur »westlichen Orientierung« mit einer für Deutschland »liberalen Entwicklung zum Unitarismus und Parlamentarismus«.[89] Reichsinnenminister Erich Koch-Weser (DDP) plädierte in einer Kölner Rede insoweit ähnlich wie Preuß zur Abwehr des Partikularismus für eine Doppelstrategie: »Wir brauchen Unitarismus, aber gleichzeitig Dezentrali-

---

83 Vorwärts, 28.10.1928 M, S. 2: Severing über die Reichsreform.
84 Georg Bernhard, Bayern, in: VZ, 26.9.1920, S. 1 f., Zitate S. 2; ganz ähnlich B[ern]h[ar]d, Recht und Macht, in: VZ, 29.10.1923 A, S. 2: »Die endgültige Gestaltung der Weimarer Verfassung bildete ein recht unglückliches Gemisch von Unitarismus und Partikularismus.«
85 VZ, 11.2.1919 M, S. 1 f.: Steigende Arbeitsfähigkeit, Zitate S. 1.
86 VZ, 28.11.1919 M, S. 3: Deutsche Nationalversammlung; im Protokoll findet sich dieser Wortlaut gar nicht, aber Adelbert Düringers Grundthese: »In Gedanken kann man sehr wohl und sehr bequem Unitarismus und Zentralisation unterscheiden, – in der Praxis, in der rauhen Wirklichkeit fließen beide ineinander«; Verhandlungen der verfassunggebenden Deutschen Nationalversammlung, Bd. 331, Berlin 1920, 120. Sitzung am 27. November 1919, S. 3799–3802, Zitat S. 3800 D. Der Wortlaut bei Erzberger weicht nur unerheblich ab, ebenda, S. 3803 A und B.
87 Julius Elbau, Die Partei der Mitte, in: VZ, 23.1.1920 M, S. 1 f., Zitate S. 1.
88 Ludwig Waldecker, Die Reichsfinanzreform, in: VZ, 31.7.1923, S. 1 f., Zitat S. 1.
89 VZ, 8.3.1920 M, S. 4: Deutschlands amerikanische Politik.

sation.«[90] Allerdings nannte er vor der DDP-Reichstagsfraktion die »Frage Unitarismus oder Föderalismus ein Schlagwort, unter dem sich jeder etwas anderes denke«.[91]

Fünf Jahre später gab eine durch »Vertrauensbruch« im Ministerium den bayerischen Kontrahenten zugespielte interne Denkschrift von Koch-Weser aus dem Februar 1920 ihm Anlass zu ausführlichen Erläuterungen. Damals hatte er die »Entstaatlichung der Länder« durch schrittweise Kompetenzverlagerung und nicht Widerstände provozierende Einheitsstaatsresolutionen aus dem preußischen Landesparlament favorisiert: »Die Länder werden von selbst dadurch ausgehöhlt, daß das Reich weitere Zuständigkeiten übernimmt.« Sein Bekenntnis als »deutscher Unitarier« schloss die Ergänzung ein, dass »die Grenzen zwischen Föderalismus und Unitarismus fließen«, aber gegenüber »Partikularisten« wie in Bayern scharf markiert bleiben sollten: »Dezentralisierter Unitarismus oder gegliederte Einheit ist die einzig mögliche Grundlage für einen Großstaat.«[92] Diese Überzeugung vertrat Koch-Weser auch in einer »von mehr als 2000 Personen besuchten Volksversammlung« am 22. Februar 1926 im Münchner »Hofbräuhaus«: »Unitarismus und Dezentralisation gehören zusammen«, aber »dynastischer Partikularismus« sei eine Erblast.[93] Der Ex-Innenminister sah berechtigte Kritik nicht gegen »Unitarismus, sondern Zentralisation« gerichtet: »Jede vernünftige Verwaltung eines Großbetriebes entlastet die Spitze von Aufgaben, die auch an unterer Stelle gelöst werden können.«[94] Er sprach im Sinne der vorgenannten Differenzierungen von einem »maßvollen Unitarismus« als Leitbild.[95]

Auch der preußische Finanzminister Hermann Höpker-Aschoff (DDP) wandte sich im Reichstag am 5. August 1925 in Steuerfragen gegen seiner Ansicht nach falsche Gegensatzpaare: »Mit Unitarismus und Föderalismus hat das nichts zu tun, höchstens mit Zentralismus und Dezentralismus.«[96] Man wollte für die DDP anlässlich deren Parteitags insgesamt unterscheiden »zwischen gesundem Unitarismus und ungesunder Zentralisation«.[97] Der Göttinger Privatdozent Wilhelm Mommsen argumentierte hinsichtlich der Gegenkräfte politikhistorisch, denn

---

90 VZ, 21.8.1920 A, S. 3: Staatsbankerott oder hohe Steuern. Auch die DVP-nahe »Kölnische Zeitung« wurde später in dem Sinne paraphrasiert, »daß eine wirkliche Lösung nur der Unitarismus unter gleichzeitiger Dezentralisation der Verwaltung bringen könne«; VZ, 27.3.1923 M, S. 3: Unitarismus, nicht Zentralismus.
91 VZ, 27.9.1920 A, S. 3: Minister Kochs Programm.
92 Erich Koch, Die vertrauliche Denkschrift, in: VZ, 20.1.1926 M, S. 2.
93 VZ, 23.2.1926 M, S. 2: Koch vor den Bayern.
94 Erich Koch, Die bayerische Denkschrift, in: VZ, 7.1.1924 A, S. 1 f., Zitate S. 1.
95 Erich Koch, Der Unterbau des Einheitsstaates, in: VZ, 27.11.1927, S. 4.
96 Vossische Zeitung, 5.8.1925 A, S. 3: Schlieben über das Ausgleichskompromiß; so auch in: Verhandlungen des Reichstags. III. Wahlperiode 1924, Bd. 387, Berlin 1925, 112. Sitzung am 5. August 1925, S. 4047–4052, Zitat S. 4052 A.
97 VZ, 6.4.1924, S. 4: Das Muster der Opposition.

»alles, was heute an gegen den Unitarismus gerichteten Tendenzen fortlebt, beruht nicht auf einem Stammesgefühl, sondern auf dem Fortleben des in all den auf dynastischer Grundlage entstandenen Staaten ausgebildeten eigenen Staatsgefühls«.[98] Dieser Historiker merkte auch kritisch an, »daß unitarisch gesinnte Politiker in dem Augenblick, wo sie einzelstaatliche Minister wurden, in ihrer praktischen Tätigkeit von ihrem Unitarismus nicht allzuviel merken ließen«.[99] Die »Augsburger Postzeitung« als »eines der angesehensten bayerischen Zentrumsblätter« konnte hingegen so verstanden werden, die Kernfrage sei nicht »Föderalismus oder Unitarismus, sondern: Hegemonie oder Gleichgewicht der deutschen Stämme«.[100] Jenseits der verfassungs- und finanzpolitischen Streitfragen wurde vom Deutschen Philologentag die Einschätzung übermittelt: »Ein Unitarismus auf dem Gebiete der Kulturpolitik würde das Reich nicht einigen, sondern auseinandersprengen.«[101] Der preußische Kultusminister Carl Heinrich Becker forderte in einer Rede an der Deutschen Hochschule für Politik (Berlin) am 5. November 1927 »gerade vom Standpunkt des Kulturpolitikers unter den genannten Voraussetzungen den Einheitsstaat«, ohne die gegenläufigen Traditionslinien zu verkennen: »Gegen den durch Selbstverwaltung gemäßigten Unitarismus sprach eigentlich nur die historische Kulturautonomie der Länder.«[102] Für den traditionellen südwestdeutschen Liberalismus bedauerte allerdings der liberale Ex-Vizekanzler Friedrich von Payer zu weit reichende »Konzessionen an den Unitarismus«.[103]

Chefredakteur Bernhard ließ an der Positionierung des Blattes keinen Zweifel: »Die ›Vossische Zeitung‹ hat immer den Standpunkt des dezentralisierten Unitarismus vertreten. Ihr wäre es am liebsten, wenn die Länder lediglich in kulturellen Fragen selbständig wären.«[104] Dem Redakteur Julius Elbau zufolge sollte Preußen »die Führung auf dem Weg zum Unitarismus« übernehmen und zugleich dafür Sorge tragen, »in seinem eigenen Bereich die Stammesart zu pflegen und den zentralistischen Tendenzen entgegenzuwirken«.[105] Der Leipziger Geschichtsprofessor und DDP-Reichstagsabgeordnete Walter Goetz argumentierte jenseits einer dahingestellten »Theorie des Unitarismus« betont situationsbezogen: »Der Unitarismus ist nach unserem Zusammenbruch, nach dem Wegfall der Dynastien und angesichts der auf uns lastenden Nöte eine Vorbedingung des Wiederaufbaues, er ist die Rationalisierung eines wieder leistungsfähig zu machenden Staates, der sich den Luxus unrentabler staatlicher Kleinbetriebe, schwächender

---

98 Wilhelm Mommsen, Vaterland oder Vaterländer, in: VZ, 24.5.1924 A, S. 1 f., Zitat S. 1.
99 Wilhelm Mommsen, Souveräne Länder?, in: VZ, 26.3.1927 M, S. 1 f., Zitat S. 1.
100 VZ, 22.1.1921 A, S. 3: Hegemonie oder Gleichgewicht?
101 Paul Hildebrandt, Der Latein-Unterbau, in: VZ, 23.6.1921 A, S. 3.
102 C.[arl] H.[einrich] Becker, Für den Einheitsstaat, in: VZ, 5.11.1927, S. 1 f., Zitate S. 1.
103 Friedrich Payer, Am Wendepunkt?, in: VZ, 25.12.1923 M, S. 1 f., Zitat S. 1.
104 Georg Bernhard, Preußens Ratssitz, in: VZ, 8.7.1926 M, S. 1 f., Zitat S. 2.
105 J.[ulius] E.[lbau], Brauns Weg, in: VZ, 24.2.1927 M, S. 1 f., Zitat S. 2.

Machtzersplitterung und mangelnder Zusammenfassung aller verfügbaren Kräfte nicht mehr gestatten kann.«[106] Der Reichstagsabgeordnete und Magdeburger Regierungspräsident Alexander Pohlmann (DDP) bedauerte versäumte Chancen bei nunmehriger Anerkennung der Nichtrealisierbarkeit des Einheitsstaates: »Ich bin seinerzeit als überzeugter Unitarier, ganz erfüllt von dem Gedanken des Reichsministers Preuß, nach Weimar gegangen.«[107]

Der Strafrechtsprofessor und DVP-Abgeordnete Wilhelm Kahl wurde aus einer Reichstagsrede vom 26. Januar 1928 mit Reminiszenzen an die Weimarer Nationalversammlung zitiert: »Ich hatte als Referent im Verfassungsausschuß eine grundsätzliche Aussprache und die Aufstellung von Richtlinien über das Verhältnis von Unitarismus und Föderalismus beantragt, aber Naumann sagte, diese Frage sei den Professoren zu überlassen.«[108] Nach dieser episodischen Retrospektive ist die konzeptionelle Begriffsverwendung des »Unitarismus« in der »Vossischen Zeitung« bis auf Randnotizen und auch Bezugnahmen auf ferne Länder[109] ersichtlich abgerissen. Der realhistorische und debattenbezogene Grund dafür liegt zweifellos in der seit besonders in den Jahren 1928 bis 1930 wieder forcierten expliziten Thematisierung einer »Reichsreform«, die aber weder zu greifbaren Resultaten führte noch konzeptionell über diesbezügliche Ansätze in der frühen Weimarer Republik hinauswies.[110] In diese Zeitspanne fiel auch 1929 die zweite halbwegs einschlägige Befassung der Fachvereinigung – nach der Staatsrechtslehrertagung 1924 – mit allgemeinem Blick auf die »Bundesstaatliche und gliedstaatliche Rechtsordnung«; deren Berichterstatter war aber nun der Züricher Ordinarius Fritz Fleiner,[111] der zuvor über »Zentralismus und Föderalismus in der Schweiz« (Zürich 1918) vor anderem Hintergrund publiziert hatte.

Der autoritären Regierung Papen wurde dann in der »Vossischen Zeitung« entgegengehalten, sie müsse einstweilen, »da sie im Norden den Unitarismus über die Schnur haut, südlich des Mains föderalistisch ein Uebermaß gewäh-

---

106 Walter Goetz, Föderalismus und Unitarismus, in: VZ, 30.3.1927 A, S.1 f., Zitate S.1.

107 Pohlmann, Reichsprovinzen?, in: VZ, 25.10.1927 M, S.4.

108 VZ, 27.1.1928 M, S.3: Justiz und Volksstaat; ähnlich in: Verhandlungen des Reichstags. III. Wahlperiode 1924, Bd. 394, Berlin 1928, 368. Sitzung am 26. Januar 1928, S.12413–12419, Zitat S.12418 A und B. Die knappen Sitzungsberichte des Verfassungsausschusses enthalten zwar am 5. März 1919 einen direkten Übergang von Kahls Stichworten »Unitarismus oder Föderalismus« zu Friedrich Naumann, von dem aber nur Ausführungen zum Begriff »Reich« erwähnt werden: Kühne, Entstehung, S.417 f.

109 Herbert Weichmann, Alle Macht der Spitze, in: VZ, 23.12.1930 M, S.4 bezog »Unitarismus und Zentralisation« auf Sowjetrussland.

110 Überdies sind jene »Reichsreform«-Ansätze bereits umfassend behandelt worden bei Schulz, Demokratie, S.453–612, insbes. S.564–612; und John, Weimarer Bundesstaat, S.169–229, insbes. S.197–215.

111 Veröffentlichungen der Vereinigung der Deutschen Staatsrechtslehrer, Heft 6, Berlin/Leipzig 1929, S.2–24.

ren«.[112] Fast schon makaber angesichts des Weges in die Diktatur war der Vorwurf des bayerischen Ministerpräsidenten Heinrich Held in einer Pressekonferenz am 3. November 1932: »Der Föderalismus der Reichsregierung sei in Wirklichkeit ein dezentralisierter Unitarismus«[113], was in Bayern im Unterschied zum demokratischen Grundverständnis bei Preuß und anderen ein Negativbegriff geblieben war. Die »Vossische« hat dann Anfang April 1933 den antijüdischen Boykott als »ruhig verlaufen« – im Kontrast zur »Greuelpropaganda im Ausland« – verharmlost und mit der »Verkündung des Gesetzes der Gleichschaltung« ein »Ideal verwirklicht« gesehen, »für das auch an dieser Stelle jahrelang geworben« worden sei einschließlich der »Ueberwindung des Gegensatzes zwischen Unitarismus und Föderalismus«.[114] Das war aber so nicht mehr die »Berlinische Zeitung von Staats- und gelehrten Sachen« (Untertitel), sondern auch bereits ein Zeugnis der Pressegleichschaltung, während der »Vorwärts« seit dem Reichstagsbrand Ende Februar 1933 durch Verbot zum Schweigen gebracht worden war.

5. »Föderalismus« im »Vorwärts« und in der »Vossischen Zeitung«

Der Wortgebrauch »Föderalismus« war im »Vorwärts« zu Weimarer Zeiten um ein Vielfaches häufiger als derjenige zum »Unitarismus«. Doch zum einen bezog sich davon ein wesentlicher Teil auf andere Staaten, dabei nur vereinzelt auf das im Bund-Länder-Verhältnis benachbarte Österreich[115], die nach Nationalfeiertags-Worten des Bundespräsidenten den »Föderalismus und die Demokratie« als »geheiligt« betrachtende Schweiz[116] oder elsass-lothringische Bestrebungen in Frankreich, die »für eine Dezentralisation, die bis zum Föderalismus geht, eintreten«.[117] Auch in Polen ging es um für Deutschland relevante Nachbarschaftsfragen: »Föderalismus bedeutet Verständigung und aufrichtige Bündnispolitik, vor allem mit den nationalen Minoritäten in den Randgebieten mit gemischter Bevölkerung.«[118] Ferner lagen die sogar mehrfach erwähnten, jeweils vom gebürtigen Lothringer Hermann Wendel dargelegten südslawischen Föderationsprobleme.[119] In einem Bericht über eine

---

112 VZ, 10.9.1932 M, S. 4: Wieder Reichsvertretung in München.
113 VZ, 3.11.1932 M, S. 2: Held wehrt sich.
114 VZ, 2.4.1933: Am gestrigen Tage.
115 Vorwärts, 9.1.1930 M, S. 2: Seipel gibt keine Ruhe.
116 Vorwärts, 3.8.1928 M, S. 2: Abrüstung als Wahlkampfparole.
117 Vorwärts, 2.7.1926 M, S. 3: Eine Erklärung der Autonomisten; ähnlicher Bericht auch in: VZ, 1.10.1927 M, S. 3: Die elsaß-lothringische Autonomistenpartei.
118 Alfred Nossig, Polens Auslandspolitik, in: Vorwärts, 12.7.1922 A, S. 1 f., Zitat S. 2.
119 Hermann Wendel, Die Wahlen in Südslawien, in: Vorwärts, 16.9.1927 A, S. 1 f.; ders., Agram und Belgrad, in: Vorwärts, 8.8.1928 M, S. 1; ders., Zuckerbrot und Peitsche, in: Vorwärts, 23.6.1930 A, S. 8 exemplarisch die »gegensätzliche Staatsauffassung« akzentuierend: »Hie

Kundgebung der Deutschen Friedensgesellschaft in Essen am 19. Oktober 1924 wurde länderübergreifend der französische General Martial Justin Verraux zitiert: »Im politischen Föderalismus liege Europas einziges Heil.«[120] Im Kontext des Plans von Außenminister Aristide Briand wurde ein halbes Jahrzehnt später der »französische Kammerdeputierte François de Tessan« mit dem Ziel der »Entstehung eines europäischen Föderalismus (Staatenbundes)« übersetzt.[121]

Für das SPD-Zentralorgan weniger einschlägig waren lediglich zitierte Parolen von Syndikalisten (»Nur Föderalismus könne die Völker retten«[122]) und die konträre Orientierung der KPD auf »zentralistische Zusammenballung« im Unterschied zum »Föderalismus in der bisherigen U.S.P.D.«.[123] Ebenfalls nur den Seitenblick auf konkurrierende Parteien warfen Berichte zu Joseph Wirth (Zentrum), der die Polarisierung von Unitarismus und Föderalismus gerade vermeiden wollte,[124] zum Konflikt zwischen dem Generalstaatskommissar Gustav Ritter von Kahr (BVP) und dem deutschvölkischen Putschisten Erich Ludendorff als ein solcher »zwischen dem bayerischen Föderalismus und dem rechtsradikalen Reichsgedanken«[125] sowie einer Reichstagsrede von Koch-Weser (DDP) mit Kritik am DNVP-Minister Walter von Keudell: »Der Reichsinnenminister habe die Aufgabe, für die Reichseinheit einzutreten. In tausendjähriger deutscher Geschichte finde man keine Spur von gesundem Föderalismus, sondern nur fürstlichem Partikularismus.«[126] Ein »Vorwärts«-Bericht aus München nahm »den Reichsrat« als »Organ des Föderalismus« gegen bayerische Attacken in Schutz,[127] und der SPD-Abgeordnete sowie ehemalige Reichsinnenminister Wilhelm Sollmann wandte sich in einer Reichstagsrede am 12. Juni 1925 gegen andere Motive in einer »Denkschrift der bayerischen Regierung«, nämlich »Angriffe gegen die Verfassung von Weimar« zu führen: »Hinter dem Föderalismus verbirgt sich nichts anderes als die Abneigung gegen die deutsche Demokratie.«[128] Eine Pauschalverurteilung süddeutscher Staaten war damit nicht verbunden, denn es seien dort auch »demokratische Föderalisten« zu finden. »Aber nichts

---

Zentralismus, hie Föderalismus! Hie Einheitsstaat, hie Staatenbund! Hie Sammlung, hie Zersplitterung!«

120 Vorwärts, 20.10.1924 A, S. 1: Eine Friedenskundgebung in Essen.
121 Vorwärts, 18.8.1929 M, S. 9: Deutsch-französische Fühlungnahme.
122 Vorwärts, 2.5.1919 A, S. 4: Die Maifeier in Groß-Berlin.
123 Vorwärts, 6.12.1920 A, S. 2: Kommunisten und Agrarfrage.
124 Vorwärts, 18.1.1922 M, S. 7: Wirth zur politischen Lage.
125 Vorwärts, 18.11.1923 M, S. 3: Bayern ist erledigt!
126 Vorwärts, 19.3.1927 M, S. 9: Keudell weicht aus; sinngleich mit anderem Wortlaut in: Verhandlungen des Reichstags. III. Wahlperiode 1924, Bd. 392, Berlin 1927, 289. Sitzung am 18. März 1927, S. 9657–9665, Zitate S. 9660 A und B; auch in VZ, 19.3.1927 M, S. 2: Koch über Keudell.
127 Vorwärts, 25.7.1922 A, S. 1: Der Konflikt mit Bayern.
128 Vorwärts, 13.6.1925 M, S. 1 f.: Volksrecht gegen Herrenrecht, Zitat S. 2; sinngleich mit anderem Wortlaut in: Verhandlungen des Reichstags. III. Wahlperiode 1924, Bd. 386, Berlin 1925, 71. Sitzung am 12. Juni 1925, S. 2217–2224, Zitate S. 2222 D und 2223 A.

hat dem Gedanken des demokratischen Föderalismus mehr geschadet, als seine enge Verbindung mit jenen reaktionären Elementen, die nach Chlodwig Hohenlohes berühmtem Wort schon immer auf das Reich gepfiffen haben.«[129] Der sozialdemokratische Jurist Otto Landsberg unterstellte im Reichstag am 12. März 1926 ein spezifisches deutsches Problem, während »in anderen demokratischen Staaten der Föderalismus eine größere Berechtigung hat. Aber bei uns in Deutschland, wo jeder Staat eine besondere Geschichte hat, bildet der Föderalismus ein Hindernis auf dem Weg zur deutschen Einheit.«[130]

In der »Vossischen Zeitung« übertraf die Wortverwendung »Föderalismus« bei weitem diejenige im »Vorwärts«. Aber ungefähr die Hälfte davon hatte – soweit nicht außerdeutsche Beispiele gemeint waren, die hier nicht erneut aufgezählt werden – einen Bezug zu Bayern. »Der bayerische Föderalismus« war mehrfach als Überschrift zu einem Bericht aus München verwendet.[131] Von bayerischer Regierungs- und BVP-Seite wurde demgegenüber von vornherein zu beschwichtigen versucht. Der damalige »Ministerpräsident Kahr« betonte auf einer BVP-Landestagung am 17. September 1920: »Föderalismus ist nicht gleichbedeutend mit Partikularismus und bedeutet keine Schwächung des Reiches.«[132] Die BVP nutzte dabei auch die Formulierung von einem »gesunden Föderalismus«[133], und deren »Führer« Held meldete sich im Bayerischen Landtag zu Wort: »Seine Partei verbleibe bei ihrem Bamberger Programm des aufgeklärten Föderalismus, der kein Separatismus und Partikularismus ist.«[134] Den Rechtsradikalen hielt das BVP-Sprachrohr »Bayerischer Kurier« entgegen, dem »wahren Föderalismus« hinter einer »heuchlerisch vorgehaltenen Maske des bayerischen Föderalismus« zu schaden.[135] Auch Deutschnationalen bedeute laut einer BVP-»Korrespondenz« »das Wort Föderalismus nichts anderes als ein Schlagwort«, mit dem volksfeindlich »Schindluder« getrieben werde.[136]

---

129 Vorwärts, 29.7.1922, S. 1 f.: Frieden und Recht!, Zitat S. 1.

130 Vorwärts, 13.3.1926 M, S. 3: Antwort an die Schwarzweißroten; sinngleich mit anderem Wortlaut in: Verhandlungen des Reichstags. III. Wahlperiode 1924, Bd. 389, Berlin 1926, 177. Sitzung am 12. März 1926, S. 6192–6195, Zitate S. 6195 A, wo explizit die Schweiz und die USA für die andere Entwicklung genannt werden. Otto Landsberg, Verfassungstag der Deutschen, in: Vorwärts, 10.8.1924, S. 1, bemängelte schon zuvor an der geltenden Verfassung, »daß sie nur den Keim des Einheitsstaates enthält«.

131 VZ, 6.10.1920 A, S. 3; 30.10.1921, S. 4; 2.3.1926 A, S. 2.

132 VZ, 18.9.1920 M. S. 2: Gute Bayern und gute Deutsche.

133 VZ, 21.9.1920 M, S. 4: Für einen gesunden »Föderalismus«.

134 VZ, 19.11.1921 M, S. 2: Rupprechts Proklamation; ebenfalls nur schlagwortmäßig abgrenzend zu »Partikularismus« und »Separatismus« Ministerpräsident Knilling zum »Regierungsprogramm«: VZ, 16.11.1922 A, S. 1: Knillings Reichspolitik.

135 VZ, 14.9.1921 A, S. 1: Das Abrücken von der Rechten; ähnlich wird »ein bayerischer Politiker« im Zentrumsorgan »Germania« zitiert: VZ, 21.3.1923 M, S. 4: Der bayerische Rechtsradikalismus.

136 VZ, 16.9.1921 A, S. 1: Eine Erklärung der Bayerischen Volkspartei.

Von politischen Kontrahenten der BVP wurde dies alles natürlich anders gesehen. Die Berichterstattung der »Vossischen Zeitung« ordnete die Position des
BVP-Reichstags-Wortführers Georg Heim als »extremen Föderalismus« ein[137] und
verschärfte dieses Urteil noch zum »extremen feindseligen Föderalismus«[138]. Als
sein Gegenspieler für die DDP-Fraktion nahm Koch-Weser die bayerische »Verfassungs-Denkschrift« zur Jahreswende 1923/24 als Manifest eines »Partikularismus« wahr[139] und beklagte in einer Parteitagsrede, »daß die Bayern immer das
lieben, was schon vorüber ist«.[140] Die Zuschrift eines ungenannten Verfassers aus
München, mit redaktioneller Vorbemerkung gegen die »Gefahren einer separatistisch eingestellten Sonderpolitik« noch zugespitzt, argumentierte grundsätzlicher:
»Und wie sollte das deutscher Föderalismus heißen können, wenn zwei Drittel
der Nation eine Sondereinheit aus zwölf Stämmen und Stammesteilen bilden«
und der Rest »nur geschichtliche Zufalls- und Willkürgebilde« umfasse.[141] Diesbezüglich lag ein wunder Punkt auch in der unterschwelligen Gleichsetzung des
Gliedstaats Bayern mit einem altbayerischen Teilgebiet: Aus der bayerischen Pfalz
wurde über heftige Konflikte zwischen BVP- und Zentrums-Anhängern berich-
tet;[142] aus der fränkischen Metropole Nürnberg hieß die parteiunitarische Mel-
dungszeile nach einer Arbeiterversammlung »Nordbayerns Katholiken für Wirth«
und wurde ein Franziskanerpater mit Kritik an »Föderalismus und Eigenbrötelei«
zitiert[143]; von Augsburg her waren schwäbische Neigungen zu vernehmen, die
einer »altbayerischen Ministerialbürokratie schrankenlosen Zentralismus auf der
einen, engstirnigen politischen Föderalismus auf der anderen Seite zum Vorwurf
macht«.[144] Denn Bayern hatte »auch innerhalb seiner eigenen Landesgrenzen eine
Art Föderalismus« der unterschiedlichen Bevölkerungsteile[145] und war davon geprägt, dass »die Provinz über altbayerischen Zentralismus in den Amtsstuben des
Münchener Föderalismus zetert«.[146]

---

137 VZ, 15.10.1921 M, S. 4: Gegen den »Linkskurs«; später wurde Ministerpräsident Held als Ver-
    treter eines »radikalen Föderalismus« charakterisiert: VZ 16.1.1928 A, S. 1: Der deutsche Län-
    der-Kongreß.
138 VZ, 21.9.1925 A, S. 2: Heims weiß-blaue Hoffnungen.
139 VZ, 6.1.1924, S. 1 f.: Die bayerische Verfassungs-Denkschrift, Zitate S. 1.
140 VZ, 22.3.1927 A, S. 3: Dank für die demokratische Führung.
141 VZ, 3.7.1924 A, S. 1 f.: Richtung Bayern oder Richtung Hannover?.
142 VZ, 25.10.1921 A, S. 3: Das Pfälzer Zentrum und Bayern.
143 VZ, 25.2.1922 A, S. 3; der vormalige Nürnberger Oberbürgermeister und nunmehrige Reichs-
    wehrminister Otto Geßler grenzte in einer Parteiversammlungsrede im Föderalismus eine »ge-
    sunde Eigenart« vom »reichszersetzenden Stammesegoismus« ab: VZ, 27.10.1920 M, S. 4: Die
    Festigung der Reichseinheit.
144 Karl Jundt, Augsburger Föderalismus gegen Münchener Zentralismus, in: VZ, 21.4.1930 M,
    S. 4 dazu auch schon VZ, 30.10.1928 M, S. 2: Die Augsburger Föderalisten-Tagung.
145 VZ, 26.11.1920 A, S. 1 f.: Bayerische Fragen, Zitat S. 1.
146 Karl Jundt, Bayern wieder flott?, in: VZ, 23.10.1930 M, S. 4.

Während Chefredakteur Bernhard von vornherein dazu neigte, »die Frage: Unitarismus oder Föderalismus?« genau so zu stellen,[147] nuancierte dies Politikredakteur Elben anders: »Für einen ehrlichen Föderalismus haben wir alle Sympathien.«[148] Das wollte er aber von bayerischen Tendenzen klar abgrenzen: »Föderalismus ist nicht nur das Gegenteil von Zentralismus und Unitarismus, sondern auch von Partikularismus.«[149] In einer Rede auf dem Berliner DDP-Regionalparteitag hielt Ex-Minister Koch-Weser am 9. März 1927 auch Deutschnationalen entgegen, dass »der ›gesunde Föderalismus‹ heute wie seit tausend Jahren nur ein engstirniger Partikularismus sei«.[150] Er hatte schon zuvor in einem öffentlichen Vortrag in Berlin sich historisch weit ausholend geäußert: »Der Föderalismus erhebe immer nur dann sein Haupt, wenn es Deutschland *schlecht* gehe. Aber nicht das deutsche Volk, sondern die deutschen Fürsten seien überhaupt jemals föderalistisch gesonnen gewesen.«[151] Der Leipziger Geschichtsprofessor Siegmund Hellmann zeigte ebenfalls schroffe Ablehnung: »Dem Wesen des Föderalismus als bloßer Negation entspricht die Unklarheit, die über seinem Wesen ausgebreitet liegt«, überdies etablierte sich »diese Entwicklung unter fördernder Einwirkung des Auslandes: Frankreich und Schweden stehen als Paten an der Wiege des deutschen ›Föderalismus‹ in *diesem* Sinne«.[152] Der promovierte Historiker Erich Eyck griff in einem Leitartikel zur Weimarer Verfassung nur auf eher noch vergleichbare Zeiträume zurück: »Damit hat der Föderalismus abermals wie 1848 und 1866 über den Unitarismus gesiegt«, auch wenn er »die hoch *über* den Gliedstaaten stehende Einheit des Reiches« akzentuieren wollte.[153]

---

147 Georg Bernhard, Das Reichsfinanzprogramm, in: VZ, 16.2.1919, S. 1 f., Zitat S. 2.

148 J.[ulius] E.[lbau], Die ewigen Krisenmacher, in: VZ, 25.10.1923 A, S. 1 f., Zitat S. 2.

149 J.[ulius] E.[lbau], Sowjet-Sachsen und Kahr-Bayern, in: VZ, 15.10.1923, S. 1 f., Zitat S. 1. – Der Sachsen-Konflikt 1923 (mit dem Stigma »Sowjet-Sachsen« wird von Elbau ein ungenannter »Vertreter der Reichsgewalt« zitiert) wurde »Föderalismus«-bezogen damals wie später primär mit dem Seitenblick auf Bayern und sonst unter anderen (richtungspolitischen) Gesichtspunkten erörtert, dazu Karl Heinrich Pohl, Sachsen 1923. Das *linksrepublikanische Projekt* – eine vertane Chance für die Weimarer Demokratie?, Göttingen 2022, mit weiterer Literatur.

150 VZ, 10.3.1927 M, S. 2: Die Aufgabe der Opposition.

151 VZ, 9.2.1927 M, S. 2: Koch gegen den Bürgerblock. Ähnlich der schon erwähnte Prof. Goetz im Reichstag: »Die Verfechter des Föderalismus vergessen, daß in der deutschen Geschichte der Föderalismus eine Hauptquelle der deutschen Ohnmacht gewesen ist«, so in VZ 12.3.1926 M, S. 3: Zentrum gegen Verfassungsänderung; das Protokoll verzeichnet die etwas moderatere Formulierung »auch eine der größten Quellen deutscher Ohnmacht«, in: Verhandlungen des Reichstags. III. Wahlperiode 1924, Bd. 389, Berlin 1926, 176. Sitzung am 11. März 1926, S. 6168–6175, Zitat S. 6169 B.

152 S.[iegmund] Hellmann, Föderalismus. Das Urteil der Geschichte, in: VZ, 20.1.1926 M, S. 2 f.

153 Erich Eyck, Die neue Verfassung, in: VZ, 21.1.1919, S. 1 f., Zitate S. 1; VZ, 22.2.1919 M, S. 2: Der Föderalismus im Staatenausschuß, beklagt sogar einen »Sieg des Föderalismus auf der ganzen Linie«.

Innerhalb der DDP gab es regional unterschiedliche Akzente, denn im badischen Landesausschuss der Partei sprach kurz vor dem Verfassungsbeschluss »das Mitglied der Nationalversammlung Prof. v. Schulze-Gaevernitz über Artikel 18 des Entwurfes der Reichsverfassung und trat für einen gesunden Föderalismus ein«.[154] Aus Heidelberg wurden sogar »Partikularismus bzw. Föderalismus« gemeinsam vom »Separatismus« abgehoben.[155] Als DDP-Spitzenkandidat für den Wahlkreis Potsdam II gab 1928 der preußische Innenstaatssekretär a.d. Oscar Meyer hingegen auch die Parole aus, »*für* den deutschen Einheitsstaat« und »*gegen* reaktionären Föderalismus« einzutreten.[156] »Der frühere demokratische Abgeordnete für Hannover« und prominente DDP-Publizist Wilhelm Heile rechtfertigte »sein Eintreten für die niedersächsische Bewegung«, so ein skeptischer Redaktionsvorspann, in der Kontinuität einer die »kleindeutsch-groß*preußische* Lösung« bekämpfenden Grundhaltung: »Das Jahr 1866 ist vielmehr und bleibt das Trauerjahr der ersten Teilung Deutschlands« im Sinne der »Verstoßung unserer österreichischen Volksgenossen in die Diaspora«.[157] Wilhelm Mommsen vertrat die entgegengesetzte Position, dass solches Autonomiestreben mit »Stammesbewußtsein« letztlich »gar nichts zu tun« habe, vielmehr die »alte, aus der deutschen geschichtlichen Entwicklung verständliche partikulare Staatsgesinnung« fortschreibe.[158] Darüber hinaus setzte er sich mit konträren Geschichtsbildern auseinander: »Es gehört ja auch zu den Legenden des Föderalismus, daß Bismarck ein Föderalist gewesen sei. Keinem Staatsmann lag wirklich föderalistisches Empfinden ferner als dem Reichsgründer. Wenn er 1871 auf die reale Macht der Einzelstaaten Rücksicht nahm und auf den nur mit Konzessionen zu erkaufenden freiwilligen Beitritt, vor allem Bayerns, großen Wert legte, so nicht deshalb, weil er Föderalist war, sondern weil ihn realpolitische Klugheit dazu zwang.«[159]

Die weit gefächerte Berichterstattung ließ in der »Vossischen« auch Stimmen aus mit der favorisierten DDP konkurrierenden Parteien zu Wort kommen. Vom Zentrums-Parteitag Anfang 1920 wurde der Parteivorsitzende Karl Trimborn ausführlich zitiert: »Wir waren eine föderalistische Partei; jetzt sind wir für den Einheitsstaat, aber nicht für den zentralisierten, sondern für den dezentrali-

---

154 VZ, 14.7.1919 M, S. 3: Die Parteien in Baden.
155 Otto Pfeffer, Süddeutsche Wünsche zum preußischen Wahlkampf, in: VZ, 17.2.1921, S. 1 f., Zitat S. 1; der altkonservative Kuno Graf von Westarp bekannte sich auf dem DNVP-Parteitag 1920 sogar zu solchem Doppelmotiv: »Wir halten an dem preußischen Föderalismus und Partikularismus fest«; J.[ulius] E.[lbau], Der deutsch-nationale Parteitag, in: VZ, 26.10.1920 M, S. 4.
156 Oskar Meyer, Der letzte Ruf, in: VZ, 19.5.1928 A, S. 1 f., Zitat S. 1.
157 Wilhelm Heile, Die deutsche Frage, in: VZ, 11.6.1924 M, S. 1 f., Zitate S. 1.
158 Wilhelm Mommsen, Vaterland oder Vaterländer, in: VZ, 24.5.1924, S. 1 f., Zitate S. 2.
159 Wilhelm Mommsen, Der mißverstandene Treitschke, in: VZ, 30.5.1925 A, S. 1 f., Zitat S. 1.

sierten Einheitsstaat (Sehr richtig.) Das Zentrum hält an den dem Föderalismus zugrunde liegenden Anschauungen fest. Es paßt sie nur den veränderten Zeitverhältnissen an.«[160] Der führende preußische Zentrumspolitiker Joseph Heß bestätigte diese frühe Standortbestimmung aus der Ära Erzberger/Wirth so nicht mehr, wenn er im Hauptausschuss des Landtags 1927 auf Einheitsstaatsbekenntnisse des sozialdemokratischen Regierungschefs Otto Braun damit replizierte, »in der Frage des Unitarismus unterscheiden sich seine Freunde grundsätzlich vom Ministerpräsidenten, da sie geschlossen für den Föderalismus einträten. Die unitarische Einstellung des preußischen Ministerpräsidenten habe ihn jedoch nie gehindert, mit Konsequenz und Zielbewußtsein die preußischen Interessen zu vertreten.«[161]

Nachdem sich die Zeitung ungefähr parallel zur Selbstpreisgabe der Verfassungspartei DDP (1930 in der Fusion mit dem antisemitisch beeinflussten »Jungdeutschen Orden« zur Deutschen Staatspartei/DStP) vom langjährigen Chefredakteur Bernhard (jüdischer Herkunft, den Übergang zur DStP ablehnend) getrennt hatte und politisch diffuser wurde, konnte der BVP-Vorsitzende Fritz Schäffer sogar in einem Leitartikel für seine Parteigrundsätze werben: »Föderalismus weist auf allen Gebieten in die Wegrichtung einer Erlösung aus mechanischer Machtorganisation zu organischer Entfaltung des bündischen, genossenschaftlichen und ständischen Gestaltungsprinzips.«[162] Diese terminologische Vermengung der DDP-Sozialliberalen wie Preuß und Sozialdemokraten durchaus vertrauten Genossenschaftslehre auch der Staatlichkeit mit bündisch-ständischem Konservatismus mochte andernorts eher wieder einen sarkastischen Spott auf sich ziehen, wie ihn kurz vor dem Hitlerputsch die bayerische Rechtsregierung in ihrem Streben nach dem »Sturz der Reichsregierung« als »eine eigene Art von ›Föderalismus‹« treffen musste.[163] Auf solchen antidemokratischen Pfaden noch weiter ging der neue NSDAP-»Staatspräsident« von Hessen, Ferdinand Werner, mit der Behauptung in seiner Regierungserklärung am 13. März 1933, »daß die neue Reichsregierung unter der Führung Adolf Hitlers alles tun wird, um den Lebensbelangen der einzelnen Länder in Wahrung eines gesunden Föderalismus zu entsprechen«.[164] Damit war endgültig der Streit um einen interpretationsbedürftigen Begriff zur bloßen Verschleierung einer »Gleichschaltungs«-Politik degeneriert – und die »Vossische Zeitung« in solchen wesentlichen Inhalten auch zum Verlautbarungsblatt des NS-Regimes geworden.

160 VZ, 19.1.1920 A, S. 3: Das Referat Trimborns.
161 VZ, 11.3.1927 M, S. 3: Süddeutscher Föderalismus auf Preußens Kosten.
162 Fritz Schäffer, Was will Bayern?, in: VZ, 30.7.1932 M, S. 1 f., Zitat S. 2.
163 J.[ulius] E.[lbau], Die Gefährdung der Pfalz, in: VZ, 26.10.1923 M, S. 3.
164 VZ, 14.4.1933 M, S. 1: Neuordnung in Hessen.

6.　Presseberichte zu Staatsrechtsrednern – und ein Fazit

Gewissermaßen eine Synthese von hier betrachteten Zeitzeugnissen lag vor, wo im begrifflich fassbaren Themenkontext in der »Vossischen Zeitung« auf prominente Staatsrechtler explizit Bezug genommen wurde. Am nachdrücklichsten geschah das im August 1923, indem längere Auszüge der Rede von Anschütz zum Verfassungstag im Reichstag zum Namensartikel des – wohl ohnehin vom Manuskript ablesenden – Vortragenden ausgeformt wurden. Er befasste sich dabei auch mit »Beschwerden« gegen den »in der Weimarer Verfassung angeblich zu weit getriebenen Unitarismus« und kam den Kritikern terminologisch ein Stück weit entgegen: »Mit einem Föderalismus, der nichts anderes will als eine vernünftige Dezentralisation und eine kräftige Mitwirkung der Länder bei der Bildung des Reichswillens, kann man sich nicht nur abfinden, sondern unmittelbar *befreunden*. Dagegen werden wir uns mit einer Spielart des Föderalismus niemals abfinden können: mit jener extremen nämlich, die das Reich zurückschrauben möchte auf ein Bundesverhältnis der Länder nach Art des Deutschen Bundes.«[165] Jenseits des anlassbezogenen, zumindest im verfassungstragenden Spektrum eher konsensorientierten Inhalts ist die Rede auch quellenkundlich bemerkenswert: Sie findet sich zwar nicht im Reichstagsprotokoll[166], aber sechs Jahre später in einer zum zehnten Jahrestag der Verfassung für die politische Bildungsarbeit von der Reichszentrale für Heimatdienst vorgelegten Sammlung der bisherigen Reden bei offiziellen Verfassungsfeiern.[167]

Auffällig war, dass es nur 1923 sogar zwei Redner gab, nämlich außer dem damaligen Heidelberger Universitätsrektor Anschütz noch den DVP-nahen Duisburger Oberbürgermeister Karl Jarres, was Anschütz in seinen Memoiren »einem volksparteilichen Reichskanzler (Dr. Cuno)« zuschreibt, während Anschütz wohl vom Weimar-koalitionären preußischen Regierungsvertreter Arnold Brecht angesprochen worden war.[168] Während Jarres eine thematisch unergiebige Ruhrkampfrede hielt,[169] fanden sich in der Verfassungsrede 1925 des Bonner katho-

---

165 Gerhard Anschütz, Der Wert der Verfassung, in: VZ, 14.8.1923 A, S. 2.

166 Das Stichwort- und Sprecherregister (auch vor der Weimarer Periode) weist überhaupt nur eine Fundstelle »Anschütz« auf, und zwar wo der parteilose Justizminister Joël ihn am Ende der Regierung Brüning als Kronzeugen für den Gebrauch des Art. 48 WRV auch zu Finanzfragen und somit eher jenseits des ursprünglichen Sinngehalts einer Abwehrnorm gegen Verfassungsumsturz bemühte: Verhandlungen des Reichstags. V. Wahlperiode 1930, Bd. 446, Berlin 1932, 63. Sitzung am 11. Mai 1932, S. 2563–2566, Zitat S. 2565 f.

167 10 Jahre Weimarer Verfassung. Die Verfassungsreden bei den Verfassungsfeiern der Reichsregierung, Berlin 1929, S. 28–39, Zitate S. 35 (»angeblich« zu viel Unitarismus fehlt dort) und 37 (wohl eher druckbildbedingt ohne Hervorhebung des sich »befreunden«).

168 Anschütz, Leben, S. 281 f.

169 10 Jahre Weimarer Verfassung, S. 38–44.

lischen Honorarprofessors Hermann Platz (in der Ära des Zentrumskanzlers Wilhelm Marx) immerhin allgemeine Bezüge: »Die unitaristischen Kräfte wirkten in ihrer Ausbalancierung nicht unorganisch, denn sie ließen die föderalistischen Tendenzen, die aus der deutschen Geschichte nicht wegzudenken sind, am Werke.«[170] Der Heidelberger Ordinarius und Ex-Justizminister Gustav Radbruch, als klassischer Gelehrtenpolitiker wohl am ehesten mit Preuß vergleichbar, beklagte in seiner Rede 1928 in der Ära des SPD-Kanzlers Hermann Müller gleich dem auch so genannten »Vater der Verfassung« die »Last des Länderpartikularismus«, ohne eine »Vielheit in der Einheit« zu verwerfen und sie dann als den »durch Selbstverwaltung dezentralisierte[n] Einheitsstaat« zu konzipieren.[171]

Die Ergebnisse der Staatsrechtslehrertagung 1924 wurden in der »Vossischen Zeitung« dahingehend zusammengefasst, »daß sich der Staatsgedanke in Deutschland zuerst und vor allem im Reich verkörpere, und daß bei einer Abänderung der Weimarer Verfassung von der Ueberordnung der Reichs- über die Landesgewalt nichts preisgegeben und namentlich, daß keine Reservatrechte für einzelne Staaten eingeführt werden dürfen. Der föderalistische Gedanke dürfe nicht in dem Sinne verstanden und berücksichtigt werden, daß die Länder als Mitglieder einer Staatengemeinschaft betrachtet würden.«[172] Ausführlich berichtete diese Zeitung auch über einen im Monat darauf stattfindenden Vortrag des Vorsitzenden der Staatsrechtslehrervereinigung Heinrich Triepel vor der Juristischen Gesellschaft in Berlin, der von der These ausging, »daß der Bundesstaat stets ein Kompromiß zwischen unitarischen und föderalistischen Elementen darstelle« und er »nichts Widernatürliches« im Zuwachs unitarischer Tendenzen in Weimar gegenüber dem Kaiserreich erblicken könne. Allerdings spielte Triepel »Selbstverwaltung« auch gegen angeblichen »Parlaments-Absolutismus« aus und plädierte insoweit für eine »Revision der Reichsverfassung«, überdies sei die Mitwirkung des Reichsrats an der Gesetzgebung zu stärken, und er dachte an einen besonderen Kandidaten dafür: »Die Führung innerhalb Deutschlands gehöre Preußen.« Von solchen kaiserzeitlichen Reminiszenzen eines gemäßigten Konservativen mit Kurs auf die »preußische Hegemonie« distanzierte sich ein redaktioneller Nachspann.[173]

Triepels Vortrag erschien in erweiterter Fassung im Folgejahr in der »Zeitschrift für Politik«, mit einem Fußnotenhinweis auf die Herkunft und den größeren Kontext der Staatsrechtslehrertagung 1924.[174] Außer den wie aufgeführt

---

170 Ebenda, S. 57–68, Zitat S. 65.
171 Ebenda, S. 97–111, Zitate S. 100 und 108.
172 VZ, 18.4.1924 M, S. 3: Diktatur und Föderalismus.
173 VZ, 13.5.1924 M, S. 3: Berechtigter Föderalismus.
174 Heinrich Triepel, Der Föderalismus und die Revision der Weimarer Reichsverfassung, in: Zeitschrift für Politik 14 (1925), S. 193–230, hier S. 193, Anm. 1.

in der »Vossischen Zeitung« zitierten Aussagen[175] und den deutlich vermehrten Detailerörterungen bedauerte der Autor, dass Föderalismus den »Charakter eines Schlagworts angenommen« habe, und wollte ihn begrifflich verankern: »Der Bundesstaat ist ein Mittelding zwischen Einheitsstaat und Staatenbund«, mit der Wirkung, »daß sich in jedem Bundesstaate unitarische und föderalistische Elemente nebeneinander finden«.[176] Carl Schmitt tauchte im hier betrachteten Begriffskontext (er hatte auf der Staatsrechtslehrertagung 1924 über die Diktaturgewalt nach Artikel 48 WRV vorgetragen) nur in einem Veranstaltungsbericht auf, wo er das in der Machtsubstanz reichsfreundliche Urteil des Staatsgerichtshofs zum »Preußenschlag« 1932 in der einschränkenden Lesart, »daß der Reichskommissar nicht Landesorgan sein könne«, mit der Bemerkung zurückwies, »daß sie aus dem Arsenal des radikalen bayerischen Föderalismus stamme«.[177] Diese polemische Spitze war auch damit zu erklären, dass Bayern im Prozess vor dem Staatsgerichtshof an der Seite einer vom Papen-Regime staatsstreichartig abgesetzten preußischen Regierung der Weimarer Koalition aufgetreten war – aus bayerischer Sicht gewiss in der nicht ganz selbstlosen Besorgnis, in anderer Weise auch das Opfer von diktatorischem Zentralismus werden zu können, was sich 1933 bewahrheiten sollte.

Der bayerische Vertreter beim Staatsgerichtshof war jener Geburtsösterreicher jüdischer Herkunft Hans Nawiasky, der bereits im Juni 1931 von NS-Studenten an der Münchner Universität wiederholt mit »schwerem Krawall« heimgesucht worden war; das wiederum traf im Bericht der »Vossischen Zeitung« auf Erstaunen, weil der Attackierte zwar »parteilich nie hervorgetreten ist«, aber »sich als Gelehrter stets zur weiß-blauen Parole ›Föderalismus, nicht Unitarismus‹ bekannt« hat und »von der bayrischen Regierung wiederholt als wissenschaftlicher Rückhalt in Anspruch genommen worden« ist.[178] Es kann dies nicht der Ort sein, dem spezifischen Werdegang Nawiaskys[179] und seiner eigenen Bundesstaatslehre nachzuspüren[180], auch wenn er für den späteren bayerischen Ministerpräsidenten Wilhelm Hoegner (SPD) als Weimarer »Kronjurist der Bayerischen Volks-

---

175 Ebenda, S. 197 (»Kompromiß« …), 198 f. (Weimarer Verfassungstendenz), 208 f. (vom »Parlamentsabsolutismus« zur »Selbstverwaltung«), 214 (»Revision«), 218–220 (Stärkung des Reichsrats) und 224 f. (preußische Hegemonie).

176 Ebenda, S. 196 f.

177 VZ, 11.11.1932 A, S. 3: Carl Schmitts Epilog.

178 VZ, 1.7.1931 M, S. 3: Münchner Universität geschlossen.

179 Hans F. Zacher, Hans Nawiasky (1880–1961). Ein Leben für Bundesstaat, Rechtsstaat und Demokratie, in: Helmut Heinrichs u. a. (Hrsg.), Deutsche Juristen jüdischer Herkunft, München 1993, S. 677–692.

180 Dazu im Überblick Kathrin Groh, Hans Nawiaskys Bundesstaatslehre, in: Detlef Lehnert (Hrsg.), Verfassungsdenker. Deutschland und Österreich 1870–1970, Berlin 2017, S. 239–261.

partei«[181] gewissermaßen das ausgeprägt »föderalistische« Gegenstück zum unitarischen Anschütz gewesen sein mag, jedoch außerhalb Bayerns in den 1920er Jahren kaum Resonanz finden konnte.

In einer insofern »Weimar« fortführenden Entwicklungsrichtung bildete sich in der 1949 konstituierten Bundesrepublik Deutschland auf Grundlage der weitgehenden und dann noch erweiterten Bundeskompetenzen gemäß Artikel 70 bis 74 GG so etwas wie der »unitarische Bundesstaat« heraus.[182] Dieser entsprach weitgehend dem in einem recht breiten Spektrum der im weitesten Sinne demokratischen Kräfte zu Weimarer Zeiten als Leitbegriff durchaus konsensfähigen *dezentralisierten Unitarismus*, der mit bundesstaatlich gliedernden (insoweit »föderativen«) Elementen als durchaus vereinbar galt. Nur der nach der Wiedervereinigung an die Stelle der »verbrauchten« Beitrittsregelung getretene Wortlaut des Artikels 23 GG zur Mitwirkung an einer »Europäischen Union« auf der Basis von »demokratischen, rechtsstaatlichen, sozialen und föderativen Grundsätzen« (Absatz 1) bedient sich explizit solcher Terminologie einer »föderativ« aufgebauten »Union«. Dies entspricht der eingangs als Stichwort erwähnten »Unitas in diversitate«, sofern es (in neuerer EU-offizieller Version) mit »in Vielfalt geeint« ins Deutsche übertragen wird (englischsprachig: »United in diversity«). Der stärker die »*Einheit* in Vielfalt« betonende unitarische Bundesstaat oder dezentralisierte Unitarismus hingegen läuft mehr auf das Motto »E pluribus unum« hinaus, wo das gleichwohl pluralistisch gegliederte *Eine* letztlich im Vordergrund steht. Dass *Federalism* eher für solche Wege zum gleichwohl bundesstaatlich organisierten Unitarismus (versus konföderierter Partikularismus) und gerade *nicht* für eine primär deutsche Tradition der Rede vom – hierzulande staatenbündisches Erbe mitschleppenden – »Föderalismus« steht, ist geradewegs eine ironische Pointe der transnational unterschiedlichen Begriffsverwendung. Diese ist, in der Weimarer Periode sowie zuvor und danach, auch von beträchtlichem Einfluss auf verfassungspolitische Präferenzen und deren politisch-kulturelle Unterfütterung geblieben.

---

181 Zit. nach Barbara Feit, Das Föderalistische Manifest von Hans Nawiasky, in: Geschichte im Westen. Zeitschrift für Landes- und Zeitgeschichte 6 (1991), S. 224–233, hier S. 225.

182 Konrad Hesse, Der unitarische Bundesstaat, Karlsruhe 1962; Gerhard Lehmbruch, Der unitarische Bundesstaat in Deutschland: Pfadabhängigkeit und Wandel, in: Arthur Benz/Gerhard Lehmbruch (Hrsg.), Föderalismus. Analysen in entwicklungsgeschichtlicher und vergleichender Perspektive (PVS Sonderheft 32/2001), Wiesbaden 2002, S. 53–110.

Über Freiräume und Grenzen regionaler Herrschaftspraxis. Regionalismus im Nationalsozialismus[1]

Michael Kißener

Hätte man Zeitgenossen in den Jahren zwischen 1933 und 1945 befragt, so wären wohl die meisten der Ansicht gewesen, dass der Zentralismus in Deutschland noch nie so stark gewesen ist wie unter der Führung von Adolf Hitler. Alles, was Rang und Namen hatte, schmückte sich mit Reichstiteln vom Reichsführer-SS über Reichskommissare bis zu Vereinen, die sich zu Reichsbünden zusammenschlossen.[2] Regionale Titel und Organisationen verblassten demgegenüber, ja mussten sogar im Zuge der »Gleichschaltung«[3] ihre Existenz aufgeben. Selbst ein kleiner berufsständischer Verein wie der Kölner Verein für das rheinische Notariat, vielleicht so traditionsbewusst wie kaum ein anderer,[4] war nicht mehr tragbar und musste sich – angeblich freudig – zum Wohle des Reiches auflösen und in den Bund nationalsozialistischer deutscher Juristen unter Führung der Nationalsozialistischen Deutschen Arbeiterpartei (NSDAP) integrieren. Und mehr als das: Die traditionellen Länder wurden gleichgeschaltet ebenso wie alle konkurrierenden politischen Gewalten, das gesamte öffentliche Leben in den Dienst der Partei genommen, ja sogar »alle privaten und öffentlichen Beziehungen« (Völkischer Be-

---

1 Die nachfolgenden Ausführungen führen Überlegungen weiter, die ich bereits unter dem Titel »Regionen im Nationalsozialismus« in: Pia Nordblom u. a. (Hrsg.), Josef Bürckel. Nationalsozialistische Herrschaft und Gefolgschaft in der Pfalz, Kaiserslautern 2019, S. 29–40, formuliert habe.

2 Der Funktionswandel regionaler Eliten lässt sich beispielhaft in Baden nachvollziehen, siehe dazu Michael Kißener/Joachim Scholtyseck (Hrsg.), Die Führer der Provinz. NS-Biographien aus Baden und Württemberg, 2. Aufl., Konstanz 1997.

3 Gleich nach den Märzwahlen 1933 wurden in den Ländern ohne parlamentarische Mehrheit der NSDAP Reichskommissare eingesetzt, die die Landesregierungen mit inszenierten Aufläufen des NS-Mobs unter Druck setzten, bis jene sich unterwerfen mussten. Das »Vorläufige Gesetz zur Gleichschaltung der Länder mit dem Reich« vom 31. März 1933 verfügte die Umbildung der Länder- und Kommunalparlamente nach den Ergebnissen der Reichstagswahl. Am 7. April 1933 folgte das »Zweite Gesetz zur Gleichschaltung der Länder mit dem Reich«, das Reichsstatthalter in den Ländern einsetzte. Den Abschluss der Ländergleichschaltung stellte das »Gesetz über den Neuaufbau des Reiches« vom 30. Januar 1934 dar, mit dem die Länderparlamente obsolet und die Länder zu Mittelinstanzen des Reiches wurden. Infolgedessen wurde am 14. Februar 1934 auch der Reichsrat aufgelöst.

4 Siehe dazu Vaios Kalogrias, Rheinische Nurnotare zwischen Tradition und Anpassung, in: Michael Kißener/Andreas Roth/Vaios Kalogrias/Philipp Martin, Das rheinische Nurnotariat im Nationalsozialismus, Baden-Baden 2023, S. 19–294, hier S. 52–81.

obachter, 9. November 1933) auf den zentralistischen NS-Staat ausgerichtet. Zentralismus, ein nach dem Vorbild der NSDAP von oben nach unten hierarchisch durchorganisierter Staat und ein streng auf den obersten Führer ausgerichtetes Deutschland – genau diese Vorstellung ist den Deutschen zwischen 1933 und 1945 immer wieder als einzig erstrebenswertes Ziel, je länger, desto mehr auch als glorreich erreichter Zustand im Führerstaat vor Augen gestellt und gleichsam eingehämmert worden.[5]

Hitler selbst hatte diese Zielstellung auch in seiner Programmschrift »Mein Kampf« bereits Jahre zuvor formuliert: »Die Bedeutung der Einzelstaaten wird künftig überhaupt nicht mehr auf staats- und machtpolitischem Gebiet liegen; ich erblicke sie entweder auf stammesmäßigem oder auf kulturpolitischem Gebiete. Allein selbst hier wird die Zeit nivellierend wirken. Die Leichtigkeit des modernen Verkehrs schüttelt die Menschen derart durcheinander, dass langsam und stetig die Stammesgrenzen verwischt werden und so selbst das kulturelle Bild sich allmählich auszugleichen beginnt.« Das geeignetste Mittel dazu schien ihm das Militär zu sein:

»Das deutsche Heer ist nicht dazu da, eine Schule für die Erhaltung von Stammeseigentümlichkeiten zu sein, sondern vielmehr eine Schule des gegenseitigen Verstehens und Anpassens aller Deutschen. […] Es soll weiter den einzelnen jungen Mann aus dem engen Horizont seines Ländchens herausheben und ihn hineinstellen in die deutsche Nation. Nicht die Grenzen seiner Heimat, sondern die seines Vaterlandes muß er sehen lernen; denn diese hat er einst auch zu beschützen.« »Der Nationalsozialismus«, so folgerte er, »muß grundsätzlich das Recht in Anspruch nehmen, der gesamten deutschen Nation ohne Rücksicht auf bisherige bundesstaatliche Grenzen seine Prinzipien aufzuzwingen und sie in seinen Ideen und Gedanken zu erziehen. […] Die nationalsozialistische Lehre ist nicht die Dienerin der politischen Interessen einzelner Bundesstaaten, sondern soll dereinst die Herrin der deutschen Nation werden.«[6]

So eindeutig und klar diese zentralistische Tendenz und Herrschaftspraxis im Nationalsozialismus einerseits erscheint, so leicht und dabei irritierend widersprüchlich sind gegenteilige Befunde aufzufinden. Denn neben und unter dem obersten Führer machte sich schon vor 1933 eine Vielzahl von »Führern« breit, die miteinander um Macht und Einfluss in regionalen Herrschaftsgebieten rangen. Es hat in der deutschen Geschichte nie so viele »Führer«, Oberführer und Unterführer gegeben wie gerade in der Zeit des Nationalsozialismus, deren Bedeutung und Einfluss ganz im sozialdarwinistischen Sinn schlicht von der brutalen Durch-

---

5 Siehe dazu Michael Kißener/Joachim Scholtyseck, Nationalsozialismus in der Provinz. Zur Einführung, in: dies. (Hrsg.), Die Führer der Provinz, S. 11–29.

6 Adolf Hitler, Mein Kampf. Eine kritische Edition, hrsg. von Christian Hartmann u. a. im Auftrag des Instituts für Zeitgeschichte, Bd. 2, München/Berlin 2016, S. 1463–1467.

setzungsfähigkeit abhingen, mit der sie sich gegen tatsächliche oder vermeintliche Konkurrenten behaupten konnten. Nicht umsonst sprach man daher im »Dritten Reich« z. B. von den Gauleitern der Partei als »Gaufürsten« und »Vizekönigen des Dritten Reiches«, von den Kreisleitern als »Kleinen Königen« usw. Und diese Gaufürsten waren bestrebt, ihr Herrschaftsgebiet auf ihre je eigene Weise nach den vor Ort vorwaltenden besonderen Gegebenheiten zu führen, was eine zeitgenössische Publikation unter dem Titel »Das Buch der deutschen Gaue« überaus anschaulich erkennen lässt.[7] Keine Geringeren als die Mitglieder von Hitlers erster Führungsriege haben dies dann nach dem Krieg in räsonierenden Betrachtungen über das »Dritte Reich« auch so analysiert. So hielt etwa der frühere Reichsfinanzminister Johann Ludwig Graf Schwerin von Krosigk die »Gaufürsten« für »viel hartnäckigere Föderalisten als vor ihnen die Länderministerpräsidenten«.[8] Hitlers »Chefideologe«, Alfred Rosenberg, beschrieb in seinen »Letzten Aufzeichnungen« die Herrschaft im nationalsozialistischen Staat als »gesetzmäßigen Zentralismus« und »praktischen Partikularismus«.[9] Und auch von einigen Gauleitern selbst sind solche Äußerungen überliefert: Der Gauleiter Süd-Hannover-Braunschweig, Hartmann Lauterbacher, etwa resümierte in seinen Memoiren, es sei die Pflicht des Gauleiters gewesen, seine Arbeit nach den »besonderen Eigenarten der Länder und der Bevölkerung auszurichten«,[10] denen er vorstand. So hätten »Auftreten, Methoden und Taktik«[11] der Gauleiter je nach Landschaft variiert. Dem Gauleiter des Gaues Halle-Merseburg, Rudolf Jordan, soll Hitler selbst 1931 gesagt haben, er lasse den Gauleitern in den Gauen alle Freiheit, solange es nicht um grundsätzliche Fragen ginge. In den Gauen liege die »eigentliche Frontarbeit der Partei«.[12] Er, Hitler, hasse die Gleichmacherei, jeder Gau solle nach der Persönlichkeit seines jeweiligen Führers und den besonderen Problemen der Bevölkerung geführt werden.[13] Die wissenschaftliche Erforschung des Nationalsozialismus hat sich dieses merkwürdigen Widerspruches schon sehr früh angenommen,

---

7 Das Buch der deutschen Gaue. 5 Jahre nationalsozialistische Aufbauleistung, Bayreuth 1938.

8 Zit. nach Martin Broszat, Der Staat Hitlers. Grundlegung und Entwicklung seiner inneren Verfassung, München 1969, S. 154.

9 Alfred Rosenberg, Letzte Aufzeichnungen. Ideale und Idole der nationalsozialistischen Revolution, Göttingen 1955, S. 260.

10 Hartmann Lauterbacher, Erlebt und mitgestaltet. Kronzeuge einer Epoche 1923–45. Zu neuen Ufern nach Kriegsende, Preußisch Oldendorf 1987, S. 169.

11 Ebenda.

12 Rudolf Jordan, Erlebt und erlitten. Weg eines Gauleiters von München bis Moskau, Leoni (Berg) 1971, S. 13.

13 Siehe auch Walter Ziegler, Gaue und Gauleiter im Dritten Reich, in: Andreas Wirsching u. a. (Hrsg.), Nationalsozialismus in der Region. Beiträge zur regionalen und lokalen Forschung und zum internationalen Vergleich, München 1996, S. 139–159, hier S. 139. Michael Ruck, Zentralismus und Regionalgewalten im Herrschaftsgefüge des NS-Staates, in: Wirsching u. a. (Hrsg.), Nationalsozialismus in der Region, S. 99–122.

teils mehr, teils weniger Bestätigung für die Existenz eines Regionalismus im Nationalsozialismus gefunden und diesen dann mit unterschiedlichen Nuancierungen und thematischen Schwerpunktsetzungen zu erklären versucht.

Im Folgenden soll – ohne dabei einen Anspruch auf Vollständigkeit zu erheben – versucht werden, drei Erklärungsmöglichkeiten für dieses eigentümliche Phänomen anzubieten. Zudem wird abschließend der Frage nachgegangen, welche Bedeutung regionale Unterschiedlichkeiten am Ende im Führerstaat hatten.

I.

Schon in den 1960er Jahren hat man begonnen, regionale Ausprägungen des Nationalsozialismus zu untersuchen. Dabei spielte die Studie von William Sheridan Allen über die Machtergreifung in der südniedersächsischen Kleinstadt Northeim aus dem Jahre 1965/66 eine entscheidende Rolle. Allen hatte rund 20 Jahre nach den Ereignissen noch kaum Zugang zu den wesentlichen Akten, er musste vieles sehr allgemein formulieren und konnte keine Namen nennen. Dennoch gelangte er zu einer zentralen Erkenntnis über die »Machtergreifung« in der mit einem erfundenen Namen bezeichneten Kleinstadt Northeim, die auch heute in unserem Zusammenhang noch wichtig ist, weil sie regionale Ausprägungen in der NS-Zeit ganz pragmatisch erklären kann: »Hitler, Goebbels und die andern nationalsozialistischen Führer lieferten die politischen Entscheidungen, die Ideologie, die Propaganda […]. Doch in den Tausenden von Orten […] in ganz Deutschland wurde die Revolution verwirklicht. Diese Orte bildeten das Fundament des Dritten Reiches.«[14] Und dass es dabei zu Unterschieden in der Herrschaftspraxis kam, kann wohl kaum verwundern – so ließe sich ergänzen. Es ist also, wenn man genauer hinschaut, zunächst einmal gar nicht verwunderlich und eigentlich eine banale Alltagserkenntnis, dass bei der Umsetzung selbst dezidiert zentral gesteuerter Anordnungen Unterschiede in der Ausführung feststellbar sind, eine gewisse Brechung erfolgt, die unterschiedlichste Bedingungsfaktoren haben kann: Führungspersonal, konkretes Verständnis der Anordnung, Gegebenheiten vor Ort, Verfügbarkeit von Mitteln zur Umsetzung etc. Doch macht das schon einen echten Regionalismus aus?

---

14 William Sheridan Allen, »Das haben wir nicht gewollt!« Die nationalsozialistische Machtergreifung in einer Kleinstadt 1930–1935, Gütersloh 1966, S. 280.

II.

Die wesentliche Intensivierung der regionalgeschichtlichen Forschung durch die seit den 1970er Jahren geführte Diskussion um die Funktionsweise des »Dritten Reiches« lässt sodann einen zweiten Gesichtspunkt wichtig erscheinen. Schon zwei emigrierte jüdische Wissenschaftler, Ernst Fraenkel und Franz Neumann, hatten in den 1940er Jahren den NS-Staat gleichsam als ein polykratisches Führungschaos beschrieben, das je länger, je mehr in einer »organisierten Anarchie« geendet habe, die nur noch durch Hitlers »charismatische Führergestalt« zusammengehalten worden sei.[15] Im Hintergrund dieser Analyse stand die Beobachtung zahlreicher sich widersprechender oder zumindest überschneidender Kompetenzen. Der Streit zwischen Partei und staatlicher Administration etwa war ja notorisch und bekannt. Und seit der »Machtergreifung« wurden immer wieder verschiedenste Sonderkommissariate eingerichtet – bis hin zur Schaffung der Reichsverteidigungskommissare in der Endphase des »Dritten Reiches«, die mit der Gewalt der Partei in die Kompetenzen sämtlicher ziviler wie militärischer Stellen eingreifen konnten und in dieser Endphase dann das Eigengewicht der Regionen nochmals bedeutend erhöht haben.[16] Auf der kommunalen Ebene war der Konflikt zwischen NSDAP-Kreis- und Ortsgruppenleitern einerseits, Landräten und Bürgermeistern andererseits gleichsam notorisch. Man wird heute aus solchen Gegensätzlichkeiten nicht mehr vorschnell, wie in den 1970er Jahren, eine Widerständigkeit bestimmter Personenkreise und Funktionseliten ableiten, sondern vielmehr darauf zu achten haben, welche Funktion diese Streitigkeiten und welche Hintergründe (nämlich oft sehr persönliche) sie hatten. In unserem Zusammenhang jedoch wird schnell klar, dass es, auch bedingt durch eine solchermaßen ausgeprägte Herrschaft, Unterschiede nach Sachgebiet und Ort gleichsam zwangsläufig geben musste.[17]

Wie schnell solche Streitigkeiten um Macht und Einfluss im Nationalsozialismus dann aber auch unmittelbar in die Vorstellung einer regionalen Herrschaft umschlagen und einmünden konnten, belegt anschaulich die Fortsetzung der al-

---

15 Ernst Fraenkel, Der Doppelstaat, Frankfurt a. M. 1974; Franz Neumann, Behemoth. Struktur und Praxis des Nationalsozialismus 1933–1944, Frankfurt a. M. 1984, S. 22 und 543 (Zitate).

16 Hierzu Peter Diehl-Thiele, Partei und Staat im Dritten Reich. Untersuchungen zum Verhältnis von NSDAP und allgemeiner innerer Staatsverwaltung, München 1971, S. 86–92; Dieter Rebentisch, Führerstaat und Verwaltung im Zweiten Weltkrieg. Verfassungsentwicklung und Verwaltungspolitik 1939–1945, Stuttgart 1989, S. 132–143.

17 Siehe beispielhaft hierzu die Gegnerschaft von Kreisleiter Wilhelm Seiler und Oberbürgermeister Dr. Carl Neinhaus in Heidelberg, die Hubert Roser, Parteistatthalter in Badens Kaderschmiede. Wilhelm Seiler, NSDAP-Kreisleiter von Heidelberg, in: Kißener/Scholtyseck (Hrsg.), Die Führer der Provinz, S. 655–681, analysiert hat.

ten, schon in der Weimarer Republik geführten Diskussion um die sogenannte Reichsreform. Dabei ging es um die Frage, ob die Gliederung des Reichsgebietes angesichts des übergroßen, räumlich wie von der Bevölkerungszahl her alles überragenden preußischen Teilstaates nicht einer Überarbeitung bedürfe. Kaum war der Nationalsozialismus zur Macht gelangt, flammte diese Diskussion wieder mit Nachdruck auf, und die Gaufürsten gerieten über neue räumliche Zuschnitte in Streit, so dass Hitler bald schon kein Interesse an einer Fortführung der wenig dienlichen Debatte mehr hatte.[18] Welche Sprengkraft die zum Teil offen ausgetragenen Auseinandersetzungen bekommen konnten, zeigt etwa das Beispiel des badischen Kultusministers Otto Wacker, der 1934 eine eigenständige Kulturpolitik für das Land Baden öffentlich einforderte: Auf der Mitgliederversammlung des Landesvereins »Badische Heimat« äußerte er: »Man kann nicht von Berlin aus die am Oberrhein notwendige Volkstumsarbeit leisten. [...] Wir haben von uns aus das Gefühl, daß wir dazu selber in der Lage, dazu berufen und dazu verpflichtet sind.«[19] Zwar wurde 1935 die Justiz »verreichlicht«,[20] aber an die Ländergrenzen wagte man sich fortan ebenso wenig heran wie an die Abschaffung der eigentlich obsolet gewordenen alten Landesregierungen, in denen man ja noch etliche »alte Kämpfer der Bewegung« in der Übergangszeit auf repräsentativen und lukrativen Posten hatte unterbringen können. Die regionalen Fachminister wurden, sofern sie nicht auf andere Posten wechselten, praktisch zu Handlangern der Reichsministerien oder sonstigen fachlichen Sonderbeauftragten, aber sie behaupteten auch nach wie vor ihren Einflussbereich und existierten zu großen Teilen bis zum Ende der NS-Herrschaft. Was dieser regionale NS-Landespolitikerkreis eigentlich noch zu tun hatte, war lange eine offene Frage – mittlerweile wissen wir durch einschlägige Studien, dass sie in einem gewissen Rahmen durchaus eine eigenständige regionale Politik, etwa hinsichtlich der Beamtenauslese oder der regionalen Wirtschaftsförderung, betrieben haben.[21] Dabei ist gerade mit Blick auf die Kriegszeit zu konstatieren, dass die regionalen Herrschaftsträger des Nationalsozialismus an Macht und Einfluss gewonnen haben und dass das polykrati-

---

18 Siehe beispielhaft Daniel Rittenauer, Das Amt des Bayerischen Ministerpräsidenten in der NS-Zeit, München 2018, S. 132–142.

19 Ansprache von Dr. Otto Wacker, in: Mein Heimatland 21 (1934), S. 376–379, hier S. 378 f. Zu Wacker siehe die Biographie von Katja Schrecke, Zwischen Heimaterde und Reichsdienst. Otto Wacker, Badischer Minister des Kultus, des Unterrichts und der Justiz, in: Kißener/ Scholtyseck (Hrsg.), Die Führer der Provinz, S. 705–732.

20 Siehe hierzu grundlegend Lothar Gruchmann, Justiz im Dritten Reich. Anpassung und Unterwerfung in der Ära Gürtner, 3. Aufl., München 2001, S. 107–123, und in den spezifischen Auswirkungen Michael Kißener, Zwischen Diktatur und Demokratie. Badische Richter 1919–1952, Konstanz 2003, S. 183–195.

21 Petra Behrens, Regionale Identität und Regionalkultur in Demokratie und Diktatur, Baden-Baden 2012; Rittenauer, Das Amt; Hermann Rumschöttel/Walter Ziegler (Hrsg.), Staat und Gaue in der NS-Zeit. Bayern 1933–1945, München 2004.

sche Führungschaos zielgerichtetes und effektives Handeln vor Ort nicht unmöglich machen musste. Bernhard Gotto hat vor Jahren schon am Beispiel der Stadt Augsburg deutlich machen können, wie gut und effektiv trotz konkurrierender Machtzentren die Stadtverwaltung in Augsburg funktionierte und trotz der ungeheuren Belastungen des Luftkrieges die Sicherstellung des Lebensbedarfs erreichte.[22] Von einer anderen Seite und doch ähnlich hat auch die Forschungsdiskussion um die Mobilisierungsfähigkeit im Nationalsozialismus solche Befunde bestätigt. Hier geht es darum, die »vielfältigen Mechanismen, durch die zahllose Individuen und Institutionen zum Funktionieren des Regimes beitrugen«, zu analysieren. Mobilisierung ist dabei nicht nur als ein gleichsam militärischer Auftrag zu verstehen, sondern als umfassende Aktivierung, die zunächst ein kommunikatives Phänomen darstellte. Wer zeitgenössische Zeitungen liest, stößt geradezu permanent auf diesen Begriff: Immer und immer wieder wurde im Nationalsozialismus mobilisiert, wurden Schlachten an der Werkbank für höhere Produktion und am Kindbett für die Entwicklung des Volkskörpers geschlagen. Immer aber fand diese Mobilisierung im regionalen Rahmen statt, waren regionale Instanzen für ihre Durchführung verantwortlich. Einige Forscher gehen sogar davon aus, dass die Mobilisierung besonders in der Endphase des Krieges nationale, regionale und lokale Instanzen gleichsam »neustaatlich« verschmolzen hat zu einer neuen Form von Herrschaft. Unbestritten ist, dass das »Gesamtsystem des Dritten Reiches ohne die Netzwerke, Steuerungskapazitäten und Mobilisierungsleistungen auf der Ebene der NS-Gaue kaum bis ins Frühjahr 1945 handlungsfähig gewesen wäre«.[23] Das heißt zugleich auch, dass die mit der immer radikaler werdenden Mobilisierung verbundenen Entgrenzungsprozesse auch in ihrer regionalen Realisierung zu verstehen sind. Was in der Endphase des »Dritten Reiches« an Radikalisierungen, Grausamkeiten und Verbrechen passierte, man denke nur an die Gewaltmaßnahmen zur Stilisierung des Durchhaltewillens – auch das wird man nur wirklich verstehen können, wenn man es im regionalen Kontext betrachtet. Festzuhalten für unsere Perspektive wäre also: Ein gewisser Regionalismus existierte neben der zentralen Führergewalt durch den von Hitler aus sozialdarwinistischer Überzeugung geförderten Machtanspruch und das Machtgerangel der in der Region wirkenden »Führer«, die danach trachteten, »ihren« Machtbereich zu festigen und auszubauen. Auch das erklärt das Nebeneinander von Zentralismus und Regionalismus im Nationalsozialismus.

---

22 Bernhard Gotto, Nationalsozialistische Kommunalpolitik. Administrative Normalität und Systemstabilisierung durch die Augsburger Stadtverwaltung 1933–1945, München 2006.

23 Oliver Werner, Mobilisierung im Nationalsozialismus – eine Einführung, in: ders. (Hrsg.), Mobilisierung im Nationalsozialismus. Institutionen und Regionen in der Kriegswirtschaft und der Verwaltung des »Dritten Reiches« 1936 bis 1945, Paderborn u. a. 2013, S. 9–26, hier S. 18.

III.

Nicht zu vergessen sind schließlich aber auch die regionalen Beharrungskräfte selbst, die Traditionen, volkstümlichen Eigenheiten und regionalen Besonderheiten. Die bis heute umfassendste Untersuchung einer Region im Nationalsozialismus stellt nach wie vor das in Fachkreisen unter dem Stichwort »Bayern-Projekt« bekannte Forschungsvorhaben des Instituts für Zeitgeschichte München dar, mit dem multiperspektivisch eine Region im »Dritten Reich« in den 1970er und 1980er Jahren aufgearbeitet wurde.[24] Das Projekt hatte viele Ziele, unter anderem auch und vor allem die Einführung eines neuen Verständnisses von Widerstand im NS-Staat. Zugleich zeigten die vielen in diesem Zusammenhang entstandenen Regional- und Lokalstudien aber die enormen traditionellen Beharrungskräfte in der Region, an denen auch zentralistisch orientierte Machthaber im »Dritten Reich« nicht vorbeikamen und die sie schlichtweg berücksichtigen mussten, wenn ihre Herrschaftsausübung nicht zu viele Reibungen und Widerstände produzieren und systemstabilisierend sein sollte. Auch von daher ergab sich so etwas wie ein »Beharrungsregionalismus«, der die zentralistische Zielsetzung einhegte bzw. begrenzte. Dies gilt umso mehr, als in der Folge eine Reihe weiterer vergleichbarer Regionalstudien, etwa im Saarland[25] oder in der Pfalz,[26] entstanden ist, die jeweils weitere spezifische regionale Beharrungskräfte herausgearbeitet haben. Und nicht zuletzt hat der Aufschwung alltagsgeschichtlicher Forschung, die seit den 1980er Jahren in Westdeutschland vermehrt betrieben wurde, regionale Unterschiedlichkeiten deutlich erkennen lassen, wurde hier doch dezidiert nach der Realisierung der NS-Herrschaft vor Ort gefragt und arbeitete man Eigenheiten des regionalen Verfolgungsapparates ebenso heraus wie Strukturen von Widerstand und Widerständigkeit. Auch die seit nunmehr weit über zehn Jahren kontrovers diskutierte Volksgemeinschaftsforschung, die praxeologische Inklusions- und Exklusionsphänomene analysiert, bestätigt den Befund des Fortlebens regionaler Spezifika im an sich zentralistisch orientierten Nationalsozialismus, die teilweise in die Herrschaftspraxis des »Dritten Reiches« regelrecht eingebaut wurden, auch wenn sie potenziell das Regime gefährdeten.[27] Ein Beispiel dafür ist die Vereinnahmung des rheinischen Karnevals bzw. der Fastnacht durch die Deut-

---

24 Martin Broszat u. a., Bayern in der NS-Zeit. Veröffentlichung im Rahmen des Projekts »Widerstand und Verfolgung in Bayern 1933–1945«, 6 Bände, München/Wien 1977–1983.

25 Klaus-Michael Mallmann/Gerhard Paul, Widerstand und Verweigerung im Saarland 1933–1945, 3 Bände, Bonn 1989–1995.

26 Gerhard Nestler/Roland Paul/Hannes Ziegler (Hrsg.), Braune Jahre in der Pfalz. Neue Beiträge zur Geschichte einer deutschen Region in der NS-Zeit, Kaiserslautern 2016.

27 Siehe hierzu zusammenfassend Detlef Schmiechen-Ackermann u. a. (Hrsg.), Der Ort der »Volksgemeinschaft« in der deutschen Gesellschaftsgeschichte, Paderborn 2018.

sche Arbeitsfront.[28] Bisweilen musste man solche Regionalismen bis zu einem gewissen Grad einfach tolerieren, um Proteste nicht ausufern zu lassen. Das zeigt beispielsweise der Schulkreuzstreit in Oldenburg, bei dem es um den Verbleib des christlichen Kreuzes in Schulklassen ging.[29]

IV.

Wie vielgestaltig sich die Regionen, bedingt durch die unterschiedlichen Ausgangsbedingungen und regionalen Gegebenheiten, am Ende im Nationalsozialismus darstellen konnten, lässt sich am besten ermessen, wenn man sich die Mühe macht, die Erträge der historischen Regionalforschung vergleichend gegenüberzustellen, etwa für die Fälle Baden und Schleswig-Holstein.

Diese beiden historischen Räume wiesen im Nationalsozialismus nach wie vor unterschiedliche kulturelle und ökonomische Ausgangslagen auf, und sie waren in der politisch-konfessionellen Milieustruktur wie hinsichtlich der prägenden politischen Kultur verschiedenartig. Das hatte massive Folgen sowohl für den Aufstieg der NSDAP als auch für die Etablierung nationalsozialistischer Herrschaft. Einem verschwindend geringen Anteil jüdischer Bevölkerung in dem agrarisch strukturierten norddeutschen Gebiet mit starken evangelischen Bevölkerungsanteilen stand ein kleiner, aber aktiver und gesellschaftlich relevanter Anteil jüdischer Mitbürger vor allem in den industriell erschlossenen Gegenden Badens gegenüber, das ansonsten gemischtkonfessionell, in manchen Teilen, wie dem Schwarzwald, dominant katholisch war. Die gesellschaftlichen Eliten unterschieden sich in der öffentlichen Verwaltung, in ihrer politischen Ausrichtung wie in ihrer Pluralität und korporativen Geschlossenheit. Während in Schleswig-Holstein von Anfang an hohe Zustimmungswerte zur Bewegung Adolf Hitlers zu verzeichnen waren, musste sich die NS-Bewegung diese in Baden erst mühsam erkämpfen. Auch die regionalen NS-Führer waren in ihrer Ausrichtung und der von ihnen verfolgten Strategie des Machtausbaus und der Machtsicherung denkbar unterschiedlich. Nicht zuletzt deshalb zeigten beide Regionen ganz verschie-

---

28 Michael Kißener/Felicitas Janson (Hrsg.), Die Fastnacht der nationalsozialistischen »Volksgemeinschaft«. Studien zu Mainz und anderen Regionen, Berlin 2020.

29 Siehe hierzu etwa Joachim Kuropka, »Das Volk steht auf«. Zur Geschichte, Einordnung und Bewertung des Kreuzkampfes in Oldenburg im Jahre 1936, in: ders. (Hrsg.), Zur Sache – Das Kreuz! Untersuchungen zur Geschichte des Konflikts um Kreuz und Lutherbild in den Schulen Oldenburgs. Zur Wirkungsgeschichte eines Massenprotests und zum Problem nationalsozialistischer Herrschaft in einer agrarisch-katholischen Region, Vechta 1986, S. 11–55; Maria Anna Zumholz (Hrsg.), Katholisches Milieu und Widerstand – Der Kreuzkampf im Oldenburger Land, Berlin 2012.

dene Schwerpunkte der NS-Politik vor Ort: Während in Baden Auseinandersetzungen um Schule und Heimatidentität eine große Rolle spielten, gab es das in Schleswig-Holstein nicht. Während Baden eine Vorreiterrolle bei der Vertreibung der deutschen Juden spielte, stellte sich diese Frage in Schleswig-Holstein nur in geringem Ausmaß. Im Krieg machte die geographische Lage einen Unterschied, was Rückwirkungen auf die Wahrnehmung des »Dritten Reiches« im Volk hatte: Baden war Grenzland, aus dem viele Bewohner schon 1939 wegen der Kriegsgefahr evakuiert wurden, das aber umgekehrt auch zum Fluchtpunkt all jener wurde, die sich dem Verfolgungsdruck der Gestapo über die grüne Grenze vor allem in die Schweiz zu entziehen versuchten. Schleswig-Holstein war demgegenüber erst spät Ziel der alliierten Angriffe, vor allem auf die Marinestützpunkte, und am Ende des Krieges Auffangbecken für viele Flüchtlinge und Vertriebene. Und nicht zuletzt fällt auf, dass sich während der NS-Herrschaft im Südwesten ein Maß an Resistenz und Widerständigkeit gegenüber dem Regime entwickelte, das keine Entsprechung im Norden Deutschlands hatte.[30]

Deutet ein solcher Befund am Ende darauf hin, dass der Regionalismus im Nationalsozialismus vielleicht nicht nur an und für sich Bedeutung hatte, sondern dass ihm sogar eine herrschaftsbegrenzende Kraft innewohnte, die erst dann wahrnehmbar wird, wenn wir nicht mehr von der Berliner Spitze hinabsehen, sondern den Blick von unten nach oben lenken? Gab es vielleicht im Nationalsozialismus gar Landschaften, Orte, die gleichsam Inseln im Meer der Gleichschaltung darstellten, alte, liberale oder christliche Traditionen, jedenfalls Restbestände politischer Kultur, die den totalitären Zugriff einschränkten? Allzu leicht kommt man bei der Erforschung des Nationalsozialismus vor Ort auf solche Gedanken, groß ist die Versuchung, sich dieser Vorstellung hinzugeben, wenn man Einzelfälle solcher Herrschaftsbegrenzung ausmachen kann. Doch hier ist Vorsicht geboten: Es gilt dabei immer zu fragen, ob nicht dem identifizierten Phänomen eine Funktion inhärent war, der in gewissem Maße auch wieder stabilisierende Kraft innewohnte. Entscheiden lässt sich das nur im Einzelfall, am konkreten Beispiel. Dass solche politisch-kulturellen »Freiräume« am Ende nie die Kraft entfalteten, den NS-Staat und seine Verbrechen in irgendeiner Weise zu hindern, dass die Grundsätze nationalsozialistischer Herrschaft, allem anderen voran der Antisemitismus, von niemandem in einer nachgelagerten Führungsebene des Nationalsozialismus in Frage gestellt werden konnten oder wollten, wissen wir aus der Retrospektive nur zu gut, und dies dürfte uns hinlänglich davor bewahren, dieses Phänomen überzubewerten.

---

30 Siehe dazu detailliert Michael Kißener/Michael Ruck, Die Erforschung des Nationalsozialismus aus landesgeschichtlicher Sicht: Baden/Schleswig-Holstein, in: Werner Freitag u. a. (Hrsg.), Handbuch Landesgeschichte, Berlin/Boston 2018, S. 613–645.

Zugleich bestätigen noch so differenzierte Befunde, wie sie in dem geschilderten regionalen Vergleich zwischen Baden und Schleswig-Holstein zu Tage treten, dass man gut daran tut, das beschriebene Phänomen als Persistenz regionaler Herrschaftsausprägungen zu bezeichnen und es nicht als eine Form des fortwirkenden untergründigen Föderalismus zu werten. Denn die regionalen Herrschaftsmodifikationen im Nationalsozialismus fanden auf einer ganz anderen Ebene statt als etwa der Pluralismus der Länder in der Weimarer Republik. Die Grenzen für regionale Machtausübung waren im Nationalsozialismus eng gezogen.

Die Funktionalität solcher regionaler politischer Gestaltungsspielräume hat Adolf Hitler überdies selbst schon in »Mein Kampf« angedeutet und in der Herrschaftspraxis des »Dritten Reiches« zu nutzen vermocht: »Die nationalsozialistische Lehre ist nicht die Dienerin der politischen Interessen einzelner Bundesstaaten, sondern soll dereinst die Herrin der deutschen Nation werden. Sie hat das Leben eines Volkes zu bestimmen und neu zu ordnen und muß deshalb für sich gebieterisch das Recht in Anspruch nehmen, über Grenzen [...] hinwegzugehen. Je vollständiger der Sieg ihrer Ideen wird, umso größer mag *dann* die Freiheit im einzelnen sein, die sie im Innern bietet.«[31]

---

31 Hitler, Mein Kampf, S. 1466 f. (kursive Hervorhebung durch den Autor).

Von »gegen das Reich« zu »für die Demokratie«. Föderalismus als Staatsdoktrin und Fahnenwort in Bayern von den 1920er bis 1950er Jahren

Bernhard Gotto

Bayern, so verkündete Ministerpräsident Edmund Stoiber Ende 1997, sei schon immer der »Lordsiegelbewahrer des Föderalismus« in Deutschland gewesen. Im nächsten Atemzug kritisierte er den Finanzausgleich, weil er die Leistungskraft des Freistaats bestrafe, und forderte mehr »Wettbewerbsföderalismus« zwischen den Ländern.[1] Mit dieser Argumentation knüpfte der bayerische Ministerpräsident an einen prägenden Zug der »gesamtbayerischen politischen Hegemonialkultur«[2] an. Föderalismus als ein Stützpfeiler dieser Kultur ist aus dem Legitimationsarsenal bayerischer Interessenpolitik nicht wegzudenken. Finanzbeziehungen, auch dies unterstrich Stoibers Intervention, sind ein substanzieller Teil des Föderalismus-Panoramas.[3] Darauf konzentriert sich dieser Beitrag im weiteren Verlauf. Allerdings drehte der Ministerpräsident mit seiner Forderung, den Finanzausgleich zu begrenzen, ein über viele Jahrzehnte stabiles Muster um, denn bis Ende der 1980er Jahre war Bayern ein Nehmerland im Finanzausgleich gewesen. In dieser Position hatten Stoibers Amtsvorgänger und deren Finanzminister für eine Ausweitung des Finanzausgleichs gestritten – in aller Regel mit dem Argument, dass ein starker Finanzausgleich unverzichtbar für einen lebendigen Föderalismus sei.

Dieser Rollentausch ist nur ein Beispiel für die Wendungen, welche die Aneignungen des Föderalismus-Begriffs in Bayern im 20. Jahrhundert kennzeichnen. Eine bemerkenswerte Transformation steht im Zentrum dieses Beitrags. Innerhalb von drei Jahrzehnten kehrte sich die Polarität des von Bayern vertretenen Finanzföderalismus hinsichtlich der Anziehung beziehungsweise Abstoßung gegenüber der Staatsform geradezu um. »Staatsform« meint dabei im doppelten Wortsinn einerseits die Haltung, die Bayern zum deutschen Gesamtstaat einnahm, andererseits den Bezug des Freistaats zur Demokratie. Beide Wandlungs-

---

1 Der Ehrgeiz des Alpenkönigs. Interview von Nina Grunenberg, Wolfgang Hoffmann und Werner A. Perger mit Edmund Stoiber, in: Die Zeit, 19.12.1997, S. 4.

2 Alf Mintzel, Bayern und die CSU. Regionale politische Traditionen und Aufstieg zur dominierenden Kraft, in: Hanns-Seidel-Stiftung (Hrsg.), Geschichte einer Volkspartei. 50 Jahre CSU 1945–1995, München 1995, S. 195–252, hier S. 211.

3 Vgl. Arthur Benz, Föderale Demokratie. Regieren im Spannungsfeld von Interdependenz und Autonomie, Baden-Baden 2020, S. 42 f.

prozesse sind ineinander verflochten und folgten derselben Richtung von einer misstrauischen Distanz zu einer engen Verklammerung, so dass Föderalismus geradezu als notwendige Voraussetzung für eine lebendige demokratische Kultur erschien. »Staatsdoktrin« und »Fahnenwort« markieren Beginn und Endpunkt dieser Entwicklung, die einen Bedeutungsverlust verursachte und einen Demokratisierungszuwachs beförderte: Der Föderalismus rutschte aus dem Status eines politischen Glaubensbekenntnisses ab zu einer identifikationsstiftenden Leitvokabel mit starken deklamatorischen Zügen.[4] Der Begriff des Föderalismus integrierte sich dabei jedoch fest in den demokratischen Wortschatz der politischen Kultur.

Diesen Wandel zeichnet dieser Beitrag nach und untersucht dessen Ursachen. Seine These lautet, dass die demokratische Grundierung des bayerischen Finanzföderalismus das unwahrscheinliche Resultat einer Verwandlungsgeschichte darstellt, in der die Volten und Widersprüche der Demokratiegeschichte in Deutschland seit der Weimarer Republik markante Spuren hinterlassen haben.

1.   Gegen das Reich: Aggressiver Finanzföderalismus der 1920er Jahre

Ausgangspunkt, Begründung und Zielsetzung der bayerischen Finanzpolitik blieben zwischen 1919 und 1933 bemerkenswert konsistent. Sie entsprang dem fundamentalen Umbau der Finanzbeziehungen zwischen Reich und Ländern durch die Finanzreform von Matthias Erzberger.[5] Die Revision dieser neuen Finanzver-

---

4 Der Begriff »Fahnenwort« bezeichnet »voluntaristisch getönte Signalausdrücke einer Partei, eines Lagers oder einer Ideologie, die als identitätsstiftende Kampfbegriffe bewußt gewählt und dezidiert verwendet werden, um [...] Flagge zu zeigen«; Oswald Panagl, »Fahnenwörter«, Leitvokabeln, Kampfbegriffe: Versuch einer terminologischen Klärung, in: ders. (Hrsg.), Fahnenwörter in der Politik. Kontinuitäten und Brüche, Wien/Köln 1998, S. 13–21, hier S. 21. Vgl. zur Definition auch Karin Böke, Politische Leitvokabeln in der Adenauer-Ära. Zu Theorie und Methodik, in: dies./Frank Liedtke/Martin Wengeler, Politische Leitvokabeln in der Adenauer-Ära, Berlin/New York 1996, S. 19–50, hier S. 39.

5 Vgl. Klaus Epstein, Matthias Erzberger und das Dilemma der deutschen Demokratie, Berlin (West) 1962, S. 373–391; Theodor Eschenburg, Matthias Erzberger. Der große Mann des Parlamentarismus und der Finanzreform, München 1973; zusammenfassend mit weiterer Literatur Stefan Bach/Marc Buggeln, Geburtsstunde des modernen Steuerstaats in Deutschland 1919/1920, in: Wirtschaftsdienst 100 (2020), S. 42–48, https://doi.org/10.1007/s10273-020-2559-9 (letzter Abruf: 18.7.2022); Stefanie Middendorf, Macht der Ausnahme. Reichsfinanzministerium und Staatlichkeit (1919–1945), Berlin/Boston 2022, S. 59–67.

fassung war das strategische Ziel der bayerischen Finanzpolitik.[6] Die bayerische Staatsregierung wollte die 1919 und 1920 verlorene Finanzhoheit zurückgewinnen. Daraus leitete sie drei Grundsatzforderungen ab, die sie in ihren zum Teil unverhohlen agitatorischen Denkschriften immer wieder ausformulierte: Sie verlangte erstens, dass die Aufgaben von Reich und Ländern klar voneinander abzugrenzen und dass die Länderkompetenzen durch starke verfassungsrechtliche Garantien zu schützen seien. Zweitens müssten die Länder über eigene Einnahmequellen verfügen. Konkret sollte das System der Reichsüberweisungen zugunsten einer Aufteilung der Steuerarten abgeschafft werden. Dabei sollten die Länder die Erträge aus den direkten Steuern erhalten, also in der Hauptsache die lukrative Einkommen- und Körperschaftssteuer, während das Reich sich aus den indirekten Steuern zu finanzieren hatte. Drittens beanspruchte die Staatsregierung die Gesetzgebungskompetenz und Verwaltungshoheit über die den Ländern zugesprochenen Steuerarten. Gemeint waren damit das Recht, Steuersätze, Zuschläge und Erhebungsmodus zu bestimmen, sowie die Reintegration des größten Teils der 1920 an das Reich abgetretenen Finanzbehörden in die Landesverwaltung. Insbesondere die örtlichen Finanzämter (oder, wie sie ursprünglich in Bayern hießen, die Rentämter[7]) wären dadurch wieder zu Landesbehörden geworden.

Dieser Forderungskatalog war ebenso anachronistisch wie unrealistisch. Verfassungsmäßig lief er darauf hinaus, das Finanzsystem des Kaiserreichs zu restaurieren – immer wieder priesen bayerische Politiker Bismarcks Bundesstaat auch als die wiederherzustellende Norm an. Dabei übergingen sie, dass bereits vor dem Ersten Weltkrieg die Schwächen dieses Regimes zu Tage getreten waren.[8] In der Weimarer Republik entzogen schon außenpolitische Zwänge den Revisionsforderungen aus München den Boden.[9]

---

6 Grundlegend, aber ganz der Perspektive der bayerischen Akteure folgend: Franz Menges, Reichsreform und Finanzpolitik. Die Aushöhlung der Eigenstaatlichkeit Bayerns auf finanzpolitischem Wege in der Zeit der Weimarer Republik, Berlin (West) 1971.

7 Vgl. zur Organisation der bayerischen Finanzverwaltung Thomas Paringer, Die bayerische Landschaft. Zusammensetzung, Aufgaben und Wirkungskreis der landständischen Vertretung im Kurfürstentum Bayern (1715–1740), München 2007, S. 37–39 und 81–93; Wilhelm Volkert, Finanzverwaltung, in: ders. (Hrsg.), Handbuch der bayerischen Ämter, Gemeinden und Gerichte 1799–1980, München 1983, S. 142–181; Reinhard Heydenreuter, Die Hüter des Schatzes. 200 Jahre staatliche Finanzverwaltung in Bayern, Regensburg 2008; Thomas Paringer, Bayerische Verwaltungsgeschichte seit 1799. Aufbau und Entwicklung der öffentlichen Verwaltung im modernen Bayern, München 2021, S. 52–60.

8 Vgl. Edmund C. Clingan, Finance from Kaiser to Führer. Budget Politics in Germany, 1912–1934, Westport, CT 2001; Julia Cholet, Der Etat des Deutschen Reiches in der Bismarckzeit, Berlin 2012; Hans-Peter Ullmann, Der deutsche Steuerstaat. Geschichte der öffentlichen Finanzen, München 2005, S. 62–88.

9 Vgl. Middendorf, Macht der Ausnahme, S. 55–57 und 111–116.

Der bayerische Finanzföderalismus bezog eine klare Frontstellung gegen die Reichsregierung in Berlin: Diese wolle Bayern auf fiskalischem Wege »das Lebenslicht ausblasen«[10], empörte sich der Gesandte Bayerns in Berlin im März 1920. Die wirkmächtigste Formulierung dieses Vorwurfs fand Eingang in die Denkschriften, in denen die Staatsregierung ihre Position verbreitete. Die Finanzpolitik der Reichsregierung verfolge den »Zweck« und die »Absicht«, die Eigenstaatlichkeit Bayerns »auszuhöhlen«[11]. Ganz auf dieser Linie behauptete Fritz Schäffer 1928 – zu diesem Zeitpunkt ein aufgehender Stern und Wortführer des rechten Flügels der Bayerischen Volkspartei (BVP) –, die Reichsregierung betreibe eine »systematische Aushungerungspolitik«.[12] Bereits der moralische Duktus zeigt, dass es um mehr ging als um Geld – der eigentliche Resonanzraum des bayerischen Finanzföderalismus war die Verteufelung der Revolution von 1918 und ihrer Konsequenzen.

Eingebettet war diese Argumentation in einen stark katholisch grundierten Strang der zeitgenössischen Kulturkritik, dessen Vertreter den vermeintlichen Verfallstendenzen der Moderne ein harmonisches, »organisches« Gesellschaftsmodell entgegenstellten.[13] Mithin bot die Reichsfinanzreform auch ein symbolisches Angriffsziel als Teil einer umfassenderen »Gegenbewegung zur Weimarer Verfassung«[14] von München aus: Der bayerische Finanzföderalismus richtete sich gegen die Demokratie, gegen liberale Gesellschaftsauffassungen, den expansiven Sozialstaat, überhaupt gegen alles, was politisch »links« von der »Ordnungszelle Bayern« stand.[15] Grundiert war diese Stoßrichtung von einem deutlichen Antise-

---

10 So formulierte der Gesandte Bayerns in Berlin, Konrad von Preger, im März 1920, zitiert nach: Menges, Reichsreform und Finanzpolitik, S. 245.

11 Bayerisches Hauptstaatsarchiv München (BayHStA), MA 103253, Denkschrift der Bayerischen Staatsregierung über die fortschreitende Aushöhlung der Eigenstaatlichkeit der Länder unter der Weimarer Verfassung, Januar 1926, S. 9 f.

12 Ausführlich referiert bei Otto Altendorfer, Fritz Schäffer als Politiker der Bayerischen Volkspartei. 1888–1945, München 1993, S. 385–389.

13 Ihr Wortführer war der in Köln lehrende Sozialwissenschaftler Benedikt Schmittmann, dessen Ehefrau weitläufig mit der damaligen Gattin von Oberbürgermeister Konrad Adenauer verwandt war. Vgl. Peter Heil, Föderalismus als Weltanschauung. Zur Geschichte eines gesellschaftlichen Ordnungsmodells zwischen Weimar und Bonn, in: Geschichte im Westen 9 (1994), S. 165–182.

14 Anke John, Der Weimarer Bundesstaat. Perspektiven einer föderalen Ordnung (1918–1933), Köln 2012, S. 333.

15 Zur »Ordnungszelle Bayern« vgl. grundlegend Hans Fenske, Konservatismus und Rechtsradikalismus in Bayern nach 1918, Bad Homburg v. d. H. 1969; seither vor allem Hans Hinterberger, Unpolitische Politiker? Die bayerischen »Beamtenministerpräsidenten« 1920–1924 und ihre Mitverantwortung am Hitlerputsch, phil. Diss. Regensburg 2016; Martina Steber, Gustav von Kahr, Christian Frank und die Abgründe des Heimatschutzes, in: Peter Keller/Stefan Dieter (Hrsg.), Kaufbeuren unterm Hakenkreuz, Bd. 2, Thalkofen 2019, S. 144–169, insbes. S. 165–168.

mitismus.[16] In einem Buch über die Ziele der BVP, das ein Beamter des Finanzministeriums und BVP-Geschäftsführer für den Bezirk Oberbayern 1920 als »Pri-
vatarbeit« veröffentlichte, tritt diese Verbindung klar hervor: Der Autor Richard
Ringelmann vertrat darin alle revisionistischen Forderungen des bayerischen Finanzföderalismus, beklagte die »Herabwürdigung Bayerns zur Reichsprovinz«
und führte die »Unterjochung der deutschen Stämme« auf eine unheilige Allianz
kommunistischer Abenteurer mit dem »kapitalistischen Judentum« zurück, die
die »Soldateska und das Lumpenproletariat« der »Berliner Straße« hinter sich ver-
sammelt hätten.[17]

Wenn zu Beginn der 1920er Jahre aus München jemand »mehr Föderalismus«
verlangte, so schwang darin ein abschätziges bis ablehnendes Urteil über die parlamentarische Demokratie mit. Dies änderte sich, nachdem Heinrich Held von der
BVP 1924 Ministerpräsident geworden war.[18] Doch auch der neue Kabinettschef
war davon überzeugt, dass sich die Zentralisierungsbestrebungen der Reichsregierung grundsätzlich und unabhängig von der jeweiligen Regierungszusammenset-
zung gegen Bayern richteten.[19] Held agierte nach demokratischen Spielregeln und
stellte sich auf den Boden der geltenden Verfassung.[20] Doch er hielt an den Revisionsforderungen seiner Amtsvorgänger fest und verband sie mit nationalistischen
Parolen: Niemals, so erklärte er 1928 in einem Interview über die vermeintliche
finanzielle Strangulierung Bayerns durch das Reich, werde Bayern zugeben, »ver-
preußt« zu werden.[21] In den letzten Monaten der Weimarer Republik kombinier-
ten die auf eine Revision der Reichsverfassung und des Finanzsystems abzielenden
Eingaben Bayerns an die Reichsregierung Angriffe gegen den Berliner Zentralismus mit Systemkritik am vermeintlich überspitzten Parlamentarismus.[22]

Die antipreußischen Spitzen und die Selbstviktimisierung verweisen auf eine
ideologische Funktion des bayerischen Finanzföderalismus. Dieser gab der BVP

---

16 Vgl. Michael Brenner, Der lange Schatten der Revolution. Juden und Antisemiten in Hitlers
   München 1918 bis 1923, Berlin 2019.
17 Richard Ringelmann, Die Bayerische Volkspartei. Ein Handbuch für die Wählerschaft,
   München 1920, Zitate S. 3, 23 und 37; zu den finanzpolitischen Forderungen vgl. außerdem
   S. 199–207.
18 Vgl. John, Bundesstaat, S. 332–347.
19 Vgl. Walter Ziegler, Einleitung, in: Walter Ziegler (Hrsg.), Das Kabinett Held IV. Mai 1932 –
   März 1933, München 2010, S. 1*–71*, hier S. 22*.
20 Vgl. Barbara Pöhlmann, Heinrich Held als Bayerischer Ministerpräsident (1924–1933). Eine
   Studie zu 9 Jahren bayerischer Staatspolitik, München 1996; Winfried Becker, Heinrich Held
   (1868–1938). Aufstieg und Sturz des bayerischen Parlamentariers und Ministerpräsidenten, in:
   Zeitschrift für bayerische Landesgeschichte 72 (2009), S. 807–891.
21 BA, R 2/19880, Interview des bayerischen Ministerpräsidenten Herrn Dr. Held durch den
   Korrespondenten der Chicago Daily News, Edgar Ansel Mowrer, in der Ausgabe vom 5. Februar 1929, S. 2 f.
22 BayHStA, MA 103253, Stellungnahme und Forderungen Bayerns zur Verfassungs- und
   Reichsreform, 20.8.1932, S. 2.

ein verfassungsrechtliches Fundament als »Staatspartei«, die das »Bayerische« vertrat, nachdem die Monarchie diese Funktion nicht mehr wahrnehmen konnte.[23] In den innerparteilichen Spannungen der BVP war Schimpfen auf Berlin ein Mittel der Integration, um separatistische Strömungen einzuhegen. Bereits die Regierungen der frühen 1920er Jahre hatten die föderalistische Keule hervorgeholt, um ihre prekäre Machtbasis nach innen zu festigen.[24] Außerdem erfüllte der Klageton eine taktische Funktion, indem er finanzielle Forderungen legitimierte. Der Finanzausgleich zwischen dem Reich und den Ländern wurde immer wieder neu verhandelt; auf dieser Bühne bauten bayerische Finanzpolitiker ein Horrorszenario auf, um Verbündete im finanziellen Verteilungskampf zu gewinnen. Bis 1930 fuhr Bayern indessen finanziell gar nicht schlecht.[25]

Eine ganze Reihe der Schlüsselfiguren, die nach 1945 für Bayern die Föderalismus-Fahne hochhielten, waren in diese Auseinandersetzungen hineinsozialisiert worden beziehungsweise sogar direkt an ihnen beteiligt gewesen. An erster Stelle gilt das für Fritz Schäffer, BVP-Vorsitzender seit 1929 und bayerischer Finanzminister zwischen 1930 und 1933.[26] Er legte als provisorischer Regierungschef sowie Finanzminister zwischen Mai und September 1945 die Grundlagen für die finanzpolitische Resouveränisierung Bayerns. Aus der Ministerialbürokratie ist der spätere Ministerpräsident Hans Ehard zu nennen, dessen persönliches Vorbild Heinrich Held war.[27] Er vertrat als zweiter Staatsanwalt 1923 und 1924 die Anklage im Hochverratsprozess gegen Adolf Hitler; im bayerischen Justizministerium stieg er bis zum Ministerialrat auf. Ebenfalls Leitungspositionen im Ministerialdienst erreichten der spätere Finanzminister Hans Kraus und Richard Ringelmann. Letzterer profilierte sich als einer der fähigsten Referatsleiter des Finanzministeriums, während Kraus nach langjähriger Tätigkeit unter anderem als persönlicher Referent von Finanzminister Wilhelm Krausneck (BVP) Leiter

23 Vgl. Klaus Schönhoven, Die Bayerische Volkspartei 1924–1932, Düsseldorf 1972.

24 Vgl. Thomas Lange, Bayern im Ausnahmezustand, 1919–1923, Zur politischen Funktion des bayerischen Ausnahmerechts in den ersten Jahren der Weimarer Republik, München 1989, S. 164; Hinterberger, Unpolitische Politiker, S. 355.

25 Vgl. zeitgenössisch Arndt Jessen, Bayerns Saldo beim Reichsfinanzausgleich. Tatsachen und Zahlen, Berlin 1931; außerdem Hans Thierauf, Der Finanzausgleich in der Weimarer Republik, Würzburg 1961; Michael A. Kanther, Reichsreform und Staatsfinanzen. Zu den Hintergründen der Reichsreformdiskussion von 1918–1935, in: Volker Ackermann/Bernd-A. Rusinek/Falk Wiesemann (Hrsg.), Anknüpfungen. Kulturgeschichte – Landesgeschichte – Zeitgeschichte. Gedenkschrift für Peter Hüttenberger, Essen 1995, S. 184–200; John, Bundesstaat, S. 185 f.

26 Vgl. die umfangreichen Biografien von Altendorfer, Schäffer; sowie von Christoph Henzler, Fritz Schäffer 1945–1967. Der erste bayerischen Nachkriegs-Ministerpräsidenten und Finanzminister der Bundesrepublik Deutschland, München 1994.

27 Vgl. Karl-Ulrich Gelberg, Hans Ehard. Die föderalistische Politik des bayerischen Ministerpräsidenten 1946–1954, Düsseldorf 1992, S. 9–20.

der Bayerischen Rechnungskammer wurde.[28] Von den hauptamtlichen Mitarbeitern der ehemaligen BVP gehören der Generalsekretär Anton Pfeiffer und sein Mitarbeiter Karl Schwend, der als Hauptschriftleiter das Parteiorgan »Bayerische Volkspartei-Correspondenz« verantwortete, zu dieser Gruppe.[29] Sie zählten ebenso wie Schäffer zum rechten Flügel der BVP. Nach 1945 setzten sie in der bayerischen Staatskanzlei zielstrebig eine Politik der Eigenstaatlichkeit ins Werk. Diese Männer befanden sich – mit Ausnahme von Hans Kraus, der ein wenig älter war als die anderen, in der zweiten Hälfte der 1880er Jahre Geborenen – zu Beginn der Weimarer Republik in einem frühen Stadium ihrer beruflichen Karrieren. Die Niederlage des Deutschen Reichs, den Untergang der Monarchie und die Revolution in Bayern sowie die blutige Niederschlagung der Räterepublik erlebten sie als historischen Absturz und tiefe persönliche Erschütterung. Aktiven Kriegsdienst leisteten nur Schwend und Schäffer; beide wurden nach zwei Jahren wegen körperlicher (Schäffer) und psychischer (Schwend) Beeinträchtigungen aus dem aktiven Frontdienst entlassen.[30] Sie alle verband jahrelange persönliche Bekanntschaft, zum Teil Freundschaft; sie waren ausnahmslos katholisch und zum Teil in denselben Studentenverbindungen inkorporiert; sie gehörten zu den BVP-Mitgliedern der ersten Stunde und stiegen während der Weimarer Republik entweder in Leitungsämter im Staatsdienst oder in politische Führungsfunktionen auf. Diese Positionen mussten einige von ihnen räumen, als das NS-Regime im Sommer 1933 dem politischen Katholizismus seine wichtigste Organisationsbasis nahm: Schwend und Pfeiffer verloren durch die erzwungene Selbstauflösung der BVP die Grundlage ihrer Tätigkeit, Schäffer wurde in den vorzeitigen Ruhestand geschickt. Ehard verließ das Reichsjustizministerium und wechselte ans Oberlandesgericht München, wo er bis 1945 loyal als Richter für den NS-Staat arbeitete.[31] Kraus und Ringelmann konnten mehr oder weniger unbehelligt ihre Tätigkeit fortsetzen, Ringelmann stieg sogar zum Abteilungsleiter im Finanzministerium auf. Schwend und Ringelmann traten 1939 bzw. 1940 in die NSDAP ein, um sich vor beruflichen Nachteilen zu schüt-

28 Vgl. die Kurzbiografien in Jaromír Balcar/Thomas Schlemmer (Hrsg.), An der Spitze der CSU. Die Führungsgremien der Christlich-Sozialen Union 1946 bis 1955, München 2007, S. 606 und 617.

29 Vgl. Christiane Reuter, »Graue Eminenz der bayerischen Politik«. Eine politische Biographie Anton Pfeiffers (1888–1957), München 1987. Schwends Einfluss und Rolle in der BVP ging weit über seine hauptamtliche Funktion hinaus; vgl. Alexander Wegmaier/Karl Schwend/ Ernst Deuerlein, Steuermänner im Schatten Hans Ehards, in: Zeitschrift für Bayerische Landesgeschichte 76 (2013), S. 563–602, insbes. S. 570–572.

30 Vgl. Altendorfer, Schäffer, S. 28–40; Wegmaier, Steuermänner, S. 566.

31 Vgl. Gelberg, Ehard, S. 27–32, der Ehards Distanz zum Nationalsozialismus als Widerpart zu seiner Loyalität dem Staat gegenüber herausstreicht. Diese analytische Trennung lässt sich im Licht der neueren Forschung nicht aufrechterhalten.

zen. Diese Konzession verbaute Ringelmann im Februar 1950 den Weg an die Spitze des Finanzministeriums.[32]

Die Fundamente des bayerischen Finanzföderalismus liegen also in Erfahrungen während der Weimarer Republik. Seine Umdeutung als Gütesiegel der Demokratie erhielt er jedoch durch die Auseinandersetzung mit der NS-Diktatur.

2. Finis Bavariae? Bayerische Staatlichkeit während der NS-Diktatur

Als der Bayerische Landtag im Januar 1871 den Beitritt zum Deutschen Reich beschloss, bemühte Ludwig von der Pfordten, ehemaliger leitender Minister und gescheiterter Verfechter eines eigenständigen Königreichs, in seinem Tagebuch eine blutige historische Reminiszenz: »Vor 78 Jahren haben die Franzosen ihren König ermordet, heute haben die Abgeordneten Bayerns ihren König und ihr Land unter die preußische Militärherrschaft mediatisiert. Finis bavariae!«[33] Etwas mehr als sechzig Jahre später schien diese düstere Prophezeiung in Erfüllung zu gehen. Das Zweite Gleichschaltungsgesetz vom 30. Januar 1934 unterstellte die Landesregierungen der Dienstaufsicht des Reichsinnenministeriums. Sie verloren ganze Verwaltungszweige (Justiz, Polizeiwesen); ihre Haushalte mussten vom Reichsfinanzministerium genehmigt werden. Triumphierend konstatierte der Fachreferent des Reichsinnenministeriums für Verfassungsfragen: »Der Föderalismus gehört der Vergangenheit an.«[34]

Vordergründig schien dieser zentralistische Schub den Prozess der Entstaatlichung Bayerns zum Abschluss zu bringen. Die Steuerreform von 1936 schlug die

---

32 Dass Ringelmann wegen seiner früheren NSDAP-Zugehörigkeit angreifbar war, war nicht der einzige Grund. Auch in der CSU-Fraktion gab es Vorbehalte gegen ihn, weil er nicht eng genug an die Partei angebunden sei und zu stark als Finanzfachmann auftrete. Vgl. Sitzung des geschäftsführenden Landesvorstands der Christlich-Sozialen Union am 4. Februar 1950 in München, in: Blacar/Schlemmer (Hrsg.), An der Spitze der CSU, S. 240–247, hier S. 241 f.; außerdem Archiv für christlich-soziale Politik (ACSP), LTF 19500207:1, Protokoll über die Sitzung der CSU-Landtagsfraktion am 7. Februar 1950 im Maximilianeum, 7.3.1950.

33 Tagebucheintrag Ludwig von der Pfordten, 21.1.1871, zitiert nach Eugen Franz, Ludwig von der Pfordten, München 1938, S. 406 f. (der Band des Originaltagebuchs aus dem Nachlass von der Pfordtens ist laut Auskunft des Bayerischen Hauptstaatsarchivs verschollen; Franz wertete es für seine Biografie von der Pfordtens ausführlich aus). Vgl. zum Kontext Wolf D. Gruner, Die süddeutschen Staaten, das Ende des Deutschen Bundes und der steinige Weg in das deutsche Kaiserreich (1864–1871), in: Winfried Heinemann/Lothar Höbelt/Ulrich Lappenküper (Hrsg.), Der preußisch-österreichische Krieg 1866, Paderborn 2018, S. 241–301.

34 Franz Albrecht Medicus, Der Neuaufbau des Reichs, in: Archiv des Öffentlichen Rechts N. F. 25 (1934), S. 64–82, hier S. 70.

einträglichsten der verbleibenden Landessteuern dem Reich zu; 1943 fiel die letzte Landessteuer. Der Länderanteil an den Gesamtsteuereinnahmen sank zwischen 1933/34 und 1942/43 von knapp 22 auf 4,8 Prozent. Hatte das Reich zu Beginn dieser Zeitspanne erst knapp die Hälfte der Steuereinkünfte beansprucht, so vereinnahmte es im Rechnungsjahr 1942/43 vier Fünftel der Finanzmasse für sich.[35] Am Ende des Krieges bestanden die Einnahmen des Landes nur noch aus Reichsüberweisungen.[36] Alle finanzwirksamen Hebel auf der Einnahmen- und Ausgabenseite der Länder zog das Reichsfinanzministerium an sich, um das Finanzgebaren der Gebietskörperschaften nach den Interessen des Reiches ausrichten zu können. Das Ergebnis war die Vernichtung der Finanzautonomie der Länder.[37]

Eine Landesregierung gab es in Bayern seit 1942 ebenfalls nicht mehr. Nach dem Tod von Ministerpräsident Ludwig Siebert und Innenminister Adolf Wagner waren alle noch verbliebenen Ministerien unter der Führung von Gauleiter Paul Giesler zu einer Zentralbehörde verschmolzen worden. Sie hatte nicht nur zahlreiche Kompetenzen eingebüßt, sondern auch Personalsubstanz. Bereits Anfang 1934 hatte das Reichsfinanzministerium die Stellenpläne beschnitten und Beförderungssperren verhängt.[38] Ministerialräte etwa waren für die Zukunft gar nicht mehr vorgesehen.[39] Dennoch stieg die Personalausstattung der bayerischen Landesbehörden zunächst an,[40] bevor der »totale Kriegseinsatz« den Großteil der irgendwie entbehrlichen und wehrfähigen Männer aus den Ministerialverwaltungen herauszog.

Diese Entwicklung war aus Sicht der ehemaligen BVP-Politiker eine Fortsetzung der »Aushöhlungspolitik« der 1920er Jahre mit den brutalen Mitteln einer Diktatur, die jegliches staatliches Eigenleben vernichtete. Für die Finanzpolitik der Präsidialkabinette seit der Regierung von Heinrich Brüning besaß dieses Argument einen substanziellen Kern, weil die Entmachtung der Länder konzeptionell und operativ in hohem Maße auf Pläne zurückging, die Johannes Popitz

---

35 Vgl. Ullmann, Der deutsche Steuerstaat, S. 156; Ralf Banken, Hitlers Steuerstaat. Die Steuerpolitik im Dritten Reich, Berlin/Boston 2018, S. 474.

36 Wie verhasst dieses System den bayerischen Finanzexperten war, zeigt eine Formulierung Ringelmanns aus einem Vortrag von 1953: Das für die Finanzzuteilungen an die Länder zuständige Reichsausgleichsamt sei 1944 von einer »wohltätigen Bombe« zunichtegemacht worden. Vgl. ACSP, NL Franz Elsen 4.2.3, Richard Ringelmann: Finanzausgleich Bund – Länder. Vortrag im Wirtschaftsbeirat der Union, Manuskript, o. D. [1953], S. 4.

37 Vgl. Banken, Hitlers Steuerstaat, S. 459–463 und 483 f.

38 BayHStA, MF 69352, Lutz Graf Schwerin von Krosigk und Wilhelm Frick an die Landesregierungen, 8.2.1934.

39 §13 der Reichsgrundsätze über Einstellung, Anstellung und Beförderung der Reichs- und Landesbeamten vom 14. Oktober 1936 schrieb vor, Landesbeamte nur noch in Ausnahmefällen zu Ministerialräten zu befördern; RGBl. 1936 I, S. 893–899, hier S. 895.

40 Vgl. BayHStA, MF 69787, Ludwig Siebert an Lutz Graf Schwerin von Krosigk, 6.1.1939.

bereits 1931 vorgelegt hatte.[41] Allerdings konstruierten die bayerischen Staatsbe-amten eine fortdauernde Auseinandersetzung, in der es nur vordergründig um Finanzen ging. Diese erschienen als Mittel zum Zweck, um Bayern als Staat aus-zulöschen. Der Leiter der bayerischen Staatskanzlei Anton Pfeiffer brachte diese Sichtweise im Februar 1946 auf den Punkt: »Beim Zusammenbruch der natio-nalsozialistischen Herrschaft Ende April 1945 war Bayern kein staatsrechtlicher Begriff mehr, sondern nur noch ein Traditionsname für ein Gebiet, das im na-tionalsozialistischen Einheitsstaat in sechs Gaue gegliedert war.«[42] Die Perspek-tive blieb also dieselbe: Das tapfere Bayern kämpfte gegen einen übermächtigen Feind, der ihm nach dem Leben trachtete. Das Reich, die Preußen und die Nazis waren dabei austauschbare Erscheinungsformen, in denen sich ein und dasselbe Übel manifestierte.[43]

Die ältere Forschung ist der Meinung gefolgt, dass die Länder die Unterlege-nen in einem Zweifrontenkampf gegen »Reichszentralismus und Parteipartiku-larismus« gewesen seien.[44] Schaut man stärker auf den Verwaltungsalltag als auf die Verfassungsnormen, dann kann gar kein Zweifel bestehen, dass die bayerische Staatlichkeit zwischen 1933 und 1945 fortexistierte.[45] Sicherlich setzte sich ein Schrumpfungs- und Integrationsprozess fort, der bereits in der Weltwirtschafts-

---

41 Vgl. Middendorf, Macht der Ausnahme, S. 458 f. und 484 f.

42 Anton Pfeiffer, Denkschrift »Zum staatsrechtlichen Charakter der bayerischen Regierung«, Februar 1946, zitiert nach: Karl-Ulrich Gelberg, Einleitung, in: Historische Kommission bei der Bayerischen Akademie der Wissenschaften (Hrsg.), Das Kabinett Schäffer. 28. Mai bis 28. September 1945, München 1995, S. 11–129, hier S. 17.

43 Vgl. für weitere Beispiele dieser Gleichsetzung Edgar Wolfrum, Geschichtspolitik in Bay-ern. Traditionsvermittlung, Vergangenheitsbearbeitung und populäres Geschichtsbewußt-sein nach 1945, in: Thomas Schlemmer/Hans Woller (Hrsg.), Bayern im Bund, Bd. 3: Politik und Kultur im föderativen Staat 1949 bis 1973, München 2004, S. 349–409, hier S. 353–355; Andreas Kossert, Kalte Heimat. Die Geschichte der deutschen Vertriebenen nach 1945, Mün-chen 2008, S. 73; John Zimmermann, »Seit jeher Träger des Militarismus und der Reaktion in Deutschland«. Das Bild von Preußen nach dem Zweiten Weltkrieg, in: Thomas Biskup/Truc Vu Minh/Jürgen Luh (Hrsg.), Preußendämmerung: Die Abdankung der Hohenzollern und das Ende Preußens, Heidelberg 2019, S. 107–125, hier S. 114.

44 Martin Broszat, Reichszentralismus und Parteipartikularismus. Bayern nach dem Neuauf-bau-Gesetz vom 30. Januar 1934, in: Ursula Büttner (Hrsg.), Das Unrechts-Regime. Interna-tionale Forschung über den Nationalsozialismus. Festschrift für Werner Jochmann zum 65. Geburtstag, Bd. 1, Hamburg 1986, S. 178–202, zusammenfassend Michael Ruck, Zentralis-mus und Regionalgewalten im Herrschaftsgefüge des NS-Staates, in: Horst Möller/Andreas Wirsching/Walter Ziegler (Hrsg.), Nationalsozialismus in der Region. Beiträge zur regiona-len und lokalen Forschung und zum internationalen Vergleich, München 1996, S. 99–122. So argumentierte auch noch Jeremy Noakes, Federalism in the Nazi State, in: Maiken Umbach (Hrsg.), German Federalism. Past, Present, Future, Basingstoke/New York 2002, S. 113–145.

45 Vgl. Hermann Rumschöttel/Walter Ziegler (Hrsg.), Staat und Gaue in der NS-Zeit. Bayern 1933–1945, München 2004; Daniel Rittenauer, Das Amt des bayerischen Ministerpräsidenten in der NS-Zeit, München 2018.

krise unter Ministerpräsident Held begonnen hatte.[46] Die Zahl der Ministerien und der Grad ihrer behördlichen Eigenständigkeit nahmen ab: 1928 war der Regierungsapparat in acht Ministerien ausdifferenziert gewesen; drei davon fielen dem rigorosen Sparkurs zum Opfer, den die Regierung sich selbst auferlegt hatte. Die Verreichlichung der Justiz und der Polizei sowie die Verselbständigung der Landesforstverwaltung verminderten die Kompetenzen der Landesregierung zusätzlich. Dafür kamen neue Zuständigkeiten hinzu bzw. erweiterten sich substanziell. Das Finanzministerium übernahm beispielsweise die Verwertung der Vermögensgegenstände von als »Reichsfeinden« deklarierten Personen und Organisationen.[47] Die Länderverwaltungen wurden also nicht einfach zentralistisch entmachtet, sondern fügten sich in ein verändertes institutionelles Setting ein.[48] Ab 1936 gab es mit Ludwig Siebert und Adolf Wagner nur noch zwei Führungsfiguren, bis nach deren Tod Gauleiter und Ministerpräsident Paul Giesler ab 1942 sämtliche Leitungsfunktionen auf Partei- und Staatsebene nach dem Vorbild einer Reichsmittelinstanz in sich vereinte. Diese Entwicklung führte im Ergebnis zu einem Apparat, der staatliche Strukturen, Zweige der Gauverwaltung und Sonderinstanzen in einer »Symbiose« zusammenführte.[49]

Diese Entwicklung prägte auch das bayerische Finanzministerium.[50] Ab 1937 installierte Ministerpräsident und Finanzminister Ludwig Siebert einen ständigen Vertreter, der sowohl juristische Qualifikation und Verwaltungserfahrung als auch eine hervorragende Vernetzung in der NSDAP und der SS vorweisen konnte. Dadurch war er in der Lage, auf unterschiedlichen Ebenen erfolgreich zu agieren, Netzwerkvorteile auszunutzen und die Machtmittel sowie die Funktionsweise des ministerialen Verwaltungsapparats mit den Logiken und Ansprüchen von anderen NS-Organisationen zu synchronisieren. Die Funktion als »Schnitt-

---

46 So auch Paringer, Bayerische Verwaltungsgeschichte, S. 17.

47 Vgl. Josephine Ulbricht, Das Vermögen der »Reichsfeinde«. Staatliche Finanzverwaltung und Gegnerverfolgung im nationalsozialistischen Deutschland, Berlin/Boston 2022.

48 Vgl. Christiane Kuller, Die badischen und württembergischen Landesministerien und die administrative »Verreichlichung« im Nationalsozialismus, in: Wolfram Pyta u. a., Geschichte der Landesministerien in Baden und Württemberg in der Zeit des Nationalsozialismus. Zusammenfassung zentraler Forschungsergebnisse, Heidelberg 2017, S. 11–16.

49 So für Pommern Kyra T. Inachin, Der Gau Pommern – eine preußische Provinz als NS-Gau, in: Jürgen John/Horst Möller/Wolfgang Schaarschmidt (Hrsg.), Die NS-Gaue. Regionale Mittelinstanzen im zentralistischen »Führerstaat«, München 2007, S. 280–293, hier S. 292. Weitere Beispiele für solche Integrationstendenzen (gleichwohl in einer Interpretation, die deren Vergeblichkeit unterstreicht) nennt Dieter Rebentisch, Führerstaat und Verwaltung im Zweiten Weltkrieg. Verfassungsentwicklung und Verwaltungspolitik 1939–1945, Stuttgart 1989, S. 277–280.

50 Quellengestützte Forschungen über das bayerische Finanzministerium fehlen. In vielerlei Hinsicht korrekturbedürftig ist der Beitrag von Matthias Rösch, »Hammer oder Amboß?« Zur Rolle des Bayerischen Finanzministeriums 1933–1945. Strukturen, Entwicklungslinien, Fragestellungen, in: Rumschöttel/Ziegler (Hrsg.), Staat und Gaue, S. 217–243.

stellenmanager« übernahm zunächst Karl Schlumprecht, danach der Sohn des Ministerpräsidenten Friedrich Siebert.[51] Obwohl die Reichsministerien präzedenzlose Weisungsbefugnisse besaßen, spielte sich ein Kooperationsstil ein, der pragmatische Kompromisslösungen ermöglichte.[52] Seine Beförderungswünsche etwa brachte Siebert entgegen der restriktiven Personalpolitik des Reichsfinanzministeriums mit Hilfe von Einzelfallbegründungen häufig durch. Dies gilt etwa für Fritz Freudling, der im Liegenschaftsreferat unter anderem die enteigneten Grundstücke von »Reichsfeinden« veräußerte. Er genoss sowohl fachlich als auch politisch die volle Anerkennung seiner Vorgesetzten und wurde dank Sieberts intensiver Bemühungen 1939 zum Oberregierungsrat und noch 1943 sogar zum Ministerialrat ernannt.[53] Auf finanziellem Gebiet konnte das Münchner Finanzministerium ebenfalls einiges retten. Noch wenige Wochen vor Kriegsende gelang sogar ein Coup, der der vermeintlich unwiderstehlichen Zentralisierung zuwiderlief. Eine ganze Reihe von Behörden, die 1920 in die Hoheit der Reichsfinanzverwaltung übergegangen waren, aber im Auftrag der Landesregierung bayerische Aufgaben erledigten, wurden mitsamt dem dort beschäftigten Personal wieder in den staatlichen Verwaltungsapparat eingegliedert.[54]

Die Landesregierung war zwischen 1933 und 1945 auf dem absteigenden Ast, aber sie verfolgte auch im NS-Staat bayerische Interessen, und das keineswegs erfolglos. Genauso verhält es sich auch mit dem Finanzministerium: Formal war es

---

51 Vgl. Joachim Lilla: Karl Schlumprecht, in: ders.: Staatsminister, leitende Verwaltungsbeamte und (NS-)Funktionsträger in Bayern 1918 bis 1945, https://verwaltungshandbuch.bavarikon. de/Schlumprecht, Karl (letzter Abruf: 6.8.2022); ders., Friedrich Siebert, in: ebenda, https:// verwaltungshandbuch.bavarikon.de/Siebert, Friedrich (letzter Abruf: 6.8.2022). Zum Konzept der »Schnittstellenmanager« vgl. Wolfgang Seibel, Polykratische Integration: Nationalsozialistische Spitzenbeamte als Netzwerker in der deutschen Besatzungsverwaltung in Belgien 1940–1944, in: Sven Reichardt/Wolfgang Seibel (Hrsg.), Der prekäre Staat. Herrschen und Verwalten im Nationalsozialismus, Frankfurt a. M. 2011, S. 241–273, hier S. 243–245.

52 Dies betonte Ministerpräsident Ludwig Siebert in einem Rundschreiben an seine Mitarbeiter; BayHStA, StK 5682, Ludwig Siebert an die ihm unterstellten Ministerien, 9.12.1938.

53 Nach seiner Entnazifizierung konnte Freudling an seine Vorkriegskarriere anknüpfen. Im Juni 1948 kehrte er ins Finanzministerium zurück und stieg dort zum Leiter der Liegenschaftsabteilung auf. In dieser Funktion tat er unter umgekehrten politischen Vorzeichen genau dasselbe wie während der NS-Diktatur: Er verhandelte 1957/58 über den Verkauf von Grundstücken auf dem Obersalzberg, also bei Hitlers ehemaligem Zweitregierungssitz, an die Firma Steigenberger, nachdem die US-Armee das Gelände dem Freistaat wieder überlassen hatte. Vgl. zu den Einzelheiten der Beförderungen seine Personalakte BayHStA, MF 86357; zur »Steigenberger«-Affäre Ulrich Chaussy, Nachbar Hitler. Führerkult und Heimatzerstörung am Obersalzberg, 2. Aufl., Berlin 2001, S. 175 f.

54 BayHStA, MF 67378, Verordnung über die Neuordnung der Landesfinanzverwaltung vom 16.12.1944. Bevor die Verordnung offiziell publiziert war, zerstörte ein Luftangriff die Druckplatten, so dass sie vor dem Zusammenbruch des NS-Staates nicht mehr veröffentlicht wurde. Die Rebajuwarisierung der gesamten rechtsrheinischen Verwaltung auf bayerischem Gebiet im Juni 1945 machte den Rechtsakt dann obsolet.

nur noch eine Abteilung in einer Zentralbehörde. *De facto* überdauerte es auch die letzten Jahre des Krieges als eigenständige Institution. Der Kernbestand an Kompetenzen – insbesondere das Recht des öffentlichen Dienstes, also die Aufgaben als »Beamtenministerium« in Bayern –, die Organisationsstruktur und der Personalstamm blieben erhalten. Anders wäre das unerwartet rasche Comeback in der Besatzungszeit auch nicht zu erklären.

3. Wiedergeburt: Finanzföderalismus als demokratische Qualität

Bereits wenige Wochen nach der Befreiung Münchens ernannte die amerikanische Militärregierung den letzten bayerischen Finanzminister Fritz Schäffer zum provisorischen Ministerpräsidenten. Seine Amtszeit war kurz: Bereits Ende September entließen ihn die Amerikaner, weil der ehemalige BVP-Vorsitzende in ihren Augen die Entnazifizierung zu lax durchführte.[55] Doch Schäffer nutzte die kurze Zeitspanne für eine umfassende administrative Resouveränisierung. Bereits Mitte Juni 1945 unterwarf er auf einen Schlag sämtliche Reichsbehörden auf rechtsrheinischem Gebiet seinem Weisungsrecht. Alle Reichseinnahmen mussten auf bayerische Kassen eingezahlt werden; Auszahlungen durften nur mit seiner Genehmigung vorgenommen werden. Noch bevor das bayerische Finanzministerium wieder halbwegs arbeitsfähig war, unterstellte Schäffer ihm sämtliche Behörden des Reichsfiskus. Dadurch entstand eine rein bayerische, dreistufig aufgebaute Finanzverwaltung in Bayern: Dem Münchner Ministerium unterstanden als Mittelinstanz zwei Oberfinanzpräsidien in Nürnberg und München, in der Unterstufe kamen 128 Finanzämter und 18 Hauptzollämter hinzu.[56] Aus dem in München gelegenen Reichsfinanzhof wurde der »Oberste Finanzhof«, aus der für Bayern zuständigen Abteilung des Reichsrechnungshofs der »Oberste Rechnungshof in Bayern«.[57]

---

55 Vgl. Henzler, Schäffer, S. 140–158; Historische Kommission bei der Bayerischen Akademie der Wissenschaften (Hrsg.), Das Kabinett Schäffer. 28. Mai bis 28. September 1945, München 1995.

56 Vgl. Fitz Schäffer, Denkschrift über den Aufbau der bayerischen Landesverwaltung, 1.8.1945, in: Dokumente zur Geschichte von Staat und Gesellschaft in Bayern, Abteilung III, Bd. 9: Die Regierungen 1945–1962, bearb. von Fritz Baer, München 1976, S. 24–31.

57 Vgl. Heinrich List, Vom Reichsfinanzhof zum Bundesfinanzhof, in: Franz Klein (Hrsg.), Der Bundesfinanzhof und seine Rechtsprechung. Grundfragen – Grundlagen. Festschrift für Hugo von Wallis zum 75. Geburtstag am 12. April 1985, Bonn 1985, S. 35–43, hier S. 25 f.; Hans-Peter Ullmann, Kontrolle und Beratung. Der deutsche Rechnungshof im Wechsel der politischen Systeme des 20. Jahrhunderts, Göttingen 2021, S. 345 f.

Das Ausmaß dieser Bajuwarisierung ging deutlich über ein *roll back* der Reichsfinanzreform hinaus. Die Zuständigkeitsfülle und administrative Macht der provisorischen Landesregierung waren größer, als irgendeine bayerische Regierung sie jemals zuvor besessen hatte, zumal sie von keiner Kontrollinstanz wie Verwaltungsgerichten, einer freien Presse oder Parlamenten eingehegt war. Zwar übte die Militärregierung eine strenge Kontrolle aus und bestimmte die Finanzpolitik bis in die Details hinein. Doch das Potenzial dieser Resouveränisierung war gewaltig.

Der Griff nach den Kompetenzen war kein Akt pragmatischer Notwendigkeit. Er bettete sich ein in eine sehr früh entwickelte Strategie, den bayerischen Staat mit einem Maximum an Kompetenzen auszustatten, um die bayerische »Staatspersönlichkeit« hervorzukehren.[58] In dieser Phase des Neuaufbaus machte der Föderalismusbegriff eine Wandlung durch. Föderalismus wurde zum Leitbegriff, der die bayerische Eigenstaatlichkeit im Namen der Demokratie legitimierte. Seine neue Ausprägung erhielt der Föderalismusbegriff vor allem in zwei Resonanzräumen: in den Debatten über die künftige Bundesverfassung und in der Rechtfertigungsarena der Spruchkammerverfahren.

Führende Beamte des bayerischen Finanzministeriums, die sich vor den Spruchkammern wegen ihrer NSDAP-Zugehörigkeit verantworten mussten, stellten ihr Eintreten für die Interessen Bayerns als Widerstand gegen das zentralistische NS-Regime hin. Das waren mehr als Entlastungsbehauptungen, die Lutz Niethammer in seiner grundlegenden Studie über die Entnazifizierung in Bayern als stereotype und opportunistische Heuchelei verurteilt hat.[59] Prononciertes föderalistisches Engagement, Verwurzelung in der katholischen Kirche und Staatsdienst als lebensbestimmende Grundorientierung gerieten vor den Spruchkammern zu Elementen einer »biografischen Rückschau«, welche die Beamten mit ihrer »ganzen Persönlichkeit in Distanz zum Nationalsozialismus verortete«.[60] Das beste Beispiel dafür ist Richard Ringelmann. Er erzählte, dass er sich 1938 Versuchen widersetzt habe, Bayern auf finanziellem Wege »das Lebenslicht auszublasen«.[61] Dafür habe ihm Nürnbergs Oberbürgermeister Liebel sogar angedroht, ihn ins KZ werfen zu lassen. Um Bayern zu retten, habe er sich mit Reichsinnenminister Frick und dem Leiter des Hauptamts für Kommunalpolitik, dem

58 Vgl. Rick Tazelaar, Hüter des Freistaats. Das Führungspersonal der Bayerischen Staatskanzlei zwischen Nationalsozialismus und Nachkriegsdemokratie, Berlin/Boston 2023.

59 Vgl. Lutz Niethammer, Entnazifizierung in Bayern. Säuberung und Rehabilitierung unter amerikanischer Besatzung, Frankfurt a. M. 1972, S. 601–616.

60 Hanne Leßau, Entnazifizierungsgeschichten. Die Auseinandersetzung mit der eigenen NS-Vergangenheit in der frühen Nachkriegszeit, Göttingen 2020, S. 223.

61 Staatsarchiv München (StAM), Spruchkammerakten Oberbayern 1435, Entnazifizierungsverfahren Richard Ringelmann, Richard Ringelmann an den Minister für politische Befreiung, 14.4.1946.

Münchner Oberbürgermeister Karl Fiehler, angelegt. Ringelmann gab sogar vor, dass seine unerschrockene föderalistische Einstellung ihm Karrierenachteile eingebrockt hätte: 1934 habe ihn Staatssekretär Fritz Reinhard als Referatsleiter ins Reichsfinanzministerium holen wollen, doch dies habe Johannes Popitz verhindert, weil er ihn als Föderalisten gekannt habe.[62]

Ähnliche Geschichten erzählten andere ehemalige BVP-Angehörige: Sie alle behaupteten, tapfer gegen die zentralistischen Nazis für die Existenz des bayerischen Staates gestritten zu haben. Ihre »bayerische föderalistische Einstellung«[63] habe sie in »scharfen Gegensatz zu nationalsozialistischen Kreisen gebracht«, aus diesem Grunde hätten sie als »reaktionäre Schwarze und Anhänger der Systemzeit« gegolten.[64] Mit diesem Rechtfertigungsargument hatten sie Erfolg: Vor den Spruchkammern setzte sich der Topos fest, die NS-Diktatur mit Zentralismus gleichzusetzen. Vor dieser finsteren Folie setzte sich bayerische Interessenpolitik als Freiheitskampf ab. Dieses binäre Raster ist ein Schlüssel für die »Demokratisierung« der bayerischen Föderalismusideologie.

Ringelmann trug dieses Gegensatzpaar flugs in die Auseinandersetzungen um die künftige Finanzverfassung des Bundes hinein. Kaum entnazifiziert, schickte ihn Finanzminister Hans Kraus Ende 1947 nach Frankfurt und später nach Bonn, um dort gegen die zentralistischen Mächte zu kämpfen. Seit der Errichtung des Länderrats hatten insbesondere die bayerischen Vertreter dort die »Föderalismus-ist-gleich-Demokratie-Formel«[65] verfochten und in allen bizonalen

---

62 Ebenda. Tatsächlich stand eine Berufung Ringelmanns nach Berlin im Raum; BayHStA, MF 77620, Paul Hammer an Karl Neumaier, 20.4.1934. Hammer hatte seit 1928 als Gesandter die bayerischen Interessen im Reichsrat vertreten und war im Finanzministerium im Rang eines Ministerialdirektors etatisiert; zum 1. Juli 1934 trat er als Präsident an die Spitze der Bayerischen Staatsbank. Neumaier war der ranghöchste Beamte im bayerischen Finanzministerium, wo er die Position des Staatsrates bekleidete, die einem beamteten Staatssekretär entsprach.

63 Diese Formulierung verwendete Richard Ringelmann in einem »Persilschein« für den langjährigen Haushaltsreferenten Viktor Blum, der in seinen Rechtfertigungsschreiben dasselbe Argument vorbrachte. Die Spruchkammer übernahm diesen Topos in seine Entscheidung: StAM, Spruchkammerakten Oberbayern 379, Entnazifizierungsverfahren Viktor Blum, Bestätigung Richard Ringelmann, 26.6.1947; ebenda, Viktor Blum an die Spruchkammer München I, 20.6.1947; ebenda, Spruch der Spruchkammer München I, 11.7.1947.

64 Ebenda, Viktor Blum an die Spruchkammer München I, 20.6.1947. Tatsächlich galt das bayerische Finanzministerium zu Beginn der NS-Diktatur wegen der hohen Zahl vormaliger BVP-Mitglieder unter den Leitungsbeamten als »schwarz«, was die Willfährigkeit dieser Beamten in keiner Weise minderte. Auch andere Referenten schmückten sich in ihren Entnazifizierungsverfahren damit, in den Augen von NSDAP-Funktionären als »reaktionär« gegolten zu haben, beispielsweise der spätere Präsident der bayerischen Landeszentralbank Carl Wagenhöfer: StAM, Spruchkammerakten Oberbayern 1885, Entnazifizierungsverfahren Carl Wagenhöfer, Carl Wagenhöfer an das Bayerische Staatsministerium der Finanzen, 1.5.1946.

65 Marie Elise Foelz-Schroeter, Föderalistische Politik und nationale Repräsentation 1945–1947. Westdeutsche Länderregierungen, zonale Bürokratien und politische Parteien im Widerstreit, Stuttgart 1974, S. 148.

Einrichtungen Brutstätten zentralistischer Machtbestrebungen erblickt. Otto
Barbarino, der im Finanzministerium für die Verbindung mit sämtlichen über-
zonalen Einrichtungen zuständig war, sprach im Zusammenhang mit der Kom-
petenzerweiterung der bizonalen Behörden Anfang 1948 von einem »schwarzen
Tag für den Föderalismus«.[66] Ende 1946 war Barbarino widerstrebend für sechs
Monate als ständiger Vertreter für Bayern im gemeinsamen deutschen Finanzrat
nach Frankfurt am Main gegangen. Diesen Dienstort empfand er als feindliches
Terrain, auf dem zu wirken für einen bayerischen Finanzbeamten fast ehrenrührig
erschien. Im Rückblick bezeichnete er diese berufliche Station als »Seitensprung
nach Frankfurt«.[67] In der Mainmetropole und überall dort, wo über die Grundlagen eines künftigen (west)deutschen Staates diskutiert wurde, stellten die Vertreter des bayerischen Finanzministeriums genau dieselben Forderungen, die die
BVP und die bayerische Staatsregierung bereits in den 1920er Jahren erhoben
hatten: Die Steuern sollten so zwischen Bund und Ländern aufgeteilt werden,
dass die einträglichsten davon den Ländern zuflossen; die Länder sollten die Gesetzgebungskompetenz über die Landessteuern und die Finanzverwaltung erhalten. Zwar spielten die Finanzbeziehungen in einem künftigen deutschen Staat für
die Fachverwaltung der Bizone, den Gemeinsamen Deutschen Finanzrat, noch
eine untergeordnete Rolle.[68] Dennoch warfen sie ihre Schatten voraus. Bayern
wies jede Andeutung zurück, aus der sich ein Argument gegen die finanzielle
Autonomie der Länder hätte ableiten lassen. Im Juni 1947 suchten Vertreter der
Länder in der amerikanischen Besatzungszone nach gemeinsamen Positionen für
die künftige Finanzverfassung. Für Bayern nahmen Ministerpräsident Hoegner,
der Verfassungsreferent in der bayerischen Staatskanzlei Friedrich Glum sowie
Richard Ringelmann teil. Ringelmann forderte, zu den Finanzbeziehungen der
Kaiserzeit zurückzukehren: Das »Reich« müsse mit Zöllen, Verbrauchsteuern und
den Einnahmen von Eisenbahn und Post auskommen. Die direkten Steuern (also
auch die Einkommensteuer) sowie die komplette Steuergesetzgebung und -ver-
waltung gebührten den Ländern. Als sich dagegen Widerspruch erhob – Carlo
Schmid wandte ein, man könne die Biedermeierzeit nicht durch Mätzchen wiederherstellen, nachdem zwei Orkane die Verhältnisse vor 1914 hinweggefegt hätten –, platzte Hoegner der Kragen: Solange die bayerischen Berge stünden, werde
Bayern die Einkommensteuer für sich beanspruchen, ein abweichender Standpunkt werde auf Granit beißen.[69]

---

66 Otto Barbarino, Staatsform und politische Willensbildung, München 1949, S. 413.
67 Otto Barbarino, Ein Lebenslauf im 20. Jahrhundert, Landsberg am Lech 1997, S. 29.
68 Vgl. Eberhart Schweigert, Die Finanzverwaltung Westdeutschlands in der Zeit vom Ende des
   2. Weltkriegs bis zu ihrer Neuordnung durch das Grundgesetz, Bonn 1970.
69 Dritte Besprechung über Verfassungsfragen im Deutschen Büro für Friedensfragen in Ruit,
   14.6.1947, in: Bundesarchiv/Institut für Zeitgeschichte (Hrsg.), Akten zur Vorgeschichte der
   Bundesrepublik Deutschland 1945–1949, Bd. 2: Januar – Juni 1947, München 1989, S. 623–

Föderalisten unter sich: Anton Pfeiffer, Hans Nawiasky (Verfassungsjurist und Autor eines »Föderalistischen Manifests«) und Hans Kraus während einer Pause bei einer Sitzung des Länderrats in Stuttgart, 2. April 1946
Quelle: BayHStA, NL Hans Kraus 35

Bis ins Vokabular hinein griffen die Münchner Föderalisten auf Argumente zurück, die ein Vierteljahrhundert zuvor noch Munition im Kampf gegen Berlin und die Demokratie gewesen waren: Vor dem Haushaltsausschuss erklärte Finanzminister Kraus im November 1947, dass ein Zentralstaat unausweichlich sei, wenn der Bund die Einkommensteuer erhalte. Dieser werde die Finanzkraft der Länder »aushöhlen« und ein eigenstaatliches Leben unmöglich machen. Bayern dürfe nicht wieder den Weg gehen, den es 1919/20 bei der Erzberger'schen Fi-

625, hier S. 623f. Zum Friedensbüro vgl. Kock, Bayerns Weg, S. 256–260. Zu Hoegners und Nawiaskys Föderalismusverständnis vgl. Elke Seefried, Schweizer Exilerfahrungen in der Verfassungsgesetzgebung Bayerns 1946, in: Claus-Dieter Crohn/Martin Schumacher (Hrsg.), Exil und Neuordnung. Beiträge zur verfassungspolitischen Entwicklung in Deutschland nach 1945, Düsseldorf 2000, S. 113–141; Barbara Fait, Das föderalistische Manifest von Hans Nawiasky, in: Geschichte im Westen 6 (1991), S. 224–231. Carlo Schmid galt als Föderalist, ohne sich auf eine so klare Position wie Hoegner festzulegen; vgl. Petra Weber, Carlo Schmid 1896–1979. Eine Biographie, München 1996, S. 286f.

nanzreform gegangen sei, denn der habe dazu geführt, »daß Bayern in den letzten Jahren der Nazizeit nur noch von den Dotationen des Reiches gelebt hat«.[70]

Als Ringelmann im März 1948 von den Verhandlungen im Parlamentarischen Rat berichtete, zog er ebenfalls eine Parallele zur NS-Diktatur. Er habe in Bonn einen Verhandlungsstand vorgefunden, der sich kaum von der Lage im »Dritten Reich« unterschieden habe. Der gesamte Parlamentarische Rat sei dem eingefleischten Zentralisten Hermann Höpker-Aschoff »hörig« gewesen.[71] Höpker-Aschoff, den die FDP in den Parlamentarischen Rat entsandt hatte, gab der Finanzverfassung allerdings maßgeblich ihre Konturen.[72] Ringelmann vergaß nicht zu erwähnen, dass Höpker-Aschoff einstmals preußischer Finanzminister gewesen war – aus Münchner Sicht fielen Zentralismus, NS-Diktatur und Preußentum in eins.[73] Ringelmann und Kraus imaginierten die Auseinandersetzungen als Kampf zwischen Licht und Finsternis, in dem die Existenz Bayerns auf dem Spiel stand. Neu war, dass die Demokratie nun auf der Lichtseite erstrahlte. Im Haushaltsausschuss argumentierte Kraus, dass die Finanzhoheit letztlich das Budgetrecht des Landtags betreffe. Wenn der Bund die Steuerquellen und die Gesetzgebungshoheit bekomme, habe der Landtag nichts mehr mitzureden. Wolle man eine föderative Verfassung, dann müssten die Landesparlamente als die gewählten Volksvertretungen über die Finanzen bestimmen, sonst kehre man zu den »unseligen Weimarer Verhältnissen« zurück, also zum finanziellen Einheitsstaat, der Hitlers Krieg erst ermöglicht hätte.[74] Föderalismus wurde so zum Bollwerk gegen die Diktatur und zur Vorbedingung für eine Demokratie, während die Abwertungsfloskel »Einheitsstaat« alle davon abweichenden Konzepte mit dem Stigma der Diktatur verband.[75]

Nachdem das Grundgesetz verabschiedet worden war, setzte sich diese Rahmung fort. Immer, wenn es um die Neujustierung der Finanzen zwischen Bund und Ländern ging, sahen Münchner Landespolitiker die Demokratie in Gefahr

70 Archiv des Bayerischen Landtags (ABL), Protokoll des Ausschusses für den Staatshaushalt, 1. Wahlperiode, 37. Sitzung, 5.11.1947, S. 7 f.

71 ACSP, LTF 19490311:1, Protokoll über die Sitzung der CSU-Landtagsfraktion am 11. März 1949 im Maximilianeum, 17.3.1949, S. 50 f.

72 Vgl. Frank Spieker, Hermann Höpker Aschoff – Vater der Finanzverfassung, Berlin 2004; Michael F. Feldkamp, Der Parlamentarische Rat 1948–1949. Die Entstehung des Grundgesetzes, Göttingen 2019, S. 90–95.

73 Diese Gleichsetzung verwendeten Vertreter des Föderalismus als Weltanschauung auch außerhalb Bayerns; vgl. Karin Böke, Zwischen Föderalismus und Zentralismus. Leitvokabeln zum bundesstaatlichen Aufbau, in: dies./Liedtke/Wengeler, Politische Leitvokabeln in der Adenauer-Ära, S. 51–129, hier S. 86.

74 ABL, Protokoll des Ausschusses für den Staatshaushalt, 1. Wahlperiode, 73. Sitzung, 20.10.1948, S. 25.

75 Vgl. Böke, Zwischen Föderalismus und Zentralismus, S. 63.

und beschworen die Schreckgespenster von »Weimar« und des »Dritten Reichs«.[76] Ringelmann, seit 1950 Staatssekretär im Finanzministerium unter einem sozialdemokratischen Minister, sah in der Bundesfinanzverwaltung eine Wiedergängerin der alten Reichsfinanzverwaltung. Vor dem Wirtschaftsbeirat der Union warnte er 1952, man könne kein größeres Unglück begehen, als eine Bundesverwaltung nach der anderen zu schaffen, die Länder zu entwurzeln und die Grundsätze des föderalistischen Grundgesetzes mit Füßen zu treten: »Wenn man das tut, muß man sich darüber klar sein, wohin die Reise geht. Sie führt wiederum in einen zentralen Staat, in einen Staat mit zentraler Gewalt und zentraler Verwaltung, in dem die Länder nichts anderes sind als Selbstverwaltungskörperschaften.«[77] Noch Ende Juni 1954 warf er dem Bund bei einer gemeinsamen Sitzung der CSU-Landtagsfraktion mit den CSU-Bundestagsabgeordneten vor, die Länder »aussaugen« und »aushöhlen« zu wollen. Er sehe eine Entwicklung kommen, die ihn an die NS-Diktatur erinnere.[78] Wie stark Ringelmann der finanzföderalistischen Tradition verhaftet blieb, zeigt auch seine letzte Konzeption eines Gesetzes über die bayerische Finanzverwaltung. Es sollte die Zuständigkeiten zwischen Bund und Bayern klar trennen und sah Mittel- und Unterbehörden für die Aufgaben nach Landesrecht vor. Sie wollte Ringelmann wieder als »Rentämter« bezeichnen, wie die örtlichen Finanzbehörden in Bayern bis zur Reichsfinanzreform von 1920 geheißen hatten.[79]

Bei all den Kontinuitäten, die sich in diesen Auseinandersetzungen bis in die Begrifflichkeiten hinein zeigten, sollten zwei Neuerungen nicht übersehen werden. Zum einen verwandelten sich Kritiker des Grundgesetzes zu dessen Verteidigern. Bayern hatte das Grundgesetz bekanntlich abgelehnt, weil die neue Verfassung nicht den Ansprüchen genüge, die die CSU von ihrem föderalisti-

---

76 Auf finanzpolitischem Gebiet spielte »Weimar« als Drohkulisse nur in Bayern diese herausragende Rolle; vgl. Wolfgang Benz, Die Rolle Weimars in der Verfassungsdiskussion und im Parlamentarischen Rat, in: Christoph Gusy (Hrsg.), Weimars lange Schatten – »Weimar« als Argument nach 1945, Baden-Baden 2003, S. 199–214, insbes. S. 208–210; Sebastian Ullrich, Der Weimar-Komplex. Das Scheitern der ersten deutschen Demokratie und die politische Kultur der frühen Bundesrepublik 1945–1959, Göttingen 2009, S. 199–237.

77 ACSP, NL Franz Elsen 4.2.3, Richard Ringelmann: Probleme der Bundesfinanzverwaltung, in: Der Wirtschaftsbeirat, Sonderdruck, Nr. 1, Februar 1952, S. 5 und 11.

78 ACSP, LTF 19540630:1, Protokoll über die gemeinsame Sitzung der CSU-Landtagsfraktion und der CSU-Landesgruppe am 30. Juni 1954 im Maximilianeum, o. D., S. 2.

79 BayHStA, MF 69448, Entwurf eines Gesetzes über die bayerische Finanzverwaltung, o. D. [Dezember 1952]; BayHStA, MF Abgabe 2009, Gruppen O10-O50, Nr. 11, Richard Ringelmann an die Abteilungsleiter und Referenten, 7.5.1954. Noch Anfang 1955 kündigte das offizielle Verlautbarungsblatt der Staatsregierung die Errichtung von solchen »Rentämtern« an, mit deren Namen »wieder an eine altbewährte bayerische Tradition aus der Zeit vor Errichtung der Reichsfinanzverwaltung angeknüpft werden« solle. Zitiert nach ebenda, Karl Pfau (1. Bürgermeister von Immenstadt im Allgäu) an Friedrich Zietsch, 24.2.1955.

schen Standpunkt aus stellen müsse.[80] In den Verteilungskämpfen um die Steuererträge und Verwaltungskompetenzen beriefen sich die bayerischen Vertreter auf die Garantien des Grundgesetzes, um die Ansprüche des Freistaates zu legitimieren.[81] Dies lag daran, dass die Verfassungsentwicklung das 1949 in vielerlei Hinsicht noch ungeklärte Verhältnis zwischen Bund und Ländern zugunsten der Bundesebene nachjustierte. In dieser Phase einer »Unitarisierung des Bundesstaates«[82] verdichtete sich jedoch zugleich auch die Verflechtung der politischen Entscheidungsebenen. Im »kooperativen Föderalismus« mussten die Länder zwar Kompetenzen abgeben, aber zugleich wuchs ihr Einfluss auf Entscheidungen der Bundesebene.[83]

Diese Verflechtungstendenz erklärt auch die zweite Neuerung: In Bonn wurden glühende Föderalisten zu Verfechtern der Finanzinteressen des Bundes, denn deren Berücksichtigung war die Voraussetzung für Koppelungsgeschäfte, die unterm Strich mehr Geld in die Münchner Staatskassen spülten. Eine solche Erfahrung machten die CSU-Landespolitiker zuerst mit Fritz Schäffer, der sich vom »erzföderalistischen Saulus« zum »gemäßigt unitarischen Paulus« wandelte.[84] Auch während der zwischen 1966 und 1969 in Bonn regierenden Großen Koalition mit Franz Josef Strauß als Bundesfinanzminister überlagerten Ressort- und Regierungsinteressen die Parteiräson föderalistischer Grundsatztreue. Dies sorgte für Unverständnis und Ärger zwischen CSU-Parlamentariern, die je nach Mandat den Landes- oder Bundesinteressen näherstanden. Im April 1967 seufzte der unterfränkische CSU-Landtagsabgeordnete Friedrich Wilhelm in einer Fraktionssitzung, die Erfahrung zeige, dass der älteste Föderalist nicht gegen die Verlockung des Zentralismus gefeit sei, wenn er nach Bonn gehe.[85] Zu diesem Zeitpunkt hatte die Bundesregierung ihr Programm für eine Revision der Finanzverfassung gerade vorgelegt. Strauß selbst rückte dabei den traditionellen Finanzföderalismus in das Zwielicht der Rückständigkeit, indem er betonte, dass

---

80 ACSP, K 9/47, CSU-Broschüre »Unser Nein zu Bonn – unser Ja zu Deutschland«, München 1949, S. 4. Redigiert hatte die Schrift Franz Josef Strauß.

81 Vgl. beispielsweise Richard Jäger in ACSP, LTF 19540630:1, Protokoll über die gemeinsame Sitzung der CSU-Landtagsfraktion und der CSU-Landesgruppe am 30. Juni 1954 im Maximilianeum, o. D., S. 5.

82 Siegfried Weichlein, Föderalismus und Demokratie in der Bundesrepublik, Stuttgart 2019, S. 50.

83 Vgl. Benz, Föderale Demokratie, S. 226–234, sowie den Beitrag von Ariane Leendertz in diesem Band.

84 Konstanze Wolf, CSU und Bayernpartei. Ein besonderes Konkurrenzverhältnis 1948–1960, Köln 1982, S. 133.

85 ACSP, LTF 19670419:1, Protokoll über die Sitzung der CSU-Landtagsfraktion am 19. April 1967 im Maximilianeum, o. D., S. 5. Vgl. zum Verhältnis zwischen den »zwei Bayern« von CSU-Abgeordneten an der Isar und am Rhein am Beispiel der Finanzpolitik Weber, Föderalismus und Lobbyismus, S. 56–77.

»Probleme von überragender Bedeutung für die Zukunft mit den überkommenen Formen des Föderalismus nicht mehr befriedigend gelöst werden« könnten.[86] Mithin entstand die zweite für den Finanzföderalismus bedeutsame Reform der Nachkriegszeit genau wie jene von 1955 wesentlich unter der Federführung eines christsozialen Ministers, dem übergeordnete Ziele wichtiger waren als bayerische Identitätsansprüche.[87]

Nicht nur auf dieser Ebene löste sich die prononcierte bayerische Interessenpolitik von den Christsozialen als Markenzeichen ab. Mit Ausnahme der FDP konnten alle im Landtag vertretenen Parteien von der Bayernpartei bis zur SPD föderalistische Grundsatzstandpunkte aufgreifen und vertreten. Ministerpräsident Wilhelm Hoegner und Friedrich Zietsch, sozialdemokratischer Finanzminister in den Regierungen von Ministerpräsident Hans Ehard zwischen 1951 und 1954 sowie erneut unter Hoegner in der Viererkoalition bis 1957, spielten auf dieser Klaviatur nicht schlechter als ihre Kollegen von der CSU. Hoegner verkündete wenige Wochen nach seinem Amtsantritt in einem Artikel für die »Süddeutsche Zeitung«, es sei »schon immer bayerische Eigenart« gewesen, »sich gegen Zentralisierungsbestrebungen des Reiches zur Wehr zu setzen«. Nicht anders als Ringelmann und Kraus machte er die Reichsfinanzreform als Beginn eines Weges aus, der in die Tyrannei des nationalsozialistischen Einheitsstaats geführt habe. Die Bayern seien gute Deutsche, doch sie hätten es »satt, uns von oben herab behandeln zu lassen. [...] Vor allem aber wollen wir wieder unsere eigenen Herren im ›Gasthaus zum Bayerischen Löwen‹ sein.«[88] Zietsch vertrat die bayerischen Interessen mit ebensolcher Verve.[89] Als er bei seiner ersten Haushaltsrede im Bayerischen Landtag mehrfach die Finanzverteilung zwischen Bund und Ländern als ungerecht bezeichnete und auf der Einhaltung des »föderalistischen Prinzips« beharrte, spottete August Baumgartner von der Bayernpartei, dass Zietschs Parteifreunde im Bundestag ihn wegen einer derart »streng föderalistischen Rede« aus-

---

86 Franz Josef Strauß, Finanzreform – auf dem Weg zum modernen Bundesstaat, in: Robert Schwebler/Walter Föhrenbach (Hrsg.), Jahre der Wende. Festgabe für Alex Möller zum 65. Geburtstag, Karlsruhe 1968, S. 73–79, hier S. 74.

87 Vgl. Wolfgang Renzsch, Finanzverfassung und Finanzausgleich. Die Auseinandersetzung um ihre politische Gestaltung in der Bundesrepublik Deutschland zwischen Währungsreform und deutscher Vereinigung (1948 bis 1990), Bonn 1991, S. 209–279; Horst Möller, Franz Josef Strauß. Herrscher und Rebell, München 2015, S. 414–416, Peter Siebenmorgen, Franz Josef Strauß. Ein Leben im Übermaß, München 2015, S. 369–371; Ullmann, Steuerstaat, S. 194 f.

88 Wilhelm Hoegner, Föderalismus, Unitarismus oder Separatismus, in: Süddeutsche Zeitung, 13.11.1945, S. 1 f. Vgl. Karl-Ulrich Gelberg, Einleitung, in: Historische Kommission bei der Bayerischen Akademie der Wissenschaften (Hrsg.), Das Kabinett Hoegner I. 28. September 1945 bis 21. Dezember 1946, München 1997, S. XVII–CIX, hier S. LXXXV; Tazelaar, Hüter des Freistaats, S. 86–107.

89 Vgl. Stefan Grüner, Geplantes »Wirtschaftswunder«? Industrie- und Strukturpolitik in Bayern 1945 bis 1973, München 2009, S. 176–179.

lachen würden.[90] Der Finanzminister trat allen Zweifeln entgegen, dass er seine Worte nicht ernst meinte. Als Oppositionsführer Hanns Seidel ihm 1955 »Zweckföderalismus« unterstellte, widersprach er vehement: Wo es um die Verteidigung der »Lebensinteressen unseres Landes und seiner Bewohner« gehe, könne von Zweckmäßigkeitserwägungen keine Rede sein. Die Entscheidungen über die Finanzbeziehungen zwischen Bund und Ländern bezeichnete er als »schicksalhaft für uns«.[91] Der sozialdemokratische Ministerpräsident und der sozialdemokratische Finanzminister griffen zu denselben Argumenten und vertraten sie rhetorisch genauso dramatisch wie die christdemokratischen Finanzföderalisten.

4. Abschied von der Doktrin

Eine Doktrin ist gesetzt; sie ist Ausfluss von politischen Fundamentalüberzeugungen; sie ist unhintergehbar und ihre Gültigkeit unverhandelbar. Das besondere Kennzeichen des bayerischen Finanzföderalismus als »Staatsdoktrin« besteht darin, dass seine Verfechter vor allem verfassungspolitisch argumentierten: Demokratie brauche Föderalismus als Schutz vor zentralistischer Machtzusammenballung, die systematisch in totalitäre Katastrophen führe. In Fragen der Kompetenzverteilung und der Finanzausstattung der Länder argumentierten bayerische Landespolitiker stets mit dem bundesstaatlichen Charakter der Verfassung und leiteten ihre Ansprüche aus der bayerischen »Staatspersönlichkeit« ab. Föderalismus erschien so als Weg zum Ziel, die Souveränität des bayerischen Staatswesens zu schützen beziehungsweise gegen Gefahren des Zentralismus zu bewahren.

Ein Grundzug der finanzföderalistischen Einlassungen von den 1920er bis 1950er Jahren ist die Verteidigungshaltung. Aus ihr resultierte der empörte Tonfall eines »ewig gekränkten und beleidigten Föderalismus«.[92] Aus heutiger Sicht klingen die Beschwörungen bayerischer Föderalisten pathetisch. Doch dieses vermeintliche Pathos verweist auf den Ursprung dieser Argumente in der politischen Kultur der Weimarer Republik: Dabei ging es um alles, um Sein oder Nichtsein

---

90 Stenografische Berichte des Bayerischen Landtags, 2. Legislaturperiode, 37. Sitzung vom 5. September 1951, S. 95.

91 Stenografische Berichte des Bayerischen Landtags, 3. Legislaturperiode, 10. Sitzung vom 16. März 1955, S. 19.

92 Hans Ehard, Die europäische Lage und der deutsche Föderalismus. Ansprache auf der Tagung des Internationalen Instituts für Sozialwissenschaft und Politik in Regensburg, 3.4.1948, abgedruckt in: Dokumente zur Geschichte von Staat und Gesellschaft in Bayern, Bd. III/9, S. 547–559, hier S. 556. Ehard meinte dies nicht als kritische Zustandsbeschreibung des Föderalismus, sondern warnte mit dieser Formulierung vor einem Dauerzwist, sollte der zukünftige Bundesstaat nicht aus den Ländern hervorgehen.

des bayerischen Staatswesens. Thomas Mergel hat dies als »existenzielle Sprache«[93] bezeichnet. Seinen Charakter als »Staatsdoktrin« erhielt der Föderalismus, weil seine Verfechter ihn nicht allein für die politische Voraussetzung der Lebensfähigkeit Bayerns hielten, sondern daran auch unhintergehbare weltanschauliche Grundüberzeugungen knüpften, die ihre persönliche Haltung bestimmten.[94] Fixpunkt dieser Überlegungen war ein geradezu transzendentes Staats-»Wesen«, dem Männer wie Kraus, Ehard und Pfeiffer ganz selbstverständlich eine eigene »Persönlichkeit« zusprachen.[95] Zu diesem Staatswesen hatten sie eine emotionale Bindung, die Nicht-Bayern verschlossen blieb. Anton Pfeiffer übte aus diesem Grund Nachsicht mit seinen christdemokratischen Kollegen im Parlamentarischen Rat, wenn sie seine Position nur schwer nachvollziehen konnten: »Sie wissen gar nicht, wie wertvoll und köstlich es ist, wenn man einen Staat hat. Infolgedessen standen sie uns manchmal mit etwas leeren Augen gegenüber, wenn wir von Staatlichkeit usw. gesprochen haben.«[96]

All dies veränderte sich ab den späten 1950er Jahren: Statt verfassungspolitischer Grundsatzargumente traten fiskalische Effekte in den Vordergrund, wenn es um den Finanzausgleich zwischen Bund und Ländern ging. Der Streit drehte sich um Millionenbeträge für den Staatshaushalt, vermeintliche finstere Absichten, die bayerische Eigenstaatlichkeit zu beseitigen, traten mehr und mehr in den Hintergrund. Dieser Wandel hatte generationelle Gründe, vor allem jedoch spiegelte er Veränderungen im politischen Kräftefeld und in den ökonomischen Rahmenbedingungen des Freistaats wider.

Finanzwirtschaftlich konsolidierte die Nachkriegsprosperität den bayerischen Staatshaushalt, wenngleich langsamer und weniger stark als in anderen Bundesländern. Dennoch entwickelte Bayern sich unter den »Nehmerländern« im Finanzausgleich bereits in den 1950er Jahren zu einem der steuerstärkeren Länder.[97] Die Auseinandersetzungen um Steuermillionen und Verwaltungshoheit wurden daher nicht mehr vor dem Hintergrund eines finanziell nahezu ohnmächtigen Staates geführt. Die folgenreichste finanzpolitische Weichenstellung im ersten Jahrzehnt der Bundesrepublik war die Finanzreform von 1955.[98] Sie fiel in eine politische Konstellation, die finanzföderalistische Traditionalisten benachteiligte, denn in Bayern stand ein Sozialdemokrat an der Spitze des Finanz-

---

93 Thomas Mergel, Parlamentarische Kultur in der Weimarer Republik. Politische Kommunikation, symbolische Politik und Öffentlichkeit im Reichstag, Düsseldorf 2005, S. 213.

94 Vgl. Heil, Föderalismus als Weltanschauung.

95 Vgl. z. B. Anton Pfeiffer, Wie Bayern wieder ein Staat wurde, in: Bayerische Staatskanzlei (Hrsg.), Unser Bayern. Politik, Wirtschaft, Kultur, München 1950, S. 7–10, hier S. 9.

96 ACSP, LTF 19490311:1, Protokoll über die Sitzung der CSU-Landtagsfraktion am 11. März 1949 im Maximilianeum, 17.3.1949, S. 19.

97 Vgl. Grüner, Geplantes »Wirtschaftswunder«, S. 167–173.

98 Vgl. ausführlich dazu Renzsch, Finanzverfassung und Finanzausgleich, S. 130–169.

ministeriums, während ausgerechnet ein christsozialer Finanzminister in Bonn die Interessen des Bundes zu vertreten hatte. Seit 1954 war die CSU in Bayern in der Opposition, während die Bayernpartei an der Regierung beteiligt war. Die Spannungslinien verliefen also durch die Partei hindurch, in der die Finanzföderalisten beheimatet waren. Während in deren Logik die Bundesanteile an den direkten Steuern klein anzusetzen waren, profitierte Bayern als eines der steuerschwächeren Länder jedoch stärker vom umgekehrten Ansatz: Eine größere Finanzausgleichsmasse brachte mehr ein als ein höherer Anteil an der Einkommen- und Körperschaftssteuer.[99] Noch dazu standen sich mit der Landtagsfraktion und der Bonner Landesgruppe zwei parlamentarische Kraftzentren gegenüber, die unterschiedlichen Prioritäten folgten. Aus diesen Gründen gab es zwar reichlich föderalistisches Getöse,[100] doch im Ergebnis bedeutete die Reform aus Münchner Sicht vor allem einen »erheblichen finanziellen Gewinn«: Aus dem Finanzausgleich flossen 1955 102,2 Mio. DM, mehr als das Zweieinhalbfache der Zahlungen im Jahr vor der Reform, die 39,8 Mio. DM betragen hatten. Wichtiger noch: Der Anteil Bayerns am Gesamtvolumen des Finanzausgleichs stieg zwischen 1954 und 1958 von 15 auf knapp 20 Prozent.[101] So war es kein Wunder, dass wenige Jahre später Finanzminister Rudolf Eberhard (CSU) mit einem nachgerade klassischen Erfolgsslogan der Union den Finanzausgleich gegen mögliche Änderungen verteidigte: »Keine Experimente mit der Finanzverfassung«, mahnte Eberhard öffentlich.[102]

Politisch festigte sich die Herrschaft der CSU nach dem Ende der Vierkoalition im Jahr 1957. Die Bayernpartei war nach der Viererkoalition und der Spielbanken-Affäre auf dem absteigenden Ast, sodass die Konkurrenz um den Rang als energischste Interessenvertretung Bayerns entschieden war.[103] Nichts zeigte dies deutlicher als die krachende Niederlage der Partei bei der Bundestagswahl 1957, in der sie unter dem Label »Föderalistische Union« antrat. Die Partei, die

---

99 Vgl. Weichlein, Föderalismus und Demokratie, S. 74.

100 Beispiele dafür: ACSP, LTF 19540630:1, Protokoll über die gemeinsame Sitzung der CSU-Landtagsfraktion und der CSU-Landesgruppe am 30. Juni 1954 im Maximilianeum, o. D.; ACSP, NL Franz Elsen 7.3.4, Monatlicher Bericht des Bayerischen Staatsministeriums der Finanzen für Oktober 1954, 23.11.1954, S. 4.

101 Zitat und Zahlen: Petra Weber, Föderalismus und Lobbyismus. Die CSU-Landesgruppe zwischen Bundes- und Landespolitik 1949 bis 1969, in: Thomas Schlemmer/Hans Woller (Hrsg.), Bayern im Bund, Bd. 3: Politik und Kultur im föderativen Staat 1949 bis 1973, München 2004, S. 23–116, hier S. 70.

102 Rudolf Eberhard, Keine Experimente mit dem Finanzausgleich, in: Münchner Merkur, 13./14.5.1961, S. 5. Hintergrund waren Überlegungen von Bundesfinanzminister Etzel (CDU), den Kommunen als Teil eines »großen Steuerverbunds« einen Anteil an der Einkommensteuer zuzugestehen. Vgl. Renzsch, Finanzverfassung und Finanzausgleich, S. 211.

103 Vgl. zu der inhaltlichen Seite dieses Prozesses der »Aufreibung und Aussaugung« der Bayernpartei durch die CSU Wolf, CSU und Bayernpartei, S. 179–204, Zitat S. 179.

1949 noch elf Wahlkreise gewonnen hatte und dank eines Fünftels der Zweitstimmen in Bayern 17 Abgeordnete in den Bundestag hatte schicken können, verlor jeden Wahlkreis, in dem sie sich Chancen ausgerechnet hatte, an die CSU. Nur mehr 3,2 Prozent der Bayerinnen und Bayern machten ihr Kreuz bei der Föderalistischen Union.[104] Dieser Konkurrenz enthoben, konnten sich die bayerischen Ministerpräsidenten Hanns Seidel und mehr noch Alfons Goppel zum »Lordsiegelbewahrer für den Föderalismus«[105] aufschwingen, dabei zugleich jedoch eine pragmatischere und flexiblere Haltung in finanziellen Detailfragen einnehmen.

Generationell schließlich waren die alten BVP-Schlachtrösser abgetreten und hatten einer Kohorte anders sozialisierter Politiker Platz gemacht. Die tonangebenden föderalistischen Vorkämpfer des ersten Nachkriegsjahrzehnts waren in den späten 1880er Jahren zur Welt gekommen und bereits in der Weimarer Republik politisch aktiv geworden; ihr Koordinatensystem hatten sie zumeist im Staatsapparat erworben. Finanzminister Hans Kraus war seit über vier Jahrzehnten Finanzbeamter, bevor er 1947 an die Spitze des Finanzministeriums trat. Rudolf Eberhard, der 1957 mit 43 Jahren auf Zietsch als Finanzminister folgte, hatte ganz andere Erfahrungen gemacht:[106] Als die Reichsfinanzreform die Welt der Finanzföderalisten aus den BVP-Gründertagen auf den Kopf stellte, wurde Eberhard gerade eingeschult. Zum höheren Finanzbeamten fehlte ihm die Qualifikation, denn nach seinem ersten juristischen Staatsexamen und der Diplomprüfung war er zur Wehrmacht eingezogen worden. Nach dem Krieg wurde er rasch Landrat in Ebermannstadt und startete zugleich seine Karriere in der CSU. Politik lernte er ganz wesentlich als Parlamentarier kennen. Ab 1950 saß er im Landtag, ein halbes Jahr später wählte ihn der Haushaltsausschuss zu seinem Vorsitzenden. Gleichzeitig trat er in den Fraktionsvorstand ein und besetzte damit jahrelang zwei parlamentarische finanzpolitische Schlüsselpositionen, bevor er an die Spitze des Finanzministeriums trat. Er war noch kein halbes Jahr im Amt, als er seinem Nachfolger als Vorsitzender des Haushaltsausschusses eine Übersicht über die historische Entwicklung des Finanzausgleichs seit dem Kaiserreich schickte. Kein einziges Wort in der zwölfseitigen Denkschrift erinnerte an die moralischen Vorwürfe, das Reich habe die Länder beseitigen wollen. Das Dokument berief sich

---

104 Derselbe Trend zeigte sich auch bei den Landtags- und Kommunalwahlen; seit 1966 war sie nicht mehr im Bayerischen Landtag vertreten. Vgl. Ilse Unger, Die Bayernpartei. Geschichte und Struktur 1945–1957, Stuttgart 1979, S. 94–113 und 199 ff.; Bernhard Taubenberger, Licht übers Land. Die bayerische Viererkoalition 1954–1957, München 2002, S. 97 f.

105 Hans Kratzer/Wolfgang Wittl, Der Vater aller Reformen, in: Süddeutsche Zeitung, 20.12.2016, S. R13. Vgl. Claudia Friemberger, Alfons Goppel. Vom Kommunalpolitiker zum Bayerischen Ministerpräsidenten, München 2001, S. 214–219.

106 Vgl. das Kurzbiogramm bei Balcar/Schlemmer (Hrsg.), An der Spitze der CSU, S. 593.

ausgerechnet auf Höpker-Aschoff und Popitz. Deutlicher konnte der Bruch zur Föderalismus-Doktrin à la Kraus und Ringelmann kaum sein.[107]

5. Fazit: Föderalismus als Demokratisierungsgeschichte

Die Wendungen des bayerischen Finanzföderalismus lassen sich als Demokratisierungsgeschichte erzählen – und das nicht nur, wie es hier im Vordergrund steht, als Verwandlungsgeschichte.

Eine Spur dieser Demokratisierung führt in die Weimarer Republik zurück. Zwar richteten sich die Polemiken aus München gegen das Reich und auch gegen die parlamentarisch verfasste Demokratie. Doch schaut man auf die Formen und Orte dieser Auseinandersetzung, dann offenbart sich eine Art funktionale Demokratisierung. Geführt wurden die Auseinandersetzungen nämlich in den Parlamenten, im Reichsrat, vor dem Reichsgericht und über die öffentliche Meinung. Nicht dem Inhalt, aber doch der Form nach bejahte der bayerische Verfassungsrevisionismus der 1920er Jahre also die Spielregeln demokratischer Konfliktaustragung.

Die zweite Spur ist eine erfahrungsgeschichtlich-biografische. Föderalismus ermöglichte Beamten, die in den 1920er und 1930er Jahren weniger auf die Verfassungsordnung als auf den Staat orientiert waren, sich als Demokraten wahrzunehmen. Ihre Entnazifizierungsgeschichten von tapferem Widerstand gegen die zentralistische NS-Diktatur schufen eine Kontinuitätslinie. Sie brauchten sie nur fortzusetzen, um als föderalistische Amtsträger in der Demokratie anzukommen und dort Fuß zu fassen. Die Gleichsetzung von bayerischer Interessenpolitik mit Widerstand gegen die Diktatur war nicht nur Camouflage, sondern ein sinnstiftendes Element der biografischen Stabilisierung von Staatsdienern über die Systembrüche des 20. Jahrhunderts hinweg.

Die dritte Spur könnte man substanzielle Demokratisierung nennen; sie begann in den 1950er Jahren und prägte sich Anfang der 1960er Jahre voll aus. Im Zuge dieser Entwicklung nahmen die Fragen der Finanzverteilung immer stärker eine Funktion im demokratischen Wettbewerb um Wählerstimmen an. Das zeigte sich sehr deutlich in den Überkreuzungen der Interessen von Bundes- und Landespolitik auf Seiten der CSU, aber auch darin, dass die politischen Entscheidungsträger die Effekte von finanzpolitischen Verteilungsentscheidungen mehr und mehr in den Parametern von Wahlkampfchancen diskutierten. Die Frage

---

107 ACSP, NL Franz Elsen 6.5.4, Rudolf Eberhard an Franz Lippert, 31.3.1958, Anlage: Die geschichtliche Entwicklung des Finanzausgleichs.

»Was bedeutet das für die bayerische Eigenstaatlichkeit?« wurde abgelöst von der Frage »Was nutzt uns das bei der nächsten Landtags- und Bundestagswahl?«. In Bayern erhielt dieser Prozess durch die politische Konstellation innerhalb der Staatsregierung enormen Auftrieb. In der großen Koalition von CSU und SPD bildeten sich die Spannungen zwischen den Regierungspartnern, seit Januar 1951 stand das Finanzministerium unter der Leitung eines Sozialdemokraten, während die CSU den Staatssekretär und den Bundesfinanzminister stellte. Die Viererkoalition zwischen 1954 und 1957 verstärkte die Tendenz, finanzpolitische Positionierungen mit möglichen Vor- und Nachteilen im demokratischen Parteienwettbewerb zusammenzudenken. Aus einer traditionellen, etatistischen Position heraus mochte diese »Politisierung« beklagenswert erscheinen. Doch auch in Weimar und davor geprägte Akteure wie Ehard und Ringelmann griffen solche wahltaktischen Überlegungen ganz selbstverständlich auf. Aus der fiskalischen »Staatspolitik« wurde dadurch »Finanzpolitik« im engeren Sinne des Wortes. Insofern führten die Wandlungen des Föderalismus auch eine Vitalisierung der demokratischen Kultur herbei, die einmal mehr ganz anders gelagert war, als eine Reihe von Föderalisten sich das gewünscht hatte.

Zwischen Föderalismus und Zentralismus. Die Länder in der Sowjetischen Besatzungszone und frühen DDR (1945–1952)

Hermann Wentker

Die Gliederung Deutschlands in eigenständige Länder geht letztlich auf das späte Mittelalter zurück und fand seine besondere Ausprägung in der Ausbildung territorialer Flächenstaaten in der Frühen Neuzeit. Da gleichzeitig das Reich eine übergeordnete Klammer blieb, musste das Verhältnis zwischen den Einzelstaaten und dem Gesamtstaat immer wieder aufs Neue austariert werden. Der Föderalismus ist mithin ein Strukturmerkmal der deutschen Geschichte, das sich bis heute gehalten hat.[1] Unterbrochen wurde die föderalistische Tradition jedoch durch die beiden deutschen Diktaturen des 20. Jahrhunderts. Dabei blieben im Nationalsozialismus die Länder zwar bestehen; mit den Gesetzen vom 31. März und 7. April 1933 wurden sie indes gleichgeschaltet, indem zunächst die Gesetzgebungskompetenz der Landtage auf die Landesregierungen überging und anschließend die Landtage endgültig aufgelöst sowie die Hoheitsrechte der Länder auf das Reich übertragen wurden.[2] In der DDR erfolgte ebenfalls ein völliger Bruch mit der Tradition des Föderalismus, da 1952 an die Stelle der Länder 14 Verwaltungsbezirke traten, die in der zentralisierten Staatsverwaltung als Zwischeninstanzen zwischen der Regierung und den Kreisen dienten. Als Diktatur konnte sich die DDR auch keinen Föderalismus leisten, hätte sie damit doch riskiert, dass dadurch die Umsetzung zentral gefasster Beschlüsse behindert oder gar verhindert worden wäre. In der Sowjetischen Besatzungszone (SBZ) waren 1945 indes fünf Länder bzw. Provinzen wieder- bzw. neu gegründet worden. Welche Ursachen hatte diese Entscheidung der sowjetischen Besatzer, die zumindest auf den ersten Blick an die deutschen föderalen Traditionen anzuknüpfen schien? Handelte es sich um einen echten oder um einen vorgetäuschten Föderalismus wie im NS-Staat? Und aus welchen Gründen und mit welchen Methoden wurde dieser bis 1952 wieder beseitigt?

Um diese Fragen zu beantworten, wird im Folgenden, erstens, auf die Wieder- bzw. Neugründung der Länder näher eingegangen. Zweitens geht es um den Handlungsspielraum der Länder, der von Anfang an vor allem durch die sowjeti-

---

1 Vgl. Thomas Nipperdey, Der Föderalismus in der deutschen Geschichte, in: ders., Nachdenken über die deutsche Geschichte. Essays, München 1986, S. 60–109.

2 Vgl. Martin Broszat, Der Staat Hitlers. Grundlegung und Entwicklung seiner inneren Verfassung, München [14]1995, S. 130–150.

sche Besatzungsherrschaft begrenzt war. Deren Gegenspieler auf deutscher Seite wurden die ebenfalls von der Besatzungsmacht ins Leben gerufenen zonalen Zentralverwaltungen in Berlin. Ein wichtiges Thema dieses zweiten Teils sind daher die Konflikte zwischen Zentral- und Landesverwaltungen bzw. -regierungen, die bis 1947 anhielten. Dabei bedarf jedoch, drittens, das generell von Konflikt und Konkurrenz geprägte Gesamtbild des Verhältnisses zwischen Zentral- und Landesverwaltungen einiger Differenzierungen. Der vierte Abschnitt behandelt den Weg in den Zentralstaat, der bereits 1948 durch Zentralisierung und Vereinheitlichung der Verwaltung sowie durch den Abbau der parlamentarischen Demokratie erreicht wurde, bevor, fünftens, in einem Epilog der Weg bis zur Abschaffung der Länder im Jahre 1952 skizziert wird.

1. Die Wieder- bzw. Neugründung von Ländern und Provinzen in der SBZ

Dass die Sowjetische Militäradministration in Deutschland (SMAD) auf gewachsene regionale Strukturen in ihrer Besatzungszone zurückgreifen wollte, geht zum einen aus ihrem Befehl Nr. 5 vom 9. Juli 1945 hervor, mit dem zur »Verwaltung der Provinzen und zur Sicherung der Kontrolle über die Arbeit der Selbstverwaltung« fünf Landes- bzw. Provinzialverwaltungen der SMAD in der SBZ gebildet wurden.[3] Die Entscheidung, die Länder und ehemals preußischen Provinzen zu Mittelinstanzen der eigenen und der deutschen Verwaltung ihrer Zone zu machen, stand indes schon vorher fest. Denn bereits am 4. Juli hatte die SMAD die Provinzialverwaltung für Brandenburg sowie die Landesverwaltungen für Mecklenburg und Sachsen bestätigt. Nach dem Abzug der westalliierten Truppen aus dem Gebiet der SBZ folgte am 16. Juli die Bestätigung der Provinzialverwaltung der Provinz Sachsen und des Landes Thüringen durch die SMAD.[4] Diese Maßnahmen waren vor allem dem Pragmatismus der Besatzungsmacht geschuldet, die

---

3 Der Befehl in: Jan Foitzik (Hrsg.), Sowjetische Kommandanturen und deutsche Verwaltung in der SBZ und frühen DDR. Dokumente, Berlin/München/Boston 2015, S. 435 f., hier S. 435; vgl. dazu Jan Foitzik, Sowjetische Militäradministration in Deutschland (SMAD) 1945–1949. Struktur und Funktion, Berlin 1999, S. 149 f. Zu den SMA-Landesverwaltungen vgl. SMAD-Handbuch. Die Sowjetische Militäradministration in Deutschland 1945–1949, bearb. von Jan Foitzik und Tatjana W. Zarewskaja-Djakina, München 2009, S. 478–563.

4 Mitteilungen über diese Bestätigungen in: Um ein antifaschistisch-demokratisches Deutschland. Dokumente aus den Jahren 1945–1949, hrsg. vom Ministerium für Auswärtige Angelegenheiten der DDR und vom Ministerium für Auswärtige Angelegenheiten der UdSSR, Berlin (DDR) 1968, S. 82 f. und 94 f.

in der Fläche rasch handlungsfähig werden musste und daher angesichts der chaotischen Nachkriegsverhältnisse historische Verwaltungseinheiten nutzte.

Der Rückgriff auf föderale Strukturen – den die westlichen Alliierten in ihren Besatzungszonen ebenfalls vornahmen – signalisierte überdies deutschlandpolitische Offenheit. Denn eine Zentralisierung der Verwaltung in der SBZ hätte nach einer gezielten Spaltungsabsicht ausgesehen. Ein solcher Eindruck sollte jedoch unbedingt vermieden werden, da Stalin Deutschland nach wie vor als Einheit behandelt sehen wollte. Das zeigte nicht zuletzt sein Verhalten auf der Konferenz von Potsdam.[5] Von den in der SBZ zugelassenen Parteien sprach sich die KPD – im Einklang mit der Besatzungsmacht – in ihrem Gründungsaufruf unter Punkt 4 ebenfalls für die »Wiederaufrichtung [...] der Provinzial- bzw. Landesverwaltungen und der entsprechenden Landtage« aus.[6] Unter den anderen von der SMAD bereits im Juni/Juli 1945 zugelassenen Parteien forderte vor allem die CDU in ihren »Thesen zu einer neuen Reichsverfassung« am 15. Juni 1946 einen »Deutschen Staat auf der Grundlage einer Gliederung nach Ländern«, während die LDP eine unitarische Verfassung für Deutschland anstrebte und 1946 für die Länder keine eigenen Verfassungsentwürfe vorlegte.[7]

Bei der Festlegung der Länder und Provinzen ging die SMAD »durchaus behutsam« vor[8] und vermied allzu große Brüche mit der Vergangenheit. Da sich die Alliierten darin einig waren, Preußen zu zerschlagen, lag es nahe, den auf dem Gebiet der SBZ liegenden preußischen Provinzen den Status von Ländern zu geben. Die Provinz Mark Brandenburg umfasste daher das Gebiet der gleichnamigen preußischen Provinz außer der östlich der Oder gelegenen, nun unter polnischer Verwaltung stehenden Neumark. Zur Bildung der Provinz Sachsen wurden die ehemaligen preußischen Provinzen Merseburg und Magdeburg sowie das Land Anhalt zusammengelegt. Das Land Sachsen hatte im Wesentlichen den Umfang aus der Zeit vor 1945 und wurde lediglich um einige Gebiete der preußischen Provinz Schlesien erweitert. Auch Thüringen behielt im Kern die Gebiete aus der Zeit vor 1945. Das 1934 gebildete Land Mecklenburg wurde um das westlich der Oder gelegene, ehemals preußische Vorpommern ergänzt. Da die SMA-Landesbzw. Provinzialverwaltungen als ihre Amtssitze Potsdam, Halle, Dresden, Weimar (ab 1950 Erfurt) und Schwerin auswählten, standen damit auch die jeweiligen

---

5 Vgl. dazu jüngst: Jacob Riemer, Die sowjetischen Interessen auf der Potsdamer Konferenz, in: Jürgen Luh (Hrsg.), Potsdamer Konferenz 1945. Neuordnung der Welt, Dresden 2020, S. 64–83.

6 Aufruf der Kommunistischen Partei Deutschlands, 11.6.1945, in: Die Programme der politischen Parteien im neuen Deutschland, zusammengestellt von Karl Mahler, Berlin 1945, S. 27.

7 Vgl. Gerhard Braas, Die Entstehung der Länderverfassungen in der Sowjetischen Besatzungszone Deutschlands 1946/47, Köln 1987, S. 73 und 88.

8 So zutreffend Barbara Fait, Real praktizierter Föderalismus in der SBZ/DDR. Über Entstehung und Auflösung der fünf Länder 1945–1952, in: Geschichte im Westen 6 (1991), H. 1, S. 7–18, hier S. 8.

Hauptstädte fest.[9] Mit der formalen Auflösung Preußens durch das Gesetz Nr. 46 des Alliierten Kontrollrats vom 25. Februar 1947 wurden nach entsprechenden Landtagsbeschlüssen mit SMAD-Befehl Nr. 180 am 21. Juli 1947 die beiden Provinzen in Land Brandenburg bzw. Land Sachsen-Anhalt umbenannt, ohne dass dies an ihrem Status etwas änderte.[10]

Dass die Länder keine Eintagsfliegen bleiben sollten, zeigt bereits eine oberflächliche Betrachtung der weiteren Entwicklung. Mit SMAD-Befehl Nr. 110 vom 22. Oktober 1945 wurde den eingesetzten Landes- und Provinzialverwaltungen das Recht eingeräumt, Gesetze und Verordnungen »auf den Gebieten der gesetzgebenden, richterlichen und vollstreckenden Gewalt zu erlassen, wenn sie den Gesetzen und Befehlen des Kontrollrates oder den Befehlen der Sowjetischen Militäradministration nicht widersprechen«.[11] Am 20. Oktober 1946 fanden Landtagswahlen statt, in deren Folge die Länder und Provinzen mit Parlamenten, Verfassungen und Landes- bzw. Provinzialregierungen ausgestattet wurden.[12] Sanktioniert wurde diese Entwicklung mit SMAD-Befehl Nr. 332 vom 27. November 1946, mit dem die 1945 eingesetzten Landesverwaltungen ihre Vollmachten an die Landtage und Landesregierungen zu übergeben hatten.[13]

2.   Der Handlungsspielraum der Länder und seine Grenzen

Von Anfang an handelte es sich in der SBZ um einen Föderalismus in sehr engen Grenzen. Dessen erste und wichtigste Begrenzung bestand in der übergeordneten Stellung der sowjetischen Besatzungsmacht, die von ihrem Eingriffsrecht re-

---

9 Vgl. ebenda; ausführlicher Karl-Heinz Hajna, Länder – Bezirke – Länder. Zur Territorialstruktur im Osten Deutschlands 1945–1990, Frankfurt a. M. 1995, S. 54 f.

10 Zum Kontrollratsgesetz Nr. 46 vgl. 100(0) Schlüsseldokumente zur deutschen Geschichte des 20. Jahrhunderts: https://www.1000dokumente.de/pdf/dok_0231_pre_de.pdf (letzter Abruf: 17.3.2022); der Befehl in: Um ein antifaschistisch-demokratisches Deutschland, S. 484.

11 Gedruckt in: Um ein antifaschistisch-demokratisches Deutschland, S. 183 f.

12 Zu den Landtagswahlen vgl. Karl-Heinz Hajna, Die Landtagswahlen 1946 in der SBZ – eine Untersuchung der Begleitumstände der Wahl, Frankfurt a. M. 2000; zu den Landesverfassungen Braas, Entstehung, zur Regierungsbildung für Mecklenburg Detlev Brunner, Der Schein der Souveränität. Landesregierung und Besatzungspolitik in Mecklenburg-Vorpommern 1945–1949, Köln/Weimar/Wien 2006, S. 43–53; für Brandenburg Michael C. Bienert, Staatliche Verwaltung und politische Parteien, in: ders./Hermann Wentker (Hrsg.), Land zwischen den Zeiten. Brandenburg in der SBZ und frühen DDR (1945–1952), Berlin 2022, S. 189–198; für Sachsen Andreas Thüsing, Landesverwaltung und Landesregierung in Sachsen 1945–1952, Frankfurt a. M. 2000, S. 99 f.; zu Thüringen Jürgen John, Die »Ära Paul« in Thüringen 1945 bis 1947. Möglichkeiten und Grenzen landespolitischen Handelns in der frühen SBZ (in Vorbereitung).

13 Gedruckt in: Um ein antifaschistisch-demokratisches Deutschland, S. 347.

gen Gebrauch machte, insbesondere wenn es um zentrale sowjetische Vorhaben ging. Das war, erstens, bei der Bodenreform der Fall. Diese regelte die entschädigungslose Enteignung von Grundbesitzern mit über 100 Hektar landwirtschaftlicher Fläche von NS- und Kriegsverbrechern. In einem zweiten Schritt wurde das Land in kleine Parzellen aufgeteilt und neu verteilt.[14] Die sowjetische Besatzungsmacht hatte dazu Ende Juli 1945 einen Entwurf verfasst, der über das Zentralkomitee (ZK) der KPD den Blockausschüssen der Länder vorgelegt und von diesen Allparteiengremien meist widerspruchslos bestätigt wurde. Zwischen dem 3. und dem 11. September verabschiedeten daraufhin die Provinzial- und Landesverwaltungen die entsprechenden Verordnungen.[15] Ganz ähnlich verhielt es sich etwa mit dem »Gesetz zur Demokratisierung der deutschen Schule«, das für die SBZ eine Einheitsschule begründete. Dieses wurde unter maßgeblicher Mitwirkung der Volksbildungsabteilung der SMAD in Berlin von der Deutschen Zentralverwaltung für Volksbildung zentral ausgearbeitet, mit den Landesämtern für Volksbildung diskutiert und über die SMA-Länderchefs den Landesverwaltungen zugeleitet. Letztere unterzeichneten die Gesetze zwischen dem 22. Mai und dem 2. Juni 1946.[16]

Dass alle Vollmachten der eingesetzten und gewählten Instanzen unter sowjetischem Vorbehalt standen, war vor allem bei den Landeshaushalten unübersehbar. Zwar galt nach den Landtagswahlen das formale Verfahren, dem zufolge die Landesregierung einen Haushaltsplanentwurf vorlegte, der im Landtag und dessen Hauptausschuss beraten und abschließend vom Plenum beschlossen wurde. Jedoch führte die sowjetische Militärverwaltung dabei auf Landes- und zonaler Ebene ein »mehrschichtige[s] Kontroll- und Bestätigungsverfahren« ein, das ihr in jeder Phase Interventionsmöglichkeiten eröffnete. Das parlamentarische Verfahren wurde daher nur noch durchgeführt, um den Schein zu wahren. Offen sprach dies der mecklenburgische Ministerpräsident Wilhelm Höcker im Hauptausschuss des Landtages am 24. Januar 1947 mit Blick auf den der SMAD-Finanzverwaltung vorliegenden Haushaltsplan aus: »Wesentliche Änderungen werden deshalb kaum noch möglich sein. Trotzdem muß der Plan vom Hauptausschuß

---

14 Vgl. Arnd Bauerkämper (Hrsg.), »Junkerland in Bauernhand«? Durchführung, Auswirkungen und Stellenwert der Bodenreform in der Sowjetischen Besatzungszone, Stuttgart 1996.

15 Zu diesem Vorgang vgl. Brunner, Schein, S. 234–236. Die CDU im Blockausschuss der Provinz Sachsen setzte zwar durch, dass antifaschistische Grundeigentümer mit einem Besitz von über 100 ha zu entschädigen seien; die SMA-Provinzialverwaltung erließ daraufhin aber einen anderslautenden Befehl, den die Provinzialverwaltung umsetzen musste. Vgl. Siegfried Suckut, Der Konflikt um die Bodenreformpolitik in der Ost-CDU 1945. Versuch einer Neubewertung der ersten Führungskrise der Union, in: Deutschland Archiv 15 (1982), S. 1081–1083.

16 Vgl. Gert Geißler, Geschichte des Schulwesens in der Sowjetischen Besatzungszone und in der Deutschen Demokratischen Republik 1945 bis 1962, Frankfurt a. M. 2000, S. 85–91.

durchberaten werden und ist auch vom Plenum so zu behandeln, als wäre er vom Landtag aufgestellt.«[17]

Aber auch die Landtage selbst standen unter enger Kontrolle der jeweiligen SMA-Landesverwaltungen. Diese erhielten Tagesordnungen, Berichte der Ausschusssitzungen und Anträge der Fraktionen, so dass sie ihr nicht genehme Debatten und Beschlüsse schon im Vorfeld verhindern konnten. Außerdem waren SMA-Offiziere in den Plenarsitzungen, teilweise auch in den Fraktions- und Ausschusssitzungen präsent. Allerdings kam es der Besatzungsmacht darauf an, ihren Einfluss auf die Arbeit des Landtags möglichst zu verschleiern, so dass etwa die Anwesenheit der SMA-Offiziere in den entsprechenden Protokollen oft nicht erwähnt wurde.[18] Und als die CDU im Potsdamer Landtag eine Initiative einbringen wollte, die von der Provinzialverwaltung 1945/46 erlassenen Gesetze und Verordnungen zu überprüfen, scheiterte dies am Widerspruch des Ministerpräsidenten. Dem Gegenantrag der SED, allen von der Provinzialverwaltungen erlassenen Verordnungen im Nachhinein Gesetzeskraft zu verleihen, wurde indes – auch aufgrund sowjetischen Drucks – zugestimmt.[19] Detlev Brunner hat daher mit Blick auf die Landesverwaltungen, Landesregierungen und Landtage zu Recht vom »Schein der Souveränität« gesprochen, weil diese allein durch ihre Existenz auch den maßgeblichen Einfluss der Besatzungsmacht auf das politische Geschehen in den Ländern kaschieren sollten.[20]

Neben den Landesverwaltungen richtete die SMAD mit dem Befehl Nr. 17 vom 27. Juli 1945 elf Zentralverwaltungen für die unterschiedlichsten Sachgebiete ein: für Verkehrswesen, Nachrichtenwesen, Brennstoffindustrie, Handel und Versorgung, Industrie, Landwirtschaft, Finanzen, Arbeit und Sozialfürsorge, Gesundheitswesen, Volkserziehung und Justiz.[21] Bis Mitte 1947 kamen die Zentralverwaltungen für deutsche Umsiedler, für Statistik, die Zentrale Deutsche Kommission für Sequestrierung und Beschlagnahme, die Deutsche Zentralverwaltung des Innern und die Deutsche Verwaltung für Interzonen- und Außenhandel hinzu, so dass ab Juli 1947 16 für die gesamte SBZ zuständige Zentralverwaltungen existierten.[22] Dabei handelte es sich um Hilfsorgane der entsprechenden zentralen

---

17 Vgl. Brunner, Schein, S. 259f., die Zitate S. 260.
18 Vgl. Michael C. Bienert, Zwischen Opposition und Blockpolitik. Die »bürgerlichen Parteien« und die SED in den Landtagen von Brandenburg und Thüringen (1946–1952), Düsseldorf 2016, S. 241–253; Edith Schriefl, Versammlung zum Konsens. Der sächsische Landtag 1946–1952, Ostfildern 2020, S. 128–138.
19 Vgl. Bienert, Zwischen Opposition und Blockpolitik, S. 269–273.
20 Vgl. Brunner, Schein, insbes. S. 383.
21 Gedruckt in: Um ein antifaschistisch-demokratisches Deutschland, S. 100–102.
22 Vgl. Helga A. Welsh/Wolfgang Zank, Zentralverwaltungen, in: Martin Broszat/Hermann Weber (Hrsg.), SBZ-Handbuch. Staatliche Verwaltungen, Parteien, gesellschaftliche Organisationen und ihre Führungskräfte in der Sowjetischen Besatzungszone Deutschlands 1945–1949, München 1990, S. 201.

SMAD-Verwaltungen. Anders als vielfach behauptet, wurden diese nicht eingesetzt, um die in der Potsdamer Erklärung genannten zentralen Verwaltungsabteilungen für ganz Deutschland zu präjudizieren.[23] Befehl Nr. 17 enthielt keine klare Kompetenzabgrenzung zu den Landes- und Provinzialverwaltungen, sprach den Zentralverwaltungen aber ganz allgemein Leitungsfunktionen zu: So wurde dort etwa als Aufgabe der Zentralverwaltung für Justiz die »Leitung sämtlicher Staatsanwaltschaften, Gerichte und Justizorgane« genannt. Daher waren Kompetenzkonflikte mit den Landesverwaltungen vorprogrammiert.

Angesichts der Versuche der Zentralverwaltungen, in den Ländern Einfluss zu nehmen, rückten die Landes- bzw. Provinzialverwaltungen enger zusammen. Die Präsidenten von Sachsen, der Provinz Sachsen, Thüringen und Brandenburg trafen sich in der zweiten Oktober-Hälfte 1945 in Weimar, wo sie schnell Einigkeit darüber herstellten, dass sie die zentralistischen Bestrebungen der Zentralverwaltungen ablehnten. Die Chefs der sächsischen und der thüringischen Landesverwaltung, Rudolf Friedrichs und Rudolf Paul, verlangten in ihren Schreiben vom 24. bzw. 29. Oktober an den Chef der SMAD, Marschall Georgi Schukow, eine klare Abgrenzung der Befugnisse der Zentral- und Landesverwaltungen, wobei die grundsätzliche Verwaltungszuständigkeit bei den Ländern verbleiben sollte. Obwohl die Landes- und Provinzialverwaltungen auch von der Besatzungsmacht eingesetzt und nicht gewählt worden waren, verkörperten diese für Paul die »Idee der Demokratie«, die Gefahr laufe, »durch eine zentral gesteuerte Bürokratie ersetzt zu werden«.[24]

Die SMAD berief daraufhin eine Beratung der Landes- und Zentralverwaltungschefs sowie der Vertreter der regionalen Militäradministrationen am 13. und 14. November 1945 nach Berlin-Karlshorst ein.[25] Alle Landes- bzw. Provinzialverwaltungspräsidenten außer Carl Steinhoff (Brandenburg) kritisierten dort die Ein-

---

23 Vgl. zu dieser Diskussion Elisabeth Krauss, Ministerien für das ganze Deutschland? Der Alliierte Kontrollrat und die Frage gesamtdeutscher Zentralverwaltungen, München 1990, S. 51–60.

24 Vgl. Andreas Thüsing, Einführung, in: Das Präsidium der Landesverwaltung Sachsen. Die Protokolle der Sitzungen vom 9. Juli 1945 bis 10. Dezember 1946, Göttingen 2010, S. 73 f. (hier zum Bericht von Friedrichs); Jürgen John, Die Kompetenzkonflikte der Zentral- und Landesverwaltungen der SBZ und die SMAD-Koordinationsberatungen 1945/46, unveröff. Manuskript, S. 13 f. (hier zum Schreiben Pauls).

25 Diese Beratung ist sehr gut dokumentiert: vgl. Niederschrift des Präsidenten der Deutschen Verwaltung für Arbeit und Sozialfürsorge, Gustav Gundelach; Bericht des Präsidenten der Landesverwaltung Thüringen, Dr. Rudolf Paul, und des 1. Vizepräsidenten der Landesverwaltung Thüringen, Ernst Busse; Niederschrift des Präsidenten der Landesverwaltung Mecklenburg-Vorpommern, Wilhelm Höcker, in: Berichte der Landes- und Provinzialverwaltungen zur antifaschistisch-demokratischen Umwälzung 1945/46. Quellenedition, hrsg. von der Staatlichen Archivverwaltung des Ministeriums des Innern der DDR, Berlin (DDR) 1989, S. 127–133, 133–136, 136–140 (der letzte Bericht auch in: Um ein antifaschistisch-demokratisches Deutschland, S. 199–205).

griffe der Zentralverwaltungen. Schukow lobte abschließend die Arbeit der Landes- und Zentralverwaltungen gleichermaßen, betonte aber, dass letztere »durch eine enge Zusammenarbeit mit den Landes- und Provinzialverwaltungen [...] ihrer Aufgabe gerecht werden«. Ganz im Sinne der Landespräsidenten fuhr er fort: »Trotzdem liege das Schwergewicht der Arbeit bei den Landes- und Provinzialverwaltungen.«[26] Letztere fühlten sich dadurch zu Recht gestärkt. Rudolf Friedrichs erklärte mit Blick auf die vorangegangene Beratung in Karlshorst bei der Präsidialsitzung in Dresden am 17. November, dass das Verhältnis zwischen Landes- und Zentralverwaltungen »dahin geklärt worden [sei], dass den Zentralverwaltungen Planungs- und Lenkungsaufgaben zufallen, dass sie die SMA Berlin bei der Durchführung ihrer Aufgaben zu unterstützen haben, dass sie auf einzelnen Gebieten, wie Post und Eisenbahn, auch unmittelbare Verwaltungstätigkeit ausüben können, dass sie aber im übrigen in die Tätigkeit der Landesverwaltungen nicht eingreifen und diesen keine Befehle erteilen sollen«.[27] Höcker fand in einem Rundschreiben an die Fachabteilungen der mecklenburgischen Verwaltung ähnliche Formulierungen: So hätten die Landes- und Provinzialverwaltungen »ihre Länder und Provinzen vollkommen selbständig und selbstverantwortlich zu verwalten«. Die Zentralverwaltungen hätten dagegen »Planungen für das Gesamtgebiet der sowjetisch besetzten Zone aufzustellen, sowie deren Durchführung durch die Landes- und Provinzialverwaltungen zu veranlassen und zu überwachen. Wichtige Fragen sind vorher mit den Ländern und Provinzen zu erörtern.«[28]

Durchsetzen konnten sich die Zentralverwaltungen daher nur, wenn sie durch einen SMAD-Befehl ausdrücklich für eine Aufgabe ermächtigt wurden. Das galt etwa für die Deutsche Zentralverwaltung für Justiz (DJV), die mit SMAD-Befehl Nr. 49 vom 4. September 1945 den Auftrag erhielt, das Gerichtswesen in der SBZ in Übereinstimmung mit dem vor 1933 geltenden Gerichtsverfassungsgesetz zu reorganisieren und aus der Justiz sämtliche ehemalige NSDAP-Mitglieder und diejenigen zu entfernen, »welche unmittelbar teilgenommen haben an der Strafpolitik unter dem Hitler-Regime«.[29] Wenngleich die Richter und die Staatsanwälte den Ländern unterstanden, handelte die DJV hier im Auftrag und mit

26 Niederschrift Gundelachs, in: Berichte, S. 132.

27 24. Präsidialsitzung, 17.11.1945, in: Thüsing (Hrsg.), Präsidium, S. 222; das Zitat auch in: Um ein antifaschistisch-demokratisches Deutschland, S. 205 f.

28 Der Präsident an die Fachabteilungen betr. Kompetenzverteilung zwischen Ländern und Zentralverwaltungen, 2.1.1946, in: Die Landesregierung in Mecklenburg-Vorpommern unter sowjetischer Besatzung 1945 bis 1949, Bd. 1: Die ernannte Landesverwaltung, Mai 1945 bis Dezember 1946. Eine Quellenedition, eingeleitet und bearb. von Detlev Brunner, Bremen 2003, Dok. 95, S. 430 f. Einen ähnlichen Runderlass hatte Rudolf Paul den Landesämtern in Thüringen bereits am 30. November 1945 zukommen lassen: vgl. John, Kompetenzkonflikte, S. 19.

29 Gedruckt in: Um ein antifaschistisch-demokratisches Deutschland, S. 142 f.

Rückendeckung der SMAD, so dass die Landesverwaltungen trotz vereinzelten Aufbegehrens ihren Weisungen Folge leisten mussten.[30]

Die Zentralverwaltungen wollten es dabei jedoch nicht bewenden lassen. Immerhin wurden ihnen noch Planungs- und Lenkungsaufgaben zugesprochen, wobei deren genaue Ausgestaltung unklar blieb. Daher versuchte eine Reihe der Zentralverwaltungen, unter anderem die DJV, über eigene Statuten oder Tätigkeitsrichtlinien das Verhältnis zu den fachlich einschlägig arbeitenden Landesabteilungen bzw. -ministerien zu klären. Der Präsident der DJV, Eugen Schiffer, ließ für seine Zentralverwaltung im November 1945 ein Statut ausarbeiten, in dem er zwar nicht auf einem Weisungsrecht beharrte; die DJV reklamierte darin für sich jedoch Zuständigkeiten, die dem sehr nahe kamen. Unklar blieb jedoch dessen Rechtsverbindlichkeit, weil die SMAD es im Januar 1946 nur als »vorläufiges Statut« bestätigte. Mit dieser halben Rückendeckung ließ sich gegen die selbstbewussten Landesverwaltungen jedoch nichts ausrichten, die mit Erfolg ihre Eigenständigkeit weiter verteidigten.[31] Neben der DJV hatte auch die Deutsche Verwaltung für Arbeit und Sozialfürsorge, die sich ebenfalls eine »Strukturverordnung« ausarbeiten und bestätigen ließ, Schwierigkeiten, diese gegenüber den Ländern, besonders in Thüringen, durchzusetzen.[32]

Ende 1946 sahen sich die Länder durch die infolge der Landtagswahlen zusammengetretenen Landtage und die gewählten Landesregierungen gegenüber den Zentralverwaltungen weiter gestärkt. Denn die Landesvertreter konnten nun darauf verweisen, dass sie, im Unterschied zu den Zentralverwaltungen, demokratisch legitimiert waren. Und die Besatzungsmacht hatte, wie bereits erwähnt, diese Entwicklung mit einem Befehl zur Übergabe der Vollmachten der Landesverwaltungen an die Landtage und Landesregierungen am 27. November 1946 bestätigt.

Auch als ab dem 24. Mai 1947 die Zentralverwaltungen ihre von der SMAD-Rechtsabteilung bestätigten Verordnungen im Zentralverordnungsblatt für die SBZ veröffentlichten, wollten die Länder dies nicht ohne Weiteres für sich akzeptieren. So weigerten sich etwa die Justizministerien in Halle und Weimar, bestimmte für die Rechtspflege einschlägige, bereits veröffentlichte Verordnungen als in Sachsen-Anhalt bzw. Thüringen rechtsgültig zu akzeptieren. Wieder versuchte die DJV, die SMAD-Rechtsabteilung zu einer Stellungnahme über die Rechtsverbindlichkeit ihrer Anordnungen zu bewegen, und legte dieser dazu am 16. Oktober 1947 eine ausführliche Denkschrift vor. Eine Reaktion blieb indes bis zum Herbst 1948 aus, als das Problem bereits durch eine Zentralisierung der zo-

---

30 Vgl. Hermann Wentker, Justiz in der SBZ/DDR 1945–1953. Transformation und Rolle ihrer zentralen Institutionen, München 2001, S. 103–118.
31 Vgl. ebenda, S. 82–84; zum Widerstand aus Thüringen dagegen vgl. John, Kompetenzkonflikte, S. 23–25.
32 Vgl. ebenda, S. 25 f.

nalen Verwaltung grundsätzlich behoben war.[33] Wie im Zusammenhang mit dem Statut so ließ auch jetzt die SMAD die DJV im Regen stehen, was darauf hindeutet, dass dort bzw. in Moskau eine eindeutige Entscheidung in der Frage Föderalismus oder Zentralismus für die SBZ noch nicht gefallen war.

3. Differenzierungen

Der Eindruck, wonach die Länder in den Jahren 1945 bis 1947 gegenüber den Zentralverwaltungen auf ihren Kompetenzen beharrten und letztere mit ihrem Streben nach weitergehenden Eingriffsrechten erfolglos blieben, bedarf in zweierlei Hinsicht der Differenzierung. Denn erstens waren die Länderpräsidenten bzw. Ministerpräsidenten in unterschiedlichem Maße kompromissbereit. So schlug der eher vorsichtige und kooperationswillige Wilhelm Höcker aus Mecklenburg etwa auf der Konferenz der Zentralverwaltungs- und Landesverwaltungspräsidenten bei Schukow im November 1945 »eine Zusammenfassung der Zentralverwaltungen unter einer Leitung [… vor], um das Nebeneinanderarbeiten dieser Dienststellen zu verhindern«. Wenngleich Schukow eine Prüfung dieser Anregung zusagte und Anfang Januar 1946 die Deutsche Zentralverwaltung des Verkehrs mitteilte, dass eine entsprechende Geschäftsstelle der Zentral- und Landesverwaltungen bei ihr eingerichtet werde, wurde offensichtlich nichts aus Höckers Vorschlag.[34]

Sehr viel prononcierter war Erhard Hübener, Präsident der Provinz Sachsen, auf der zweiten (und letzten[35]) Beratung der Zentral- und Landesverwaltungspräsidenten am 28. Mai 1946. Er erklärte im Zusammenhang mit der »Kompetenzenfrage gegenüber den Zentralverwaltungen«: »Ihre Befugnisse z. B. in der Wasser- und Bauwirtschaft werde die Provinzialverwaltung [der Provinz Sachsen] mit Zähnen und Klauen verteidigen, viele Zentralverwaltungen kämen nur schwer von der Vorstellung los, als seien sie allein auf der Welt.«[36] Nach den Landtagswahlen im Oktober 1946 wollte er zum 30. Dezember 1946 sogar eine Zusammenkunft aller Ministerpräsidenten der SBZ einberufen, die sich zur Verteidigung ihrer Rechte gegenüber den Zentralverwaltungen abstimmen sollten. Wenngleich

---

33 Vgl. Wentker, Justiz, S. 98–102.
34 Vgl. Landesregierung in Mecklenburg-Vorpommern, Dok. 77, S. 382, Anm. 2.
35 Bei der ersten Beratung am 14./15. November 1945 hatte Schukow zwar angekündigt, dass Konferenzen von Vertretern der Landes- und Zentralverwaltungen »alle zwei Monate« durchgeführt werden sollten, aber es kam letztlich nur zu der am 28. Mai 1946.
36 Niederschrift des Präsidenten der Deutschen Verwaltung für Land- und Forstwirtschaft, Edwin Hoernle, über die Rechenschaftslegung der Präsidenten der Landes- und Provinzialverwaltungen vor dem Obersten Chef der SMAD, Armeegeneral Wassili D. Sokolowski, 28.5.1946, in: Berichte, S. 247.

die SMAD zu dieser Zeit bei den Kompetenzstreitigkeiten zwischen Landes- und Zentralverwaltungen noch tendenziell auf Seiten Ersterer stand, ging ihr eine solche Koordinierung doch zu weit, so dass sie diese Initiative scheitern ließ.[37]

Rudolf Paul schließlich hatte als Landespräsident im August 1945 in seiner Präsidialkanzlei eine Gesetzgebungsabteilung unter der Leitung des parteilosen Juristen Hellmuth Loening eingerichtet. Am 20. August erließ er ein – von der SMA Thüringen bestätigtes – Gesetz über die Handhabung der Gesetzgebungsgewalt im Lande Thüringen, das ihn als Landespräsidenten ermächtigte, »grundlegende Gesetze und ressortübergreifende Verordnungen zu erlassen«. »Von jetzt ab«, so Paul in einer Rundverfügung, »werden rechtliche Regelungen von grundsätzlicher Bedeutung als Gesetze ausschließlich durch mich erlassen.« Dieses Vorgehen war einzigartig in der SBZ und zeugte von einem äußerst hohen Selbstbewusstsein. Da er wie der spätere Leiter der Gesetzgebungsabteilung Karl Schultes es als »Ziel einer fortschrittlichen Gesetzgebung [betrachtete], jede Rechtszersplitterung zu vermeiden und das Ziel der Reichseinheit durch die Herstellung einer möglichst vollkommenen Rechtseinheit zu fördern«, lehnte er ein Weisungsrecht der Zentralverwaltungen kompromisslos ab. Denn dieses liefe auf »zonales Sonderrecht« hinaus, das den Gegensatz der Zonen vergrößere und die »deutsche Rechtseinheit« weiter zerreiße.[38]

Die zweite Differenzierung betrifft den Umstand, dass die grundsätzliche Länderzuständigkeit auf einem zentralen Verwaltungsgebiet bereits in den ersten Jahren nach 1945 durchbrochen wurde: bei der Polizeiverwaltung. Denn nach Gründung der Deutschen Verwaltung des Innern (DVdI) am 30. Juli 1946 unterstanden die Landespolizeichefs der »operativen« Leitung und Kontrolle der Zentralverwaltung, während der Polizeiapparat insgesamt weiterhin den Innenressorts der Länder zugeordnet war. Das entsprach auch dem Willen der durchweg der KPD/SED angehörenden Vizepräsidenten für Inneres der Länder wie Herbert Warnke in Mecklenburg.[39] Im September 1946 wurde zudem die Eisenbahn- und Wasserschutzpolizei, die zuvor von der Zentralverwaltung für Verkehr geführt

---

37 Vgl. Matthias Tullner/Wilfried Lübeck (Hrsg.), Erhard Hübener – Mitteldeutschland und Sachsen-Anhalt. Schriften, Reden, Dokumente des Landeshauptmanns und Ministerpräsidenten, Halle (Saale) 2001, S. 239 f.

38 Vgl. Jürgen John, Landesgesetzgebung unter Besatzungsrecht. Thüringen nach 1945, in: Zeitschrift für thüringische Geschichte 74 (2020), S. 187–211, die Zitate S. 197, 199 und 202. Die Gesetzgebungsabteilung ging im Juli 1946 an das Landesamt für Justiz, und Loening wurde Präsident des am 22. Juni 1946 wiedereröffneten Oberverwaltungsgerichts Jena.

39 Vgl. Detlev Brunner, Einleitung, in: Landesregierung in Mecklenburg-Vorpommern, S. 83 f. Vgl. auch Thomas Lindenberger, Die Deutsche Volkspolizei (1945–1990), in: Torsten Diedrich/Hans Ehlert/Rüdiger Wenzke (Hrsg.), Im Dienste der Partei. Handbuch der bewaffneten Organe der DDR, Berlin 1998, S. 97 f., dem zufolge die DVdI anfänglich gegenüber den Landespolizeibehörden eine »mehr koordinierende Funktion ausübte, sich aber alsbald zu einem zentralen länderübergreifenden Führungsorgan entwickelte«.

worden war, direkt der DVdI unterstellt.[40] Außerdem erhielt diese im Oktober 1946 von Generaloberst Iwan Serow, dem stellvertretenden Obersten Chef der SMAD für Fragen der Zivilverwaltung und Chef der sowjetischen Geheimpolizei in der SBZ, die Kompetenz, eine zentrale Personenkartei über sämtliche Polizei-angestellten der Länder zu führen.[41]

4. Der Weg in den »Zentralstaat«

Wenngleich die sowjetische Besatzungsmacht zwischen 1945 und 1947 grundsätz-lich am Vorrang der Landes- vor den Zentralverwaltungen festhielt, legten wirt-schaftliche Gründe aus der Sicht einer SMAD-Kommission schon im Frühjahr 1946 die Stärkung einer gesamtzonalen Wirtschaftsplanung nahe. Die Militärver-waltungen der Länder bestärkten die Landesverwaltungen jedoch bis 1947 gerade in der Wirtschaft »in ihren partikularistischen Bestrebungen«.[42] Ein erster Schritt in Richtung zentraler zonaler Planung bildete eine Konferenz der für Wirtschafts-belange zuständigen Zentralverwaltungen beim Stellvertreter des Obersten Chefs der SMAD für Wirtschaftsfragen, Konstantin Kowal, am 24. Januar 1947. Dieser kündigte dort an, dass die Verantwortung für die Industrieentwicklung und Pla-nung künftig bei den zuständigen Zentralverwaltungen liegen sollte. Er gewährte den Zentralverwaltungspräsidenten indes keine Statuten mit den dafür erforder-lichen Vollmachten gegenüber den Ländern, sondern hielt sie an, sich mit den Ministerpräsidenten abzustimmen. Kowal beauftragte nun eine Kommission der Präsidenten der Zentralverwaltungen für Industrie, Brennstoff und Energie sowie für Handel und Versorgung damit, gemeinsam mit den Landeswirtschaftsminis-terien Richtlinien zur Zusammenarbeit auszuarbeiten.[43] Hintergrund dieser Zu-rückhaltung war wohl die bevorstehende Moskauer Außenministerkonferenz, die

---

40 Vgl. Frieder Günther/Lutz Maeke, Vorgeschichte und Entstehung der Innenministerien in Bonn und Ost-Berlin, in: Frank Bösch/Andreas Wirsching (Hrsg.), Hüter der Ordnung. Die Innenministerien in Bonn und Ost-Berlin nach dem Nationalsozialismus, Göttingen 2018, S. 27–54, hier S. 42.

41 Vgl. Hans-Peter Müller, »Parteiministerien« als Modell politisch zuverlässiger Verwaltungsap-parate. Eine Analyse der Protokolle der SED-Innenministerkonferenzen 1946–1948, in: Man-fred Wilke (Hrsg.), Anatomie der Parteizentrale. Die KPD/SED auf dem Weg zur Macht, Ber-lin 1998, S. 337–411, hier S. 352.

42 Vgl. André Steiner, Zwischen Länderpartikularismus und Zentralismus. Zur Wirtschaftslen-kung in der SBZ bis zur Bildung der Deutschen Wirtschaftskommission im Juni 1947, in: Aus Politik und Zeitgeschichte B 49–50/1993, S. 33 f., das Zitat S. 34.

43 Ebenda, S. 34 f.; vgl. auch Friederike Sattler, Wirtschaftsordnung im Übergang. Politik, Or-ganisation und Funktion der KPD/SED im Land Brandenburg bei der Etablierung der zent-ralen Planwirtschaft in der SBZ/DDR 1945–52, Münster/Hamburg/London 2002, S. 357.

zwischen dem 10. März und dem 24. April 1947 stattfand und auf der erneut die Deutschlandfrage kontrovers diskutiert wurde, ohne ein Ergebnis zu erzielen. Die sowjetische Zurückhaltung im Hinblick auf eine Zentralisierung der SBZ war folglich rein taktisch bedingt. Denn Stalin und die SED-Spitze waren, wie ein Treffen in Moskau am 31. Januar 1947 zeigte, sich zwar nicht in der Frage einig, ob in Deutschland eine Zentralregierung oder Zonenorgane gebildet werden sollten, sehr wohl aber in der Ablehnung des Föderalismus.[44]

In der SBZ führte der Auftrag Kowals vom 24. Januar zu einem Treffen von Vertretern der angesprochenen Zentral- und Landesverwaltungen am 4. Februar. Diese einigten sich auf eine am 10. Februar zu unterschreibende Vereinbarung zur Koordinierung der Arbeiten der Länder bei der Planung, Lenkung und Kontrolle der Industrie, des Handwerks und der Versorgung durch die entsprechenden Zentralverwaltungen. Auf die Initiative des mecklenburgischen Wirtschaftsministers Friedrich Witte, der von seinen Kollegen aus Sachsen-Anhalt und Brandenburg unterstützt wurde, gelang eine Befristung der gefundenen Regelung bis zum 30. September 1947.[45] Vier Ländervertreter unterschrieben, aus Thüringen kam jedoch Widerspruch. Auf der Grundlage eines Gutachtens des Oberverwaltungsgerichtspräsidenten Hellmuth Loening vom 6. Februar 1947 fasste die Thüringer Landesregierung[46] am Tag darauf einen Beschluss, dem zufolge den Zentralverwaltungen in Thüringen »keinerlei Gesetzgebungs-, Verordnungs- und Weisungsrecht« zustehe; das Gesetzgebungsrecht stehe allein dem Thüringer Landtag zu. Weil die Landtage die zentralen deutschen Gesetzgeber in der SBZ seien, forderte der Beschluss des Weiteren, dass Aufbau und Befugnisse der Zentralverwaltungen »mit den jetzt in Kraft getretenen demokratischen Länderverfassungen in Einklang zu bringen« und dass auch die »Spitzen der Zentralverwaltungen [...] von den Ländern und Provinzen selbst zu bestimmen« seien. Die Thüringer Landesregierung unter Rudolf Paul wollte folglich das Verhältnis zwischen Zentral- und Landesverwaltungen umkehren. Auf keinen Fall sollte aber durch eine Umgestaltung der Zentralverwaltungen »der Anschein der Bildung einer Zonenregierung erweckt« werden, die eine Wiedervereinigung erschweren könnte.[47] Hinzu kam,

---

44 Aufzeichnung des Gesprächs zwischen Stalin und der SED-Delegation unter Beteiligung von Molotow, Pieck, Grotewohl, Ulbricht, Fechner, Oelßner, Suslow und Semjonow, 31.1.1947, in: Bernd Bonwetsch/Gennadij Bordjugov, Stalin und die SBZ. Ein Besuch der SED-Führung in Moskau vom 30. Januar – 7. Februar 1947, in: Vierteljahrshefte für Zeitgeschichte 42 (1994), S. 296.

45 Die Vereinbarung gedruckt in: Um ein antifaschistisch-demokratisches Deutschland, S. 380–382; zu deren Zustandekommen vgl. Brunner, Schein, S. 193 f.

46 Vgl. dazu Thomas Heil, Die Verwaltungsgerichtsbarkeit in Thüringen 1945–1952, Tübingen 1996, S. 156.

47 Gedruckt in: Jürgen John (Hrsg.), Quellen zur Geschichte Thüringens 1945–1952, Erfurt 1999, S. 325 f.

dass auch der sächsische Vertreter die Vereinbarung am 10. Februar nur unter dem Vorbehalt der Zustimmung des Gesamtkabinetts und des Landtags unterschrieb. Der kommunistische sächsische Wirtschaftsminister Fritz Selbmann, der bereits zuvor auf den Vorrang der Landesverwaltungen gepocht hatte, kritisierte die Vereinbarung in einem Schreiben an den Leiter der Zentralverwaltung für Brennstoffversorgung, Gustav Sobottka, heftig. Denn den Zentralverwaltungen Einfluss auf das Gesetzgebungsrecht der Länder einzuräumen und deren Beschlüsse von der Zustimmung der Landtage unabhängig zu machen, hebe »praktisch die Demokratie in den Ländern und Provinzen auf und ist indiskutabel«.[48]

Dennoch stimmte der sächsische Landtag am 18. März der Vereinbarung zu, und auch der thüringische Vertreter verweigerte sich bei der nächsten Beratung der Wirtschaftsminister am 18. April nicht.[49] Ob man in Sachsen, wie Winfrid Halder nahelegt, zwar zustimmte, aber sich auf den Standpunkt stellte, dass die Vereinbarung ohnehin erst durch eine Bestätigung durch die SMAD definitive Gültigkeit erlange, sei dahingestellt.[50] In Thüringen schwelte seit 1946 ein Konflikt zwischen Paul und der Spitze des dortigen SED-Landesverbands. Da Paul jedoch von dem Chef der SMA Thüringens, Generalmajor Iwan Kolesnitschenko, gestützt wurde, konnte sich die thüringische SED-Führung zunächst nicht durchsetzen. Das änderte sich indes zunehmend ab Ende 1946, als Paul ernsthaft erkrankte. Unter Einschaltung der Berliner SED-Führung wurde dann in dessen Abwesenheit am 25. März 1947 Werner Eggerath (SED) zum stellvertretenden Ministerpräsidenten gewählt, so dass nun auch der Widerstand aus Thüringen gegen die Deutsche Wirtschaftskommission (DWK) nachließ.[51] Erst jetzt, Mitte April 1947, wurden die Beschlüsse vom 10. Februar gültig und der SMAD übermittelt. Diese wartete jedoch noch ab. Erst als die Moskauer Außenministerkonferenz gescheitert und Ende Mai 1947 die bizonale Wirtschaftsverwaltung im Westen Deutschlands auf die Schiene gesetzt worden war,[52] wagte sich die SMAD aus der Deckung und erließ am 4. Juni 1947 den Befehl Nr. 138, mit dem das Abkommen vom 10. Februar als Arbeitsgrundlage gültig wurde.[53] Dadurch wurden die Zentralverwaltungen für Industrie, Brennstoffe und Energie, Handel und Versorgung sowie für Land- und Forstwirtschaft für die Aufstellung und Realisie-

---

48 Vgl. Winfrid Halder, »Modell für Deutschland«. Wirtschaftspolitik in Sachsen 1945–1948, Paderborn 2001, S. 421 f., das Zitat S. 422.

49 Ebenda, S. 422; Steiner, Länderpartikularismus, S. 37.

50 Vgl. Halder, Modell, S. 422 f.

51 Vgl. Bienert, Zwischen Opposition und Blockpolitik, S. 314–317; Jürgen John, Grundzüge der Landesverfassungsgeschichte Thüringens 1981 bis 1952, in: Thüringische Verfassungsgeschichte im 19. und 20. Jahrhundert, hrsg. vom Thüringer Landtag, Jena 1993, S. 49–112, hier S. 89.

52 Vgl. Wolfgang Benz, Von der Besatzungsherrschaft zur Bundesrepublik. Stationen einer Staatsgründung, Frankfurt a. M. 1984, S. 58.

53 Gedruckt in: Um ein antifaschistisch-demokratisches Deutschland, S. 467 f.

rung von Wirtschaftsplänen in der SBZ verantwortlich. Als Koordinierungsorgan der wirtschaftlichen Zentralverwaltungen wurde eine ständige Wirtschaftskommission gebildet, die allerdings noch keine besonderen Rechte erhielt.

Trotz Zustimmung zu der Vereinbarung vom 10. Februar leistete Thüringen, wo Rudolf Paul im Mai die Amtsgeschäfte wieder übernommen hatte, weiter Widerstand gegen diesen ersten Zentralisierungsschritt in der SBZ.[54] Ein weiteres Rechtsgutachten vom 10. August, das nun vom gesamten Richterkollegium des Oberverwaltungsgerichts Jena verantwortet wurde, blieb im Wesentlichen bei der Argumentation Loenings vom Februar, der zufolge das Gesetzgebungsrecht in Thüringen allein dem dortigen Landtag zustehe. Erneut wurde hervorgehoben, dass es mit demokratischen Grundsätzen unvereinbar sei, wenn bürokratische Apparate wie die Berliner Zentralverwaltungen Vorrang gegenüber den gewählten Landtagen eingeräumt werde. Das Gutachten erkannte darin, anders als bei dem aus Mitgliedern der Landesparlamente zusammengesetzten westlichen Zweizonenrat, Ansätze »zu einem neuen autoritären Führerprinzip«.[55]

Auf die Dauer konnte sich jedoch auch Thüringen dem Zentralisierungstrend in der SBZ nicht entgegenstellen. Eine wichtige Zäsur dabei war sicher die spektakuläre Flucht von Rudolf Paul am 1. und 2. September 1947 in den Westen. Denn dieser hatte anscheinend registriert, dass sich sowohl die SED als auch die SMAD gegen ihn stellten. Er schätzte jedenfalls seine persönliche Situation als so bedrohlich ein, dass er sich entschloss, die SBZ umgehend zu verlassen – ein Ereignis, das weltweit mediale Aufmerksamkeit erregte.[56] Wenngleich nun Werner Eggerath von der SED an seine Stelle trat, war damit der thüringische Widerstandsgeist noch nicht völlig gebrochen. So gab das dortige Wirtschaftsministerium noch Anfang Oktober bekannt: »Von den Beschlüssen der Wirtschaftskommission Berlin führen wir das durch, was wir für ratsam und richtig halten.«[57] Erst nach dem Scheitern der Londoner Außenministerkonferenz (25. November bis 15. Dezember 1947) und der darauf folgenden Kompetenzausweitung des Frankfurter Wirtschaftsrats der Bizone gab Moskau dem Drängen der SED-Spitze nach, so dass die SMAD am 12. Februar 1948 Befehl Nr. 32 erließ, mit dem die DWK neu konsti-

---

54 Vgl. Bienert, Zwischen Opposition und Blockpolitik, S. 317–322.

55 Zu dem Gutachten Heil, Verwaltungsgerichtsbarkeit, S. 157 f., das Zitat S. 158; vgl. auch den Auszug aus einem Bericht über die Regierungstätigkeit 1947, in: John (Hrsg.), Quellen, S. 329 f.

56 Vgl. Bienert, Zwischen Opposition und Blockpolitik, S. 325 f.

57 Zit. nach André Steiner, Die Deutsche Wirtschaftskommission – ein ordnungspolitisches Machtinstrument?, in: Dierk Hoffmann/Hermann Wentker (Hrsg.), Das letzte Jahr der SBZ. Politische Weichenstellungen und Kontinuitäten im Prozeß der Gründung der DDR, München 2000, S. 85–105, hier S. 89.

tuiert wurde.[58] Im März 1948 wurden die wirtschaftlichen Zentralverwaltungen als Hauptverwaltungen in die DWK eingegliedert, und am 20. April erhielt diese von der SMAD ein allgemeines verbindliches Weisungsrecht gegenüber dem gesamten Verwaltungsapparat und der Bevölkerung in der SBZ.[59]

Damit war der Weg zu Zentralisierung, Vereinheitlichung und Demokratieabbau in der sowjetischen Zone frei. Das zeigte sich, erstens, in der Wirtschaft, wo die DWK im ersten Halbjahr auf drei Feldern ihre ordnungspolitische Funktion wahrnahm: bei der Schaffung des »Volkseigentums«, bei der Bildung von einheitlichen, hierarchisch angeordneten Lenkungsinstitutionen sowie bei der Gestaltung der wirtschaftspolitischen Regeln.[60] Zweitens wurde nun die Verwaltung unter Ägide der SED zentralisiert und vereinheitlicht. Den Anfang machte die Innenverwaltung. So wurde bei der Innenministerkonferenz in Altenstein am 31. Januar und 1. Februar 1948 ein einheitlicher Rahmenstrukturplan mit einer festen Hierarchie für die Innenressorts eingeführt, um auf die Dauer die Länderverwaltungen zu nachgeordneten Instanzen der DVdI zu machen.[61] Sehr viel wichtiger wurde die von der SED-Führung organisierte erste »Staatspolitische Konferenz« in Werder an der Havel am 23. und 24. Juli 1948. Der starke Mann der SED, Walter Ulbricht, forderte hier eine stärkere Zentralisierung und Vereinheitlichung der Verwaltung unter Führung der SED. Ulbricht stellte sich ausdrücklich hinter die von der DWK aufgestellten Normalstrukturpläne in den Ländern, wo acht wirtschaftsleitende Hauptabteilungen einzurichten waren. Die vier wichtigsten sollten nicht mehr den Fachministerien, sondern dem Ministerpräsidenten direkt unterstellt werden, ihre Anweisungen aber von der DWK erhalten.[62] Die in Werder ebenfalls anwesenden Ländervertreter widersprachen nicht. Der brandenburgische Ministerpräsident Carl Steinhoff sekundierte Ulbricht sogar, insbesondere der von ihm geforderten Aufhebung der Gewaltenteilung.[63]

---

58 Vgl. ebenda, S. 91 f.; der Befehl in: Um ein antifaschistisch-demokratisches Deutschland, S. 585 f.

59 Vgl. Steiner, Deutsche Wirtschaftskommission, S. 92.

60 Vgl. ebenda, S. 93–97.

61 Vgl. Müller, Parteiministerien, S. 380 f. Die Konferenzen der 1. Vizepräsidenten der Landespräsidien mit dem DVdI-Präsidium und der Parteispitze der SED (ab 1947 Innenministerkonferenzen) fanden seit September 1946 statt und dienten der Koordinierung dieser für die Herrschaftssicherung zentralen Apparate.

62 Vgl. Henning Mielke, Die Auflösung der Länder in der SBZ/DDR 1945–1952. Von der deutschen Selbstverwaltung zum sozialistisch-zentralistischen Einheitsstaat nach sowjetischem Modell, Stuttgart 1995, S. 50.

63 Vgl. Michael C. Bienert, Staatliche Verwaltung, S. 220 f. Steinhoffs Äußerung ordnet sich nahtlos in seine Willfährigkeit gegenüber der SMAD und der SED-Führung ein: vgl. dazu Lutz Maeke, Carl Steinhoff: Erster DDR-Innenminister. Wandlungen eines bürgerlichen Sozialisten, Göttingen 2021.

Drittens implizierte die Gesetzgebungskompetenz der DWK einen massiven Bedeutungsverlust der Landtage. Ulbricht stellte klar, dass der Wirtschaftsplan der DWK das übergeordnete Gesetz war, die Länderparlamente hingegen nur Durchführungsbeschlüsse zu fassen hätten. In diesem Zusammenhang forderte er, sich »von den traditionellen Vorstellungen der formalen bürgerlichen Demokratie, von den Spielregeln des bürgerlichen Parlamentarismus frei [zu] machen«. Zunächst müsse das SED-Landessekretariat einem Gesetz zustimmen, erst dann solle es im Landtag eingereicht werden. Außerdem mokierte er sich über die angeblich ausufernde Gesetzgebungstätigkeit der Landtage, die dringend reduziert, sorgfältiger vorbereitet und zentral abgestimmt werden müsse.[64]

Die Landtage selbst reagierten sehr unterschiedlich auf die neue Konkurrenz, die ihnen in der DWK erwuchs. Sehr zurückhaltend verhielt sich der sächsische Landtag, wo zwar vereinzelter Widerspruch von LDP- und CDU-Abgeordneten kam, die Ausschüsse und das Plenum aber nie grundsätzlich opponierten.[65] Im thüringischen Landtag wollte vor allem die LDP-Fraktion einen Antrag der SED-Fraktion vom 22. Juli 1948 auf Verabschiedung zahlreicher Maßnahmen zur Erfüllung des Halbjahresplans für 1948 und des Zweijahresplans für 1949/50 nicht mittragen. Der Antrag wurde an die Ausschüsse verwiesen. Der Bericht, der daraufhin ausgearbeitet und Anfang September dem Landtag vorgelegt wurde, erhielt zwar dann die Zustimmung aller Fraktionen. Ein LDP-Abgeordneter nutzte indes die Gelegenheit, um zu verdeutlichen, dass er die massive Propaganda für kontraproduktiv und gegen das Freiheitsbedürfnis der Bevölkerung gerichtet hielt.[66] Den massivsten Widerstand gegen den Entwurf des Zweijahresplans leistete das Brandenburger Parlament. Als der Entwurf dem Landtag am 8. September vorgelegt wurde, beantragte die SED-Fraktion, diesen zur Grundlage der Parlamentsarbeit zu machen. Entgegen dem Antrag der CDU- und der LDP-Fraktion, wie üblich die Angelegenheit dem Wirtschaftsausschuss zur Beratung zu übergeben, setzte Landtagspräsident Friedrich Ebert (SED) geschäftsordnungswidrig eine Abstimmung über den Planentwurf an. Beide bürgerlichen Parteien votierten jedoch dagegen, so dass die SED eine empfindliche Niederlage erlitt. Erst im zweiten Anlauf, nach erheblichem Druck der SMAB und nach einer von der SED initiierten Kampagne nahm der Landtag am 7. Oktober eine gemeinsame Entschließung aller Parteien an, in der zu einem engagierten Mitwirken an der Umsetzung des Plans aufgerufen wurde. Damit hatte auch der Brandenburger Landtag die Vor-

---

64 Ulbrichts Vortrag gekürzt in: Die neuen Aufgaben der demokratischen Verwaltung, Berlin 1948, S. 5–39, das Zitat S. 29. Zu dem Vortrag mit ausführlicheren Zitaten aus dem Protokoll der Tagung, Bienert, Zwischen Opposition und Blockpolitik, S. 390–392.

65 Vgl. Schriefl, Versammlung, S. 213 f.

66 Vgl. Bienert, Zwischen Opposition und Blockpolitik, S. 384–388.

rangstellung der DWK akzeptiert.[67] Über die Reaktion des Landtags von Sachsen-Anhalt ist zwar nichts bekannt.[68] Aber laut Oberst Nikolai Rodionow von der Landes-SMA hätten »die Schaffung der Deutschen Wirtschaftskommission, der Verlust der ursprünglichen Bedeutung der Landtage sowie die Übertragung ›gesetzgeberischer‹ Funktionen an die DWK« bei Ministerpräsident Erhard Hübener solch eine Besorgnis ausgelöst, dass er erklärt habe: »Die Entwicklung der Zone ist in eine Phase eingetreten, die meinen weiteren Verbleib auf dem Posten des Ministerpräsidenten unmöglich macht.«[69]

Insgesamt bedeutete der Übergang zur Wirtschaftsplanung unter Ägide der von der SED beherrschten DWK auch die Aushöhlung der ohnehin schwach ausgeprägten Kompetenzen der Landtage in der SBZ. Deren Aufbegehren, das vor allem von CDU und LDP getragen wurde, hatte indes den Charakter von Nachhutgefechten. Die Zentralisierung der Macht bei der DWK bedeutete daher auch einen massiven Abbau demokratischer Partizipationsmöglichkeiten in der SBZ.

5. Epilog: Von der Entmachtung zur Abschaffung der Länder

Die Landtage und Landesregierungen blieben zwar bestehen, aber sie wurden ab 1948 weitgehend entmachtet, nicht nur durch die DWK. Innerhalb der Länder wurden nun die SED-Landesparteiorganisationen ausgebaut, um den Staatsapparat anleiten zu können. Walter Ulbricht formulierte im Juli 1948 folgenden Anspruch: »Alle grundlegenden Fragen, wichtigen Gesetze werden vorher bei unserer Parteileitung entschieden.« Im folgenden Jahr lässt sich an einer Reihe von Vorhaben zeigen, dass diese Vorgabe auch umgesetzt wurde. Mitte 1949 konnte jedenfalls die SED-Landesleitung von Mecklenburg berichten, dass seit einem halben Jahr vor jeder Regierungssitzung Vertreter der SED-Führung des Lan-

---

67 Vgl. ebenda, S. 380–384.
68 Christina Trittel, Die Landtagsfraktionen in Sachsen-Anhalt von 1946 bis 1950. Analyse des landespolitischen Handelns und der Handlungsspielräume kollektiver Akteure in der werdenden DDR, Wiesbaden 2006, S. 193, verweist lediglich darauf, dass infolge der Ausstattung der DWK mit der Gesetzgebungskompetenz der dortige Landtag kaum noch an der Formulierung der Gesetzgebung beteiligt gewesen sei.
69 Die Zitate nach dem Schreiben Rodionows an Kabanow, 30.7.1949, in: Elke Scherstjanoi, Gegen eine »völlige Sowjetisierung der Ostzone«. Neues zur Amtsniederlegung des Ministerpräsidenten von Sachsen-Anhalt, Dr. Erhard Hübener (LDP), im Sommer 1949. Dokumentation, in: Geschichte im Westen 9 (1994), H. 2, S. 197–223, hier S. 204. Zu Hübeners Verteidigung des Föderalismus im Jahre 1949 vgl. Tullner/Lübeck, Hübener, S. 253 f.

des gemeinsam mit den SED-Regierungsmitgliedern die Tagesordnung der Regierungssitzungen festlegten und inhaltlich vorbesprachen.[70]

Auch nach Gründung der DDR am 7. Oktober 1949 blieben die Länder weiter bestehen, und neben der Volkskammer wurde eine Länderkammer eingerichtet. Aber die Gesetzgebungsmöglichkeit der Landtage wurde weiter eingeschränkt. Denn in Artikel 111 der Verfassung der DDR hieß es, dass diese ihr Recht der Gesetzgebung nur ausüben könnten, »[s]oweit die Republik von ihrem Recht zur Gesetzgebung keinen Gebrauch macht«.[71] Das betraf vor allem Wirtschaftsangelegenheiten, da hier seit 1950 die Staatliche Plankommission das Sagen hatte. Die Zahl der von den Ländern verabschiedeten Gesetze sank infolge dieser Entwicklung drastisch. Auch die formal noch bestehende Finanzhoheit der Landesparlamente wurde weiter ausgehöhlt und schließlich per Gesetz vom 15. Dezember 1950 zugunsten einer Zentralisierung des DDR-Haushaltswesens völlig abgeschafft.[72] Die Länder verkamen somit zunehmend zu »Exekutivorganen der Zentralgewalt«.[73]

Dennoch wurden am 15. Oktober 1950, zusammen mit den Volkskammer- und den Kommunalwahlen, noch einmal Landtagswahlen durchgeführt – allerdings auf der Grundlage einer Einheitsliste. Um, wie in Brandenburg, eine Zustimmung von 99,9 Prozent zu erreichen, waren eine massive Wahlkampagne, Zwang und wohl auch Fälschungen notwendig.[74] Die neuen Landtage und die neuen Landesregierungen dienten letztlich nur noch dazu, Föderalismus vorzutäuschen: In Wirklichkeit handelte es sich bei der DDR von Anfang an um eine zentralistische Diktatur. Als 1952, nach der Zurückweisung der Stalin-Note durch die Westmächte, die SED-Führung von Stalin angewiesen wurde, einen eigenen Staat zu organisieren, erfolgte auch die Neugliederung der Verwaltung durch die Schaffung von 14 DDR-Bezirken.[75] In dem von der Volkskammer am 23. Juli verabschiedeten Gesetz[76] war allerdings von einer Abschaffung der Länder nicht die

---

70 Vgl. Brunner, Schein, S. 210–213, das Zitat S. 210. Zu vergleichbaren Vorgängen in Brandenburg vgl. Sattler, Wirtschaftsordnung, S. 790 f.

71 Artikel 111 der DDR-Verfassung vom 7.10.1949, in: Herwig Roggemann, Die DDR-Verfassungen. Einführung in das Verfassungsrecht der DDR. Grundlagen und neuere Entwicklung, Berlin (West) ⁴1989, S. 473.

72 Gesetz über die Reform des öffentlichen Haushaltswesens, 15.12.1950, in: Gesetzblatt der DDR 1950, S. 1201.

73 So zutreffend Hans-Joachim Schreckenbach/Werner Künzel, Das Land Brandenburg und der brandenburgische Landtag, in: Kurt Adamy/Kristina Hübener (Hrsg.), Geschichte der Brandenburgischen Landtage: Von den Anfängen 1823 bis zur Gegenwart, Potsdam 1998, S. 225–326, hier S. 281.

74 Vgl. mit Bezug auf Brandenburg knapp dazu Wentker, Zwischen Eigenständigkeit, S. 40 f.

75 Vgl. ebenda, S. 44 f.; umfassend Mielke, Auflösung, S, 66–143.

76 Gesetz über die weitere Demokratisierung des Aufbaus und der Arbeitsweise der staatlichen Organe in den Ländern der Deutschen Demokratischen Republik, 23.7.1952, in: Gesetzblatt der DDR 1952, S. 613 f.

Rede. Diese blieben formal als territoriale Einheiten erhalten, da sonst eine Änderung der DDR-Verfassung notwendig gewesen wäre. Auch wenn die Länder staatsrechtlich nicht mehr existierten, blieb die Länderkammer vorerst weiter bestehen und wurde erst mit einem Gesetz vom 8. Dezember 1958 abgeschafft.[77]

6. Fazit

Der Föderalismus in der SBZ war sehr viel mehr als eine Fassade, er war aber durch weitgehende Eingriffsrechte der sowjetischen Besatzungsmacht extrem eingeschränkt. Gleichwohl zeigte sich diese nach 1945 zunächst an einer Beibehaltung der Länder interessiert – aus pragmatischen und deutschlandpolitischen Gründen. In den von sowjetischer Seite festgelegten engen Grenzen handelten einzelne landespolitische Akteure durchaus mit Selbstbewusstsein, insbesondere gegenüber den als Hilfsorganen der SMAD-Abteilungen fungierenden Zentralverwaltungen in Berlin, die bestrebt waren, ihre Kompetenzen auf Kosten der Länder auszudehnen. Dabei konnten sich die Ländervertreter zunächst auf die Aussage des Obersten Chefs der SMAD berufen, dass das Schwergewicht der deutschen Verwaltung in der SBZ auf den Ländern liegen solle. Seit Ende 1946 kam hinzu, dass sich die Landesorgane durch Wahlen demokratisch legitimiert sahen, die Zentralverwaltungen jedoch nicht. Wie stark das landespolitische Selbstbewusstsein ausgeprägt war, hing von den einzelnen Personen ab. Zwar dienten die Länder aus sowjetischer Sicht auch dem Zweck, die absolute Macht der Militäradministration zu verschleiern; gleichwohl handelte es sich in den Jahren bis 1947 nicht nur um einen vorgetäuschten Föderalismus. Erst als Landesregierungen und Landtage ihre Kompetenzen an die DWK und die SED abgeben mussten, wurden die Länder mit ihren Institutionen zur reinen Fassade einer zentralistischen Diktatur und konnten daher 1952 durch die Bezirke ersetzt werden.

---

77 Vgl. Christian Thiem, Die Länderkammer der Deutschen Demokratischen Republik (1949–1958). Eine verfassungsgeschichtliche Darstellung von der Entstehung bis zur Auflösung, Berlin 2011, S. 309–338; Christian Schwießelmann, Die DDR-Länderkammer – Appendix, Feigenblatt oder Forum für Symbolpolitik, in: Deutschland Archiv 41 (2008), S. 48–58.

Föderalistische Weichenstellungen zwischen Bizone und Bundesrepublik

Manfred Görtemaker

Bei den Beratungen des Verfassungskonvents in Herrenchiemsee und des Parlamentarischen Rates in Bonn wurden 1948/49 die Weichen für einen, in den Worten des Bundesverfassungsgerichts, »kooperativen Föderalismus« gestellt, der auf der Zusammenarbeit von Bund und Ländern beruht. Mit der Unterzeichnung und dem Inkrafttreten des Grundgesetzes am 23. Mai 1949 wurde diese Bundesstaatlichkeit verfassungsrechtlich verankert. Zwar zwingt sie dazu, ständig »nach der Balance von Einheit in der Vielfalt« zu suchen, wie der Tübinger Politikwissenschaftler Roland Sturm bemerkt hat.[1] Dennoch erwies sich die daraus hervorgegangene politische Ordnung als ebenso stabil wie erfolgreich und wurde nach der Wiedervereinigung am 3. Oktober 1990 auf ganz Deutschland übertragen. Die Gemeinsame Verfassungskommission (GVK), die Ende November 1991 nach einem Beschluss der Ministerpräsidenten der ost- und westdeutschen Länder vom 5. Juli 1990 über mögliche Änderungen oder Ergänzungen des Grundgesetzes nach Artikel 5 des Einigungsvertrages beriet, änderte daran nichts. Im Gegenteil: Das Kooperationsverhältnis zwischen Bund und Ländern, so kompliziert es auf den ersten Blick erscheinen mochte, wurde noch einmal bestätigt und dauerhaft festgeschrieben.[2]

Thema der folgenden Ausführungen ist jedoch nicht das Funktionieren des kooperativen Föderalismus, sondern sein Zustandekommen in der Entwicklung von der Bizone zur Bundesrepublik. Dabei sind zunächst die äußeren Rahmenbedingungen zu betrachten, denn die Bundesrepublik war ein Kind des Kalten Krieges. Danach werden die Beratungen des Verfassungskonvents auf der Herreninsel im Chiemsee im August 1948 und im Parlamentarischen Rat in Bonn von September 1948 bis Juni 1949 dargestellt. Den Abschluss bilden einige Über-

---

1 Roland Sturm, Bundesstaatlichkeit, in: Hans-Peter Schwarz (Hrsg.), Die Bundesrepublik Deutschland. Eine Bilanz nach 60 Jahren, München 2008, S. 279.

2 Eckpunkte der Länder für die bundesstaatliche Ordnung im vereinten Deutschland, in: Deutsche Einheit. Dokumente zur Deutschlandpolitik. Sonderedition aus den Akten des Bundeskanzleramtes 1989/90, hrsg. vom Bundesministerium des Innern unter Mitwirkung des Bundesarchivs, bearb. von Hanns Jürgen Küsters und Daniel Hofmann, München 1998, S. 1305 ff.

legungen zur Praxis des Föderalismus, wie er sich in den Jahrzehnten nach 1949 entwickelte.

1. Die Rolle der Alliierten

Als der Zweite Weltkrieg 1945 zu Ende ging, zeigte sich bald, dass das Kriegsbündnis zwischen der Sowjetunion und den Westmächten, die sogenannte »Anti-Hitler-Koalition«, die den Sieg über Deutschland ermöglicht hatte, nicht lange halten würde. Zu verschieden waren die politischen, wirtschaftlichen und militärischen Interessen, zu unterschiedlich die ideologischen Vorstellungen und gesellschaftlichen Systeme. George F. Kennan, seit Juli 1944 Gesandter an der amerikanischen Botschaft in Moskau, schrieb bereits im Sommer 1945, die Idee, Deutschland gemeinsam mit den Russen regieren zu wollen, sei »ein Wahn«. Man habe »keine andere Wahl, als den Teil von Deutschland, für den wir und die Briten die Verantwortung übernommen haben, zu einer Form von Unabhängigkeit zu führen, die so befriedigend, so gesichert, so überlegen ist, dass der Osten sie nicht gefährden kann«.[3] Winston Churchill, seit den Tagen der Potsdamer Konferenz im Sommer 1945 Oppositionsführer im Unterhaus, erklärte am 5. März 1946 in Fulton im amerikanischen Bundesstaat Missouri: »Wir müssen der Tatsache ins Auge sehen, dass so, wie die Dinge gegenwärtig stehen, zwei Deutschlands im Entstehen sind: das eine mehr oder weniger organisiert nach dem russischen Modell bzw. im russischen Interesse, das andere nach dem der westlichen Demokratie.«[4]

Nach dem Scheitern der Pariser Außenministerkonferenz der Vier Mächte im Juli 1946, auf der die gegensätzlichen Positionen der Sowjetunion, Frankreichs, Großbritanniens und der USA noch einmal aufeinanderprallten, wurden aus dieser Einsicht erste Konsequenzen gezogen. In einer Denkschrift, die er noch während der Konferenz vorlegte, schlug der stellvertretende amerikanische Militärgouverneur in Deutschland, Lucius D. Clay, die wirtschaftliche Vereinigung der amerikanischen mit der britischen Besatzungszone zur »Bizone« vor – trotz »völliger Klarheit über die politischen Implikationen«.[5] Was er damit meinte, war nicht schwer zu erraten: die faktische Teilung Deutschlands. Der amerikanische Außenminister James F. Byrnes bot zwar am 11. Juli 1946 die Zusammenarbeit mit jeder anderen Zone an, »um deutsche Verwaltungseinrichtungen für die Verwaltung

---

3 George F. Kennan, Memoirs 1925–1950, Boston/Toronto 1967, S. 258.
4 Keesing's Archiv der Gegenwart, 1946–1947, Essen 1946, S. 669 ff.
5 Jean Edward Smith (Hrsg.), The Papers of General Lucius D. Clay. Germany 1945–1949, Bloomington, IN 1974, S. 213.

unserer Zonen als wirtschaftliche Einheit zu schaffen«.[6] Nach dem offenkundigen Scheitern der Vier-Mächte-Verwaltung konnte es dabei aber nur noch um die Einbeziehung des französischen Gebiets gehen. In einer programmatischen Rede kündigte Byrnes schließlich am 6. September 1946 in Stuttgart nicht nur die Errichtung der Bizone zum 1. Januar 1947, sondern auch »die baldige Bildung einer vorläufigen deutschen Regierung« an: Die Schranken zwischen den Besatzungsgebieten und die damit verbundene wirtschaftliche Not dürften nicht unnötig weiterbestehen; das amerikanische Volk wolle dem deutschen Volk seine Regierung zurückgeben und ihm helfen, »seinen Weg zurückzufinden zu einem ehrenvollen Platz unter den freien und friedliebenden Nationen der Welt«.[7]

Ein amerikanisch-britisches Regierungsabkommen über das »Vereinigte Wirtschaftsgebiet«, wie die Bizone offiziell hieß, wurde am 2. Dezember 1946 durch die Außenminister Byrnes und Ernest Bevin unterzeichnet. Konkrete Schritte zur Gründung eines westdeutschen Staates wurden jedoch erst nach einem weiteren ergebnislosen Außenministertreffen der Vier Mächte im März und April 1947 in Moskau unternommen, als die USA und Großbritannien die Bizone mit einem Wirtschaftsrat und einem Exekutivrat versahen, die Vorformen eines Parlaments und eines Kabinetts darstellten. Die Maßnahmen waren Teil einer umfassenden Revision der westlichen Politik gegenüber der Sowjetunion, die in der »Truman-Doktrin« vom 12. März 1947 zum Ausdruck kam. Der amerikanische Präsident Harry S. Truman hatte darin den Grundsatz verkündet, dass allen freien Völkern, die vom Kommunismus bedroht würden, amerikanische Unterstützung zugesichert werde. Jede Nation, so Truman, müsse in Zukunft zwischen westlicher Demokratie und Kommunismus wählen – zwischen einer Lebensweise, die sich auf den Willen der Mehrheit, freie Wahlen und Freiheit vor politischer Unterdrückung gründe, und einer Lebensweise, die auf dem Willen einer Minderheit beruhe, den diese der Mehrheit durch Terror und Unterdrückung aufzwinge. Der Konflikt zwischen den USA und der Sowjetunion war damit nicht länger nur ein Kampf um Macht und Einfluss, sondern auch ein Ringen um die Durchsetzung ideologischer Ziele, die miteinander grundsätzlich unvereinbar waren – also eine weltanschauliche Auseinandersetzung, für die der amerikanische Publizist Walter Lippmann noch 1947 den Begriff »Kalter Krieg« prägte.[8]

---

6 The Secretary of State to the Ambassador in France (Caffery), 19. Juli 1946, in: Foreign Relations of the United States. Diplomatic Papers 1946, Bd. V, Washington, DC 1969, S. 578 f.

7 Address by Secretary of State Byrnes on United States Policy Regarding Germany, Stuttgart, September 6, 1946, in: United States Department of State, Documents on Germany 1944–1985, Washington, DC 1985, S. 91 ff. Siehe auch John Gimbel, Byrnes' Stuttgarter Rede und die amerikanische Nachkriegspolitik in Deutschland, in: Vierteljahrshefte für Zeitgeschichte 20 (1972), H. 1, S. 39–62.

8 Walter Lippmann, The Cold War. A Study in US Foreign Policy, New York/London 1947 (zuvor als Artikelserie in der »New York Herald Tribune« erschienen).

Die amerikanische Politik zur Eindämmung des sowjetischen Kommunismus war von einer Verstärkung des wirtschaftlichen Engagements der USA in Europa begleitet. Das »Europäische Wiederaufbauprogramm« (European Recovery Program, ERP) – besser bekannt unter der Bezeichnung »Marshall-Plan«, der am 5. Juni 1947 vom amerikanischen Außenminister George C. Marshall in einer Rede vor der Harvard University verkündet wurde – sollte die westlichen Demokratien stabiler und damit weniger anfällig gegen sowjetische Einflussnahme machen. Truman-Doktrin und Marshall-Plan waren deshalb, in den Worten Präsident Trumans, »zwei Hälften derselben Walnuss«.[9] Für Deutschland bedeutete die Teilnahme am Marshall-Plan vor allem die Notwendigkeit einer Währungsreform, weil die deutsche Währung durch den Umlauf von rund 300 Milliarden Reichsmark, denen kaum ein Warenangebot gegenüberstand, praktisch wertlos geworden war. Eine Lösung zeichnete sich jedoch zunächst nicht ab, da eine Währungsumstellung Klarheit über die künftige deutsche Wirtschaftsordnung voraussetzte und damit weitreichende Konsequenzen für die wirtschaftliche und politische Einheit Deutschlands besaß.

Im November und Dezember 1947 bestätigte eine erneute Außenministerkonferenz der Vier Mächte in London, was sich schon im Frühjahr in Moskau abgezeichnet hatte: dass eine Übereinkunft zwischen der Sowjetunion und den Westmächten in der deutschen Frage nicht mehr möglich war. Am 15. Dezember gingen die Konferenzteilnehmer auseinander, ohne einen Termin für eine neue Begegnung vereinbart zu haben. Der 1945 in Potsdam eingesetzte »Rat der Außenminister« war gescheitert und hörte nach Abbruch der Londoner Verhandlungen praktisch auf zu bestehen. An seine Stelle traten Konferenzen und Gremien, in denen es nicht länger um Kompromisse zwischen den Vier Mächten, sondern nur noch um separate Lösungen für die sowjetische Zone und die drei Westzonen ging. Auf westlicher Seite kamen danach am 23. Februar 1948 die USA, Großbritannien, Frankreich und die Benelux-Staaten, ebenfalls in London, zu einer Sechs-Mächte-Konferenz auf Botschafterebene zusammen, auf der erwogen wurde, die deutschen Westzonen in ein staatliches Gebilde umzuwandeln und eine provisorische westdeutsche Regierung zu installieren. Parallel dazu sollten die deutsche Währung reformiert und die neu entstehende Ordnung in das mit Marshall-Plan-Mitteln stabilisierte westliche Wirtschaftssystem eingefügt werden. Frankreich verzichtete dabei unter amerikanischem und britischem Druck auf eine Fortsetzung seiner auf Zerstückelung und Schwächung zielenden Deutschlandpolitik und sah sich zu diesem Positionswechsel nicht zuletzt durch die Entwicklung in der Tschechoslowakei veranlasst, wo die Kommunisten mit sowjetischer Unterstützung am 25. Februar 1948 durch einen »kalten Staatsstreich« die

---

9 Harry S. Truman, Memoirs, Bd. 2: Years of Trial and Hope, Garden City, NY 1956, S. 113 ff.

Alleinherrschaft übernahmen und das Land zu einem Satelliten Moskaus degradierten. Der Leiter der Politischen Abteilung im französischen Außenministerium, Maurice Couve de Murville, der am 7. April General Clay in Berlin besuchte, mutmaßte daraufhin sorgenvoll, seiner Meinung nach sei »ein Krieg mit der Sowjetunion in den nächsten zwei oder drei Jahren unvermeidlich«.[10]

Die Londoner Botschaftergespräche endeten im Juni 1948 mit Vereinbarungen, die als »Londoner Empfehlungen« den Auftrag zur Gründung eines westdeutschen Staates enthielten. Nach Billigung durch die beteiligten Regierungen wurden die Empfehlungen am 1. Juli in Frankfurt am Main offiziell den Ministerpräsidenten der westdeutschen Länder übergeben, die zugleich den Auftrag erhielten, eine Verfassunggebende Versammlung einzuberufen. Die Verfassung sollte allerdings »nicht das zentralisierte Reich wiederherstellen«, sondern »eine bundesstaatliche Regierungsform« schaffen, die geeignet sein würde, »in angemessener Weise die Rechte der jeweiligen Staaten zu schützen, für eine angemessene Zentralgewalt zu sorgen und die Rechte und Freiheiten des einzelnen zu garantieren«.[11]

2. Beratungen der Ministerpräsidenten

Als die Ministerpräsidenten am 8. Juli 1948 im Koblenzer Hotel Rittersturz, einem beliebten Ausflugsziel oberhalb der Stadt, zusammenkamen, um über die »Frankfurter Dokumente« zu beraten, war die Stimmung gedrückt. Dies lag nicht nur an der Blockade Berlins, die einige Wochen zuvor von der Sowjetunion verhängt worden war, um die Währungsreform und eine westdeutsche Staatsgründung zu verhindern, sondern auch an der Politik der westlichen Alliierten. Wer geglaubt hatte, deren Vorstellungen zur Gründung einer von der Sowjetischen Besatzungszone getrennten »Bundesrepublik Deutschland« würden freudige Zustimmung auslösen, sah sich getäuscht. Wohl begrüßte man es, dass die Länder in die Verantwortung einbezogen wurden. Doch der Gedanke eines eigenen, nach Westeuropa integrier-

---

10 The United States Political Advisor for Germany (Murphy) to the Director of the Office of European Affairs (Hickerson), 8. April 1948, in: Foreign Relations of the United States. Diplomatic Papers 1948, Bd. II, Washington, DC 1973, S. 169. Siehe hierzu auch die Beiträge von Raymond Poidevin und Wilfried Loth zur französischen Deutschlandpolitik, in: Claus Scharf/Hans-Jürgen Schröder (Hrsg.), Die Deutschlandpolitik Frankreichs und die Französische Zone 1945–1949, Wiesbaden 1983, S. 24 und 44.

11 Sechsmächte-Empfehlung, 2. Juni 1948, in: Dokumente des geteilten Deutschland. Quellentexte zur Rechtslage des Deutschen Reiches, der Bundesrepublik Deutschland und der Deutschen Demokratischen Republik. Mit einer Einführung hrsg. von Ingo von Münch, 2., unv. Aufl., Stuttgart 1976, S. 82 ff.

ten westdeutschen Staates war den Ministerpräsidenten fremd. Niemand befürwortete eine »definitive Staatsbildung«. Niemand votierte auch für die Einberufung einer verfassunggebenden Nationalversammlung nach dem Vorbild Weimars, die zwangsläufig die Spaltung Deutschlands vertiefen würde. Daher müsse, erklärte der stellvertretende Staatspräsident von Württemberg-Hohenzollern, Carlo Schmid, was immer man jetzt schaffe, »den Charakter eines Provisoriums haben«, das nur so lange in Geltung bleiben solle, bis das ganze Volk die Möglichkeit habe, »gemeinsam den Staat aller Deutschen zu errichten«.[12]

Schließlich einigte man sich darauf, dass ein von den Landtagen der Länder zu beschickender »Parlamentarischer Rat« ein sogenanntes »Grundgesetz« und ein Wahlgesetz verabschieden sollte, um auf diesem Wege zu einer Staatlichkeit zu gelangen, die schon bei der Namensgebung auf ihren vorläufigen Charakter den allergrößten Wert legte. Doch als die Stellungnahme am 10. Juli den Militärgouverneuren übermittelt wurde, mussten die Länderchefs erkennen, dass die Besatzungsmächte durchaus einen »richtigen« westdeutschen Staat wollten. Bei einem Treffen in Frankfurt am 20. Juli lehnten besonders Lucius D. Clay, der inzwischen Dwight D. Eisenhower als amerikanischer Militärgouverneur abgelöst hatte, und sein britischer Amtskollege Brian Robertson strikt ab, über die Frage »Staat« oder »Verwaltungsgebiet« auch nur zu verhandeln. Ein »Grundgesetz« reichte ihnen ebenfalls nicht – mit all den Diminutiven, die in dem Wort steckten. Sie beharrten vielmehr auf ihrer Forderung nach einer regulären, im Rahmen des Besatzungsrechts mit allen Hoheitseigenschaften ausgestatteten »Verfassung« und der Errichtung eines funktionstüchtigen Staates.

So zogen sich die Ministerpräsidenten am 21. und 22. Juli erneut zur Beratung zurück – diesmal in das Jagdschloss Niederwald bei Rüdesheim, ganz in der Nähe der bronzenen Germania, die hier von 1877 bis 1883 als Nationaldenkmal zur Erinnerung an die Neugründung des Deutschen Reiches von 1871 errichtet worden war. An den Erörterungen nahmen jetzt auch die einflussreichsten Politiker der Parteien teil, deren Einbeziehung andeutete, dass die Ära der Ministerpräsidenten in der nationalen Politik zu Ende ging. Vom trotzigen Beharrungswillen der Rittersturz-Konferenz war bald nur noch wenig zu spüren. Zwar sollte die dort entwickelte Terminologie – etwa die Bezeichnung »Parlamentarischer Rat« statt »Verfassunggebende Versammlung« – so weit wie möglich beibehalten werden. Doch in der Sache wollte man den Londoner Empfehlungen nun folgen. Die Grundforderung der Alliierten, dass das neue Gebilde ein »Staat« und nicht nur ein »Verwaltungsgebiet« sein müsse, wurde nicht mehr in Frage gestellt.

Wesentlichen Anteil an dieser Positionsveränderung hatte, neben den Militärgouverneuren, der gewählte, wenn auch von der Kommandantur nicht bestätigte

---

12 Carlo Schmid, Erinnerungen, Bern u. a. 1979, S. 329.

Berliner Oberbürgermeister Ernst Reuter. Während die amtierende Oberbürger-meisterin Louise Schroeder in Koblenz die Ministerpräsidenten noch beschworen hatte, nichts Endgültiges zu schaffen, ehe nicht »Berlin mit den übrigen Zonen wieder zu einer Einheit gekommen« sei, trat Reuter entschieden für eine west-deutsche Lösung im Sinne der »Kernstaatsidee« ein, die im Gegensatz zur Positi-on Schroeders durch eine Mehrheit von Politikern aller demokratischen Partei-en Berlins gedeckt war. »Die Spaltung Deutschlands wird nicht geschaffen, sie ist schon vorhanden«, rief Reuter den Konferenzteilnehmern zu. Die Gründung ei-nes westdeutschen Staates werde keine Einigungsmöglichkeiten verschütten, son-dern eine »magnetische Wirkung« auf die Ostzone ausüben. Nicht nur Berlin, auch das Volk der sowjetisch besetzten Zone sehe in der »Konsolidierung des Westens eine elementare Voraussetzung für die Gesundung auch ihrer Verhältnis-se und für die Rückkehr des Ostens zum gemeinsamen Mutterlande«.[13]

Die Pragmatiker unter den Länderchefs, allen voran der Erste Bürgermeister Hamburgs, Max Brauer, der bayerische Ministerpräsident Hans Ehard und der Bremer Bürgermeister Wilhelm Kaisen, pflichteten Reuter bei und lenkten die Debatte – anders als auf dem Rittersturz, wo sie sich zurückgehalten hatten, um die Geschlossenheit der deutschen Position zu wahren – in seine Richtung. Carlo Schmid, der in Koblenz zu den Wortführern der Kritiker gezählt hatte und auch in Niederwald prinzipielle Bedenken gegen die vorgeschlagenen Kompromisse anmeldete, war diesmal isoliert. Als die Ministerpräsidenten am 26. Juli zum drit-ten Mal mit den Militärgouverneuren zusammentrafen, waren die Generäle zwar mit der Benennung der Verfassung als »Grundgesetz« noch immer nicht zufrie-den. Auch die Frage, ob die Verfassung durch ein Referendum, wie von alliier-ter Seite gewünscht, oder durch die Landtage, wie von den Ministerpräsidenten vorgeschlagen, ratifiziert werden sollte, war weiterhin strittig. Nach wiederhol-ten Unterbrechungen und Flüsterpausen war die Erleichterung auf beiden Seiten jedoch groß, als der französische General Pierre Koenig, der den Vorsitz führte, feierlich erklärte, die Bezeichnung »Grundgesetz« bereite keine Schwierigkeiten mehr, und in der Frage des Referendums würden die deutschen Gegenvorschläge den Regierungen der Drei Mächte überreicht; eine Entscheidung darüber werde vorliegen, ehe der Parlamentarische Rat am 1. September 1948 mit seiner Arbeit beginne. »Wenn Sie akzeptieren, die volle Verantwortung zu übernehmen«, so General Koenig am Schluss, »können wir Ihnen sagen: En avant!«[14]

Unterschiedliche Auffassungen zwischen den Ministerpräsidenten und den Al-liierten bestanden aber auch in der Frage, wie die Struktur des neuen Staates ausse-

---

13 Konferenz Jagdschloss Niederwald, in: Der Parlamentarische Rat 1948–1949. Akten und Pro-tokolle, Bd. I: Vorgeschichte, bearb. von J. V. Wagner, Boppard am Rhein 1975, S. 196 f.

14 Schlusskonferenz der Militärgouverneure mit den Ministerpräsidenten am 26. Juli 1948, in: Der Parlamentarische Rat 1948–1949. Akten und Protokolle, Bd. 1, S. 273.

hen sollte. Die Londoner Empfehlungen und die daraus hervorgegangenen Frankfurter Dokumente stellten in dieser Hinsicht einen Kompromiss zwischen den aus historischen und vor allem sicherheitspolitischen Gründen betont föderalistischen Vorstellungen Frankreichs und den gemäßigteren Auffassungen der USA dar, die eine sinnvolle bundesstaatliche Machtverteilung anstrebten und darin Großbritannien meist auf ihrer Seite wussten, obwohl die Labour-Regierung in London eigentlich zu einem stärkeren Zentralismus tendierte. Ähnlich geteilt war auch die Meinung der Ministerpräsidenten. Während sich die süddeutschen Länderchefs, angeführt von Bayerns Hans Ehard (CSU), für eine Stärkung der Länder und eine schwache Zentralgewalt aussprachen, setzten sich vor allem die SPD-geführten Länder für eine starke Zentralgewalt ein. Ehard, der als Anhänger der Föderalismuskonzeption besonders engen Kontakt zur amerikanischen Besatzungsmacht hielt, veranlasste schließlich, dass ein sogenannter »Verfassungskonvent« einberufen wurde, um die strittigen Fragen von Experten beraten zu lassen, ehe der Parlamentarische Rat zusammentrat, um die notwendigen Entscheidungen zu treffen.

3. Verfassungskonvent und Parlamentarischer Rat

Als Tagungsort für den Verfassungskonvent wurde die Herreninsel im Chiemsee gewählt, wo Ministerpräsident Ehard wohl nicht ohne Hintergedanken das dortige Schloss für die Beratungen zur Verfügung stellte, die hier nun vom 10. bis 23. August 1948 stattfanden. Weil die bayerische Staatsregierung sich nicht allein darauf verlassen mochte, dass die ländliche Idylle den föderalistischen Geist der Verfassung befördern werde, führte die Delegation aus München zu Tagungsbeginn am 10. August als einzige auch noch gleich ein Papier in ihrem Gepäck mit. Es war unter Federführung des österreichischen Staatsrechtlers und »Vaters« der Verfassung des Freistaates Bayern von 1946, Professor Hans Nawiasky, verfasst worden und brachte unter der Überschrift »Bayerische Leitgedanken für die Schaffung des Grundgesetzes« den Wunsch zum Ausdruck, den »Bund« lediglich als Produkt der Länder darzustellen und ihm nur eine begrenzte Anzahl von Kompetenzen zu geben. Der Entwurf eines Grundgesetzes wurde der Einfachheit halber gleich mitgeliefert, jedoch vorsichtig als »privat« und nicht als Vorlage der bayerischen Staatsregierung deklariert.[15]

---

15 Abgedruckt in: Der Parlamentarische Rat 1948–1949. Akten und Protokolle, Bd. 2: Der Verfassungskonvent auf Herrenchiemsee, bearb. von Peter Bucher, Boppard am Rhein 1981, S. 1 ff. Siehe auch Karl-Ulrich Gelberg, Bayerische Strategien für den Konvent, in: Peter März/ Heinrich Oberreuter (Hrsg.), Weichenstellung für Deutschland? Der Verfassungskonvent von Herrenchiemsee, München 1999, S. 53.

Jedes der elf Länder hatte einen Bevollmächtigten in den Konvent entsandt. Berlin war zusätzlich durch den Vorsteher der Stadtverordnetenversammlung, Otto Suhr, vertreten, der Gastrecht genoss. Die Teilnehmer, die von nur einem oder zwei – insgesamt 15 – Mitarbeitern begleitet wurden, gehörten den verschiedensten politischen Richtungen an und vertraten ebenso unterschiedliche verfassungsrechtliche Theorien. Manche waren Politiker oder Beamte ihrer Landesregierungen, andere Professoren, wiederum andere frühere Diplomaten. Keiner von ihnen repräsentierte offiziell eine politische Partei. Allen war gemeinsam, dass man ihnen Sachverstand zutraute. Nur wenige waren einander bisher schon begegnet. Und kaum einer hatte sich auf die Konferenz besonders vorbereiten können. Selbst der Kenntnisstand über die Erwägungen, die im Kreis der Ministerpräsidenten nach Empfang der Frankfurter Dokumente angestellt worden waren, war bei den meisten zu Beginn der Tagung gering.

Die Erwartungen an den Konvent waren dennoch hoch. Zwar konnten aus den Beratungen formell nicht mehr als eine unverbindliche Denkschrift für die Ministerpräsidenten und ein ebenso unverbindliches Arbeitspapier für den Parlamentarischen Rat hervorgehen. Trotzdem war zu vermuten, dass die Vorschläge der Sachverständigen die Richtung der weiteren Verfassungsdiskussion mitbestimmen würden. So war es mit der Idylle auf der Herreninsel bald nicht mehr weit her. Neben den Mücken, die sich in der Sommerwärme sichtlich wohlfühlten, wurden Reporter zur größten Plage. Von Stille und Abgeschiedenheit konnte ohnehin kaum die Rede sein, da die Insel auch für Ausflügler nicht gesperrt war. Der Konvent war daher kein Konklave, sondern tagte unter den Augen einer teils beiläufigen, teils neugierigen und aufmerksamen Öffentlichkeit. Zum Vorsitzenden wurde der »Hausherr« von der bayerischen Staatsregierung, Staatsminister Dr. Anton Pfeiffer, gewählt. Weil die Ministerpräsidenten sich am 31. August 1948 wieder im Jagdschloss Niederwald versammeln wollten, um letzte Vorbereitungen für die Eröffnung des Parlamentarischen Rates am folgenden Tag zu treffen, hatten die Delegierten in Herrenchiemsee allerdings nur 13 Tage Zeit, um sich über die Grundgedanken der neuen Verfassung einig zu werden.

Ein wichtiger Orientierungspunkt war dabei das historische Vorbild von Weimar. Vor allem galt es, dessen Konstruktionsmängel zu vermeiden, die nicht unwesentlich zum Niedergang der ersten deutschen Republik beigetragen hatten. Die Sachverständigen plädierten deshalb nicht nur für ein rein repräsentatives Staatsoberhaupt und eine Fünf-Prozent-Klausel, die eine erneute Zersplitterung des Parteiensystems verhindern sollte, sondern auch für eine ausgeprägt föderale Struktur des kommenden Staatswesens – einschließlich einer weitgehend dezentralen Gesetzgebung, Verwaltung, Justiz, Finanzhoheit und Finanzierungspflicht der Länder – sowie für eine Zwei-Kammer-Legislative mit einem »echten« Parlament und einer Länderkammer, deren Struktur allerdings zunächst noch umstritten blieb. Die Regierung sollte vom Parlament abhängig sein, sich dort jedoch, im Gegensatz zur Weimarer Ordnung, stets auf eine »arbeitsfähige Mehrheit« stützen. Präsidialregierungen wurden ausgeschlossen, ebenso Volksbegehren. Volksentscheide sollte es nur bei Grundgesetzänderungen geben.[16]

Als die Beratungen in Herrenchiemsee nach zwei Wochen zum Abschluss gelangten, lag nicht nur ein Grundsatzpapier zu einzelnen Verfassungsproblemen vor, in dem in 13 Kapiteln politische und verfassungsrechtliche Überlegungen angestellt wurden, die von den Ministerpräsidenten und vom Parlamentarischen Rat weiterverfolgt werden konnten, sondern auch ein fast vollständiger Entwurf des Grundgesetzes. Das Echo war dennoch überwiegend negativ. So beklagte der sozialdemokratische Vizepräsident des Frankfurter Wirtschaftsrats, Gustav Dahrendorf, den angeblich überzogenen Föderalismus der Vorschläge: Was sich in dieser Hinsicht in Herrenchiemsee durchgesetzt habe, bedeute das Ende Deutschlands.[17] Konrad Adenauer, Vorsitzender der CDU in der britischen Zone, machte deutlich, dass der Entwurf gänzlich unverbindlich sei; der Parlamentarische Rat könne das Material, das hier »in dankenswerter Weise« für die Beratungen vorbereitet worden sei, »völlig frei verwerten«.[18] Und selbst Carlo Schmid, der als Vertreter von Württemberg-Hohenzollern am Konvent teilgenommen und darin eine überaus konstruktive Rolle gespielt hatte, betonte im »SPD-Pressedienst« die Unverbindlichkeit des Entwurfs von Herrenchiemsee, den er als bloße Empfehlung einiger »Techniker des Verfassungsrechtes« herunterspielte.[19]

Die Tatsache, dass die Parteien zurückhaltend auf die Empfehlungen des Verfassungskonvents reagierten, um ihre eigene Rolle nicht zu beeinträchtigen, und jegliche Präjudizierung des Parlamentarischen Rates strikt ablehnten, minderte die Bedeutung der Sachverständigentexte allerdings keineswegs. Vor allem war man sich von vornherein über die Errichtung eines Bundesstaates einig, der auch von den Alliierten nachdrücklich gefordert wurde. Doch welches Gewicht sollten die einzelnen Länder im Rahmen der bundesstaatlichen Ordnung erhalten? Wie sollten sie insbesondere an der Gesetzgebung des Bundes mitwirken? Und wie sollte das Problem der Bund-Länder-Zuständigkeit bei der Steuererhebung und Steuerverteilung im Rahmen der Finanzverfassung gelöst werden?

Bei der Föderalismusproblematik wurden zwei Modelle diskutiert: die »Senatslösung« mit einer gewählten Zweiten Kammer sowie die »Bundesratslösung«, die eine Länderkammer aus Vertretern der Landesregierungen vorsah. Die SPD,

---

16 Vgl. Theodor Eschenburg, Jahre der Besatzung 1945–1949 (= Geschichte der Bundesrepublik Deutschland, Bd. 1), Stuttgart 1983, S. 482 f.

17 Süddeutsche Zeitung, 28.8.1948.

18 Wolfgang Benz, Von der Besatzungsherrschaft zur Bundesrepublik. Stationen einer Staatsgründung 1946–1949, Frankfurt a. M. 1984, S. 156.

19 SPD-Pressedienst, 25.8.1948.

die zunächst eine reine Senatslösung befürwortete, vollzog schließlich, als sie erkannte, dass ihre Position nicht mehrheitsfähig war, einen Kurswechsel und ermöglichte es ihrem Verfassungsexperten Walter Menzel, im Alleingang mit dem bayerischen Ministerpräsidenten Ehard eine Bundesratsregelung auszuarbeiten, die auf der Linie der süddeutschen Föderalisten lag und den Ländern erheblich größere Kompetenzen zubilligte als der Entwurf der CDU/CSU-Fraktion. Diese Lösung, die am Ende auch von der Union akzeptiert wurde, bedeutete, dass die SPD nunmehr einer wichtigen föderalistischen Komponente im institutionellen Gefüge der Bundesrepublik zustimmte, nachdem sie zuvor stets die Bedeutung einer starken Zentralgewalt für die Funktionsfähigkeit des künftigen politischen Gemeinwesens betont hatte.

Die eigentliche Entscheidung über das Verhältnis zwischen Bund und Ländern stand jedoch noch bevor, als es um die Finanzfrage, das heißt um die Regelung der Zuständigkeit bei der Steuererhebung und Steuerverteilung, ging. Die extremen Föderalisten, darunter große Teile von CDU und CSU, wollten diese Aufgabe weitgehend den Ländern übertragen und wandten sich gegen eine einheitliche Bundesfinanzverwaltung. SPD und FDP forderten dagegen eine starke Bundesgewalt mit weitreichenden Steuererhebungskompetenzen und einem Finanzausgleich zwischen den Ländern. Die Angelegenheit wurde noch dadurch kompliziert, dass sich die Militärgouverneure am 22. November 1948 unter französischem Druck zum ersten Mal direkt in die Verhandlungen einschalteten und in einem Aide-Mémoire die Notwendigkeit unterstrichen, den föderalistischen Aspekt der künftigen Verfassung im Hinblick auf das Zweikammersystem und die Finanzverfassung zu beachten. Es war offensichtlich, dass insbesondere Frankreich das SPD/FDP-Modell ablehnte und die extremen Föderalisten unterstützte, um den Bund zugunsten der Länder zu schwächen. Da sich die Militärgouverneure in den Frankfurter Dokumenten das Recht vorbehalten hatten, über die Arbeit des Parlamentarischen Rates das letzte Wort zu sprechen, bedeutete diese Intervention eine empfindliche Einschränkung der deutschen Entscheidungsfreiheit.

Eine Unterredung zwischen den Alliierten und einer Abordnung des Rates am 16. Dezember fand dementsprechend in gespannter Atmosphäre statt. Als Adenauer in seiner Funktion als Präsident des Parlamentarischen Rates dabei auch über die Differenzen zwischen den Parteien sprach, waren Sozialdemokraten und Liberale empört: Sie sahen darin einen Versuch, die Besatzungsmächte als Schiedsrichter in den Streit der Fraktionen einzuspannen, und die SPD sprach Adenauer das Misstrauen aus.[20] Dennoch gelang es ihm in interfraktionellen Gesprächen – dem sogenannten »Fünfer-Ausschuss« –, Kompromisse in der Fra-

---

20 Siehe hierzu Adolf M. Birke, Nation ohne Haus. Deutschland 1945–1961, Berlin (West) 1989, S. 237. Vgl. auch Rudolf Morsey, Die Rolle Konrad Adenauers im Parlamentarischen Rat, in: Aus Politik und Zeitgeschichte, B 8/1970, S. 35.

ge der Mitwirkung des Bundesrats bei der Gesetzgebung und zum Problem der Finanzverfassung zu finden, wobei CDU und CSU den Weg für eine einheitliche Bundesfinanzverwaltung freimachten, indem sie ihre Forderung fallenließen, Bundessteuern sollten durch die Länder verwaltet werden. SPD und FDP hatten sich durchgesetzt. So konnte die Dritte Lesung des Grundgesetz-Entwurfs im Februar 1949 abgeschlossen werden. Allerdings war die Strategie, das alliierte Memorandum vom 22. November 1948 lediglich als »eine Erläuterung« zu werten und damit die Intervention der Militärgouverneure praktisch zu ignorieren, nicht ohne Risiko, da man nun mit der Ablehnung der Alliierten rechnen musste.[21]

Tatsächlich teilte der britische Militärgouverneur Robertson nach dreiwöchiger Prüfung des Textes durch die Militärregierungen einer Delegation des Parlamentarischen Rates am 2. März mit, dass der Entwurf in acht Punkten von den Forderungen des Aide-Mémoire vom 22. November abweiche. Er sei entsprechend zu überarbeiten. Insbesondere die Steuergesetzgebung und Steuerverwaltung zwischen Bund und Ländern sollten eindeutig getrennt werden; den Ländern sei grundsätzlich eine Vorrangstellung einzuräumen.[22] Dies war noch kein Veto, das die Grundgesetzberatungen zu Fall brachte, aber eine Warnung, dass ein Fehlschlag drohte, wenn die Vorstellungen der Alliierten weiterhin unberücksichtigt blieben. Doch zeigte sich, dass die Westmächte davor zurückschreckten, die westdeutschen Verfassungsberatungen scheitern zu lassen. Vor allem offenbarte sich nun eine Kluft zwischen den Militärgouverneuren in Deutschland, die einem exzessiven Föderalismus das Wort redeten, und den Regierungen in den westlichen Hauptstädten, die eine politische Abwägung der Vor- und Nachteile weiterer Probleme und Verzögerungen vornahmen. So legte General Koenig, beraten vom früheren Botschafter Frankreichs in Berlin, André François-Poncet, eine härtere Haltung an den Tag als der französische Außenminister Robert Schuman. In Washington stießen General Lucius D. Clays Bedenken gegen den Grundgesetz-Entwurf auf immer größere Zweifel im State Department und in anderen Bereichen der Administration. Und im Londoner Foreign and Commonwealth Office war man ohnehin längst der Meinung, dass nur ein von der SPD und der CDU/CSU gemeinsam getragener Verfassungskompromiss für Großbritannien erstrebenswert sei und dass deshalb kein weiterer Druck ausgeübt werden sollte.[23]

Auf einem Außenministertreffen der drei Westmächte vom 5. bis 8. April 1949 in Washington wurde daher nicht nur das Besatzungsstatut unterzeichnet, das nach der Einigung über das Grundgesetz verkündet werden sollte, sondern

---

21 Parlamentarischer Rat. Verhandlungen des Hauptausschusses, 9. Sitzung, 25.11.1948, Stenographische Berichte, Bonn 1948/49, S. 111.
22 Siehe Hans-Jürgen Grabbe, Die deutsch-alliierte Kontroverse um den Grundgesetzentwurf im Frühjahr 1949, in: Vierteljahrshefte für Zeitgeschichte 26 (1978), S. 393–418, hier S. 601.
23 Birke, Nation ohne Haus, S. 238.

man schwenkte auch in der Frage der Finanzkompetenz des Bundes auf die flexiblere Linie der Briten ein.[24] Bereits am 10. April wurde der Parlamentarische Rat von den alliierten Verbindungsoffizieren informiert, dass das Grundgesetz keiner wesentlichen Änderungen mehr bedurfte.[25] In den noch offenen Sachfragen des Grundgesetz-Entwurfs teilten die Westmächte ihre Bereitschaft zum Nachgeben in einem Schreiben der Außenminister mit, das dem Parlamentarischen Rat am 22. April von den Militärgouverneuren übergeben wurde.[26] Danach war der Weg für abschließende Verhandlungen mit den Alliierten frei, die am 25. April in Frankfurt stattfanden, so dass das Plenum des Parlamentarischen Rates den Grundgesetz-Entwurf am 8. Mai 1949 in Dritter Lesung mit 53 gegen 12 Stimmen annehmen konnte. Das Provisorium nahm Gestalt an.

4. Der Föderalismus in der Praxis

Das föderale Prinzip wurde somit bei den Beratungen des Verfassungskonvents und des Parlamentarischen Rates als ein wesentliches Strukturmerkmal der neu zu gestaltenden Bundesrepublik im Grundgesetz verankert. Nachdem es bis zum letzten Augenblick harte Auseinandersetzungen um Kompetenzen, Finanzverteilung und Machtabgrenzungen in Legislative und Exekutive gegeben hatte, stellte sich nach der Gründung der Bundesrepublik jedoch die Frage, wie das Verhältnis zwischen Bund und Ländern in der Praxis funktionieren würde. Bereits bei der Entscheidung des Bundestages über die provisorische Hauptstadt, die am 3. November 1949 mit 200 zu 176 Stimmen zugunsten Bonns ausfiel, wurde der Einfluss der Länder im Bund deutlich. Tatsächlich hatten die Länder während der Zeit des »Interregnums« zwischen 1945 und 1949, gefördert von den Militärregierungen der jeweiligen Besatzungszonen, eine eigene Dynamik entwickelt und markante Führungsfiguren hervorgebracht, die regionales Profil mit landespolitischer Kompetenz verbanden. Bedeutende Entscheidungszentren waren entstanden, die auch eine bundespolitische Rolle zu spielen vermochten. Der Föderalismus in der Bundesrepublik wurde dadurch dauerhaft gestärkt, obwohl Adenauer wie praktisch alle seine Nachfolger im Amt des Bundeskanzlers beklagten, dass

---

24 Siehe Communiqué Announcing Agreement on Questions Relating to Germany, Issued by the Foreign Ministers of the United States, the United Kingdom, and France, Washington, April 8, 1949, in: Documents on Germany 1944–1985, S. 216 ff.

25 Schmid, Erinnerungen, S. 394.

26 Communication from the Foreign Ministers of the United States, the United Kingdom, and France to the Bonn Parliamentary Council, April 22, 1949, in: Documents on Germany 1944–1985, S. 218.

der Einfluss der Länder, der sich in der Verfassungswirklichkeit herausbildete, von den Vätern und Müttern des Grundgesetzes ursprünglich nicht gewollt gewesen sei.[27]

Carlo Schmid hat allerdings später rückblickend darauf hingewiesen, dass der in den am 1. Juli 1948 übergebenen Frankfurter Dokumenten enthaltene Auftrag der Besatzungsmächte, Deutschland als ein föderalistisches Staatswesen zu strukturieren, keineswegs »ausschließlich staatsphilosophischen Charakters« gewesen sei. Vielmehr sei die Forderung auch »als ein Stück der Sicherheitspolitik der Siegermächte« erhoben worden, die verhindern wollten, dass Deutschland als ein Machtstaat wiedererrichtet wurde. Der neuen deutschen Regierung, auch wenn sie nur die Regierung eines Rumpfstaates war, sollte es bei ihren Entscheidungen und deren Durchführung nicht allzu leicht gemacht werden. Durch ihre Abhängigkeit von den Ländern und dem damit verbundenen mühsamen Wechselspiel von *checks and balances*, so hätten die Sieger laut Schmid gehofft, würde die Bundesregierung vor einem übertriebenen Selbstbewusstsein und allzu rascher Machtexpansion bewahrt werden. Zumindest würde dadurch eine entscheidungsfreudige Zentralisierung der deutschen Politik erschwert und verlangsamt. Die meisten Einsprüche und Bemerkungen der Alliierten bei der Arbeit des Parlamentarischen Rates, so Schmid, hätten sich deshalb auf jene Beschlussfassungen der Ausschüsse und Arbeitskreise bezogen, in denen sie ein bedrohliches Zuviel an Bundeskompetenz befürchteten.[28]

Allerdings kam der föderalistische Charakter der Bundesrepublik keineswegs nur auf Druck der Siegermächte zustande. Auch bei größerer Zurückhaltung der Alliierten hätte das Grundgesetz am Ende kaum anders ausgesehen, als es schließlich der Fall war.[29] Denn die im Parlamentarischen Rat vertretenen demokratischen Parteien waren sich in ihrer Ablehnung zentralstaatlicher Vorstellungen einig, obwohl es nicht an Stimmen fehlte, die aus politischen wie administrativen Gründen vor einem Übermaß an Föderalismus und einem Abgleiten in den Partikularismus warnten. In diesem Spannungsfeld setzte sich die Auffassung durch, dass Föderalismus weniger ein zentrifugales als ein zentripetales Prinzip bedeutete, also nicht auf das Auseinanderstreben, sondern auf den Zusammenhalt der Länder und deren Integration in den gemeinsamen Staat abzielte. Das Bundesverfassungsgericht hat in diesem Zusammenhang später vom »kooperativen Charakter des bundesfreundlich auszulegenden Föderalismus des Grundgesetzes« gespro-

---

27 Vgl. Hans-Peter Schwarz, Die Ära Adenauer 1949–1957. Gründerjahre der Republik (= Geschichte der Bundesrepublik Deutschland, Bd. 2), Stuttgart 1981, S. 50.

28 Carlo Schmid, Bund und Länder, in: Die zweite Republik. 25 Jahre Bundesrepublik Deutschland – eine Bilanz, hrsg. von Richard Löwenthal und Hans-Peter Schwarz, Stuttgart 1974, S. 246.

29 Vgl. Thomas Nipperdey, Der Föderalismus in der deutschen Geschichte, in: ders., Nachdenken über die deutsche Geschichte. Essays, München 1986, S. 60–109.

chen und damit nach Meinung von Carlo Schmid treffend umschrieben, »was sich die große Mehrheit des Parlamentarischen Rates und auch des deutschen Volkes unter einem föderalistischen Staatsaufbau« vorstellte.[30]

Es wäre jedoch falsch, die Vorliebe der demokratischen Parteien für eine klare föderalistische Lösung nur auf die Pervertierung des zentralistischen Einheitsstaates unter Hitler zurückzuführen. Mit der Entscheidung für den Bundesstaat wurde vielmehr auch eine Lehre aus der deutschen Geschichte gezogen. Zum einen hatten bundesstaatliche bzw. staatenbündische Regelungen in Deutschland eine lange Tradition. Bereits das Heilige Römische Reich Deutscher Nation hatte sich aus einer Vielzahl souveräner Territorialstaaten zusammengesetzt. Gleiches galt für den Rheinbund nach 1806, den Deutschen Bund nach 1815 und letztlich auch für den Norddeutschen Bund nach 1866 und das daraus hervorgegangene Deutsche Reich nach 1871, in dem gemeinsames Handeln von den Einzelstaaten nur in Fragen der äußeren und inneren Sicherheit und bei der Vereinheitlichung des Rechts verlangt wurde. Die einzige Verfassung, die einen Entwurf für einen Föderalismus im heutigen Sinne darstellte und nach der Märzrevolution 1848 von der Nationalversammlung in der Frankfurter Paulskirche am 28. März 1849 verabschiedet wurde, trat jedoch nie in Kraft. Auch in der Weimarer Republik war der Föderalismus kein allgemein gültiges Prinzip, sondern nur ein Mittel zur innerstaatlichen Gliederung des Reiches.

Mit den bundesstaatlichen Grundsätzen knüpfte der Parlamentarische Rat also nicht an die Weimarer Verfassung von 1919, sondern an die Paulskirchen-Verfassung vom März 1849 an. Zur Begründung wurden vor allem das Subsidiaritätsprinzip und die klassische Lehre von der Teilung der Gewalten angeführt: Den Bundesorganen sollten nur jene Aufgaben auferlegt werden, zu deren Wahrnehmung die Mittel der Länder nicht ausreichten. Die bundesstaatliche Gliederung wiederum sollte die Prinzipien Montesquieus sinnvoll ergänzen, indem sie die Faktoren der Staatsgewalt über das Funktionelle hinaus auch territorial streute und es so dem Gesamtstaat erschwerte, die Freiheiten des Individuums einzuschränken und sich zum zentralistischen Machtstaat zu entwickeln. Welche Bedeutung im Übrigen der Parlamentarische Rat den Ländern beimaß, geht aus Artikel 79 Abs. 3 GG hervor, der bestimmt, dass eine Änderung des Grundgesetzes unzulässig ist, »durch welche die Gliederung des Bundes in Länder, die grundsätzliche Mitwirkung der Länder bei der Gesetzgebung oder die in den Artikeln 1 und 20 niedergelegten Grundsätze berührt werden«.[31] Das föderalistische Prinzip der Bundesrepublik wurde damit für jeden künftigen Gesetzgeber, der daran festhält, sich im Rahmen des Grundgesetzes zu bewegen, unantastbar gemacht.

---

30 Schmid, Bund und Länder, S. 247.
31 Grundgesetz für die Bundesrepublik Deutschland vom 23. Mai 1949, in: Bundesgesetzblatt 1949, Nr. 1, S. 10.

Allerdings wurde nicht der Bestand der einzelnen Länder garantiert. Der Bundesgesetzgeber war nach Artikel 29 GG sogar gehalten, das Bundesgebiet »unter Berücksichtigung der landsmannschaftlichen Verbundenheit, der geschichtlichen und kulturellen Zusammenhänge, der wirtschaftlichen Zweckmäßigkeit und des soziales Gefüges durch Bundesgesetz neu zu gliedern«.[32] Die Notwendigkeit dafür zeichnete sich bereits 1948/49 bei der Frage ab, ob die alten Länder Baden und Württemberg wiederhergestellt oder ob ein großes südwestdeutsches Bundesland geschaffen werden sollte.[33] Nach der Wiedervereinigung 1990 wurde die Diskussion um eine Länderneugliederung besonders aktuell, auch wenn sie im Einzelfall, wie bei der geplanten Fusion zwischen Berlin und Brandenburg, nicht gelang.

Die Bedeutung des Föderalismus für das politische System der Bundesrepublik kommt schließlich nicht zuletzt in der Mitwirkung der Länder an der Gesetzgebung und Verwaltung des Bundes zum Ausdruck, die in den Artikeln 50 bis 53 GG sowie einer Reihe weiterer über den Text des Grundgesetzes verstreuter Normen geregelt ist. Sie erfolgt grundsätzlich durch den Bundesrat, der kein Vertretungsorgan der Länder, sondern, wie der Bundestag, ein Organ der Bundesrepublik Deutschland ist und damit die Gesamtheit des in Länder gegliederten Volkes repräsentiert. Die Länder nehmen also eine bundesstaatliche Verantwortung wahr. Sie handeln nicht nach dem Gutdünken eigener Souveränität, sondern sind eingebunden in die Normen des Grundgesetzes mit Wirkung für den Bund.[34] Da Bund und Länder eine wechselseitige Autonomie besitzen, kann dieses System allerdings auch zu Reibungen und sogar zur gesamtstaatlichen Lähmung führen, wenn beide Seiten sich unkooperativ oder gar gezielt destruktiv verhalten. Die Länder, so Carlo Schmid, müssten sich deshalb so verhalten, dass der Bund die ihm obliegenden Aufgaben erfüllen könne; und der Bund habe sich so zu verhalten, dass den Ländern ihr Recht auf eigenes Leben im Verband gesichert bleibe.[35]

Zwar wurde damit ein Idealzustand formuliert, der in der harten Konkurrenz des politischen Tagesgeschäfts nicht immer einzuhalten war. Aber diese scheinbare Unzulänglichkeit, die das Risiko einer Einbuße an Effektivität der Staatsverwaltung in sich barg, wurde von den Urhebern des Grundgesetzes nicht nur bewusst in Kauf genommen, sondern war von ihnen geradezu beabsichtigt: Der Staat sollte damit seiner gefährlichen zentralistischen Stoßkraft beraubt werden. Im Konflikt zwischen der Stärkung staatlicher Effizienz und der verfassungsrechtlichen Sicherung der Demokratie siegte also die Sorge um Pluralismus, Freiheit

---

32 Ebenda, S. 4.
33 Siehe hierzu Eberhard Konstanzer, Die Entstehung des Landes Baden-Württemberg, Stuttgart u. a. 1969.
34 Vgl. Burkhard Tiemann, Gemeinschaftsaufgaben von Bund und Ländern in verfassungsrechtlicher Sicht, Berlin (West) 1970.
35 Schmid, Bund und Länder, S. 251.

und individuelle Rechte. Neben der Etablierung einer repräsentativen Parteien-demokratie und der unbedingten Bindung der Regierung an die Mehrheit des Parlaments war die Verteilung der staatlichen Kompetenzen zwischen Bund und Ländern somit der dritte Faktor, der dazu beitragen sollte, der freiheitlich-demokratischen Ordnung der Bundesrepublik eine möglichst breite Basis zu verschaffen. Der Erfolg, den diese Ordnung in den vergangenen 75 Jahren hatte, gibt ihren Urhebern recht.

Die Neugründung des Landes Hessen und sein Weg in die Bundesrepublik

Andreas Hedwig

Selbstverständlich gab es auch in Hessen nach 1945 in den politischen Parteien unterschiedliche Standpunkte zum staatlichen Neuaufbau Deutschlands. Dennoch ist bemerkenswert: In Hessen herrschte zu dieser Frage ein landespolitischer Konsens, der in besonderem Maße zur Ausgestaltung des bundesdeutschen Föderalismus beigetragen hat.

Ausgangspunkt dafür waren die Gründung des Landes Hessen selbst bzw. die besonderen Umstände, unter denen das geschah. Anders als Bayern, das in einer langen territorialen und politischen Kontinuität stand, wurde das Bundesland Hessen nach dem Zweiten Weltkrieg neu gegründet. Initiativ und verantwortlich dafür war die US-Besatzungsmacht. Nachdem in der sowjetischen Besatzungszone bereits im Sommer 1945 Ländergründungen erfolgt waren, zogen die US-Amerikaner nach und proklamierten am 19. September 1945 die Länder Bayern, Württemberg-Baden und – damals noch – »Groß-Hessen«. Die britische und die französische Militäradministration ließen sich mit den Ländergründungen bis Sommer 1946, teilweise gar bis 1947 Zeit.[1]

---

1 Im Überblick: Wolfgang Benz, Die Gründung der Bundesrepublik. Von der Bizone zum souveränen Staat, 5. Aufl., München 1999; ders., Auftrag Demokratie. Die Gründungsgeschichte der Bundesrepublik und die Entstehung der DDR 1945–1949, Bonn 2010, S. 153–253 und 325–419; ders., Von der Besatzungsherrschaft zur Bundesrepublik. Stationen einer Staatsgründung, Frankfurt a. M. 1984; Bettina Blank, Die westdeutschen Länder und die Entstehung der Bundesrepublik. Zur Auseinandersetzung um die Frankfurter Dokumente vom Juli 1948, München 2009, online: https://doi.org/10.1524/9783486595796 (letzter Abruf: 15.8.2022); Michael M. Feldkamp, Der Parlamentarische Rat 1948–1949. Die Entstehung des Grundgesetzes, überarb. Neuausgabe, Göttingen 2008, sowie die Editionsreihe Der Parlamentarische Rat 1948–1949. Akten und Protokolle, hrsg. vom Deutschen Bundestag und dem Bundesarchiv, 14 Bde., München 2010–2016. – Zur landeshistorischen Perspektive Hessen: Wolf-Arno Kropat, Hessen in der Stunde Null 1945/1946. Politik, Wirtschaft und Bildungswesen in Dokumenten (= Veröffentlichungen der Historischen Kommission für Hessen, Bd. XXVI), Wiesbaden 1979; Walter Mühlhausen, Hessen 1945–1950, Zur politischen Geschichte eines Landes in der Besatzungszeit, Frankfurt a. M. 1985; zu den Beiträgen hessischer Politiker und der landesinternen Debatte um die Weststaatbildung einschließlich einschlägiger Quellenabdrucke: Walter Mühlhausen, »… die Länder zu Pfeilern machen …«. Hessens Weg in die Bundesrepublik Deutschland, Wiesbaden 1989; ergänzend: Andreas Hedwig, Hessische Initiativen zur Entstehung des Grundgesetzes der Bundesrepublik Deutschland, in:

Überdies schufen die US-Amerikaner in ihrer Besatzungszone bereits im Oktober und November 1945, d. h. unmittelbar nach der Errichtung der Länder, föderale Strukturen und gründeten den Länderrat der US-Besatzungszone. Dieser Schritt wurde von deutscher bzw. hessischer Seite zu keinem Zeitpunkt in Zweifel gezogen. Im Gegenteil herrschte auf deutscher wie auf amerikanischer Seite von Beginn an Einvernehmen darüber, dass die früheren Reichsaufgaben, etwa die Rechtspflege oder die Finanz-, Wirtschafts- und Verkehrspolitik, überstaatlich geregelt werden sollten und dafür einstweilen für die US-Zone eine eigene Instanz geschaffen werden musste.[2]

Zwar hatten die Amerikaner zuvor bei deutschen Verwaltungsexperten und Politikern Ratschläge eingeholt, welche territorialen Optionen für ein Land im nördlichen Teil der US-Besatzungszone in Frage kämen.[3] Doch basierte die Errichtung des Landes Hessen dadurch keineswegs auf Vorstellungen tradierter territorialer Zugehörigkeit der Bevölkerung, geschweige denn war sie demokratisch legitimiert. Sieht man jedoch von einer kleinen frühen Grenzkorrektur[4] und zwei späteren Korrekturversuchen, die scheiterten,[5] ab, wurde die Gründung des Landes in den bis heute existierenden Grenzen bemerkenswerterweise seitdem weder in der Landespolitik noch von der hessischen Bevölkerung grundsätzlich in Frage gestellt.

Man könnte daraus schließen, die hessische Politik und die Bevölkerung seien dem Diktat der Besatzungsmacht gefolgt und hätten sich wohl oder übel mit der

---

Nassauische Annalen 111 (2000), S. 433–456. Zu den späteren Ländergründungen: Werner Künzel/Werner Rellecke, Geschichte der deutschen Länder, Münster 2008, betr. Hamburg S. 184, Niedersachsen S. 253, Nordrhein-Westfalen S. 275, Rheinland-Pfalz S. 293, Schleswig-Holstein S. 383.

2 Andreas Hedwig/Jutta Scholl-Seibert (Hrsg.), Die Kabinettsprotokolle der Hessischen Landesregierung. Kabinett Geiler 1945–1946, Wiesbaden 2000, Einleitung S. LIV–LVII; Antje Mohr, Hessen und der Länderrat des amerikanischen Besatzungsgebietes. Möglichkeiten und Grenzen länderübergreifender Kooperation in den Jahren 1945–1949, Frankfurt a. M. 1999 (Europäische Hochschulschriften, Reihe III, Bd. 816).

3 Mühlhausen, Hessen, S. 35 f. und 39–41.

4 Josef Keppler, Wanfrieder Abkommen ohne Whisky und Wodka. Zum Gebiets- und Bevölkerungsaustausch im westlichen Eichsfeld im Jahr 1945, in: Eichsfeld-Jahrbuch 18 (2010), S. 183–198.

5 Die Einwohner von Bad Wimpfen, das seit 1803 und bis 1945 als Exklave zu Hessen gehörte, entschieden 1951 zu 57,8 Prozent, verwaltungsmäßig in den baden-württembergischen Landkreis Heilbronn eingegliedert zu werden; vgl. Artikel »Wimpfen stimmt für Württemberg«, in: Frankfurter Allgemeine Zeitung, 30.4.1951, S. 1. Zu einem am Ende erfolglosen Volksbegehren, das darauf abzielte, die ehemaligen nassauischen Kreise Hessen anzugliedern, kam es 1956; vgl. Brigitte Meier-Hussing, Das Volksbegehren von 1956 zur Rückgliederung des Regierungsbezirks Montabaur/Rheinland-Pfalz nach Hessen, in: Nassauische Annalen 111 (2000), S. 457–469, und https://www.regionalgeschichte.net/bibliothek/aufsaetze/meier-hussing-brigitte/meier-hussing-das-volksbegehren-von-1956-zur-rueckgliederung-des-regierungsbezirks-montabaurrheinland-pfalz-nach-hessen.html (letzter Abruf: 27.7.2022).

Gründung des Landes in dieser Form abgefunden. Das wäre jedoch eine völlige Fehlinterpretation. Die US-Militärverwaltung hatte von vornherein klare Vorstellungen darüber, dass Deutschland seine Staatlichkeit nur als Bundes- oder Föderalstaat wiedererlangen könnte. Und die im Jahr 1945 agierenden hessischen Landespolitiker sahen das genauso. Die Gründung des Landes Hessen beruhte mithin nicht nur auf pragmatischen ökonomischen und infrastrukturellen Überlegungen, die im Übrigen bereits während der Weimarer Republik angestellt worden waren. Die Schaffung des Landes eröffnete insbesondere einen konkreten regionalen Handlungsrahmen mit einer nationalstaatlichen Entwicklungsperspektive. Für die hessische Landespolitik war diese Perspektive wichtig, wenn nicht prägend, denn sie half, Konflikte, die die Zusammenarbeit zwischen den deutschen Politikern und der US-Besatzung belasteten, immer wieder zu überwinden.[6]

Die Voraussetzungen für die vergleichsweise einheitliche Landespolitik in der Frage des Föderalismus sind mithin in der politischen Formierungsphase des Landes Hessen zu verorten. Nach dem katastrophalen Zusammenbruch des Nationalsozialismus wirkten offenkundig zunächst zwei Kräfte: einerseits die strikte, effektive und insbesondere mit der Aussicht auf deutsche Selbstbestimmung verbundene US-Besatzungspolitik[7] und andererseits der Wille der deutschen Politiker zum nationalstaatlichen Neuanfang, wobei sie vor allem auf die Demokratieerfahrungen der Weimarer Republik zurückgriffen.[8]

1. Die Gründung Hessens 1945/46

Das Aufbauwerk ist, zumal aus heutiger Sicht, beachtlich: In kaum anderthalb Jahren gelang es unter extrem schwierigen Bedingungen, ein demokratisches staatliches Gemeinwesen zu errichten.[9] Um nur die wichtigsten Stationen zu er-

6 Andreas Hedwig (Hrsg.), Die Kabinettsprotokolle der Hessischen Landesregierung. Kabinett Stock 1947–1950, Bd. 1: 1947–1948, Wiesbaden 2008, Einleitung S. XXX–XXXIV; zu den Konflikten der Jahre 1945–1946: Hedwig/Scholl-Seibert (Hrsg.), Kabinettsprotokolle Geiler, S. XLI–LIII.

7 Andreas Hedwig, Stunde Null und die Besatzungsstrategien der Amerikaner in Hessen, in: Gundula Bavendamm (Hrsg.), Amerikaner in Hessen – Eine besondere Beziehung im Wandel der Zeit, Hanau 2008, S. 42–49, sowie Mühlhausen, Länder, S. 24–26.

8 Bernhard Parisius/Jutta Scholl-Seibert (Hrsg.), »… der Demokratie entgegengehen«. Die Sitzungsprotokolle des Beratenden Landesausschusses von Groß-Hessen im Jahr 1946, Wiesbaden 1999, S. 13 f.; Andreas Hedwig, Demokratischer Neubeginn 1945, in: ders. (Hrsg.), Zeitenwende in Hessen. Revolutionärer Aufbruch 1918/1919 in die Demokratie (= Schriften des Hessischen Staatsarchivs Marburg, Bd. 36) Marburg 2019, S. 120–130.

9 Im Überblick: Kropat, Hessen, S. 41–57 und 167–216 (jeweils einschließlich Quellen) und Andreas Hedwig, Aufbruch zur Demokratie. Alltag und politischer Neubeginn in Hessen

wähnen: Die erste Landesregierung konstituierte sich im Oktober 1945.[10] Bereits im Frühjahr 1946 wurden die ersten Kommunalwahlen durchgeführt,[11] schon am 30. Juni 1946 die ersten landesweiten Wahlen zur »Verfassungberatenden Landesversammlung«. Am 1. Dezember 1946 folgten der Volksentscheid zur Hessischen Verfassung und die Wahl zum ersten Hessischen Landtag. Im Januar 1947 kam die erste demokratisch legitimierte Landesregierung ins Amt, eine Große Koalition aus SPD und CDU unter dem sozialdemokratischen Ministerpräsidenten Christian Stock.[12] Die Erfahrung, dieses Aufbauwerk, wenn auch unter dem Druck der US-Besatzung, weitgehend selbst bewerkstelligt zu haben, hat den hessischen Landespolitikerinnen und -politikern zweifellos ein enormes Selbstvertrauen verliehen und sie motiviert, die wichtigen politischen Weichenstellungen des nationalstaatlichen Neuaufbaus aktiv mitzugestalten, die schließlich zum Grundgesetz und zur Gründung der Bundesrepublik Deutschland führten.

Laut Helmut Berding war »dem neuen Staat Groß-Hessen [...] von seinem amerikanischen Geburtshelfer der föderative Charakter gleichsam in die Wiege gelegt worden«.[13] Schon dem ersten, bereits 1945 von den US-Amerikanern ernannten hessischen Ministerpräsidenten Karl Geiler stand die tragende Rolle der Länder für den gesamtstaatlichen Aufbau Deutschlands auf föderaler Grundlage klar vor Augen. Ihm ging es darum, »die Länder zu Pfeilern [zu] machen, auf denen der Neuaufbau des Reiches entstehen kann«.[14] Damit stand er nicht allein. Der politische Wille, die deutsche Einheit unter föderalen Vorzeichen so bald wie möglich herbeizuführen, ging 1945/46 quer durch alle vier Landesparteien: SPD, CDU, LDP und zunächst auch die KPD. Auch hierzu sollen nur einige wichtige Markenste in Erinnerung gerufen werden: Das Staatsgrundgesetz vom 22. November 1945, das der ersten, von den US-Amerikanern eingesetzten Landesregierung einen rechtlich-organisatorischen Rahmen gab, formuliert kurz und klar als

nach 1945, Ausstellungskatalog zum 50. Jahrestags der Hessischen Verfassung, hrsg. vom Hessischen Landtag und dem Hessischen Hauptstaatsarchiv, Wiesbaden 1996, S. 11–22; vgl. auch Hedwig, Kabinettsprotokolle Stock 1, S. XVII–XLVIII.

10 Hedwig/Scholl-Seibert (Hrsg.), Kabinettsprotokolle Geiler, S. XVI–XXI.

11 Walter Mühlhausen, Die amerikanische Militärregierung und der Aufbau der Demokratie in Nachkriegshessen, in: Helmut Berding/Klaus Eiler (Hrsg.), Hessen. 60 Jahre Demokratie (= Veröffentlichungen der Historischen Kommission für Hessen, Bd. 76; zugleich Politische und parlamentarische Geschichte des Landes Hessen, Bd. 45), Wiesbaden 2006, S. 18 f.

12 Jochen Lengemann, Das Hessen-Parlament 1946–1986. Biographisches Handbuch, Wiesbaden 1986, S. 39–59; Helmut Berding (Hrsg.), Die Entstehung der Hessischen Verfassung, Wiesbaden 1996, S. XXIII–XXXIII.

13 Helmut Berding, Hessische Verfassung und Gesamtstaat, in: Bernd Heidenreich/Walter Mühlhausen (Hrsg.), Einheit und Freiheit. Hessische Persönlichkeiten und der Weg zur Bundesrepublik Deutschland, Wiesbaden 2000, S. 55 f.

14 Ebenda; vgl. Hedwig, Hessische Initiativen, S. 433, 435 f. und 438; ausführlich zur Perspektive Geilers: Walter Mühlhausen, Karl Geiler und Christian Stock. Hessische Ministerpräsidenten im Wiederaufbau, Marburg 1999, S. 61–74.

Art. 1: »Das Land Groß-Hessen bildet ein Glied im künftigen demokratischen Deutschland.«[15] In der konstituierenden Sitzung des Beratenden Landesausschusses, des ersten hessischen Vorparlaments, erklärten die vier Landesparteien am 26. Februar 1946 einmütig, dass »das die gegenwärtige Lage des deutschen Volkes entscheidend bestimmende Erbe der verbrecherischen, katastrophalen Politik des Hitler-Regimes [...] die Zerschlagung unserer politischen und wirtschaftlichen Einheit [ist]«. Und sie fuhren fort:

»Die Not von Land und Volk verlangt [...] gebieterisch die Feststellung, daß die elementarste Voraussetzung jeder dauernden Lebensmöglichkeit unseres Volkes in der Wiederherstellung der politischen und wirtschaftlichen Einheit Deutschlands besteht. [...] Auf der Grundlage einer sinnvollen Ländergliederung, unter schärfster Ablehnung eines jeden Separatismus, soll ein politisch einheitliches Deutschland die entscheidenden Lebensfragen unseres Volkes lösen.«[16]

Hierzu gab es keine Alternative: Das nach der Niederlage des Zweiten Weltkriegs durch die Besatzungszonen fragmentierte ehemalige Deutsche Reich war völlig diskreditiert und hatte keine Zukunft. Nicht zuletzt die Mittellage Hessens bestimmte den Wunsch zur Wiedervereinigung. Es hatte Grenzen zu allen vier Besatzungszonen und bedurfte schon aus wirtschaftlichen Gründen guter nachbarschaftlicher Beziehungen: Hessen konnte seine Bevölkerung nicht aus eigener Kraft ernähren und war auf umfangreiche Nahrungsmittelimporte angewiesen, es war verkehrstechnisch Durchgangsland, seine Fertigungs- und chemische Industrien waren auf Rohstoffe, insbesondere Kohle, und auf Absatzmärkte angewiesen.[17]

Folgerichtig ist diese Forderung auch einer der zentralen Leitgedanken der Hessischen Verfassung, die am 1. Dezember 1946 per Volksentscheid in Kraft gesetzt wurde. Bis heute verkündet die Präambel: »In der Überzeugung, daß Deutschland nur als demokratisches Gemeinwesen eine Gegenwart und Zukunft haben kann, hat sich Hessen als Gliedstaat diese Verfassung gegeben.« Eine ganze Reihe weiterer Artikel unterfüttert dieses Bekenntnis. So stellt Art. 64 der Hessischen Verfassung unmissverständlich fest: »Hessen ist ein Glied der deutschen Republik.« Die sogenannten Übergangsbestimmungen (Art. 151 ff.) fixieren darüber hinaus als verbindlichen Auftrag künftiger Landesregierungen, dass Hessen die Rechtseinheit in Deutschland zu wahren und die »deutsche Republik« Vorrang in Verfassung und Recht habe: »Künftiges Recht der deutschen Republik bricht Landesrecht« (Art. 153 Abs. 2). Im Vergleich zu den beiden zur gleichen Zeit entstandenen

---

15 Staatsgrundgesetz des Staates Groß-Hessen vom 22. November 1945, GVBl. Groß-Hessen S. 23, abgedruckt in Kropat, Hessen, S. 37; Martin Will, Die Entstehung der Verfassung des Landes Hessen von 1946, Tübingen 2009, S. 31 f.

16 Parisius/Scholl-Seibert, Beratender Landesausschuss, S. 61 f.

17 Hedwig, Hessische Initiativen, S. 435.

»Schwesterverfassungen« von Bayern und Württemberg-Baden, die beispielsweise die Unabhängigkeit ihres Landes als Frei- bzw. Volksstaat betonten, blieben dort, so Helmut Berding, »die bundesstaatlichen Bekenntnisse und Prärogativen weit hinter den ausführlichen Regelungen der Hessischen Verfassung« zurück.[18]

Dabei hat es auch in Hessen zwischen den Parteien, die teilweise auch in den eigenen Reihen uneinig waren, Meinungsunterschiede gegeben, die in den Verhandlungen der Verfassungberatenden Landesversammlung kontrovers ausgetragen wurden: Die KPD befürwortete einen Zentralstaat. Die CDU plädierte hingegen für ein föderativ-bundesstaatliches Modell mit starken Ländern und hatte in der Verfassungberatenden Landesversammlung versucht, in Hessen eine entsprechende staatliche Struktur vorzuprägen, in dem sie einen Staatspräsidenten und eine zweite Kammer installieren wollte.[19] SPD und LDP favorisierten mehrheitlich einen verwaltungsmäßig in Länder gegliederten deutschen Staat mit starker Zentralgewalt. Während die SPD jedoch die oben genannten Regelungen als Garanten dafür ansah, begründete die LDP, die als einzige Partei den Entwurf der Hessischen Verfassung am Ende nicht mittrug, gegenüber ihren Wählern ihre Ablehnung kurioser Weise damit, dass sie separatistisch sei: »Die LDP ist gegen diese Verfassung, weil sie keine von dem Gedanken deutscher Einheit beseelte Landesverfassung, sondern eine ›Reichsverfassung‹ für Hessen ist, die den Eindruck erweckt, als ob Hessen für sich bestehen wollte oder könnte.«[20]

2. Die verfassungspolitische Debatte 1947

Die erfolgreichen Volksabstimmungen über die Verfassungen der drei Länder der US-Zone am 1. Dezember 1946 brachten die Zonenpolitik der Alliierten zweifellos in Bewegung – mehr aber nicht. Denn schon in der zweiten Jahreshälfte 1946 zeichnete sich ab, dass die Umsetzung des kaum ein Jahr zurückliegenden Potsdamer Abkommens in der Frage eines gesamtdeutschen, also auch die Sowjetische Besatzungszone (SBZ) einbeziehenden Wirtschaftsraums in naher Zukunft nicht gelingen werde. Daher schlossen sich die britische und amerikanische Besatzungszone – maßgeblich auf US-Initiative – zur Bizone zusammen.[21]

---

18 Ebenda, S. 436 f.; Helmut Berding, Hessische Verfassung und Gesamtstaat, in: Heidenreich/ Mühlhausen, Einheit, S. 57–59.

19 Berding, Entstehung, S. XIXf. und XXVII.

20 Ebenda, Dok. 75, S. 1161; vgl. auch ebenda, S. XXIV–XXX; Berding, Hessische Verfassung, S. 65–67.

21 Zur hessischen Perspektive: Mühlhausen, Länder, S. 69; vgl. Hedwig, Kabinettsprotokolle Stock 1, S. LX.

Trotz aller Schwierigkeiten betrachteten die deutschen Politiker der britischen und der amerikanischen Zone die Bizone als erste konkrete Weichenstellung für ein vereintes Deutschland.[22] Es lag deshalb nahe, über die Gestalt dieses künftigen deutschen Staatswesens nachzudenken. Im April 1947 konstatierte der Chef der hessischen Staatskanzlei, Hermann L. Brill (SPD): »Wir befinden uns mitten in einer Verfassungsdiskussion.«[23] Und zumal hessische Politiker beteiligten sich daran aktiv.

Es entstanden einflussreiche Diskussionskreise: In der britischen Zone etablierte sich der Rechts- und Verfassungsausschuss des Zonenbeirats, und in der US-Zone nahm das Stuttgarter Büro für Friedensfragen seine Arbeit auf. Das im Frühjahr 1947 gegründete Büro ging auf eine Initiative des ersten hessischen Ministerpräsidenten Karl Geiler zurück. Den Aufbau des Büros hatte maßgeblich Hermann L. Brill betrieben.[24] Im März 1947 legte Brill einen vielbeachteten Gegenentwurf zu dem zuvor veröffentlichten SED-Verfassungsentwurf vor. Der SED-Entwurf hatte das Prinzip der Gewaltenteilung sowie die Beteiligung der Länder an der politischen Willensbildung nicht berücksichtigt. Brill hingegen schwebte ein föderaler Bundesstaat vor, der jedoch Tendenzen des »Separatismus und Partikularismus« vermeiden sollte. Und er fand dafür namhafte Unterstützer in der hessischen SPD, so etwa den Ministerpräsidenten Christian Stock und den einflussreichen Darmstädter Regierungspräsidenten Ludwig Bergsträsser.[25] Das war nicht selbstverständlich, weil sich seine Überlegungen von denen der SPD-Parteiführung deutlich unterschieden. Die überzonale SPD strebte einen zentral organisierten Staat nach dem Grundsatz »Einheitlichkeit der Regierungsgewalt« an, die Länder sollten nur verwaltungsmäßig eigenständig sein. Die Gesetzgebung sollte weitgehend beim Bund liegen und die Exekutive bei den Ländern.[26]

Auch renommierte hessische CDU-Politiker beteiligten sich an der Debatte: Schon Ende 1946 hatte der hessische Staatssekretär und Bevollmächtigte beim Länderrat der US-Zone, Walter Strauß, seine Vorstellungen konkretisiert. Ihm schwebte ein dezentral-bundesstaatliches Modell vor:

---

22 Zur konstruktiven Grundhaltung der hessischen Landesregierung ebenda, S. LXII–LXV.

23 Zit. nach Mühlhausen, Länder, S. 83.

24 Zu den Umständen der Gründung: Hedwig, Kabinettsprotokolle Stock 1, S. LXVI f.; vgl. Heribert Piontkowitz, Anfänge westdeutscher Außenpolitik 1946–1949. Das Deutsche Büro für Friedensfragen (= Studien zur Zeitgeschichte, Bd. 12). Stuttgart 1978.

25 Zur Haltung Christian Stocks in der Frage des Föderalismus unten mehr. Bergsträsser entwickelte eigene Vorstellungen in einer Denkschrift vom Mai 1947, die in weiten Teilen, speziell den Staatsaufbau betreffend, mit denen Brills übereinstimmten; vgl. Mühlhausen, Länder, S. 87–90, Dok. 18, S. 211–213, ausführlicher bei Ludwig Bergsträsser, Befreiung, Besatzung, Neubeginn. Tagebuch des Darmstädter Regierungspräsidenten Ludwig Bergsträsser, hrsg. von Walter Mühlhausen, Darmstadt 1986, Dok. 4, S. 359–370.

26 Zu Brills Vorstoß: Mühlhausen, Länder, S. 84–87, und Dok. 16, S. 206–208.

»Reich, Länder sowie Land- und Stadtkreise sollen nach dem Grundsatz weitestgehender Dezentralisation eingerichtet werden. Jede Aufgabe ist der untersten dazu geeigneten Gebietskörperschaften zuzuweisen. [...] Gesetze bedürfen eines übereinstimmenden Beschlusses von Reichstag und Ländertag.«[27]

Heinrich von Brentano, Fraktionsvorsitzender der Union im Hessischen Landtag, übernahm den Vorsitz des Verfassungsausschusses der CDU/CSU-Arbeitsgemeinschaft. Mehr Aufmerksamkeit als dieser erlangte jedoch der sogenannte Ellwanger Freundeskreis, der von Anton Pfeiffer (Bayern), Heinrich Köhler (Württemberg-Baden) und dem hessischen CDU-Vorsitzenden und stellvertretenden Ministerpräsidenten Werner Hilpert initiiert worden war. Der Ellwanger Kreis kam erstmalig Anfang März 1947 zusammen und vertrat einen konsequent föderalistischen Ansatz. Weil der zentralistischen Staatsorganisation eine Mitverantwortung für die beiden Weltkriege gegeben wurde, sollten die Gesetzgebung, die Verwaltung und die Rechtsprechung generell bei den Ländern liegen. Der Kreis plädierte für einen Bundesrat, der auf Augenhöhe mit dem Parlament an der Gesetzgebung beteiligt werden sollte. Strauß und Brentano spielten auch hier maßgebliche Rollen und nahmen immer wieder Stellung gegen eine zu weitgehende Ausgestaltung der Souveränitätsrechte der Länder.[28]

Einflussreiche hessische Politiker aus CDU und SPD – die beiden Parteien hatten im Januar 1947 eine gemeinsame Regierungskoalition gebildet – plädierten mithin 1947 für eine föderale Staatsform unter Wahrung der Länderinteressen. Eine übermäßige Stärkung der Länder in Form einer Staatenbundlösung, wie sie Bayern vorschwebte, lehnten sie ab. Der Bund sollte, so weit bestand Konsens, eine weitgehende Rechtseinheit sowie einheitliche ökonomische Rahmenbedingungen garantieren.[29]

Eine gesamtdeutsche Staatsgründung rückte immer weiter außer Reichweite. Im März und April 1947 offenbarte die Moskauer Außenministerkonferenz, dass die Interessen der Alliierten auseinandergedriftet waren und sich der Ost-West-Konflikt verschärfte. In der Deutschlandfrage lagen die Vorstellungen so weit auseinander, dass die Chancen auf eine gemeinsame Zukunft aller vier Besat-

---

27 Mühlhausen, Länder, Dok. 13, S. 201 f.

28 Mühlhausen, Länder, S. 87; Hedwig, Hessische Initiativen, S. 438 f.; zu Hilperts Rolle im Gründungsprozess der Bundesrepublik: Walter Mühlhausen, Werner Hilpert, in: Heidenreich/Mühlhausen, Einheit, S. 254–262; Sabine Pappert, Werner Hilpert. Politiker in Hessen 1945–1952 (= Veröffentlichungen der Historischen Kommission für Nassau, Bd. 72; zugleich Politische und parlamentarische Geschichte des Landes Hessen, Bd. 30), Wiesbaden 2003, S. 211–216; zum Ellwanger Kreis mit weiterführender Literatur: www.historisches-lexikon-bayerns.de/Lexikon/Ellwanger_Kreis (letzter Abruf: 17.8.2022); weiter einschlägig: Wolfgang Benz, Föderalistische Politik der CDU/CSU. Die Verfassungsdiskussion im »Ellwanger Kreis« 1947/1948, in: Vierteljahrshefte für Zeitgeschichte 25 (1977), S. 776–820.

29 Mühlhausen, Länder, S. 87; Blank, Länder, S. 89–93.

zungszonen weiter schwanden.[30] Zugleich wurde die Arbeit in den Institutionen des bizonalen Wirtschaftsrats durch die wachsende Einflussnahme der inzwischen überzonal konsolidierten großen Parteien SPD und CDU immer schwieriger und erzeugte Blockadesituationen, so dass praktische Lösungswege aus der prekären Lage gefunden werden mussten.[31]

Legte Ludwig Bergsträsser auch noch im Mai 1947 einen weiteren Plan für einen gesamtdeutschen Weg, also unter Einbeziehung der SBZ, in die Selbstbestimmung vor,[32] so gewann Hermann L. Brill durch seine guten Kontakte zu den Alliierten eine realistischere Sicht der Dinge und präsentierte am 23. April 1947, mithin einen Tag vor dem Ende der Moskauer Außenministerkonferenz, einen durch Pragmatismus geprägten »Entwurf eines Vertrages über die Bildung einer Deutschen Staatengemeinschaft«.[33] Brill betrachtete die Arbeit des Wirtschaftsrats aufgrund der komplizierten Kompetenzverteilung zwischen den Ländern, dem Länderrat der US-Zone und den mehrfach reformierten Bizonen-Institutionen als gescheitert: »Die Errichtung der Zweizonenverwaltung«, so sein niederschmetterndes Urteil, »ist bisher ersichtlich völlig nutzlos gewesen. [...] Die Vielzahl und das Durcheinander an Zuständigkeiten allein im Verwaltungssystem des amerikanischen Besatzungsgebietes machen notwendig einen jeden Versuch zur Besserung unserer gesellschaftlichen Verhältnisse fragwürdig, ja wirkungslos.«

Und anspielend auf den Hungerwinter 1946/47, der die deutsche Politik erheblich unter Druck gesetzt hatte, unterstrich er: »Die seelische Bereitschaft des deutschen Volkes, diese Dinge noch weiterhin zu ertragen, ist erschöpft. Das Ansehen der demokratischen Regierungen und Institutionen steht auf dem Spiel.«[34] Die Lösung sollte die »Staatengemeinschaft« der westdeutschen Länder herbeiführen. Es sollte ein »Volksrat« gebildet werden, der von den Landtagen mit Abgeordneten beschickt werde und Gesetzgebungskompetenz habe. Ihm sollte ein mit exekutiven Aufgaben ausgestatteter »Staatenrat« an die Seite gestellt werden, in dem die Regierungen vertreten sein sollten.[35] Damit rückten als Akteure, die einen solchen Plan verwirklichen konnten, vor allem die demokratisch legitimierten Regierungen und insbesondere die Ministerpräsidenten der westlichen Länder in den Fokus als »Platzhalter der Demokratie«, als »Treuhänder der zersplitterten

---

30 Mühlhausen, Länder, S. 74f.
31 Hedwig, Kabinettsprotokolle Stock 1, S. LXV.
32 Mühlhausen, Länder, S. 87–90, und Dok. 18, S. 211–213. Zu Persönlichkeit und Wirken Bergsträssers vgl. Bergsträsser, Befreiung, S. 9–32 (Einleitung); Eckhart G. Franz, Ludwig Bergsträsser, in: Heidenreich/Mühlhausen, Einheit, S. 187–200.
33 Mühlhausen, Länder, Dok. 17, S. 209; vgl. hierzu Hedwig, Kabinettsprotokolle Stock 1, S. LXIIIf.
34 Mühlhausen, Länder, Dok. 17, S. 208.
35 Ebenda, Dok. 17, S. 210.

Reichseinheit« und als die natürlichen Ansprechpartner der Besatzungsmächte. Sie sollten ausdrücklich keinen Staat anstreben, aber eine »Realunion«.[36] Mit seiner Strategie stellte sich Brill erneut in Opposition zum politischen Anspruch beider großen Parteien und insbesondere zu seinem eigenen Parteivorsitzenden, Kurt Schumacher, der klarstellte, dass die Gründung eines neuen »Deutschen Reiches« Angelegenheit der Parteien sei.

Die Situation spitzte sich weiter zu. Die Bizone hatte von Beginn an starke Kritik auf sich gezogen, da weder die französische und noch die sowjetische Zone einbezogen worden waren, und fand kaum zu politischem Gewicht, weder in der Bewältigung der Krisensituation noch gegenüber den Alliierten, die sich über die Zukunft Deutschlands nicht einigen konnten. Die politische Entfremdung zwischen Ost und West offenbarte sich Anfang Juni 1947 nun auch in Deutschland – und zwar auf der Münchner Ministerpräsidentenkonferenz: Die ostdeutschen Vertreter waren zwar erschienen, reisten wegen eines Dissenses über die Tagesordnung aber umgehend wieder ab. Resigniert kommentierte der bayerische Ministerpräsident Hans Ehard, dieser Vorfall bedeute »die Spaltung Deutschlands«.[37]

Doch Brill warb weiter für sein Konzept, dass nur die Länder und damit die Länderregierungen die Entwicklung vorantreiben könnten, und gewann dafür das Büro für Friedensfragen, das am 4. November 1947 unter seiner maßgeblichen Beteiligung eine Denkschrift verfasste und den Ministerpräsidenten vorlegte. In der Denkschrift hieß es:

»Wenn, wie vorauszusehen ist, die Durchsetzung einer gesamtdeutschen [vierzonalen] Politik nicht erreicht werden kann, sollten die Regierungschefs darauf hinweisen, daß für die deutschen Weststaaten ein neues staatsrechtliches Provisorium geschaffen werden muß.«[38]

3. Die Weichenstellung der Ministerpräsidenten 1948

Die Bizone sollte die wirtschaftliche Einheit, wie sie im Juli/August 1945 in Potsdam von den Alliierten beschlossen worden war, wenigstens auf einem beschränkten Gebiet herstellen. Man hoffte, Frankreich und die Sowjetunion zur Kooperation bewegen zu können. Frankreich ließ sich, wenn auch zögerlich, im April 1948 darauf ein, was zur Trizone führte – nicht jedoch die SBZ. Zuvor hatten sich die drei Westmächte im Frühjahr 1948 unter Beteiligung der Benelux-Staaten in London auf die Schaffung eines einheitlichen deutschen Wirtschaftsgebietes ver-

---

36 Mühlhausen, Länder, S. 91 f.
37 Die Münchner Ministerpräsidentenkonferenz tagte vom 5. auf den 6. Juni 1947; vgl. Benz, Auftrag Demokratie, S. 184 f.
38 Zit. nach Mühlhausen, Länder, S. 94.

ständigt, der eine demokratisch-föderale staatliche Ordnung folgen sollte. Nun wurden Fakten geschaffen: Am 20. Juni 1948 wurde in den drei westlichen Besatzungszonen die Währungsreform durchgeführt. Als Reaktion darauf blockierte die UdSSR vier Tage später alle Landverbindungen nach Berlin und führte die DDR-Mark ein.[39] Die Diskussionen in den politischen Parteien und in den westlichen Länderregierungen waren ebenfalls weit gediehen. Nach einer Bereisung der Westzonen berichtete James K. Pollock, der persönliche Berater General Clays: »Every leading German has a constitution in his pocket.«[40]

Am 1. Juli 1948 setzten die drei westlichen Militärgouverneure Sir Brian H. Robertson, Pierre Koenig und Lucius D. Clay im Frankfurter IG Farben-Haus die elf westdeutschen Ministerpräsidenten über die Londoner Beschlüsse in Kenntnis und übergaben ihnen drei Dokumente: Dokument I autorisierte die Ministerpräsidenten, bis spätestens zum 1. September 1948 eine Verfassunggebende Versammlung einzuberufen, die »eine demokratische Verfassung ausarbeiten [wird], die für die beteiligten Länder eine Regierungsform des föderalistischen Typs schafft« und durch ein Referendum bestätigt werden sollte. Das zweite Dokument forderte Vorschläge für eine Länderneugliederung, und das dritte Dokument informierte über die Prinzipien eines künftigen Besatzungsstatuts.[41] Die süddeutschen Föderalisten sahen hierin eine einmalige Chance für die Errichtung eines Bundesstaats. Hilpert drängte den Ellwanger Kreis, umgehend konkrete Vorschläge zu erarbeiten. Der hessische Ministerpräsident Stock sekundierte, dass eine Verzögerung »bei der Erledigung der Aufträge« nicht verantwortet werden könne.[42]

Die hessische Landesregierung unter Ministerpräsident Stock war der Überzeugung, dass die Antwort auf das Frankfurter Dokument I positiv ausfallen müsse. Stock sah in der Perspektive der Gründung eines westdeutschen Staates eine große Chance und hatte sich vor der Koblenzer Rittersturzkonferenz bei seiner Landesregierung wie auch der Landtagsfraktionen der beiden Regierungsparteien SPD und CDU rückversichert.[43] Die größten Probleme bescherte ihm hingegen

---

39 Hedwig, Kabinettsprotokolle Stock 1, S. LXIX f.
40 Zit. nach Parlamentarischer Rat 1, S. XXVIII.
41 Hedwig, Kabinettsprotokolle Stock 1, S. LXX; vgl. Mühlhausen, Länder, S. 95–100.
42 Parlamentarischer Rat 2, Einleitung, S. XLV. Auch wenn Hilpert im weiteren Verlauf nur im Hintergrund agieren konnte, so blieb er in der Diskussion um die Verfassung weiterhin aktiv und nicht zuletzt über den Ellwanger Kreis wirkungsvoll; vgl. hierzu auch Mühlhausen, Hilpert, S. 259–262.
43 Blank, Länder (wie Anm. 1), S. 89–93 und 97 f., bestätigt, dass Hessen zu diesem Zeitpunkt der Haltung Hamburgs und auch Bremens am nächsten kam. Alle anderen Länder befürworteten zu diesem Zeitpunkt noch einhellig lediglich ein staatliches Provisorium für die Länder der westlichen Besatzungszone; sie argumentierten einerseits mit der Wahrung einer gesamtdeutschen Lösung unter Einbeziehung der SBZ und andererseits mit dem Umstand, dass das Frankfurter Dokument III dem zu errichtenden Staat ohnehin nur eingeschränkte Souverä-

die überzonale SPD. Denn diese beharrte auf ihrer Position, dass ohne die Einbeziehung der SBZ eine Diskussion über die Bildung eines deutschen Staates nicht geführt werden könne. Jedoch erreichten Christian Stock und die Bürgermeister der beiden Hansestädte Hamburg und Bremen, Max Brauer und Wilhelm Kaisen, immerhin die Zustimmung ihrer Partei für eine zurückhaltende Mitarbeit an dem Projekt. Stock nahm jedoch während der Rittersturzkonferenz kaum Rücksicht auf die Meinung seiner Parteispitze und vertrat offensiv den Standpunkt der hessischen Landesregierung: »Die Möglichkeit, die drei Zonen zu einer politischen und wirtschaftlichen Einheit zu führen, überstrahlt alles, und Hessen steht allein aus diesen Gründen schon zu der Sache positiv.«[44] Unterstützung erfuhren die drei SPD-Regierungschefs nun auch durch den bayerischen Ministerpräsidenten Ehard (CSU).[45]

Aber diese Stimmen gaben nicht den Ton an. Die Berlin-Blockade drohte Deutschland endgültig zu spalten. Es galt, an der deutschen Einheit unter Einbeziehung der SBZ festzuhalten. Daher befürwortete die Ministerpräsidentenkonferenz, die vom 8. bis 10. Juli 1948 im Rittersturz-Hotel in Koblenz über die Frankfurter Dokumente beriet, allenfalls ein staatliches Provisorium. Die Ministerpräsidenten beschlossen nach zähen Verhandlungen zwar die Schaffung eines Weststaats, unterstrichen jedoch dessen vorläufigen Charakter. So sollte es keine allgemeine Wahl einer »Verfassunggebenden Versammlung« geben, sondern stattdessen sollten die Landtage Abgeordnete in einen »Parlamentarischen Rat« entsenden. Dieser Rat sollte entsprechend keine »Verfassung« ausarbeiten, sondern lediglich ein »Verfassungsprovisorium«, das »Grundgesetz für die einheitliche Verwaltung des Besatzungsgebietes der Westmächte« heißen sollte. Das Grundgesetz sollte auch nicht durch einen Volksentscheid bestätigt, sondern durch die Landtage ratifiziert werden.

Die drei westlichen Militärgouverneure waren über diese Ergebnisse irritiert, zumal Frankreich drohte, sich aus dem Prozess wieder zurückzuziehen, wodurch die westalliierte Initiative ernsthaft auf der Kippe stand. Daher präzisierten die Militärgouverneure ihre Aufträge erneut. Die Ministerpräsidenten kamen darauf-

---

nität zugestehe; vgl. dazu die genaueren Angaben bei Hedwig, Hessische Initiativen, S. 456, Anm. 103.

44 Das Zitat bei Hedwig, Kabinettsprotokolle Stock 1, Einleitung S. LXXII. Zur Rolle Stocks im Prozess der Errichtung des Weststaats im Überblick und mit weiterführender Literatur Frank Schmidt, Christian Stock (1884–1967). Eine Biographie (= Quellen und Forschungen zur hessischen Geschichte, Bd. 113), Darmstadt 1997, S. 392–401; Walter Mühlhausen, Christian Stock, in: ders., Karl Geiler und Christian Stock, S. 122–133, und ders., Christian Stock (1884–1967), in: Heidenreich/Mühlhausen, Einheit, S. 234–238; und zugespitzt auf die Konstellationen innerhalb der SPD: Hedwig, Hessische Initiativen, S. 455 f.

45 Zu den Frankfurter Dokumenten und den Ministerpräsidentenkonferenzen im Überblick und mit weiterführender Literatur: Hedwig, Kabinettsprotokolle Stock 1, S. LXX–LXXII.

hin am 21. und 22. Juni in einer weiteren Konferenz im Jagdschloss Niederwald bei Rüdesheim zusammen. In der Sache bewegten sie sich kaum mehr, betonten jedoch nun ihren Willen, den Weststaat auf den Weg zu bringen – allerdings zu ihren Bedingungen. Nach erneut dramatischen Verhandlungen gingen die Militärgouverneure am Ende auf die vorgeschlagene Kompromisslinie der Ministerpräsidenten ein, gewährten die Annahme eines »Grundgesetzes« durch die Länder und übertrugen den Ministerpräsidenten schließlich am 26. Juli 1948 die Verantwortung, die Gründung eines Weststaats auf den Weg zu bringen.

Hessen hatte zwischenzeitlich auf besondere Weise für das Weststaat-Projekt Verantwortung übernommen: Die Ministerpräsidenten hatten Mitte Juli 1948 das »Büro der Ministerpräsidenten des amerikanischen, britischen und französischen Besatzungsgebietes« gegründet. Es wurde in der Hessischen Staatskanzlei eingerichtet, bereitete fortan die Konferenzen der Regierungschefs vor und hielt den Kontakt zu den Militärregierungen. Vorsitzender des Büros wurde Ministerpräsident Christian Stock, seine Stellvertreter waren der nordrhein-westfälische Ministerpräsident Karl Arnold und der rheinland-pfälzische Ministerpräsident Peter Altmeier. Das Büro der Ministerpräsidenten war, so Wolfgang Benz,

»Briefkasten und ausführendes Organ der formell höchsten Instanz deutscher Politik, dem Kollektiv der Ministerpräsidenten, das auftragsgemäß als Wegbereiter der Konstituante und Verhandlungspartner der Alliierten fungierte und vom Sommer 1948 bis Sommer 1949 Westdeutschland als Ganzes repräsentierte.«[46]

Es übernahm auch die Vorbereitungen für den Herrenchiemseer Konvent und für den Parlamentarischen Rat.

4. Die Aushandlung des Grundgesetzes 1948/49

Bereits am 1. Juli 1948, dem Tag der Übergabe der Frankfurter Dokumente, hatte Christian Stock die Einberufung eines vorbereitenden Verfassungsausschusses vorgeschlagen. Auf Einladung Bayerns tagte dieser vom 10. bis 23. August auf der Herreninsel im Chiemsee. Die Länderregierungen entsandten elf Verfassungsexperten. Hessischer Vertreter war Hermann L. Brill, der neben Anton Pfeiffer und Carlo Schmid zu den einflussreicheren Mitgliedern zählte.[47] Trotz der enorm kur-

---

46 Das Zitat bei Benz, Gründung, S. 118; zum Büro der Ministerpräsidenten mit weiterführender Literatur: Hedwig, Hessische Initiativen, S. 445 f.

47 Helmut Berding, Hermann Brills Rolle beim Herrenchiemseer Verfassungskonvent, in: Renate Knigge-Tesche/Peter Reif-Spirek (Hrsg.), Hermann Louis Brill (1895–1959). Widerstandskämpfer und unbeugsamer Demokrat, Wiesbaden 2011, S. 173–189, v. a. S. 184 f.; vgl. Hedwig, Kabinettsprotokolle Stock 1, S. LXXII f.

zen Fristsetzung legte der Konvent einen umfangreichen »Bericht« vor. Er enthielt eine ausführliche Darstellung der zu lösenden Verfassungsprobleme, den »Entwurf eines Grundgesetzes« mit 149 Artikeln, davon viele in alternativen Versionen, und einen Kommentar. Die Ergebnisse des Herrenchiemseer Konvents bildeten die Grundlage für die Diskussionen im Parlamentarischen Rat.[48]

Die Einberufung des Parlamentarischen Rats erfolgte aufgrund des Mandats der Militärgouverneure. Am 13. August 1948 einigten sich die Ministerpräsidenten auf Bonn als Sitz des Rates. 65 Abgeordnete plus fünf Vertreter aus Berlin wurden aufgrund eines von Hermann L. Brill ausgearbeiteten Gesetzes von den Länderparlamenten in den Parlamentarischen Rat entsandt. Wie von den Militärgouverneuren gefordert, konstituierte sich der Rat am 1. September 1948. Bei der Eröffnung betonte Christian Stock als Vorsitzender der Ministerpräsidentenkonferenz erneut, dass man keinem alliierten »Diktat« folge, sondern mit den Militärgouverneuren vereinbart habe, »vor dem deutschen Volke Verantwortung zu übernehmen«. Und er unterstrich darüber hinaus, dass seiner Auffassung nach der Föderalismus am besten geeignet sei, »die gegenwärtig zerrissene Einheit schließlich wiederherzustellen«: Er sei es, der »die Rechte der beteiligten Länder schützt, eine gemeinsame Zentralinstanz schafft und Garantien der individuellen Rechte und Freiheiten schafft.«[49] Ratspräsident wurde bekanntlich Konrad Adenauer. Die inhaltliche Arbeit wurde in den nicht-öffentlichen Fachausschüssen geleistet. Deren Anträge gelangten in den Hauptausschuss unter Vorsitz von Carlo Schmid (SPD), wurden im Redaktionsausschuss zusammengeführt und abschließend im Plenum beraten.[50]

In den Protokollen des Parlamentarischen Rats lässt sich der vergleichsweise große Einfluss der hessischen Abgeordneten gut nachvollziehen. Hessen war mit sieben Abgeordneten überproportional vertreten, weil die niedersächsische SPD-Landtagsfraktion die Kasseler Sozialdemokratin und eigentlich hessische Landtagsabgeordnete Elisabeth Selbert entsandte. Sie stritt für eine unabhängige Justiz und setzte maßgeblich Art. 2 (3) »Männer und Frauen sind gleichberechtigt« durch. Der Kasseler Regierungspräsident Fritz Hoch (SPD) gestaltete vor allem als Verwaltungspraktiker die Gesetzgebungskompetenzen zwischen Bund und Ländern mit; er und der Darmstädter Regierungspräsident Ludwig Bergsträsser (SPD) wehrten insbesondere die föderal-partikularistischen bayerischen Auffassungen ab. Bergsträsser und Georg August Zinn, beide maßgebliche Wegbereiter der Hessischen Verfassung, spielten zudem eine wichtige Rolle bei

48 Mit weiterführender Literatur Hedwig, Hessische Initiativen, S. 446 f.; ders., Kabinettsprotokolle Stock 1, S. LXXIII f.; Mühlhausen, Länder, S. 100–103.
49 Zit. nach Feldkamp, Parlamentarischer Rat, S. 54.
50 Mit jeweils weiterführender Literatur: Hedwig, Kabinettsprotokolle Stock 1, S. LXXIV f.; vgl. auch Mühlhausen, Länder, S. 103–108.

der Aushandlung des Grundrechtekatalogs. Zinn hatte ferner großen Einfluss auf die Gestaltung der Justiz als unabhängige dritte Kraft.[51] Politisches Gewicht repräsentierten auch die beiden hessischen CDU-Vertreter: Walter Strauß war mit der schwierigen Frage der Zuständigkeitsabgrenzung zwischen Bund und Ländern befasst. Heinrich von Brentano fungierte immer wieder als Vermittler und setzte sich für den Fortgang der zeitweise schwierigen Verhandlungen ein.[52] Der FDP-Abgeordnete Max Becker war maßgeblich an der Formulierung des Bundestagswahlrechts beteiligt.[53]

Insgesamt zeichneten die hessischen Abgeordneten ihre politische Erfahrung und ihre fachliche Kompetenz aus, und sie griffen vielfach entscheidend in die Verhandlungen ein, wenn es um die Suche nach Kompromissen ging. Gleichberechtigt neben die vor allem medial viel beachteten Carlo Schmid, Konrad Adenauer, Thomas Dehler und Theodor Heuss gehören damit nicht nur Elisabeth Selbert, sondern zweifellos auch Georg August Zinn und Heinrich von Brentano in die erste Reihe der großen Persönlichkeiten des Parlamentarischen Rates.[54]

So bildeten die beiden Hessen Zinn und Brentano zusammen mit Thomas Dehler den einflussreichen Redaktionsausschuss, dessen Aufgabe es war, den Gesamtentwurf des Grundgesetzes nach den jeweiligen Diskussionsrunden in den zuständigen Gremien zu überarbeiten. In der schwierigen Endphase der Verhandlungen, von Februar bis April 1949, nutzten die beiden ihre guten Verbindungen zu ihren Parteizentralen und hatten dadurch großen Einfluss auf die interfraktionellen Abstimmungen und die Gespräche mit den Militärregierungen. Als die Verhandlungen im April zu scheitern drohten, führte u. a. Zinns geschicktes Taktieren zu dem kaum noch erhofften Kompromiss zwischen den Parteien und den Besatzungsmächten. Zentraler Streitpunkt blieb bis zuletzt das föderale Gefüge zwischen dem Bund und den Ländern. Gelöst wurde er, indem die Kompetenzen

---

51 Zu den hessischen Abgeordneten der SPD vgl. zusammenfassend und mit weiterführender Literatur und Quellennachweisen Hedwig, Hessische Initiativen, S. 449–452; Wolf-Arno Kropat (Bearb.), Hessische Landtagsdebatten 1947–1950. Eine Dokumentation (= Veröffentlichungen der Historischen Kommission für Nassau, Bd. 73; zugleich Politische und parlamentarische Geschichte des Landes Hessen, Bd. 31), Wiesbaden 2004, S. 291 f., und ergänzend: Heike Drummer/Jutta Zwilling, Elisabeth Selbert, in: Heidenreich/Mühlhausen, Einheit, S. 131–160; Franz, Bergsträsser, S. 187–200; Eilika Wunder, Georg August Zinn, in: Heidenreich/Mühlhausen, Einheit, S. 95–108; vgl. auch Hedwig, Kabinettsprotokolle Stock 1, S. LXXV.

52 Zu den beiden hessischen CDU-Abgeordneten im Überblick Hedwig, Hessische Initiativen, S. 452 f., und ergänzend: Antje Mohr, Walter Strauß, in: Heidenreich/Mühlhausen, Einheit, S. 161–186; Helma Brunck, Heinrich von Brentano, in: ebenda, S. 73–94.

53 Andreas Hedwig, Max Becker, in: Heidenreich/Mühlhausen, Einheit (wie Anm. 13), S. 73–94.

54 Hedwig, Hessische Initiativen, S. 453; vgl. auch Hedwig, Kabinettsprotokolle Stock 1, S. LXXV.

des Bundesrates im Sinne von SPD und FDP erheblich reduziert wurden. Im Gegenzug setzte sich die Union bei den Finanzen durch. Erhebliche Teile der Steuern sollten die Länder einziehen.[55]

Nach der Verabschiedung des Grundgesetzes im Parlamentarischen Rat am 8. Mai 1949 und der Genehmigung durch die Militärgouverneure waren die Länderparlamente am Zug. Der Hessische Landtag ratifizierte das Grundgesetz nach einer emotionalen, gleichwohl differenzierten Debatte mit einer breiten Mehrheit am 20. Mai 1949.[56] In der Tat bildeten auch hier die unterschiedlichen, durch die Parteien geprägten Standpunkte, die auch in Hessen debattiert wurden, den Grundakkord. Gleichwohl belegt die Diskussion in beeindruckender Weise die Fähigkeit der hessischen Landesparteien und ihrer Protagonisten, Politik als die Kunst des Machbaren zu verstehen, die den Willen zum politischen Kompromiss voraussetzt. Mit einer emotionalen Rede, in welcher er die Chancen unterstrich, die das Grundgesetz den westdeutschen Ländern biete, eröffnete Ministerpräsident Christian Stock die Landtagsdebatte. Erneut begründete er in der Frage der Weststaatsbildung seinen pragmatischen Ansatz und betonte, dass angesichts der Rahmensetzung der westlichen Alliierten allenfalls »Realpolitik« möglich gewesen sei. Das Verhältnis zwischen Bund und Ländern skizzierte er sachlich: »selbstständige Länder bilden die Grundlage für die Bundesrepublik«.[57] Ausgehend von einer historischen Analyse, welche nicht zuletzt die schwierigen Verhandlungen im Parlamentarischen Rat in der Föderalismusfrage in Erinnerung rief, resümierte er zu diesem Punkt:

»So sehr die Fragen der Gesetzgebung und der Verwaltung der Finanzen – der Angelpunkt zwischen der Macht des Bundes und der der Länder – die Gemüter der Vertreter des föderativen und des unitaristischen Gedankens aufeinanderplatzen ließ, der modus vivendi, der dann gefunden wurde und die einheitliche Annahme des Grundgesetzes [im Parlamentarischen Rat] ist ein Beweis dafür, daß man nicht gewillt war, Großes scheitern zu lassen […].«[58]

Einer Prognose, wie dieser *Modus vivendi* seiner Erwartung nach in der Praxis austariert werden würde, enthielt er sich. Stattdessen rückte er im Folgenden die Chancen des Grundgesetzes in den Mittelpunkt seiner Rede: Es bringe die politische Einheit der Westzonen, mehr demokratische Selbstbestimmung, werde den Wiederaufbau erleichtern und einen Weg der Integration in die westeuropäische Staatengemeinschaft weisen.

---

55 Feldkamp, Parlamentarischer Rat, S. 163–189, v. a. S. 175–183.
56 Die Debatte ist abgedruckt in: Hessischer Landtag, Drucksachen Abt. III, Nr. 59, S. 2111–2136, und in: Kropat, Landtagsdebatten, S. 296–319.
57 Zitat bei Hessischer Landtag, Drucksachen, S. 2111; der Beitrag Stocks ebenda, S. 2111–2115.
58 Ebenda, S. 2112.

Der SPD-Fraktionsvorsitzende Albert Wagner hingegen erinnerte daran, dass die Sozialdemokraten »Unitaristen« und »keine Föderalisten reinsten Wassers« seien. Die SPD hätte sich, so Wagner, folglich eine stärkere Stellung des Bundes gewünscht. Die Zustimmung wolle die SPD aber nicht verweigern, da sie das Grundgesetz als provisorisch, als »vorläufige Verfassung« begreife.[59]

Sein Fraktionskollege Ludwig Bergsträsser bestätigte hingegen die Position von Ministerpräsident Stock und verteidigte im Rückgriff auf dessen Darlegungen die im Grundgesetz definierte föderal-bundesstaatliche Machtverteilung. Den Ländern werde keine Souveränität zugestanden, sondern lediglich eine »Selbständigkeit«, etwa auf »kulturellem Gebiet«. Er hielt die Befürchtung, der Bund würde gegenüber den Ländern zu schwach sein, für unbegründet.[60]

Für die LDP ergriff Max Becker das Wort, der wie Ludwig Bergsträsser Mitglied des Parlamentarischen Rates war. Er wiederum hätte sich das föderale Prinzip im Sinne einer »aufgegliederten Demokratie« ausgeprägter vorstellen können, in der auf den unteren Stufen der Selbstverwaltung, den Kommunen und Ländern, klar umrissene Verantwortung getragen werde, unterfüttert etwa durch eigene Finanzquellen, nicht zuletzt um politischen Talenten eine Möglichkeit zu geben, sich zu beweisen und eines Tages Verantwortung für ganz Deutschland zu übernehmen.[61]

Heinrich von Brentano, ebenfalls Mitglied des Parlamentarischen Rats, bewertete die nun im Grundgesetz kodifizierte Ausformung des Föderalismus als zweckmäßig und betonte, dass die CDU den hier gefundenen Prinzipien aus Überzeugung zustimme:

»Das, was wir vertreten haben, war der Föderalismus, der einen Aufbau des Staates von unten nach oben bedeutet, eine Verlagerung aller in der unteren Instanz lösbaren Aufgaben auf die untere Instanz, um das Fundament der Pyramide, die der Staat darstellen soll, so breit wie möglich und so solide wie möglich zu schaffen. Wir sind auch der Meinung, daß die Demokratie und föderalistischer Staatsaufbau schlechthin voneinander nicht zu trennen sind, dass eine Demokratie, die einen zentralistischen Charakter trägt, zu einer entarteten Demokratie werden muß mit der letzten Folge, die die jüngste Vergangenheit uns gezeigt hat.«

Seiner Ansicht nach »berge« das Grundgesetz »alle Möglichkeiten in sich […], daß Bund und Länder nebeneinander, miteinander und füreinander existieren und leben können«.[62] Für die KPD ergriff der Abgeordnete Walter Fisch das Wort und sprach sich erwartungsgemäß energisch gegen die Annahme des Grundgesetzes aus, das er als »Dokument der Schande« auffasste. Die KPD hatte bereits im

---

59 Der Beitrag Wagners in ebenda, S. 2115–2117.
60 Hierzu ebenda, S. 2129; der Beitrag Bergsträssers ebenda, S. 2127–2032.
61 Der Beitrag Beckers ebenda, S. 2117–2021.
62 Beide Zitate ebenda, S. 2134; der Beitrag von Brentanos ebenda, S. 2132–2036.

Parlamentarischen Rat eine Obstruktionspolitik verfolgt, da für sie nur ein deutscher Zentralstaat unter Einbeziehung der SBZ in Frage kam. Die Gründung des Weststaats empfand die KPD, so Fisch, als Diktat der US-Besatzer, die künftige Bundesrepublik als »westdeutschen kolonialen Marionettenstaat«, dem sie sich nicht unterwerfen wollte.[63] Am 23. Mai 1949 verkündete der Parlamentarische Rat das Grundgesetz. Nur ein Land lehnte es bekanntlich als zu zentralistisch ab: Bayern.

5.   Fazit und Ausblick

Für die hessische Landespolitik lässt sich von 1945 an gut verfolgen, dass sie – mit Ausnahme der KPD – an dem Ziel der deutschen Einheit in Gestalt des Föderalstaats bis in die Verhandlungen um das Grundgesetz festgehalten hat. Die in dieser Frage aktiven hessischen Landespolitiker sind in den Diskussionen der entscheidenden Nachkriegsjahre als treibende und nicht zuletzt konstruktive Kräfte zu identifizieren. Sie stritten für Rechtseinheit und wirtschaftlich gleiche Lebensbedingungen im Bund und zugleich für selbständige, starke und kulturell selbstbewusste Länder, jedoch gegen partikularistische Tendenzen. Die Wirksamkeit ihrer Politik resultierte zu einem guten Teil daher, dass Hessen ein Land der amerikanischen Zone war. Durch die frühe Gründung des Landes und den damit verbundenen Aufbau staatlicher Strukturen bis hin zur Hessischen Verfassung konnten die hessischen Landespolitiker wichtige Erfahrungen sammeln, nicht zuletzt in der unmittelbaren Zusammenarbeit mit den Amerikanern, die wiederum unter den Alliierten die treibende Kraft bei der Gründung eines Weststaats waren.

Mit der Verabschiedung des Grundgesetzes war der verfassungsrechtliche Rahmen für den westdeutschen Föderalismus gezogen. Von nun an ging es darum, diesen Ordnungsrahmen mit Leben zu erfüllen und eine »föderale Praxis« zu entwickeln. Wie kein anderer prägte Georg August Zinn als sozialdemokratischer Ministerpräsident von Januar 1951 an für zwei Jahrzehnte das Verhältnis Hessens zum Bund. Zinn, der die Verfassungsdiskussionen seit 1946 in Hessen wie im Bund intensiv begleitet und mitgestaltet hatte, verfolgte von Beginn an eine ambitionierte Landespolitik, welche die Möglichkeiten, die ihr das Grundgesetz bot, weit auslegte und nutzte: Unter seiner Führung als Ministerpräsident sollte Hes-

---

63 Der Beitrag Fischs ebenda, S. 2121–2027; vgl. auch Hedwig, Hessische Initiativen, S. 454 f.; Klaus Eiler (Hrsg.), Die Kabinettsprotokolle der Hessischen Landesregierung. Kabinett Stock 1947–1950, Bd. 2: 1949–1950, S. LVI.

sen – so der erklärte Anspruch – ein sozialdemokratisches Musterland werden.[64] Es betrieb in den 1950er und 1960er Jahren eine ausgesprochen fortschrittliche und erfolgreiche Sozial-, Wirtschafts-, Rechts- und Bildungspolitik. Als Stichworte seien hier nur Hessenplan, Infrastrukturpolitik, Gesamtschulen, Hochschulreform und die Dorfgemeinschaftshäuser genannt. In nur wenigen Jahren wandelte Hessen sich vom Nehmer- für lange Jahrzehnte zum stärksten Geberland des Länderfinanzausgleichs. Die regierende SPD unter Zinn zögerte nicht, strittige bundespolitische Themen wie die Wiederbewaffnung oder die Medienpolitik aufzugreifen und Hessen als politisches Widerlager zur Bonner »Adenauerrepublik« zu profilieren. Die Länder, so die Überzeugung, sollten nicht nur als Verwaltungskörperschaften agieren und hierbei möglichst gute Lösungen erarbeiten, sondern als politisch Verantwortung tragende Glieder des Bundes darum streiten. Ungeachtet der zeitweiligen Schärfe der Auseinandersetzungen blieb dabei Hessen dem Bund gegenüber immer konstruktiv,[65] so dass die hessische Landespolitik in Bezug auf den Bund letztlich unitarisierend wirkte.[66]

---

64 Zur Regierungspolitik Georg August Zinns im Überblick: Andreas Hedwig (Bearb.), Unsere Aufgabe heißt Hessen. Georg August Zinn. Ministerpräsident 1950–1969, hrsg. v. Hessischen Hauptstaatsarchiv, Wiesbaden 2001, S. 36–88, zur besonderen Ausprägung der Landespolitik unter Zinn im Rahmen des bundesdeutschen Föderalismus, ebenda, S. 68–74; Eilika Wunder, Hessen im Bundesrat. Zum föderalistischen Selbstverständnis der hessischen Landesregierung 1949–1955, Wiesbaden 2000 (= Politische und parlamentarische Geschichte des Landes Hessen, Bd. 27; zugleich Veröffentlichungen der Historischen Kommission für Nassau, Bd. 69), und dies., Georg August Zinn, in: Heidenreich/Mühlhausen, Einheit, S. 108, und zuletzt Walter Mühlhausen, Georg August Zinn – Baumeister des modernen Hessen. Wiesbaden 2016 (= Blickpunkt Hessen, Bd. 21), hrsg. v. d. Hessischen Landeszentrale für politische Bildung, in Bezug auf das Verhältnis zum Bund ebenda, S. 18–22.

65 Auch in dieser Hinsicht hat Zinn ein bemerkenswertes persönliches Zeichen gesetzt: Seit Bestehen des Vermittlungsausschusses zwischen Bundestag und Bundesrat hatte seitens des Bundesrates bei weitem niemand den Vorsitz in diesem Gremium so lange inne wie er: 14 Jahre. Keinem anderen Ministerpräsidenten wurde ein derartig lang anhaltendes Vertrauen entgegengebracht, an dieser exponierten Stelle als Sachwalter der Interessen des Länderrats zu wirken. Vgl. die Internetseite des Vermittlungsausschusses, https://www.vermittlungsausschuss.de/VA/DE/mitglieder/vorsitz/ehem-vorsitzende/ehem-vorsitz-node.html (letzter Abruf: 3.8.2022).

66 Vgl. Arthur Benz, Unitarisierende und partikulare Kräfte im Föderalismus der Bundesrepublik Deutschland, in: Dietmar Willoweit (Hrsg.), Föderalismus in Deutschland. Zu seiner wechselvollen Geschichte vom ostfränkischen Königtum bis zur Bundesrepublik, Köln 2019, S. 363–367.

Die Ministerpräsidentenkonferenz als Selbstbehauptungsorgan der Länder und bundespolitischer Akteur

Ariane Leendertz

Die Regierungschefs der Bundesländer wirkten seit den 1950er Jahren im Rahmen der Ministerpräsidentenkonferenz (MPK) an zahlreichen Entscheidungen und Prozessen mit, die die wirtschaftliche, soziale und politische Ordnung der Bundesrepublik mitgestalteten und prägten. Dies gilt gleichermaßen für die Aktivitäten der Landesregierungen im Bundesrat, in der Kultus-, Finanz-, Innenminister- und diversen anderen Fachministerkonferenzen sowie in zahllosen weiteren Kooperationsgremien zwischen den Ländern und zwischen Bund und Ländern. Trotzdem rückte die MPK erst im Zuge der Coronakrise 2020/21 in den Fokus der breiteren öffentlich-medialen Aufmerksamkeit. Zuvor war sie in der Bevölkerung wenig bekannt und wurde auch in der historischen Forschung kaum beachtet. Allein die Rolle der Ministerpräsidenten in der Gründungsphase der Bundesrepublik sowie die Entstehungsgeschichte der Ministerpräsidentenkonferenz heutiger Prägung im Jahr 1954 sind gut untersucht. Ansonsten gibt es auch in den Nachbardisziplinen nur wenige Studien und Verweise zur MPK. Gleichwohl gilt sie in der politik- und rechtswissenschaftlich geprägten Föderalismusliteratur nach dem Bundesrat als wichtigste Institution des föderalen Bundesstaats in Deutschland.[1] Der Politikwissenschaftler Gerhard Lehmbruch hob in seinem vielzitierten Standardwerk hervor, dass die politischen Entscheidungen im bundesstaatlichen Gefüge im Allgemeinen nicht im Bundesrat, sondern in Gremien wie der MPK und den Fachministerkonferenzen gefallen seien.[2] Gerhard A. Ritter bezeichnete die MPK als »Nebenregierung«, die im politischen

---

1 Vgl. Herbert Schneider, Ministerpräsidenten. Profil eines politischen Amtes im deutschen Föderalismus, unter Mitarbeit von Michael Haus, Stefanie Richter und Klaus Schrode, Opladen 2006, S. 81; Hans-Georg Wehling, Landespolitik und Länderpolitik im föderalistischen System Deutschlands – zur Einführung, in: Herbert Schneider/Hans-Georg Wehling (Hrsg.), Landespolitik in Deutschland. Grundlagen – Strukturen – Arbeitsfelder, Wiesbaden 2006, S. 7–22, hier S. 12; Jost Pietzcker, Zusammenarbeit der Gliedstaaten im Bundesstaat. Landesbericht Bundesrepublik Deutschland, in: Christian Starck (Hrsg.), Zusammenarbeit der Gliedstaaten im Bundesstaat. Landesberichte und Generalbericht der Tagung für Rechtsvergleichung 1987 in Innsbruck, Baden-Baden 1988, S. 17–76, hier S. 21.
2 Gerhard Lehmbruch, Parteienwettbewerb im Bundesstaat. Regelsysteme und Spannungslagen im Institutionengefüge der Bundesrepublik Deutschland, Opladen 1998, S. 96.

Entscheidungsprozess häufig eine größere Bedeutung als das Kabinett und der Bundestag habe.[3]

Auf der Basis erster Archivstudien sollen im Folgenden Anfänge und Kennzeichen der MPK sowie ihr Aufstieg von einem freiwilligen Koordinationsorgan der Länder zu einem bundespolitischen Akteur mit nationaler Reichweite umrissen werden.[4] Nach ihrer Gründung 1954 nahm die Zahl der Themen, mit denen sich die MPK befasste, rapide zu. Immer mehr Länderaufgaben wurden zum Gegenstand von Zusammenarbeit und Harmonisierung, gleichzeitig intensivierte sich die Kooperation mit dem Bund. Die MPK trieb die Politikverflechtung im »kooperativen« und »Verbundföderalismus« ebenso voran wie die Unitarisierung, also die Vereinheitlichung der Wirtschafts- und Sozialordnung sowie die Angleichung der Lebensbedingungen der Bevölkerung erst im west-, dann im gesamtdeutschen Staatsgebiet. Die Unitarisierung hatte den deutschen Bundesstaat bereits seit dem Kaiserreich geprägt; auch mit dem Exekutivföderalismus schrieb die MPK eine Tradition des 19. Jahrhunderts fort. Damit verweisen die Organisation und Praxis der Ministerpräsidentenkonferenz schließlich auch auf besondere Merkmale der politischen Kultur in Deutschland.

1. Anfänge und Organisation

Nach Kriegsende 1945 hatten die Ministerpräsidenten zunächst eine zentrale Rolle beim Wiederaufbau des Staats- und Verwaltungswesens in den Besatzungszonen gespielt und in gemeinsamen Konferenzen (bereits ab 1947 ohne die Vertreter aus der sowjetischen Besatzungszone) die Einsetzung des Parlamentarischen Rates auf den Weg gebracht. Von 1949 an beschränkten sich ihr bundespolitischer Einfluss und ihre Mitsprache in nationalen Belangen auf den Bundesrat. Die dauerhafte Institutionalisierung der Ministerpräsidentenkonferenz als Gremium der Länderkoordination im Jahr 1954 ging auf eine Initiative der Unionspolitiker und Ministerpräsidenten von Bayern, Baden-Württemberg und Nordrhein-Westfalen, Hans Ehard, Gebhard Müller und Karl Arnold, zurück.[5] Der Zusammen-

---

3 Gerhard A. Ritter, Der Föderalismus in Deutschland. Geschichte und Gegenwart, in: Thomas Hertfelder/Andreas Rödder (Hrsg.), Modell Deutschland. Erfolgsgeschichte oder Illusion?, Göttingen 2007, S. 78–95, hier S. 89.

4 Dieser Aufsatz steht im Kontext meines von der Fritz Thyssen Stiftung geförderten Forschungsprojekts »Föderalismus, oder: Wie werden wir eigentlich regiert? Die Ministerpräsidentenkonferenz in der Geschichte der Bundesrepublik« bei der Historischen Kommission bei der Bayerischen Akademie der Wissenschaften in München.

5 Vgl. grundlegend Karl-Ulrich Gelberg, Hans Ehard. Die föderalistische Politik des bayerischen Ministerpräsidenten, 1946–1954, Düsseldorf 1992, S. 486–504.

schluss sollte die Solidarität unter den Ländern fördern und dem Erfahrungsaustausch, der Kooperation und der Koordination in Zuständigkeitsbereichen der Länder dienen. Das Gremium sollte damit zum Erhalt der föderalen Ordnung und der Eigenständigkeit der Länder beitragen und außerdem das öffentliche Ansehen des Föderalismus verbessern. Dass sich dafür besonders Politiker der Union einsetzten, war kein Zufall, denn hier waren föderalistische Positionen am weitesten verbreitet. Der wohl wichtigste Beweggrund der Ministerpräsidenten war es, einer Ausweitung von Bundeskompetenzen entgegenzutreten, die die Regierung Konrad Adenauers in den 1950er Jahren offensiv vorantrieb.[6] »Unsere Sorge muss es sein, [das Bedürfnis nach Zentralisierung] durch volle Wahrnehmung unserer Koordinierungsaufgabe in den richtigen Grenzen zu halten«, betonte der niedersächsische Ministerpräsident Heinrich Hellwege (Deutsche Partei) 1956 in seinem Eröffnungsvortrag auf der MPK-Jahreskonferenz: »Wir dienen damit der Wahrung unserer föderativen Ordnung. Darin liegt die politische Bedeutung unserer Konferenz.«[7] Derartige Beschwörungen fanden sich in den Einführungsvorträgen der Jahreskonferenzen der MPK in den 1950er und 1960er Jahren immer wieder und waren mit der Mahnung verbunden, in den jeweiligen Sitzungen zu brauchbaren Ergebnissen zu kommen, um so die Daseinsberechtigung des Föderalismus zu untermauern.[8]

Der Bundestag wurde in den 1950er Jahren in zahlreichen Feldern der konkurrierenden Gesetzgebung aktiv; die Finanzkraft des Bundes ermöglichte es dem Zentralstaat, sich in diversen Kompetenzbereichen der Länder wie beispielsweise der Wissenschaftsförderung zu engagieren und finanzielle Zuschüsse für Länderaufgaben zu gewähren, etwa in der Agrarpolitik im Rahmen des »Grünen Plans« oder in der Studienförderung nach dem »Honnefer Modell«.[9] Die MPK sollte einerseits die Zusammenarbeit zwischen den Ländern *ohne* Beteiligung des Bundes und andererseits die Position der Gesamtheit der Länder gegenüber dem Bund verbessern. Als die Regierung Adenauer 1957 per Bundesgesetz das Zweite Programm als nationalen Konkurrenzsender zur ARD einrichten wollte, taten sich

---

6 Zu einigen der damit verbundenen föderalen Konflikte Petra Weber, Föderalismus und Lobbyismus. Die CSU-Landesgruppe zwischen Bundes- und Landespolitik 1949 bis 1969, in: Thomas Schlemmer/Hans Woller (Hrsg.), Politik und Kultur im föderativen Staat, 1949–1973, Bd. 3: Bayern im Bund, München 2004, S. 23–116, hier S. 61–65; am Beispiel der Expansion des Bunds in der Hochschulpolitik, eigentlich Länderdomäne: Stefan Lange, Deutsche Hochschulpolitik im Kontext der Gemeinschaftsaufgaben, in: Margrit Seckelmann u. a. (Hrsg.), Die Gemeinschaftsaufgaben von Bund und Ländern in der Wissenschafts- und Bildungspolitik. Analysen und Erfahrungen, Baden-Baden 2010, S. 109–143.

7 Bayerisches Hauptstaatsarchiv München (BayHStA), Staatskanzlei (Stk) Nr. 11952, Niederschrift über die Konferenz der Ministerpräsidenten am 3./4. Mai 1956 in Bad Pyrmont, S. 5.

8 Siehe etwa auch BayHStA, Stk Nr. 11953, Niederschrift über die Konferenz der Ministerpräsidenten am 28. Februar/1. März 1957 in Wiesbaden, S. 7.

9 Lehmbruch, Parteiwettbewerb, S. 94 f. Dabei handelte es sich um den Vorläufer des BAföG.

die Länder für die Einführung des späteren ZDF als Gemeinschaftssender der Landesrundfunkanstalten zusammen, berieten das Thema laufend in der MPK, gewannen 1961 den Streit mit der Bundesregierung vor dem Bundesverfassungsgericht und verteidigten damit die Rundfunkkompetenz der Länder.[10] Neben der Gründung des ZDF gelten zum Beispiel das Düsseldorfer Abkommen zur Vereinheitlichung im Schulwesen von 1955 (erneuert 1964), die gemeinsame Studienförderung der Länder für Fachhochschulen nach dem Rhöndorfer Modell und – gemeinsam mit dem Bund – die Einrichtung des Wissenschaftsrats 1957 sowie des Bildungsrats 1965 als besondere Errungenschaften der MPK. Der sogenannte Radikalenerlass für den öffentlichen Dienst von 1972 ging auf einen gemeinsamen Beschluss des Bundeskanzlers und der Ministerpräsidenten zurück.[11]

Im Verlauf der 1950er und 1960er Jahre etablierten sich in der MPK und diversen Fachministerkonferenzen zwischen den Bundesländern besonders in der Bildungs- und Kulturpolitik sowie der Rundfunk- und Finanzpolitik ein reger Austausch und Koordinierungsaktivitäten, die immer mehr Themenfelder erfassten. Waren für gemeinsame Regelungen Staatsverträge oder Bund-Länder-Abkommen notwendig, wurde die endgültige Formulierung auf der Ebene der MPK festgelegt, die umgekehrt Fragen zur Klärung an die Fachministerkonferenzen oder andere intergouvernementale Ausschüsse und Gremien delegierte.[12] Neben der großen Jahreskonferenz fanden jährlich mehrere Besprechungen der MPK statt. Organisation, Koordination und Ablauf der Jahres- und Arbeitskonferenzen lagen in der Hand der Staats- und Senatskanzleien.[13] Weil der Vorsitz jedes Jahr wechselte und die MPK nie ein eigenes Sekretariat oder eine eigene Geschäftsstelle einrichtete,[14] rotierte die Sitzungsorganisation zwischen den Staatskanzleien, deren Chefs in vorgeschalteten Sitzungen die Tagesordnung finalisierten und

---

10 Schneider, Ministerpräsidenten, S. 310–315; Stefan Oeter, Integration und Subsidiarität im deutschen Bundesstaatsrecht. Untersuchungen zur Bundesstaatstheorie unter dem Grundgesetz, Tübingen 1998, S. 223.

11 Vgl. Schneider, Ministerpräsidenten, S. 259; Lehmbruch, Parteienwettbewerb, S. 102 f.

12 Franziska Scherer, Zusammenarbeit im Bundesstaat seit 1871. Die Ministerpräsidentenkonferenz von den Ursprüngen bis heute, Berlin 2001, S. 110 f. So wurden zum Beispiel die Rundfunkstaatsverträge und Gebührenerhöhungen nicht nur in der Rundfunkkommission der Länder, sondern auch in der MPK behandelt: Vgl. Schneider, Ministerpräsidenten, S. 327–333.

13 Vgl. Rolf Martens, Die Ministerpräsidentenkonferenzen, mit einem Vorwort von Gisela Richter, Würzburg 2003, S. 34.

14 1965 schlugen die Ministerpräsidenten von Baden-Württemberg und Hessen, Kurt Georg Kiesinger (CDU) und Georg August Zinn (SPD), vor, einen festen Arbeitsstab der MPK einzurichten: Vgl. Schneider, Ministerpräsidenten, S. 255. Schneider zufolge warnten jedoch zeitgenössische Kritiker (leider ohne Namensnennung) vor der Institutionalisierung einer »staatenbündischen Ebene«. Der Vorschlag von Kiesinger und Zinn wurde ebenso wenig umgesetzt wie 1969 die Anregung der nordrhein-westfälischen Staatskanzlei, in Bonn eine zentrale Geschäftsstelle für die MPK einzurichten: Siehe hierzu Landesarchiv Nordrhein-Westfa-

Beschlussvorlagen formulierten. Die Leiter der Staatskanzleien waren teils politische, oft jedoch Karrierebeamte und nahmen regulär an den Sitzungen der MPK teil. In den Staatskanzleien liefen die Informationen der MPK zusammen: Die Spitzenbeamten der Länder behielten den Überblick über das Geschehen und sorgten für das möglichst reibungslose Weiterlaufen einer bis heute anhaltenden Abfolge von Sitzungen, Besprechungen und nationalen »Gipfeln«. Es ist noch zu untersuchen, wie weit ihr politischer Einfluss reichte und welchen Anteil die Spitzenbeamten an den Inhalten der Entscheidungen und der politischen Gestaltung hatten. Gerhard A. Ritter hat beispielsweise verdeutlicht, dass Wolfgang Clement als Leiter der Staatskanzlei in Nordrhein-Westfalen, das 1990 den MPK-Vorsitz innehatte, bei den Entscheidungen zur Deutschen Einheit faktisch zum Verhandlungsführer der Bundesländer gegenüber dem Bund wurde.[15] Für den einstigen Journalisten Clement bildete der Posten das Sprungbrett für eine politische Karriere.

Wie die archivierten Teilnehmerlisten zeigen, nahmen außerdem weitere Ministerialbeamte an den Sitzungen der MPK teil, so dass die durchschnittliche Teilnehmerzahl in den 1960er und 1970er Jahren bei etwa vierzig Personen lag. Frauen waren dabei bis in die 1990er Jahre nur, wenn überhaupt, mit ein oder zwei Beamtinnen vertreten. Erst 1993 stieg mit der Ministerpräsidentin von Schleswig-Holstein, Heide Simonis (SPD), erstmals eine Frau in die bis dahin exklusive Männerriege der Länderchefs auf. Simonis übernahm 1995 als erste Frau den Vorsitz in der MPK.[16] Ihren festen Platz hatten Frauen hingegen im Damenprogramm, das mit den Jahreskonferenzen verbunden war und Besichtigungen von Kirchen und Museen, Modenschauen und dergleichen sowie die Begleitung der Ehemänner zu den offiziellen Empfängen und Essen sowie Opern-, Theater- und Konzertbesuche umfasste, für die die Protokollabteilung über die jeweilige Kleiderordnung, Zeitpläne und Transfers per Limousine, Bus oder Sonderzug informierte.

Die Jahreskonferenzen waren nicht nur politische, sondern auch gesellschaftliche Ereignisse mit Binnen- und Außenwirkung. Das Rahmen- und Repräsentationsprogramm bot neben der Gelegenheit zum informellen und sozialen Austausch die Möglichkeit für das Gastgeberland, sich für die Beteiligten möglichst

---

len Duisburg (LAV NRW), NW 708 Nr. 36, MR Dr. Depenbrock, Vermerk betr. Abgrenzung von Ministerpräsidentenkonferenz und Bundesrat, 25.11.1969.

15 Gerhard A. Ritter, Der Preis der deutschen Einheit. Die Wiedervereinigung und die Krise des Sozialstaats, München 2007, S. 281–283.

16 Die zweite weibliche Vorsitzende der MPK war 2012 Christine Lieberknecht (CDU, Thüringen). Mit Simonis und Lieberknecht sowie Hannelore Kraft, Annegret Kramp-Karrenbauer, Malu Dreyer, Manuela Schwesig, Franziska Giffey (als Regierende Bürgermeisterin von Berlin auch Mitglied der MPK) und Anke Rehlinger gab es bis 2023 erst acht Ministerpräsidentinnen in Deutschland.

glänzend in Szene zu setzen. So kündigte der niedersächsische Ministerpräsident Hellwege, Gastgeber der Jahreskonferenz von 1956 im Kurhotel in Bad Pyrmont, seinen Kollegen an, der Besuch der Landeshauptstadt werde ihnen »das Bild einer modernen, aufwärtsstrebenden und städtebaulich interessanten Halbmillionenstadt vermitteln«, die »mit erstaunlicher Vitalität« schwerste Kriegsschläge überwunden habe.[17] Am Ende des ersten Sitzungstags fand eine Fahrt mit einem Sonderzug der Bundesbahn nach Hannover statt, um im dortigen Opernhaus einer Festaufführung des Balletts beizuwohnen. Am zweiten Sitzungstag nahmen die Teilnehmer das Mittagessen im Burghaus Graf Everstein in Polle an der Weser ein; nach der Schlusssitzung am Nachmittag fanden erst ein Presseempfang, dann ein Empfang der niedersächsischen Landesregierung statt. Zusätzlich stand den Kollegen am Folgetag noch ein Besuch der Hannover-Messe zur Wahl. Auf der Jahreskonferenz in München endete der zweite Sitzungstag bereits am späten Vormittag, um gemeinsam mit den Ehefrauen mit dem Omnibus ins Kloster Andechs zu fahren, wo sich an das Mittagessen eine Besichtigung der Klosterkirche anschloss. Danach stand die Weiterfahrt nach Diessen am Ammersee an, wo es inklusive Orgelkonzert erneut eine Klosterkirche zu besichtigen galt. Nach der Rückfahrt nach München und privaten Abendessen stand der Besuch der Oper »La Traviata« auf dem Programm, für die Herren war Smoking vorgeschrieben. Der Beginn der Aufführung wurde eigens von 19:30 auf 20 Uhr verlegt; die Protokollabteilung hielt fest, sie werde sich »um eine gute Besetzung (einschließlich Dirigent)« bemühen.[18]

2. Ausweitung der Aktivitäten und Vertiefung des Verbundföderalismus

Wie die archivierten Sitzungsunterlagen zeigen, nahm die Zahl der Tagesordnungspunkte und damit der Themen, die die Ministerpräsidenten und Vertreter der Staatskanzleien gemeinsam in der MPK diskutieren, regeln oder miteinander abstimmen wollten, kontinuierlich zu. Hatten bei der Jahreskonferenz 1955 nur sieben Punkte auf der Agenda gestanden, waren es 1964 bereits 24, wobei immer

17 BayHStA, Stk Nr. 11952, Niederschrift über die Konferenz der Ministerpräsidenten der Länder der Bundesrepublik am 3. und 4. Mai 1956 in Bad Pyrmont, S. 5.
18 BayHStA, Stk Nr. 11979, Vermerk betr. Konferenz der MP, 9.9.1965. Die Teilnehmerliste zeigt, dass nicht nur die Regierungschefs, sondern auch einige der Leiter der Staatskanzleien und weitere Beamte mit Ehefrauen anreisten.

mehr Punkte die Kooperation mit dem Bund betrafen.[19] Die MPK behandelte ein Potpourri landes- und bundespolitischer Fragen und Probleme, das von wichtigen Staatsverträgen und Bund-Länder-Abkommen über die Beamtenbesoldung, die Studiendauer an den Hochschulen und Berlin-Besuche von Schulklassen bis zu Diskussionen über das Fernsehprogramm und die Bewirtungsrichtlinien der einzelnen Landesregierungen reichte.[20] Dabei entwickelte sich bisweilen ein Trend zum Mikromanagement, der zugleich auf das Konfliktpotenzial vermeintlich harmloser Angelegenheiten verweist. So wollte Nordrhein-Westfalen 1963 im ZDF einen Platz für eine 30-minütige WDR-Sendung bekommen. Rheinland-Pfalz sah dadurch den Südwestfunk benachteiligt und forderte im Gegenzug einen höheren Anteil an den Rundfunkgebühren. Das ZDF wiederum wollte auf diesem Sendeplatz eigentlich Werbung zeigen. Wie ein bayerischer Teilnehmer nach der Sitzung an die Münchner Staatskanzlei berichtete, sei »nach langer, zum Teil sehr harter Debatte durch die Vermittlung des Landes Bremen« ein Kompromiss zustande gekommen. Besonders bedenklich erschien es dem CSU-Beobachter, dass sich hier zwei Ministerpräsidenten der CDU vor den Augen ihrer SPD-Kollegen aufs Schärfste attackiert hätten. Dadurch erschien ihm die innere Geschlossenheit der Union in Gefahr.[21]

Ein weiteres Beispiel illustriert eine MPK-typische Kompromisslösung: 1987 drängten die SPD-regierten Länder Bremen, Hamburg und das Saarland darauf, die Verteilung der Sitze in den Aufsichtsgremien fünf öffentlicher Kreditanstalten unter den Ländern neu zu regeln, da sie sich benachteiligt sahen. Die Staatskanzlei des ebenfalls SPD-regierten Nordrhein-Westfalen entschied sich, das Anliegen der Parteigenossen in der MPK nicht zu unterstützen, da Nord-

---

19 Vgl. BayHStA, Stk Nr. 11972, Konferenz der Ministerpräsidenten der Länder der Bundesrepublik vom 26. bis 28. Oktober 1964 in Hamburg, Tagesordnung und Materialien. Die aus dem Ruder laufende Tagesordnung veranlasste die nordrhein-westfälische Staatskanzlei im Vorfeld zu einer Mahnung an den MPK-Vorsitzenden Paul Nevermann und die übrigen Teilnehmer – man habe doch schon auf der Sitzung in Saarbrücken (1963) besprochen, dass auf der Jahreskonferenz nur die politisch besonders wichtigen Fragen erörtert werden sollten. Vgl. Fernschreiben der Staatskanzlei des Landes Nordrhein-Westfalen nachrichtlich an alle Länder, 21.10.1964.

20 Auf der besagten Konferenz 1964 in Hamburg wollte die hessische Staatskanzlei diesen Punkt unbedingt auf der Tagesordnung haben und den anderen Ländern ihre neuen Richtlinien vorstellen, die unter anderem vorsahen, dass Weinproben im hessischen Staatsweingut Kloster Eberbach zu dienstlichen Anlässen nur noch im kleinen Kreis stattfinden sollten: BayHStA, Stk Nr. 11972, Konferenz der Ministerpräsidenten der Länder der Bundesrepublik vom 26. bis 28. Oktober 1964 in Hamburg, Materialien zu TOP 17.

21 BayHStA, Stk Nr. 11965, Der Bayerische Staatsminister für Bundesangelegenheiten Franz Heubl an den bayerischen Ministerpräsidenten Alfons Goppel, 22.3.1963. Heubl hatte Goppel in der Sitzung der MPK am 21. März 1963 vertreten. Die streitenden Ministerpräsidenten waren Franz Meyers (Nordrhein-Westfalen) und Peter Altmeier (Rheinland-Pfalz).

rhein-Westfalen dann Sitze eingebüßt hätte.[22] NRW erklärte sich dann jedoch bereit, dem Vorschlag des Saarlands zu folgen und der Einrichtung zusätzlicher rollierender Verwaltungsratssitze zuzustimmen.[23] Das Einvernehmen zwischen den Teilnehmern war also stets prekär, jedes einzelne Thema konnte Konflikte auslösen, und immer wieder mussten – teilweise durchaus kostspielige – Kompromisse gefunden werden, um dann zum nächsten Punkt überzugehen, bei dem sich die Linien wieder ganz anders sortieren konnten. Kam im Vorfeld keine Einigung zustande, wurde der entsprechende Punkt oft von der Tagesordnung genommen und vertagt.

Neben der Zusammenarbeit zwischen den Bundesländern vertiefte sich auch die Kooperation zwischen der MPK und der Bundesregierung. Schon in der Weimarer Republik hatte die Reichsregierung 1924 in ihrer Geschäftsordnung regelmäßige Besprechungen mit den Landesregierungen festgeschrieben, um den Austausch und die Konfliktbereinigung zu verbessern.[24] Danach sollte der Reichskanzler die präsidierenden Mitglieder der Landesregierungen mehrmals im Jahr einladen, um »gemeinschaftlich die wichtigen politischen, wirtschaftlichen und finanziellen Fragen zu erörtern und in persönlicher Fühlungnahme zu einer verständnisvollen einheitlichen Politik in Reich und Ländern beizutragen«.[25] Die Bundesregierung übernahm diese Regelung 1951 in fast identischem Wortlaut.[26] Bis heute stellt sie die Basis für die Koordination zwischen Bundes- und Landespolitik und für die diversen »Corona-Gipfel« dar. Bis Mitte der 1960er Jahre machten die Bundeskanzler von dieser Möglichkeit jedoch nur in unregelmäßigen Abständen Gebrauch.[27] Eine Besprechung zwischen Konrad Adenauer und den Ministerpräsidenten betraf im März 1957 die Bereitstellung zusätzlicher Bun-

---

22 LAV NRW, NW 706 Nr. 305, Vermerk betr. Besetzung von Verwaltungsratssitzen bei Kreditinstituten durch den Bundesrat, 15.10.1987.

23 LAV NRW, NW 706 Nr. 334, Kurzvoten für die Ministerpräsidentenkonferenz vom 26. bis 28. Oktober 1988 in Berlin, 24.10.1988, TOP 3 Besetzung von Verwaltungsratssitzen bei Kreditinstituten durch den Bundesrat.

24 Vgl. Scherer, Zusammenarbeit, S. 56.

25 Geschäftsordnung der Reichsregierung vom 3. Mai 1924, § 26, https://www.bundesarchiv.de/aktenreichskanzlei/1919–1933/0000/ma1/ma1lp/kap1_2/para2_192.html (letzter Abruf: 19.12.2023).

26 »Die präsidierenden Mitglieder der Landesregierungen sollen mehrmals im Jahre persönlich zu gemeinsamen Besprechungen mit der Bundesregierung vom Bundeskanzler eingeladen werden, um wichtige politische, wirtschaftliche, soziale und finanzielle Fragen zu erörtern und in persönlicher Fühlungnahme zu einer verständnisvollen einheitlichen Politik in Bund und Ländern beizutragen.« Geschäftsordnung der Bundesregierung vom 11. Mai 1951, § 31, https://www.bundesregierung.de/resource/blob/974430/459856/6831817d971f8f8abb-0d43b1709b2dd1/geschaeftsordnung-der-bundesregierung-data.pdf?download=1 (letzter Abruf: 19.12.2023).

27 Vgl. Lehmbruch, Parteienstaat, S. 96; Schneider, Ministerpräsidenten, S. 259.

desmittel in der Forschungs-, Hochschul- und Ausbildungsförderung.[28] Ludwig Erhard unterrichtete die Ministerpräsidenten mindestens einmal im Jahr über außen-, sicherheits- und wirtschaftspolitische Fragen und erörterte geplante Bund-Länder-Abkommen sowie innenpolitische Themen, die wie die Notstandsgesetzgebung, die Gemeinschaftsaufgaben und die Finanzreform auf Grundgesetzänderungen hinausliefen.[29] Ende 1969 vereinbarten die Ministerpräsidenten und Bundeskanzler Willy Brandt, sich künftig rund alle zwei Monate zu treffen, um persönlich »über wichtige politische Fragen« zu sprechen. Teilnahmeberechtigt waren auch die Leiter der Staatskanzleien sowie ein weiterer Beamter pro Land.[30]

In den 1960er Jahren bildete sich bereits vor der ersten großen Föderalismusreform der zeitgenössisch so genannte »kooperative Föderalismus« und »Verbundföderalismus« heraus, in dem Bund und Länder auf vielerlei Weise vertikal und horizontal miteinander verflochten waren, sich miteinander koordinieren und auf gemeinsame Positionen einigen mussten.[31] Die freiwillige Zusammenarbeit zwischen den Bundesländern betraf nahezu alle Bereiche der Länderaufgaben.[32] Die Grundgesetzänderungen, die mit dem Stabilitäts- und Wachstumsgesetz von 1967 und der Finanzreform sowie der Einführung der Gemeinschaftsaufgaben 1969 verbunden waren, schufen zum einen eine nachträgliche verfassungsrechtliche Grundlage für die verbreitete Praxis der Mischfinanzierungen, Bund-Länder-Abkommen und Fondswirtschaft des Bundes.[33] Zum anderen entstand eine Vielzahl neuer Bund-Länder-Gremien wie der Konjunkturrat, der Finanzplanungsrat und

---

28 Vgl. BayHStA, Stk Nr. 12086, Der Bayerische Ministerpräsident an die Regierungschefs der Länder, 16.3.1957.

29 Siehe u. a. Bundesarchiv Koblenz (BArch), B 136/4177, Inhaltsverzeichnis Besprechungen des Bundeskanzlers mit den Regierungschefs der Bundesländer, o.D.; MinDirig Seibt, Vermerk für den Herrn Bundeskanzler, 14.5.1965; B 136/4178, Vermerk über die Besprechung des Herrn Bundeskanzlers mit den Ministerpräsidenten der Länder und der Sachverständigenkommission für die Finanzreform am 10. Februar 1966, 10.2.1966.

30 LAV NRW, NW 711 Nr. 60, Geschäftsordnende Regeln der Ministerpräsidentenkonferenz und der Besprechungen der Regierungschefs des Bundes und der Länder, zusammengestellt von Schleswig-Holstein [o.D., ca. 1977], S. 4.

31 Vgl. Eckart Conze, Die Suche nach Sicherheit. Eine Geschichte der Bundesrepublik Deutschland von 1949 bis in die Gegenwart, München 2009, S. 373–378; Gabriele Metzler, Konzeptionen politischen Handelns von Adenauer bis Brandt. Politische Planung in der pluralistischen Gesellschaft, Paderborn 2005, S. 327–334; Gerhard Lehmbruch, Die Große Koalition und die Institutionalisierung der Verhandlungsdemokratie, in: ders., Verhandlungsdemokratie. Beiträge zur vergleichenden Regierungslehre, Wiesbaden 2003, S. 177–197.

32 Oeter, Integration, S. 262.

33 Peter Collin, Entwicklungslinien verfassungsrechtlicher Konturierung und verfassungsdogmatischer Problematisierung der Gemeinschaftsaufgaben im Bildungs- und Forschungsbereich, in: Margrit Seckelmann u. a. (Hrsg.), Die Gemeinschaftsaufgaben von Bund und Ländern in der Wissenschafts- und Bildungspolitik. Analysen und Erfahrungen, Baden-Baden 2010, S. 37–64, hier S. 40–50.

die gemeinsamen Planungsausschüsse für jede der neuen Gemeinschaftsaufgaben, die gemeinsam von Bund und Ländern finanziert und verwaltet wurden. Die Gemeinschaftsaufgaben waren ein besonderes Anliegen der SPD und standen zusammen mit einer Erweiterung des Steuerverbunds zwischen Bund und Ländern im Zentrum der Reformvorhaben der Großen Koalition ab 1966.[34]

Die Ministerpräsidentenkonferenz war im bundesstaatlichen Reformprozess der 1960er Jahre ein wichtiger Akteur und Verhandlungsraum[35] und spielte bei der Neugestaltung der föderalen Verfassung zwischen 1967 und 1969, die die Bundesrepublik noch heute prägt, eine ebenso tragende Rolle wie die Bundesregierung und der Bundestag. Die Ministerpräsidenten nutzten die MPK, um gemeinsame Verhandlungspositionen gegenüber dem Bund zu entwickeln. Sowohl die Einführung der Gemeinschaftsaufgaben als auch der sogenannte große Steuerverbund[36] riefen dabei die Kritik einer Mehrheit der Bundesländer hervor. Der nordrhein-westfälische Ministerpräsident Heinz Kühn (SPD) etwa warnte nachdrücklich vor einem Autonomieverlust der Länder und plädierte dafür, dass die MPK die Einführung der Gemeinschaftsaufgaben ablehnen und stattdessen auf eine neue Aufteilung der Zuständigkeiten zwischen Bund und Ländern hinwirken solle.[37] »Das Institut der Gemeinschaftsaufgaben, die sog. Finanzreform und die Zulassung unmittelbarer Bundesinvestitionen im Landesbereich sind Marksteine auf dem Weg, die Bundesmacht zu stärken und die Länder zu schwächen.« Das Ziel müsse ein »wirklich kooperativer« Föderalismus sein, nicht eine Machtverlagerung zum Bund.[38] Genauso sah es die Bayerische Staatskanzlei, die meinte, hier werde als Kooperation verkauft, was in Wahrheit eine Kompetenzübertragung zum Bund sei.[39]

---

34 Die Gemeinschaftsaufgaben spiegelten die parteiübergreifende Überzeugung, dass die politische Planung, Gestaltung und Modernisierung, eine soziale Wirtschafts- und Wachstumspolitik und eine Angleichung der Lebensverhältnisse im gesamten Bundesgebiet am besten erreicht werden könnten, wenn alle beteiligten Akteure sich laufend miteinander koordinierten und gemeinsame Ziele formulierten, um die Ressourcen dann vorausschauend planend dafür einzusetzen.

35 Das zeigt vor allem Wolfgang Renzsch, Finanzverfassung und Finanzausgleich. Die Auseinandersetzungen um politische Gestaltung in der Bundesrepublik Deutschland zwischen Währungsreform und deutscher Vereinigung (1948 bis 1990), Bonn 1991, S. 204–255.

36 Damit war die Erweiterung des Steuerverbunds zwischen Bund und Ländern, der bis dahin nur die Einkommen- und die Körperschaftssteuer umfasste, um die Umsatzsteuer gemeint.

37 LAV NRW, NW 708 Nr. 28, Entwurf einer Stellungnahme des Ministerpräsidenten zu den Gemeinschaftsaufgaben für die Ministerpräsidentenbesprechung am 13./14. September 1967 in Bonn, S. 4.

38 BayHStA, Stk Nr. 12006, Niederschrift über die Konferenz der Ministerpräsidenten der Bundesrepublik Deutschland am 30. und 31. Oktober 1968 in Hannover, Bericht zum Punkt 1 der Tagesordnung, S. 1.

39 BayHStA, Stk Nr. 12087, Vermerk Nr. A I 2 – 11060 – 40 betr. Gespräch beim Bundeskanzler Kiesinger am 31.1.1969, hier: Große Anfrage im Bundestag zur Weiterentwicklung des föderativen Systems V/3099, Vaitl, 24.1.1969, S. 3.

Mit Ausnahme Bayerns, das im Finanzausgleich zwischen den Bundesländern bis 1989 zu den Empfängern von Transferzahlungen zählte, vertraten alle kritischen Ministerpräsidenten besonders finanzstarke Bundesländer.[40] Dies verweist auf eine der typischen Akteurs- und Konfliktkonstellationen innerhalb der MPK, wo die Linien oft jenseits der Parteigrenzen zwischen den finanzstarken und den finanzschwachen Bundesländern verliefen. 1969 zeigte sich ebenso wie in der zweiten großen Umbruchphase im Föderalismus nach der Wiedervereinigung 1990, dass für die Machtverhältnisse und Gestaltungsmöglichkeiten im Bundesstaat nicht nur die Verteilung der Kompetenzen zwischen den Regierungsebenen, sondern ebenso die Verteilung der finanziellen Ressourcen, also die Finanzverfassung und der Finanzausgleich, ausschlaggebend waren.[41] Nachdem die Troeger-Kommission[42] fünf, die finanzstarken Bundesländer null bis maximal zwei und der Bund neun Gemeinschaftsaufgaben vorgeschlagen hatten, einigte sich die Ministerpräsidentenkonferenz 1968 auf die Einführung von drei Gemeinschaftsaufgaben.[43] Die Politikverflechtung zwischen Bund und Ländern nahm rapide zu, und in den Kooperationsfeldern büßten die einzelnen Bundesländer ihre Autonomie ein. Gleichzeitig erhöhten die Länder als Gruppe ihren Einfluss gegenüber dem Bund und kamen in den Genuss zusätzlicher finanzieller Mittel, die ihre politischen Gestaltungsspielräume unter dem Strich erhöhten.[44]

Im nun vertieften westdeutschen Verbundföderalismus verstetigten und formalisierten sich von 1970 an die Besprechungen des Bundeskanzlers mit den Ministerpräsidenten, die fortan im Schnitt ungefähr fünf Mal im Jahr stattfanden. Die Tagesordnung stimmte das Bundeskanzleramt mit der Staatskanzlei des Vorsitzlandes ab.[45] 1975 verständigten sich der Kanzler und die Ministerpräsidenten darauf, dass ihre Besprechungen in einer Vorkonferenz zwischen dem Chef des Bundeskanzleramts und den Leitern der Staats- und Senatskanzleien vorbe-

---

40 Vgl. Renzsch, Finanzverfassung, S. 229–240. Dazu zählten Nordrhein-Westfalen, Hamburg, Baden-Württemberg und Hessen.

41 Vgl. Renzsch, Finanzverfassung, bes. S. 11–14.

42 1964 gemeinsam von Bund und Ländern eingesetzte Expertenkommission unter dem Vorsitz des Vizepräsidenten der Bundesbank, Heinrich Troeger.

43 Renzsch, Finanzverfassung, S. 222–228. 1969 erweiterten Bundestag und Bundesrat das Grundgesetz um drei bzw. vier neuartige Gemeinschaftsaufgaben, was es dem Bund ermöglichte, an diversen Länderaufgaben mitzuwirken: Ausbau und Neubau von Hochschulen und Hochschulkliniken, Verbesserung der regionalen Wirtschaftsstruktur, Verbesserung der Agrarstruktur und des Küstenschutzes (Art. 91a GG) sowie Bildungsplanung und Forschungsförderung (Art. 91b GG).

44 Vgl. Hans-Peter Ullmann, Das Abgleiten in den Schuldenstaat. Öffentliche Finanzen in der Bundesrepublik von den sechziger bis zu den achtziger Jahren, Göttingen 2017, S. 74.

45 LAV NRW, NW 706 Nr. 205, Protokoll über die Ergebnisse der Besprechung des Bundeskanzlers mit den Regierungschefs der Länder am 4. Juni 1971, Punkt 2: Geschäftsmäßige Vorbereitung und Abwicklung der Besprechungen des Bundeskanzlers mit den Regierungschefs der Länder.

reitet werden sollten.[46] Das Procedere, das sich in den 1970er Jahren etablierte, verweist auf einen erheblichen Aufwand, Abstimmungs- und Klärungsbedarf zwischen den Staatskanzleien, zwischen den Staatskanzleien und dem Bundeskanzleramt, zwischen den Staatskanzleien der SPD-regierten »A-Länder« und der CDU-/CSU-regierten »B-Länder« (dies teils wiederum in Rücksprache mit der jeweiligen Fraktionsführung im Bundestag) und schließlich zwischen den Ministerpräsidenten, die direkt vor der Sitzung mit dem Bundeskanzler in einer gesonderten MPK-Sitzung zusammenkamen, in der Regel in der Landesvertretung des Vorsitzlandes in Bonn.

Am bayerischen Beispiel lässt sich zeigen, wie partei- und bundespolitische Erwägungen in die Positionen der Länder hineinwirkten. So berichtete 1972 ein Mitarbeiter der Bayerischen Landesvertretung in Bonn an den Bayerischen Staatsminister für Bundesangelegenheiten, Franz Heubl (CSU), über ein Vorgespräch der CDU/CSU-Ministerpräsidenten, das der Besprechung der Ministerpräsidenten mit Bundeskanzler Willy Brandt (SPD) vom 26. Mai 1972 vorausgegangen war. Die sozialliberale Bundesregierung wollte demnach die Verabschiedung des Bundeshaushalts mit dem nächsten Länderfinanzausgleichsgesetz verkoppeln. Die Ministerpräsidenten der Union seien dagegen, weil »man sich einer solchen Pression nicht unterwerfen lasse«, während sich die SPD-Länder »abwartend« verhielten.[47] Gerhard Stoltenberg (Ministerpräsident von Schleswig-Holstein, CDU) habe auf einen »Zielkonflikt« hingewiesen: Die Ministerpräsidenten seien an einer raschen Verabschiedung des Haushalts interessiert, damit bereits bewilligte Bundesmittel letztlich auch verausgabt werden könnten, während die CDU/CSU-Fraktion im Bundestag eine »starke Konfrontation« mit der Regierung suche. Heubls Beobachter hielt fest: »Die CDU-Ministerpräsidenten legten sich auf eine gemeinsame Meinung nicht fest. Stoltenberg will offensichtlich die Bundesregierung etwas ›schmoren‹ lassen und auch Kohl [Ministerpräsident von Rheinland-Pfalz, CDU] möchte zunächst die Entwicklung der nächsten Wochen abwarten. Beide scheinen jedoch eine totale Konfrontation und evtl. Neuwahlen im Herbst entschieden abzulehnen.«[48] Als Ministerpräsidenten war den Regierungschefs also eigentlich an einer schnellen Einigung gelegen; als Parteivertreter schlossen sie sich jedoch vorerst ihren Fraktionskollegen in der Opposition im Bundestag an. Der Hintergrund dafür war, dass die sozialliberale Koalition im Bundesrat, dessen Zustimmung sie sowohl für den Bundeshaushalt als auch für

---

46 LAV NRW, NW 711 Nr. 60, Protokoll über die Besprechung des Bundeskanzlers mit den Regierungschefs der Länder am 19. September 1975, außerhalb der Tagesordnung: Änderungen bei der Vorbereitung und Durchführung der gemeinsamen Besprechungen.

47 BayHStA, Bestand Bevollmächtigter Bayerns beim Bund, Nr. 141, Vorgespräch der CDU-/CSU-Ministerpräsidenten am 25.5. und der Ministerpräsidentenbesprechung vom 26.5.1972, 29.5.1972, TOP Haushaltssituation, S. 1.

48 Ebenda, S. 2.

das Länderfinanzausgleichsgesetz benötigte, keine Mehrheit hatte. Die unionsgeführte Bundesratsmehrheit der Länder profilierte sich in den 1970er Jahren auch als Opposition gegenüber der Bundesregierung.[49] Es ist noch nicht untersucht, inwiefern sich diese stärkere Konfrontation, bei der Parteistandpunkte Länderpositionen überlagerten, in der MPK niederschlug.

Um 1970 herum war die MPK von einem freiwilligen Koordinationsorgan der Länder zu einem politischen Akteur mit nationaler Reichweite geworden, dessen Einfluss sich etwa im Zusammenhang mit der Deutschen Einheit offenbaren sollte. In die Verhandlungen über den ersten deutsch-deutschen Staatsvertrag zur Währungs-, Wirtschafts- und Sozialunion bezog die Bundesregierung die Länder allerdings nicht ein. Nach Protesten waren Vertreter der Länder erst an den Verhandlungen zum Einigungsvertrag beteiligt.[50] Die MPK umriss ihre Forderungen im Juli 1990 in einem Eckpunktepapier, in dem sie vor »zentralistischen Tendenzen« und einer Aushöhlung der Kompetenzen der Länder warnte.[51] Die MPK forderte stattdessen Grundgesetzänderungen, die die Eigenständigkeit der Länder stärken, vor allem aber die Finanzbeziehungen zwischen Bund und Ländern neu ordnen sollten. Einig waren sich die westdeutschen Ministerpräsidenten, dass die Länder der DDR bis mindestens 1994 nicht in den Finanzausgleich einbezogen werden sollten.[52] Denn wären die neuen Bundesländer direkt in das bestehende Ausgleichssystem aufgenommen worden, wären bis auf Bremen alle westdeutschen Länder zu Nettozahlern geworden; nahezu alle Bundesergänzungszuweisungen wären nach Ostdeutschland geflossen und der Anteil der westdeutschen Länder an den Einnahmen aus der Umsatzsteuer wäre erheblich gesunken.[53] Bei der Finanzierung der Einheit spielte die MPK eine wichtige Rolle: Vor den entscheidenden Verhandlungen mit der Bundesregierung einigten sich die Länderchefs dort auf eine einheitliche Linie.[54] Dem Bund gelang es nicht, die Länder auseinanderzudividieren, und so trugen die finanziellen Lasten letztlich überwiegend der Bund und die sozialen Sicherungssysteme.[55]

---

49 Oeter, Integration, S. 322 f.; Lehmbruch, Parteienwettbewerb, S. 144–150. Ähnlich verfuhr dann in den 1990er Jahren die SPD-Mehrheit im Bundesrat gegenüber der Regierung Kohl.
50 Ritter, Preis, S. 281–285.
51 Eckpunkte der Länder für die bundesstaatliche Ordnung im vereinten Deutschland, 5.7.1990, in: Zeitschrift für Parlamentsfragen 21 (1990), Heft 3, S. 461–463.
52 Vgl. Rolf Bösinger, Die Neuordnung des bundesstaatlichen Finanzausgleichs 1995. Eine theoretische und empirische Analyse unter Berücksichtigung von allokationstheoretischen und polit-ökonomischen Gesichtspunkten, Frankfurt a. M. 1999, S. 64–74.
53 Renzsch, Finanzverfassung, S. 275.
54 Vgl. Klaus-Eckart Gebauer, Interessenregelung im föderalistischen System, in: Eckart Klein (Hrsg.), Soziale Ordnung und Verfassungsgerichtsbarkeit. Festschrift für Ernst Benda zum 70. Geburtstag, Heidelberg 1995, S. 67–90, hier S. 73 f. Gebauer war daran als Ministerialdirigent in der rheinland-pfälzischen Staatskanzlei beteiligt.
55 Ritter, Preis, S. 127 f.

3. Konflikte und Reformdiskussionen vor und nach der Deutschen Einheit

Die Wiedervereinigung bildete die größte territoriale, soziale und ökonomische Umwälzung im deutschen Föderalismus seit 1949. Mit den fünf neuen Bundesländern vermehrte sich die Zahl der Akteure, Interessen und möglichen Allianzen in den bundesstaatlichen Verhandlungssystemen. Gleichzeitig diversifizierte sich die Parteienlandschaft und aus dem Drei- wurde ein Fünf-Parteiensystem, was wiederum die Koalitionsmöglichkeiten auf Länder- und Bundesebene vervielfältigte. Mehrheiten im Bundesrat waren durch die Vielzahl unterschiedlicher Koalitionsregierungen weniger eindeutig und mussten immer wieder neu ausgehandelt werden.[56] Das innerdeutsche Gefälle, also die wirtschaftlichen und sozialen Disparitäten zwischen Ost und West, wurde zu einem bis heute relevanten Thema der Politik. Die erste gesamtdeutsche MPK fand vom 19. bis 21. Dezember 1990 in München statt. Bereits eine Woche zuvor kamen die Ministerpräsidenten der neuen Bundesländer und der Regierende Bürgermeister von Berlin erstmals zu einem separaten »Regionaltreffen« zusammen, auf dem sie die Verstetigung ihrer Runde als »Ost-MPK« beschlossen.[57] Der Bundeskanzler traf sich ebenfalls regelmäßig mit den Ministerpräsidenten der neuen Länder.[58] 1992 übernahm mit Sachsen erstmals ein ostdeutsches Bundesland den Vorsitz der MPK – mit dem westdeutschen Unionspolitiker Kurt Biedenkopf an der Spitze.

Auch im vereinten Deutschland blieb die MPK eine zentrale Institution des bundesrepublikanischen Verbundföderalismus. Die Wiedervereinigung überdeckte allerdings Reformdiskussionen, die schon Mitte der 1970er Jahre eingesetzt hatten, als sich in Westdeutschland eine kritische wissenschaftliche Debatte über die negativen Begleiterscheinungen der zunehmenden Politikverflechtung entfaltet hatte.[59] Vor allem die aufwendigen Aushandlungsprozesse im Feld der Gemeinschaftsaufgaben galten nun als ineffizient, unflexibel, bürokratisch und undemokratisch.[60] In

---

56 Ursula Münch, Politikwissenschaftliche Dimensionen und Stand des bundesdeutschen Föderalismus, in: Ines Härtel (Hrsg.), Handbuch Föderalismus – Föderalismus als demokratische Rechtsordnung und Rechtskultur in Deutschland, Europa und der Welt, Bd. 1, Berlin 2012, S. 179–195, hier S. 192.

57 Landesarchiv Thüringen, Hauptstaatsarchiv Weimar (LATh-HStA), Thüringer Staatskanzlei (6–82–1001) Nr. 1007, Erstes Regionaltreffen der Regierungschefs der ostdeutschen Bundesländer am 1. Dezember 1990 in Potsdam, Ergebnisprotokoll betr. TOP 6b.

58 Siehe etwa LATh-HStA, 6–82–1001 Nr. 1013, Ergebnisprotokoll des Gesprächs des Bundeskanzlers mit den Ministerpräsidenten der neuen Länder und dem Regierenden Bürgermeister von Berlin am 22. Oktober 1992 in Bonn.

59 Oeter, Integration, S. 318–321.

60 Arthur Benz, Bund-Länder-Beziehungen in den 80er Jahren, in: Arthur G. Gunlicks/Rüdiger Voigt (Hrsg.), Föderalismus in der Bewährungsprobe: Die Bundesrepublik Deutschland in den 90er Jahren, Bochum 1991, S. 197–227, hier S. 200–203.

den 1980er Jahren forderten verschiedene Bundes- und Landespolitiker, Ökonomen, Juristen und Politikwissenschaftler, die Kompetenzen von Bund und Ländern zu »entflechten« und mehr Verantwortungsbereiche auf die Länder zurück zu übertragen.[61] Die Ministerpräsidentenkonferenz diskutierte ab Frühjahr 1980 über den Abbau von Mischfinanzierungen;[62] der sozialdemokratische Bundeskanzler Helmut Schmidt kündigte im selben Jahr eine Überprüfung der Gemeinschaftsaufgaben sowie der Kompetenz- und Finanzverteilung an.[63] Unter Helmut Kohl zog sich der Bund nach langen Verhandlungen aus einigen kooperativen und gemischt finanzierten Aufgabenbereichen zurück.[64] Zu tiefgreifenden Reformen im föderalen Gefüge kam es jedoch nicht. Vielmehr war der Kanzler bestrebt, die langwierigen Aushandlungsprozesse in der MPK und im Vermittlungsausschuss des Bundesrats, in dem seine Regierungskoalition mit der FDP eine Mehrheit hatte, abzukürzen. Kohl zog deshalb die Ministerpräsidenten der Union zu den CDU-Präsidiumssitzungen hinzu, um Verständigungen zwischen Bund und Ländern über den Parteiweg zu erzielen. Die SPD-regierten Länder waren von diesen Verhandlungen ausgeschlossen.[65] Das betraf auch die gesetzliche Regelung des Finanzausgleichs und blieb nicht ohne Folgen.

1986 reichten die fünf SPD-regierten Länder Nordrhein-Westfalen, Hessen, das Saarland, Bremen und Hamburg beim Bundesverfassungsgericht Normenkontrollanträge gegen das Finanzausgleichsgesetz der Regierung Kohl ein. Mehrere Bundesländer störten sich dabei nicht nur am Ergebnis, sondern auch am Verhandlungsprocedere im Vorfeld der Gesetzgebung. Das Bundesverfassungsgericht erklärte Teile des Gesetzes für verfassungswidrig, schrieb eine Neuregelung bis 1988 vor und hielt fest, dass Artikel 107 des Grundgesetzes, der einen Finanzausgleich zwischen den Ländern vorsah, zwar keine Verfahrensregeln umfasse. Jedoch verlange Artikel 107 Abs. 2 GG, dass die unterschiedliche Finanzkraft zwischen den Ländern angemessen ausgeglichen werden müsse. Dies erfordere naturgemäß auch den »Ausgleich erheblicher und dabei gegensätzlicher Finanzinteressen«. Die hierfür notwendige Verständigungs- und Kompromissbereitschaft könne man nicht voraussetzen, sondern bedürfe der »Aktivierung und Unterstützung« in den

---

61 Oeter, Integration, S. 362.

62 Etwa LAV NRW, NW 706 Nr. 131, Besprechung der Ministerpräsidenten am 28./29.2.1980 in Bonn, Bd. 1.

63 Ariane Leendertz, Verbundföderalismus schlägt Wettbewerbsföderalismus. Vom Scheitern neoliberaler Reformen im vereinten Deutschland, in: Jahrbuch Deutsche Einheit 3 (2022), S. 91–113, hier S. 93.

64 Vgl. Andreas Wirsching, Abschied vom Provisorium. Geschichte der Bundesrepublik Deutschland 1982–1990, München 2006, S. 217. Der Abbau von Mischfinanzierungen stand in der ersten Legislaturperiode von Helmut Kohl regelmäßig auf den Tagesordnungen der Besprechungen zwischen den Staatskanzleien.

65 Lehmbruch, Parteienwettbewerb, S. 162 f.

entsprechenden Verhandlungen.[66] Das Bundesverfassungsgericht ließ also durchscheinen, dass die Vorgehensweise bei der Gesetzgebung diesen Anforderungen nicht entsprochen hatte. In der Ministerpräsidentenkonferenz führte dies tatsächlich zu Konflikten. Wie die nordrhein-westfälische Staatskanzlei im Vorfeld der MPK vom 21. bis 23. Oktober 1987 festhielt, habe die Bundesregierung mit den »B-Ländern« in Sachen Finanzausgleich bereits einen »Unionskompromiß« ausgehandelt und hatte also trotz Kritik ihr Vorgehen nicht geändert. Die berechtigten Forderungen der ausgeschlossenen A-Länder hätten nicht vorgetragen werden können und seien, wie zum Beispiel die Kohlelasten von Nordrhein-Westfalen, nicht berücksichtigt worden. Das von der Union praktizierte Verfahren sei nicht akzeptabel, es widerspreche nicht nur dem Verfassungsgebot bundesfreundlichen Verhaltens, sondern auch »dem fairen Umgang miteinander in der Ministerpräsidentenkonferenz«.[67] »Bei dieser Sachlage erscheint es ausgeschlossen, dass die Ministerpräsidentenkonferenz zu diesem Punkt eine einvernehmliche, in der Öffentlichkeit zu vertretende Haltung erzielt.«[68]

Dies verwies auf eines der wichtigsten Prinzipien der MPK, nämlich das Einstimmigkeitsprinzip: »Die Ministerpräsidentenkonferenz beschließt einstimmig und mehrheitlich nur ganz ausnahmsweise und nur bei allseitigem Einverständnis.«[69] Rechtlich bindende Mehrheitsbeschlüsse in Kompetenzbereichen der Länder galten seit einem Urteil des Bundesverfassungsgerichts von 1952 nicht als verfassungskonform.[70] Dort hieß es über die eigentliche Materie der Wohnungsbauförderung hinausgehend, gemäß dem »föderalistischen Prinzip« stünden die Länder »einzeln und gleichberechtigt nebeneinander«. Deshalb gelte unter ihnen »nicht die im Geltungsbereich des demokratischen Prinzips beheimatete Regel, dass die Mehrheit entscheidet, sondern der Grundsatz der Einstimmigkeit, d. h. dass kein Land durch die übrigen Länder überstimmt werden kann«.[71] Abgesehen von Staatsverträgen und -abkommen waren die gemeinsamen Beschlüsse, Empfehlungen, Richtlinien etc. der MPK für die Länder außerdem rechtlich

---

66 Entscheidung des Bundesverfassungsgerichts vom 24. Juni 1986, Randziffer 197–200, https://www.servat.unibe.ch/dfr/bv072330.html (letzter Abruf: 19.12.2023).

67 LAV NRW, NW 706 Nr. 305, Ministerpräsidentenkonferenz am 21. bis 23. Oktober 1987, Kaminrunde, Vermerk betr. Umsatzsteuerverteilung, Länderfinanzausgleich, Bundesergänzungszuweisungen, 16.10.1987, S. 2.

68 Ebenda, S. 3.

69 LAV NRW, NW 711 Nr. 60, Geschäftsordnende Regeln der Ministerpräsidentenkonferenz und der Besprechungen der Regierungschefs des Bundes und der Länder, zusammengestellt von Schleswig-Holstein [o.D., ca. 1977], S. 2.

70 Vgl. Sabine Kropp, Kooperativer Föderalismus und Politikverflechtung, Wiesbaden 2010, S. 36.

71 Urteil des Zweiten Senats des Bundesverfassungsgerichts über die Verteilung von Mitteln aus dem Bundeshaushalt für den Wohnungsbau in den Ländern vom 21. Mai 1952, Randziffer 60, https://www.servat.unibe.ch/dfr/bv001299.html (letzter Abruf: 19.12.2023).

nicht bindend – es stand ihnen jederzeit frei, sie nicht umzusetzen.[72] Gleichwohl entfalteten die gemeinsamen Beschlüsse eine erhebliche politische Bindungswirkung. »Alleingänge« oder ein Abweichen waren zwar möglich, bedurften dann jedoch besonderer Rechtfertigung. Das Einstimmigkeitsprinzip, das die MPK seit 1954 auch pflegte, um ihren Entscheidungen Gewicht zu verleihen und gegenüber dem Bund Handlungsfähigkeit und Geschlossenheit zu demonstrieren, erzeugte den Zwang, sich zu einigen. Deshalb drohten angesichts der Fülle der Verhandlungsthemen einerseits laufend Konflikte, Blockaden und Sackgassen, Formelkompromisse und Einigungen auf dem kleinsten gemeinsamen Nenner, die zu suboptimalen Lösungen führten, wie etwa zur oben angeführten Vermehrung der Aufsichtsratssitze für Ländervertreter bei den staatlichen Banken. Andererseits aber konnte keine Mehrheit den anderen ihre Position aufzwingen, und der Druck, bis zu einer Einigung zu verhandeln, konnte ebenso zur Bewältigung von Konflikten und zum Ausgleich gegensätzlicher Interessen beitragen. Im Zuge der Debatten über Föderalismusreformen ging die MPK jedoch 2004 zum Mehrheitsprinzip über, um ihre Handlungsfähigkeit zu verbessern. Seitdem genügte für einen gemeinsamen Beschluss eine Mehrheit von mindestens 13 Ländern.[73]

Ende der 1990er Jahre kamen wieder Diskussionen über eine stärkere Aufgabentrennung zwischen Bund und Ländern sowie Rufe nach mehr Eigenständigkeit, mehr Effizienz und mehr Wettbewerb auf, die bereits in den 1980er Jahren zu hören gewesen waren. Ministerpräsidenten finanzstarker Bundesländer wie Edmund Stoiber (CSU) und Roland Koch (CDU) sowie der FDP-Ehrenvorsitzende Otto Graf Lambsdorff stießen eine finanzpolitisch motivierte Diskussion über einen neuen »Wettbewerbsföderalismus« an und forderten eine Reföderalisierung und Stärkung der Länderautonomie.[74] 1998 sprach sich die Ministerpräsidentenkonferenz für eine »Modernisierung der bundesstaatlichen Ordnung« aus, war jedoch nicht in der Lage, sich auf einen gemeinsamen Katalog von Reformzielen zu einigen. Trotzdem setzten die Ministerpräsidenten in der MPK 2001 gemeinsam mit der Bundesregierung einen »Lenkungsausschuss Föderalismusreform« ein, in dem Spitzenbeamte aus Bund und Ländern Reformvorschläge für eine künftige

---

72 Scherer, Zusammenarbeit, S. 156 f.

73 Ebenda, S. 111. Das gelte jedoch nicht für Entscheidungen über die Geschäftsordnung der MPK, haushaltswirksame Angelegenheiten und die Schaffung von Gemeinschaftseinrichtungen, hier gelte weiterhin das Einstimmigkeitsprinzip: Siehe Senatskanzlei der Stadt Berlin, Wissenswertes über die Ministerpräsidentenkonferenz, https://www.berlin.de/rbmskzl/politik/senatskanzlei/bundesangelegenheiten/die-ministerpraesidentenkonferenz/wissenswertes-1351117.php (letzter Abruf: 19.12.2023).

74 Leendertz, Verbundföderalismus, S. 101–104. Anlass für Stoiber war die Unzufriedenheit über den Länderfinanzausgleich, in dem Bayerns Beiträge seit 1995 erheblich gestiegen waren.

Trennung von Bundes- und Landesaufgaben erarbeiten sollten.[75] Diese Exekutivlastigkeit zog Kritik aus dem Bundestag nach sich, woraufhin 2003 eine gemeinsame Reformkommission des Bundestags und Bundesrats gebildet wurde.[76] Die Föderalismusreformen von 2006 und 2009, auf die sich Bund und Länder letztlich verständigten, lösten einige der lange beklagten Verflechtungen bei den Gesetzgebungskompetenzen, Mischfinanzierungen und Gemeinschaftsaufgaben auf, während die Finanzverfassung und der Länderfinanzausgleich weitgehend in der bisherigen Form bestehen blieben.[77]

4. MPK und politische Kultur in Deutschland: Eine historische Einordnung

Die Ministerpräsidentenkonferenz stieg nach ihrer Gründung 1954 innerhalb von nur 15 Jahren zu einem zentralen Knotenpunkt politischer Entscheidungs- und Abstimmungsprozesse in einem politischen System auf, in dem sich die Regierungen der Länder sowie der Bund und die Länder laufend miteinander abstimmen, Kompromisse aushandeln, Konflikte lösen, Interessen ausgleichen und zugleich effektive gemeinsame Entscheidungen produzieren mussten, um gesellschaftliche und politische Probleme zu bewältigen und gestaltend auf gesamtgesellschaftliche Entwicklungen Einfluss zu nehmen. Für die historische Einordnung der MPK sind drei Aspekte besonders hervorzuheben.

Erstens schrieb sie die Tradition des Exekutivföderalismus fort, in dessen Rahmen an der Legislative von 1871 bis heute die Regierungen und Regierungsbürokratien der Gliedstaaten, nicht hingegen gewählte Vertreter der Landesparlamente oder direkt gewählte Senatoren aus den Ländern beteiligt waren.[78] In der MPK und den vielen anderen Kooperationsorganen zwischen den Ländern und zwischen den Ländern und dem Bund erfolgte die politische Zusammenarbeit auf der Ebene der Regierungen und der Ministerialbürokratie. Je mehr Problembereiche aber auf der Verbundebene geregelt wurden, desto weniger Einfluss kam den Landesparlamenten zu, die in der Literatur deshalb übereinstimmend als der größte Verlierer der politischen und verfassungsrechtlichen Entwicklung in der

---

75 Hans-Peter Schneider, Der neue deutsche Bundesstaat. Bericht über die Umsetzung der Föderalismusreform 1, Baden-Baden 2013, S. 35 f.
76 Ebenda, S. 48. Vorsitzende waren Franz Müntefering (SPD) und Edmund Stoiber (CSU).
77 Vgl. ebenda, S. 664 f.
78 Vgl. Thomas Nipperdey, Der Föderalismus in der deutschen Geschichte, in: ders., Nachdenken über die deutsche Geschichte, München 1986, S. 60–109.

Geschichte der Bundesrepublik gelten.[79] Selbst im Fall von Staatsverträgen und Abkommen zwischen den Ländern oder Bund und Ländern, bei denen – anders als bei den meisten Empfehlungen, Richtlinien, Beschlüssen und Erklärungen der MPK – die Zustimmung der Landtage erforderlich war, konnten diese nur noch nachträglich zustimmen oder aber das Abkommen um den Preis erheblicher politischer Kosten auf den letzten Metern kippen oder aufweichen. Erst ab Ende der 1970er Jahre konnten einzelne Landtage erreichen, die Landesregierung zumindest auf eine »rechtzeitige Unterrichtung« über die Beschlüsse von Ministerpräsidenten- und Fachministerkonferenzen zu verpflichten.[80] Das änderte jedoch wenig daran, dass die Parlamente und damit auch die parlamentarische Opposition von der inhaltlichen Mitwirkung in jenen Bereichen ausgeschlossen waren, die die Länder kooperativ zu regeln suchten. Das parlamentarisch-demokratische Defizit des Verbundföderalismus stellt einen der wichtigsten Kritikpunkte der Zeitgeschichtsforschung dar.[81]

Als Organ des Exekutivföderalismus scheint die MPK tatsächlich einen antiparlamentarischen Bias fortzuschreiben. Für die Regierungschefs der Länder stellte die Zusammenarbeit untereinander einen Machtgewinn gegenüber den Land-

---

79 Besonders deutlich Ritter, Föderalismus, S. 89; Gerhard A. Ritter, Föderalismus und Parlamentarismus in Deutschland in Geschichte und Gegenwart. Sitzungsberichte der Philosophisch-historischen Klasse der Bayerischen Akademie der Wissenschaften, München 2005, S. 51; Ernst-Hasso Ritter, Zur Entwicklung der Landespolitik, in: Thomas Ellwein/Everhard Holtmann (Hrsg.), 50 Jahre Bundesrepublik Deutschland. Rahmenbedingungen – Entwicklungen – Perspektiven, Opladen 1998, S. 343–362, hier S. 352; Conze, Suche, S. 132; Kyrill-A. Schwarz, Der Bundesstaat des Grundgesetzes, in: Dietmar Willoweit (Hrsg.), Föderalismus in Deutschland. Zu seiner wechselvollen Geschichte vom ostfränkischen Königtum bis zur Bundesrepublik, Köln 2019, S. 387–416, hier S. 410.

80 Vgl. Kurt Düwell, Föderalismus und Zeitgeschichte. Zur Kontinuitätsproblematik des Bund-Länder-Verhältnisses, in: Geschichte im Westen 4 (1989), S. 36–46, hier S. 45. Einer Aufstellung der nordrhein-westfälischen Staatskanzlei zufolge unterrichteten 1975 nur die Regierungen von Baden-Württemberg, Berlin und Bremen die Landesparlamente vorab über zu schließende Staatsverträge: LAV NRW, NW 725 Nr. 187, Besprechung der Chefs der Staats- und Senatskanzleien am 21. November 1975, 18.11.1975, Anlage 2.

81 Besonders Ritter, Föderalismus und Parlamentarismus, S. 51–55; Ritter, Föderalismus, S. 89; Gabriele Metzler, Einheit und Konkurrenz im Bundesstaat. Föderalismus in der Bundesrepublik, 1949–2000, in: Thomas Kühne/Cornelia Rauh-Kühne (Hrsg.), Raum und Geschichte. Regionale Traditionen und föderative Ordnungen von der Frühen Neuzeit bis zur Gegenwart, Leinfelden-Echterdingen 2001, S. 232–256, hier S. 255. Bereits 1989 warnte der Historiker Kurt Düwell davor, dass im kooperativen Föderalismus seit 1969 ein Machtzuwachs der Exekutive stattgefunden habe, der die Gewaltenteilung zu »verwischen« drohe: Düwell, Föderalismus, S. 45. Die Zeitgeschichte assoziiert die Verflechtung im deutschen Bundesstaat außerdem mit politischen Blockaden, »Dauerwahlkampf«, Parteienkonflikten und Immobilismus: Vgl. bes. Hans-Ulrich Wehler, Deutsche Gesellschaftsgeschichte, Fünfter Band: Bundesrepublik und DDR 1949–1990, München 2008, S. 241–243; Conze, Suche, S. 378; Ritter, Föderalismus, S. 90. Diese Urteile sind unter dem Eindruck der überaus kritischen politischen Debatten im Umfeld der Föderalismusreformen von 2006 und 2009 zu sehen.

tagen dar, die den mühsam ausgehandelten Entscheidungen nur noch, wenn überhaupt, nachträglich zustimmen konnten. Die Reformen von 1969 bedeuteten in dieser Hinsicht gerade nicht »mehr Demokratie«, sondern mehr Exekutive, mehr Bürokratie und geringere Transparenz. Das entsprach durchaus der Logik der damaligen Planungs- und Steuerungsambitionen, relativiert jedoch die Deutung der 1960er und frühen 1970er Jahre als Schlüsselphase gesamtgesellschaftlicher Demokratisierung und Partizipation, die die Zeitgeschichtsschreibung bislang besonders hervorgehoben hat. Die öffentliche Kritik an der fehlenden parlamentarischen Rückbindung vieler Corona-Beschlüsse 2020/21 verwies daher weniger auf eine aktuelle Besonderheit, sondern auf ein prägendes Merkmal des bundesdeutschen Föderalismus.

Jenseits dieser normativ-kritischen Bewertung ist aber grundsätzlich zu fragen, wie man die MPK im Spannungsfeld demokratisch-parlamentarischer, informeller und exekutiver, also öffentlich nur begrenzt transparenter Prozesse politischer Entscheidungsfindung und Deliberation einordnen kann. Informelle und nicht-öffentliche Prozesse des Entscheidens sind auch im parlamentarischen Raum anzutreffen, da für die demokratische Mehrheitsbeschaffung stets im Vorfeld Kompromisse ausgehandelt und Allianzen geschmiedet werden müssen. Nicht-öffentliche Verhandlungen sind Teil des alltäglichen politischen Betriebs.[82] Im Anschluss an Gerhard Lehmbruch lässt sich die MPK als Institution der »Verhandlungsdemokratie« charakterisieren, in der politische Konfliktregelung und Aushandlung stets auch jenseits des parlamentarischen Raums, des Parteiensystems und der Mehrheitsverhältnisse zusätzlich in gesonderten institutionalisierten Verhandlungssystemen stattfanden.[83] Der Politikwissenschaftler Arthur Benz charakterisiert die Foren der parlamentarischen Demokratie auf der einen und des kooperativen Föderalismus auf der anderen Seite als komplementär zueinander stehende Politikarenen, die auf unterschiedliche Weise – unterschiedliche Verfahren, Regeln und Akteurskonstellationen – funktionieren und einander ergänzen, dabei aber zugleich Spannungen und Friktionen erzeugen.[84] In der MPK bündelten sich viele dieser Spannungen, wie beispielsweise ein permanenter Widerstreit zwischen Länderinteressen und parteipolitischen Mehrheiten und Positionen.

Die MPK setzte ab 1954 zweitens die Tradition der Unitarisierung fort, die den deutschen Föderalismus seit dem 19. Jahrhundert und den nationalsozialistischen Staat ebenso wie den sozialistischen Einheitsstaat der DDR gekennzeichnet hatte.

---

82 Vgl. Martin Morlok, Informalisierung und Entparlamentarisierung als Gefährdungen der Verfassung?, in: Veröffentlichungen der Vereinigung deutscher Staatsrechtslehrer 62 (2003), S. 37–84.

83 Vgl. Lehmbruch, Parteienwettbewerb, bes. S. 17–19. Eine weitere charakteristische Institution der Bundesrepublik wären die korporatistischen Verhandlungssysteme.

84 Arthur Benz, Föderale Demokratie. Regieren im Spannungsfeld von Interdependenz und Autonomie, Baden-Baden 2020, bes. S. 65–85.

Für die in der alten Bundesrepublik stetig fortschreitende Vereinheitlichung der Wirtschafts- und Sozialordnung, der Infrastrukturen und öffentlichen Aufgaben sowie den umfangreichen finanziellen Ausgleich zwischen den Bundesländern stellte das Grundgesetz mit dem Passus, die »Einheitlichkeit der Lebensverhältnisse« im Bundesgebiet zu wahren, einen vielfach instrumentalisierten Universalhebel bereit.[85] Die *freiwillige* Zusammenarbeit der Bundesländer in der MPK und den Fachministerkonferenzen kann neben der Ausweitung des Sozialstaats als wichtiger Treiber der Unitarisierung in der Bundesrepublik gelten.[86] Allein bis 1960 schlossen die Länder 339 Staatsverträge und Verwaltungsabkommen ab.[87] Der Jahresbericht des Ministerpräsidenten von Schleswig-Holstein, Gerhard Stoltenberg (CDU), über die Tätigkeit der MPK 1971/1972 listete 63 Angelegenheiten auf, mit denen sich die Regierungschefs kooperativ befasst hatten; 39 davon galten als erledigt, die übrigen liefen weiter.[88] 1989 zählte eine Kommission des nordrhein-westfälischen Landtags neben der MPK und 14 Fachministerkonferenzen rund 130 Kommissionen, Gremien und Arbeitskreise der Länder sowie 330 Bund-Länder-Gremien.[89] Das Staatsministerium von Baden-Württemberg wiederum kam 1998 auf 928 länderübergreifende Gremien und Arbeitsgruppen, in denen sich die Länder miteinander austauschten, koordinierten und Regelungen harmonisierten.[90] Die MPK beschloss daraufhin, diese Zahl um wenigstens ein Drittel zu reduzieren. Dies gelang einigermaßen, allerdings zählte Baden-Württemberg 2004 wiederum 700 Gremien und wollte in der MPK besprechen, wie man diese um 20 Prozent verringern könnte.[91]

---

85 Vgl. Oeter, Integration, S. 538–541; Stefan Lenz, Herstellung gleichwertiger Lebensverhältnisse – ein Verfassungsgebot?, in: Der Staat 59 (2020), S. 545–576.

86 Vgl. Metzler, Einheit, S. 243; Metzler, Konzeptionen, S. 328; Oeter, Integration, S. 414 f.; Arthur Benz, Der deutsche Föderalismus, in: Thomas Ellwein/Everhard Holtmann (Hrsg.), 50 Jahre Bundesrepublik Deutschland. Rahmenbedingungen – Entwicklungen – Perspektiven, Opladen 1998, S. 135–153, hier S. 140; Arthur Benz, Unitarisierende und partikulare Kräfte im Föderalismus der Bundesrepublik Deutschland, in: Dietmar Willoweit (Hrsg.), Föderalismus in Deutschland. Zu seiner wechselvollen Geschichte vom ostfränkischen Königtum bis zur Bundesrepublik, Köln 2019, S. 359–385, hier S. 366.

87 Oeter, Integration, S. 262; Schwarz, Bundesstaat, S. 405.

88 LAV NRW, NW 725 Nr. 108, Dr. Gerhard Stoltenberg, Bericht über die Tätigkeit der Ministerpräsidenten-Konferenz seit der Jahreskonferenz im Oktober 1971 in Kiel, Oktober 1972, Anlage 2.

89 Kropp, Föderalismus, S. 127.

90 LATh-HStA, 6–82–1001 Nr. 2103, Staatsministerium Baden-Württemberg, Gesamtübersicht der Vertretung der Ministerien des Landes Baden-Württemberg in länderübergreifenden Gremien und Arbeitsgruppen, 2.6.1998.

91 Vgl. LATh-HStA, 6–82–1001 Nr. 2103, Rudolf Böhmler, Staatsministerium Baden-Württemberg, an die Chefinnen und Chefs der Staats- und Senatskanzleien der übrigen Länder, 5.5.2004. Eine Liste mit 161 Streichkandidaten lag bei.

In der MPK bündelten sich so eine Reihe von Widersprüchen und Ambivalenzen des west- und später gesamtdeutschen Verbundföderalismus. Zwar avancierte sie einerseits gegenüber dem Bund zu einem mächtigen Akteur, doch andererseits erhielt der Bund Mitsprache in zahlreichen Tätigkeitsfeldern der Länder; einerseits trieben die Länder durch ihre extensive Kooperation in nahezu allen Aufgabenbereichen der Länder die Unitarisierung und Angleichung der Lebensverhältnisse der Bürgerinnen und Bürger im Bundesgebiet voran, andererseits schränkten sie damit die individuelle Länderautonomie freiwillig ein und beförderten einen Verlust an föderaler Vielfalt. Die Vielfalt unterschiedlicher politischer Ansätze sowie regionale Unterschiede und Diversität gelten in der Demokratie- und Föderalismustheorie jedoch gemeinhin als besondere Stärken und Vorteile einer föderalen Ordnung. Anders als etwa in den USA setzten sich in der Institutionenordnung in Deutschland im 20. Jahrhundert jedoch recht ungebrochen unitarische Orientierungen durch.[92] Darüber hinaus dominierten in der deutschen Bevölkerung in den vergangenen Dekaden offensichtlich ausgeprägte Wünsche nach Einheitlichkeit, eine geringe Toleranz gegenüber Regelungsvielfalt und hohe Homogenitätsanforderungen an die politischen Akteure.[93] Diese Haltungen schlugen sich in einer Reihe von Institutionen nieder, die die deutsche Spielart des Föderalismus seit den 1950er Jahren kennzeichneten, wie etwa das Institut der »einheitlichen« oder »gleichwertigen« Lebensbedingungen, der Steuerverbund zwischen Bund und Ländern, der weitreichende Finanzausgleich zwischen den Gliedstaaten – und die Ministerpräsidentenkonferenz, die gemeinsam mit den vielen anderen Kooperationsinstanzen des Verbundföderalismus als Garant der Unitarisierung gelten kann.[94]

So verweist die MPK drittens auf die Wechselwirkungen zwischen politischen Institutionen mit ihren geschriebenen und ungeschriebenen Regeln und Verfahren und dem, was wir etwas unbestimmt politische Kultur nennen.[95] Die Einbindung in die vielfältigen Verhandlungssysteme und die dort über Jahrzehnte eingeübten Muster der Aushandlung beförderten in der Bundesrepublik die Not-

---

92 Vgl. bes. Gerhard Lehmbruch, Der unitarische Bundesstaat in Deutschland: Pfadabhängigkeit und Wandel, in: Arthur Benz/Gerhard Lehmbruch (Hrsg.), Föderalismus. Analysen in entwicklungsgeschichtlicher und vergleichender Perspektive, Wiesbaden 2002, S. 53–110.

93 Vgl. Oeter, Integration, S. 422.

94 Der Jurist Konrad Hesse prägte für diese spezifische Form des Föderalismus in seiner einflussreichen Arbeit zur Bundesstaatstheorie den Begriff des »unitarischen Bundesstaats«: Konrad Hesse, Der unitarische Bundesstaat, Karlsruhe 1962.

95 Die politischen Institutionen steuern, begrenzen und beeinflussen die Verhaltensweisen und Handlungsoptionen der Akteure; umgekehrt spiegeln sich in der Bauweise und den Regeln der Institutionen Werte, Einstellungen und Handlungsorientierungen der Akteure wider, die diese Institutionen am Leben erhalten: Vgl. Rainer M. Lepsius, Die Prägung der politischen Kultur der Bundesrepublik durch institutionelle Ordnungen, in: ders., Interessen, Ideen und Institutionen, Opladen 1990, S. 63–84.

wendigkeit von und die Bereitschaft zu Kompromissen. Das institutionelle Arrangement im deutschen Bundesstaat erfordert(e) offensichtlich eine ausgeprägte Konsens- und Kompromissbereitschaft. Diese wurde durch den Verhandlungs- und Einigungszwang forciert, den die Akteure wiederum mit jeder Vertiefung des kooperativen und des Verbundföderalismus seit Mitte der 1950er Jahre permanent *selbst erzeugten*. Über die Jahre und Jahrzehnte schufen sie ein Korsett aus informellen Regeln, Verfahren und selbst gesteckten Zielen, das sie auf bestimmte Verhaltensweisen und Handlungsmöglichkeiten festlegte. Verhandlungslösungen setzten ein Mindestmaß an Kooperationsbereitschaft der Beteiligten voraus; gegenseitige Zugeständnisse waren die notwendige Voraussetzung dafür, das Scheitern von Verhandlungen und damit lähmende Blockaden und Stillstand zu verhindern. Mit Blick auf die polarisierte und weitgehend vergiftete politische Kultur im US-amerikanischen Bundesstaat, wo es ein derartiges Ausmaß an Politik- und Finanzverflechtung nicht gibt,[96] ist das vielleicht ein besonders hervorzuhebendes Merkmal der bundesrepublikanischen Ordnung. Permanenter Interessenausgleich und kontinuierliche Konfliktbewältigung gehörten so einerseits zu den Kernanforderungen an die politischen und bürokratischen Akteurinnen und Akteure in der MPK. Dies ging andererseits mit dem Preis langwieriger Abstimmungs- und Einigungsprozesse und potenzieller Entscheidungsblockaden einher; die im »Bargaining«-Verfahren des Interessenausgleichs typischen Koppel- und Tauschgeschäfte, Zugeständnisse und Kompensationen interferierten mit dem Ziel einer effektiven politischen Problemlösung jenseits von Partikularinteressen.[97] Gerade diese institutionelle Programmierung, die den gemeinsam getragenen Kompromiss gegenüber der Konfliktlösung durch Mehrheitsentscheid privilegiert, würde auch erklären, warum die MPK als zentrales Entscheidungsorgan in einer nationalen Krisensituation wie der zurückliegenden Corona-Pandemie vermutlich nur bedingt geeignet war.

---

96 Für einen Überblick vgl. David Brian Robertson, Federalism and the Making of America, New York 2018.

97 Zu diesem Spannungsverhältnis vgl. Lehmbruch, Parteienwettbewerb, S. 26 f.

Föderalismus und Parteien in der Bundesrepublik

Siegfried Weichlein

Das Verhältnis der politischen Parteien zur föderalen Ordnung der Bundesrepublik besitzt mindestens drei Dimensionen. Parteien treten erstens im Bund und in den Ländern auf und bilden auf beiden Ebenen Koalitionen. Zweitens agieren sie im Bundestag und über ihre Ministerpräsidenten im Bundesrat, bilden also nicht nur das integrierende Band zwischen Bund und Ländern, sondern auch zwischen den Arenen von Parlamentarismus und Föderalismus. Sie sitzen damit auf beiden Seiten des Verhandlungstischs. Das führte in den 1970er Jahren im Zeichen der Politisierung des Bundesrates durch die Opposition von CDU/CSU zu langen Debatten über den »Missbrauch des Bundesrates«. Schließlich sind die Parteien drittens selbst Mehrebenengebilde. Sie sind in Bundes-, Landes-, Bezirks-, Kreis- und Ortsverbände gegliedert und bilden die staatliche Raumgliederung und damit auch die Konflikte zwischen den Ebenen in den eigenen Reihen ab. Diese drei Perspektiven werden im Folgenden vorgestellt. Parteien sind Akteure im Föderalismus, und der Föderalismus ist ein Merkmal der Parteien selbst.[1]

1. Parteien im Bundesstaat

Die Weichen für den starken Einfluss der Parteien auf die Regierungspolitik wurden in der Bundesrepublik früh gestellt. Die Regierung und der Regierungschef sollten auf der Basis einer Koalitionsmehrheit im Bundestag die Richtlinien der Politik bestimmen. Damit trat das Verhältnis zwischen dem Regierungschef und den Parteien ins Zentrum der Politik. Die Parteiführungen von CDU und SPD sahen zunächst wenig Veranlassung, die strategische Option einer kleinen

---

1 Siegfried Weichlein, Föderalismus und Demokratie in der Bundesrepublik, Stuttgart 2019; Oscar Gabriel, Föderalismus und Parteiendemokratie in der Bundesrepublik Deutschland, in: Arthur Gunlicks/Rüdiger Voigt (Hrsg.), Föderalismus in der Bewährungsprobe. Die Bundesrepublik Deutschland in den neunziger Jahren, Bochum 1994, S. 101–124; Andreas Galonska, Landesparteiensysteme im Föderalismus: Rheinland-Pfalz und Hessen 1945–1996, Wiesbaden 1999.

Koalition mit einer knappen Mehrheit unter eigener Führung wahrzunehmen. Für eine kleine Regierungskoalition zu kämpfen, implizierte immer eine mögliche spätere Oppositionsrolle. Eine Konsensdemokratie der großen Parteien barg dagegen kaum das Risiko der Opposition. Für die Zusammenarbeit der großen Parteien sprachen die politischen Herausforderungen der Zusammenbruchsgesellschaft nach dem Zweiten Weltkrieg, der Verhandlungen mit den westlichen Alliierten und der zunehmenden Konfrontation mit der DDR. In vielen Landesparlamenten gab es nach 1945 Große Koalitionen. Nach 1949 favorisierte innerhalb der Regierungspartei CDU der nordrhein-westfälische Ministerpräsident Karl Arnold diesen Koalitionstyp. Dass die Option einer »minimum winning coalition« (William Riker) überhaupt wahrgenommen wurde, hing mit den beiden rivalisierenden Parteiführern Konrad Adenauer und Kurt Schumacher zusammen, die einer Großen Koalition gänzlich abgeneigt waren, aber auch mit dem Charakter der Sammlungspartei CDU, für die die Regierungsmehrheit eine ihrer wenigen verbindenden Klammern darstellte.[2] Flächendeckend durchsetzen konnte sich ein Modell des Parteienwettbewerbs und der Konkurrenzdemokratie aber erst nach dem Abgang Adenauers in den 1960er Jahren. Ein Signal in diese Richtung war der Bruch der Berliner Großen Koalition 1963. Bereits 1959 zerbrach die Dreiparteienkoalition in Bremen, 1960 die Allparteienregierung in Baden-Württemberg. In den Ländern kündigte sich ein bipolares Koalitionsmuster mit einer der beiden großen Parteien als führender Regierungspartei und der anderen als Oppositionspartei an. Wo in einem Bundesland eine der beiden großen Parteien die absolute Mehrheit errang, zögerte sie seit Anfang der 1960er Jahre nicht mehr, eine Alleinregierung zu bilden. Wo eine Koalition über eine auch noch so knappe Mehrheit verfügte, nutzte sie das aus.[3]

Für kleine Koalitionen war im Unterschied zu Großen Koalitionen die Mehrheit im Bundesrat ein permanentes Problem. Die Parteiführungen von CDU und SPD arbeiteten daran, in den Ländern gleichgerichtete Koalitionen einzurichten und ein Abstimmungsverhalten der »eigenen« Länder im Bundesrat durchzusetzen, das der Bundespartei folgte. Das verdeutlicht eine begriffliche Unterscheidung, die der Politikwissenschaftler Arthur Benz getroffen hatte.[4] Die Parteien

---

2 William H. Riker, The theory of political coalitions, New Haven 1962, S. 32 f.

3 Uwe Jun, Koalitionsbildung in den deutschen Bundesländern theoretische Betrachtungen, Dokumentation und Analyse der Koalitionsbildungen auf Länderebene seit 1949, Opladen 1994; Sabine Kropp, Regieren in Koalitionen Handlungsmuster und Entscheidungsbildung in deutschen Länderregierungen, Wiesbaden 2001; Sabine Kropp/Roland Sturm, Koalitionen und Koalitionsvereinbarungen. Theorie, Analyse und Dokumentation, Opladen 1998; Julia Oberhofer/Roland Sturm, Koalitionsregierungen in den Ländern und Parteienwettbewerb, München 2010.

4 Arthur Benz, Föderalismus und Demokratie. Eine Untersuchung zum Zusammenwirken zweier Verfassungsprinzipien, Fern-Universität in Hagen 2003; Arthur Benz, Postparlamen-

und die Länder können nämlich »entkoppelt«, »eng« oder »lose« gekoppelt sein. »Entkoppelt« bedeutet, dass die Landesparteien und die Bundesparteien getrennte Wege gehen; »eng gekoppelt« meint, dass die Landes- und Bundesparteien die gleichen Wege gingen. »Lose gekoppelt« impliziert eine Beziehungsgeschichte zwischen den beiden Arenen, weil sie verbunden, aber nicht identisch agieren. Sowohl Konrad Adenauer als auch der SPD-Führung unter Kurt Schumacher war an einer engen Kopplung zwischen den Koalitionen im Bund und den Ländern gelegen. Doch das gelang ihnen lange nur teilweise und vorübergehend. Die Landespolitik ordnete sich nie ganz der Parteipolitik unter. Ein frühes Beispiel war der »Lastenausgleich«, also der Solidaritätspakt von 1952 zwischen den einheimischen Westdeutschen und den Vertriebenen.[5] CDU und SPD wollten ihn ganz unterschiedlich regeln. Die CDU orientierte sich am Vermögensverlust der Vertriebenen, den sie anteilsmäßig ersetzen wollte, die Sozialdemokraten orientierten sich dagegen an der sozialen Lage der Flüchtlinge, also ihrem Integrations- und sozialen Aufstiegsbedürfnis. Das quotale stand gegen das soziale Ausgleichsprinzip. Die CDU-Bundesregierung suchte unter dem Druck der CDU-Landesregierungen im Dezember 1950 einen Mittelweg zwischen beiden Prinzipien. Die quotale Lösung stieß nicht nur bei der SPD auf Widerstand, sondern auch bei CDU-geführten Ländern. Auch die SPD-geführten Länder waren nicht durchgängig auf der Parteilinie. Auf Antrag des Hamburger SPD-Senats rief der Bundesrat den Vermittlungsausschuss an, um die sozial schlechter gestellten Gruppen besser zu entschädigen. Das SPD-regierte Land Niedersachsen hatte besonders viele Flüchtlinge aufgenommen, folgte aber nicht dem Vorschlag des Hamburger SPD-Bürgermeisters Max Brauer, weil Hannover eine sofortige Lösung einer besseren, aber dafür langwieriger zu erreichenden Regelung vorzog. Niedersachsen stimmte im Bundesrat dem Bundestagsbeschluss und damit der quotalen Lösung der CDU zu, genauso wie Baden-Württemberg.

Die CDU-Bundespartei machte ähnliche Erfahrungen. In Hessen arbeitete Adenauer auf eine Koalition von CDU und FDP hin. 1950 drängte Bundestagspräsident Erich Köhler (CDU) seinen hessischen Parteifreund Werner Hilpert, mit der FDP zu koalieren. In einem Brief an Hilpert vom 16. Mai 1950 forderte Köhler ein »Kräfteparallelogramm zwischen der Regierungskoalition im Bundes-

---

tarische Demokratie? Demokratische Legitimation im kooperativen Staat, in: Michael Th. Greven (Hrsg.), Demokratie – eine Kultur des Westens? 20. Wissenschaftlicher Kongress der Deutschen Vereinigung für Politische Wissenschaft, Opladen 1998, S. 201–222.

5 Lutz Wiegand, Der Lastenausgleich in der Bundesrepublik Deutschland 1949 bis 1985, Frankfurt a. M. 1992; Rüdiger Wenzel, Die große Verschiebung? Das Ringen um den Lastenausgleich im Nachkriegsdeutschland von den ersten Vorarbeiten bis zur Verabschiedung des Gesetzes 1952, Stuttgart 2008.

tag und im Bundesrat«.[6] Im hessischen Landtagswahlkampf von 1954 reimte die CDU entsprechend etwas holprig:

»Deine Wahl im Hessenstaat
zählt im Bonner Bundesrat.
Regierung Zinn stützt Ollenhauer,
wählt CDU für Adenauer.«[7]

Der CDU-Wahlkampfslogan »Hessens Ja für Dr. Adenauer: das ist die wichtigste Frage am 28. November« koppelte landes- und Bundespolitik eng aneinander. Er machte aus dem Landtagswahlkampf ein Referendum über die Politik Adenauers. Die hessischen Wähler folgten dem jedoch nicht und gaben 1954 der SPD und der Vertriebenenpartei GB/BHE (Gesamtdeutscher Block/Bund der Heimatvertriebenen und Entrechteten) die Mehrheit. Der hessische CDU-Vorsitzende Hilpert weigerte sich auch weiterhin, mit der FDP und ihren vielen Alt-Nazis eine Koalition einzugehen. Nationalsozialistische Altkader dominierten etwa in der Führung der Darmstädter FDP. Erich Mix, seit 1932 Mitglied von NSDAP und seit 1933 der SS, war von 1937 bis 1945 und dann wieder für die FDP von 1954 bis 1960 Oberbürgermeister der Landeshauptstadt Wiesbaden. Um eine Koalition mit der FDP bemühte sich erst Hilperts Nachfolger Wilhelm Fay, nachdem Adenauer für Hilperts Wechsel ins Direktorium der Bundesbahn gesorgt hatte.

2.   »Missbrauch des Bundesrates«?

Erst der Regierungswechsel 1969 näherte die beiden Arenen Bundestag und Bundesrat einander bis zur Wiedervereinigung an. Schon kurz nach der Regierungsbildung durch SPD und FDP machte die CDU/CSU-Opposition im Bundestag 1969 deutlich, dass sie ihre Mehrheit im Bundesrat gegen die Regierung einsetzen würde. Der CDU-Vorsitzende und vorherige Bundeskanzler Kurt Georg Kiesinger, selbst früherer Ministerpräsident von Baden-Württemberg, unterstrich im Februar 1970, man würde durch die eigene Mehrheit im Bundesrat die Politik mitbestimmen: »Ich sehe im Bundesrat während dieser Legislaturperiode [...] ein wichtiges Instrument für die Opposition. Wir haben eine solche Mehrheit. [...] Und wir werden diese Mehrheit selbstverständlich benutzen. Das ist durchaus le-

---

6 Arnold J. Heidenheimer, Federalism and the Party System: The Case of West Germany, in: The American Political Science Review 52 (1958), H. 3, S. 809–828, hier S. 818.

7 Gerhard Lehmbruch, Parteienwettbewerb im Bundesstaat. Regelsysteme und Spannungslagen im Institutionengefüge der Bundesrepublik Deutschland 2., erweiterte Aufl., Wiesbaden 1998, S. 139.

gitim.«[8] SPD und FDP warfen ihm daraufhin den »Missbrauch des Bundesrates«
vor. Die Opposition stelle Länderinteressen für Parteianliegen in Dienst. Diese
Kontroverse um die Politisierung des Bundesrates zog sich lange hin und erreichte ihren Höhepunkt im Frühjahr 1974. Der SPD-Abgeordnete Friedrich Schä-
fer, Vorsitzender der vom Bundestag eingesetzten Kommission zur Verfassungsreform, griff am 20. März 1974 die CDU/CSU-regierten Länder offen an:

»Nach dieser Erklärung soll im klaren Gegensatz zu einem Grundwert unserer Demokratie, nämlich der Mehrheitsentscheidung im Bundestag, Politik der Mehrheit gegen den
Willen der Minderheit nicht mehr möglich sein. Der Wille der Wähler, die die gegenwärtige Bundestagsmehrheit beauftragt haben, ihr Programm zu verwirklichen, soll überspielt werden. Nicht mehr der Bundestag soll entscheiden, sondern der Bundesrat, dessen Mitglieder vom Wähler nicht unmittelbar beauftragt und für ihn weitgehend anonym
sind. [...] Das ist eine Perversion verfassungsrechtlicher Grundentscheidungen in zweierlei Hinsicht: Der auf Mehrheitsentscheidung beruhende demokratisch-parlamentarische
Gedanke wird in sein Gegenteil verkehrt, und der Bundesrat als wichtiges Element der Le-
bendigkeit und Glaubwürdigkeit des föderativen Staates wird auf die Ebene kaltschnäuzi-
ger Machtpolitik herabgedrückt.«[9]

Der Bundesrat hatte aus der Sicht der Bundesregierung Länderinteressen zu vertreten und durfte nicht zum Instrument einer Partei und schon gar nicht der Opposition werden. Für den schleswig-holsteinischen Ministerpräsidenten Gerhard
Stoltenberg (CDU) machten jedoch die gleichen Parteien, die im Bund Politik
machten, dies auch in den Ländern. Die Motive einer Zustimmung oder Ablehnung im Bundesrat nur bei der Bundespartei zu suchen, sei kaum möglich. Ganz
unterschiedliche und sogar gegensätzliche Interessen und Gründe konnten zum
gleichen politischen Ergebnis einer Ablehnung im Bundesrat führen. Dagegen
erforderte die Zustimmung zu einem Regierungsentwurf einen spezifischen Konsens. Das Bundesverfassungsgericht machte sich die Sicht zu eigen, dass es nicht
justiziabel sei, wie die Mehrheiten im Bundesrat zustande kämen. Auch Gerhard
Leibholz, ehemaliger Bundesverfassungsrichter, stellte 1974 klar:

»Wie die ablehnende Mehrheit zustande kommt, richtet sich allein nach den parlamentarischen Spielregeln und den Abstimmungsvorschriften. Unbeachtlich muss die – oftmals
unterschiedliche – Motivation der einzelnen Landesregierungen für ihr ablehnendes Votum bleiben. Sie ist verfassungsrechtlich irrelevant.«[10]

---

8 Sven Leunig/Hendrik Träger, Parteipolitik und Landesinteressen. Der deutsche Bundesrat
   1949–2009, Münster 2012, S. 111.
9 Peter Schindler, Missbrauch des Bundesrates? Dokumentation einer aktuellen Auseinandersetzung, in: Zeitschrift für Parlamentsfragen 5 (1974), H. 2, S. 157–166, S. 157 f.
10 Gerhard Leibholz, Die Stellung des Bundesrates und das demokratische Parteiensystem in der
   Bundesrepublik Deutschland, in: Bundesrat (Hrsg.), Der Bundesrat als Verfassungsorgan und
   politische Kraft, Bad Honnef 1974, S. 99–113, hier S. 111; Konrad Hesse, Aspekte des koope-

Sowohl die Verfassungswirklichkeit wie auch die Verfassungsrechtsprechung drängten die Parteien dazu, die politischen Ebenen zu koordinieren und ihr Auftreten in Bundestag und Bundesrat aufeinander abzustimmen. Koordination und Kooperation wurden zum Gebot der Stunde. Die SPD-Bundestagsfraktion richtete am 1. Mai 1972 eine »Bund-Länder-Koordinierungsstelle« ein. Zwei Referenten informierten die SPD-Landtagsfraktionen vertikal und koordinierten horizontal die Arbeit von Landtagsfraktionen und -regierungen. Nach 1979 stimmte man sich außerdem mit der deutschen Gruppe in der Sozialdemokratischen Fraktion des Europäischen Parlamentes ab. Die Landtagsfraktionen bezahlten den Referenten, der für die horizontale Abstimmung der Landesregierungen und Landtagsfraktionen zuständig war, um bereits im Ansatz einer Bevormundung durch die Bundestagsfraktion vorzubeugen.[11]

Im Regierungsalltag koordinierten sich seit Mitte der 1970er Jahre die A- und die B-Länder. Die A-Länder standen für SPD-Regierungen und die B-Länder für solche der CDU. Außerdem kooperierte man eng mit den Parteispitzen im Bund bzw. mit der Bundesregierung.[12] Beide Runden bereiteten getrennt die Sitzungen des Bundesrates und des Vermittlungsausschusses vor. Bei der SPD arbeiteten Vertreter der Länder, der Bundestagsfraktion, der SPD-geführten Bundesregierung und der Parteiführung an der vertikalen Koordination von Bundes- und Landespolitik. Dazu zählten die Bundesratsbevollmächtigten der SPD-Länder, die Ersten Parlamentarischen Geschäftsführer, der Chef des Bundeskanzleramtes und der Bundesgeschäftsführer der SPD. Man tagte jeweils mittwochs vor den Bundesratssitzungen am Freitag. Bei den Oppositionsparteien der Union übernahm die Bundestagsfraktion die vertikale Koordination. Nach ihrer Regierungsübernahme 1982 stimmten sich die CDU-Bundesratsbevollmächtigten der Länder direkt mit dem Kanzleramt ab, wo es nun einen für Bundesratsangelegenheiten zuständigen Staatsminister gab. Man traf sich an Donnerstagen in von Referenten vorbereiteten Runden. Bei beiden großen Parteien koordinierte jeweils ein Vorsitzland die Alltagsgeschäfte. Beide Parteien achteten darauf, dass die Landtagsfraktionen eingebunden und informiert waren.

Die umfangreiche Koordination fand ihren Niederschlag in zahllosen Synopsen, die von den Koordinatoren und ihren drei Angestellten in der SPD-Bundestagsfraktion zusammengestellt wurden. In der CDU übernahm diese Aufgabe

---

rativen Föderalismus in der Bundesrepublik, in: Theo Ritterspach/Willi Geiger (Hrsg.), Festschrift für Gebhard Müller zum 70. Geburtstag, Tübingen 1970, S. 141–160.

11 Christoph Böckenförde, Die innerparteiliche Willensbildung im Verhältnis Bund, Länder und Gemeinden, in: Hochschule für Verwaltungswissenschaft Speyer (Hrsg.), Politikverflechtung zwischen Bund, Ländern und Gemeinden (= Schriftenreihe der Hochschule Speyer, Bd. 55), Berlin (West) 1975, S. 65–76.

12 Gerhard Lehmbruch, »A-Länder« und »B-Länder«: Eine Anmerkung zum Sprachgebrauch, in: Zeitschrift für Parlamentsfragen 29 (1998), H. 2, S. 348–350.

der Büroleiter des Fraktionsvorsitzenden. Beide Runden in CDU und SPD bereiten auch die Wahlen der Bundesrichter vor. Der vertikalen Koordination dienten zudem regelmäßige Treffen der Fraktionsvorsitzenden in Bund und Ländern sowie der Parlamentarischen Geschäftsführer und Fachkonferenzen in den Fraktionen. Bei Bedarf trafen sich Vertreter der Bundesregierung mit der Regierungsfraktion, aber auch der Oppositionsfraktion im Bund und der Oppositionsmehrheit im Bundesrat auch kurzfristig.[13]

Der FDP kam für die SPD/FDP-Bundesregierung bis 1982 eine Schlüsselrolle bei der Suche nach gleichgerichteten Mehrheiten in Bundestag und Bundesrat zu. In Länderkoalitionen mit der CDU sorgte sie häufig für eine Zustimmung im Bundesrat – freilich in politischen Tauschgeschäften. Der CDU-Spitzenkandidat Alfred Dregger bot der FDP 1973 sogar die Stimmführerschaft im Bundesrat an, sollte sie die Koalition in Hessen wechseln. In Niedersachsen schlug Ernst Albrecht (CDU) 1974 der FDP eine Bundesratsklausel vor, wenn sie mit der CDU koalieren würde. Er kam der FDP so weit entgegen, dass er die 1975 geschlossenen vier Abkommen mit Polen im Bundesrat nicht ablehnen wollte, obwohl damit die für die CDU/CSU sensible implizite Anerkennung der polnischen Westgrenze einherging. Im Saarland sprachen das die Liberalen 1975 offen aus: »Wir wollen die von der FDP getragene Bundesregierung auch im Bundesrat unterstützen.«[14] Man einigte sich auf ein Junktim zwischen der Abstimmung über die Polen-Verträge im Bundesrat und der Verabschiedung des Landeshaushalts. Die FDP tolerierte daraufhin die CDU-geführte Landesregierung. CDU-Politiker setzen alles daran, die FDP aus der »babylonischen Gefangenschaft«[15] der SPD herauszuholen. Die Bundesratsklausel stärkte im Ergebnis die Verhandlungsmacht der FDP. Auf Landesebene konnte sie mit der SPD, aber auch mit der CDU koalieren, was für die SPD/FDP-geführte Bundesregierung manchmal sogar wertvoller war. Seit den 1970er Jahren einigte man sich regelmäßig auf eine Bundesratsklausel in den Koalitionsverträgen. Diese Klausel sah Stimmenthaltung vor, wenn man sich uneinig war. Bei zustimmungspflichtigen Gesetzen wirkte sich das faktisch wie eine Nein-Stimme aus.

Die Kopplung zwischen Bund und Ländern nahm damit zu, und Landtagswahlen wurden zu Teilerneuerungswahlen für den Bundesrat. Der verschärfte Parteienwettbewerb und die ideologische Konfrontation deuteten in Richtung Mehrheitsdemokratie. Im Unterschied zur Verhandlungsdemokratie, die durch

---

13 Hendrik Träger, Die Oppositionspartei SPD im Bundesrat eine Fallstudienanalyse zur parteipolitischen Nutzung des Bundesrates durch die SPD in den 1950er-Jahren und ein Vergleich mit der Situation in den 1990er-Jahren, Frankfurt a. M. 2008.

14 Georg Fabritius, Der Bundesrat: Transmissionsriemen für die Unitarisierung der Bundesrepublik? Geschichte der Koalitionsbildung in den Bundesländern, in: Zeitschrift für Parlamentsfragen 7 (1976), H. 4, S. 448–460, hier S. 457.

15 Frankfurter Allgemeine Zeitung, 11.1.1975.

die permanenten Verhandlungssysteme des Föderalismus gekennzeichnet war, sicherte die Mehrheitsdemokratie der demokratisch legitimierten Mehrheit nach dem Vorbild Großbritanniens das Recht zur politischen Alleingestaltung. Große Koalitionen benötigten Koordination und Kompromiss, was einem konsistenten Politikentwurf entgegenstand. 1972 endete die letzte Große Koalition in Baden-Württemberg. Die Bundesregierung verfügte danach nur noch im Vermittlungsausschuss über eine knappe Mehrheit. Bis 1976 besaßen SPD und FDP in den Bundesratsausschüssen nur deswegen die Mehrheit, weil hier die Berliner SPD-Stimmen zählten. Im Bundesratsplenum war das nicht der Fall. Dennoch brachte die Bundesregierung eine Reihe wichtiger Gesetze mit Abstrichen durch. Nach dem Sieg der CDU in Niedersachsen mit absoluter Mehrheit besaßen CDU und CSU ab 1978 eine eigene Mehrheit in der Länderkammer. Danach hätte eine weitere CDU-Regierungsübernahme ihr die Zweidrittelmehrheit im Bundesrat verschafft, die die Regierungsmehrheit im Bundestag nicht hätte überstimmen können.

Vielen Beobachtern wie den Konstanzer Politikwissenschaftlern Gerhard Lehmbruch und Fritz Scharpf (später Köln) schien es, dass die Landesparteien zum verlängerten Arm der Bundesparteien geworden waren. Lehmbruch diagnostizierte sogar einen Systembruch: Der Bundesstaat sei dem Parteienwettbewerb gewichen, der alle föderalen Institutionen mediatisiert habe. Kurzum: Der Föderalismus sei an seinem systemischen Ende angelangt.[16] Für Lehmbruch standen sich zwei Strukturprinzipien gegenüber, die nur schwer zur Deckung zu bringen waren: Föderale Institutionen standen in der Tradition des Exekutivföderalismus und bildeten Landesinteressen ab. Der alles durchdringende Parteienwettbewerb überging jedoch die Differenzen im Raum und in den Regionen und ließ das unitarische Moment hervortreten. Das erklärte, warum der Bundestag und der Bundesrat die gleiche politische Polarität aufwiesen – nur mit umgekehrten Vorzeichen. Tatsächlich prägten gegenläufige Mehrheiten in Bundestag und Bundesrat die west- und gesamtdeutsche Politik zwischen 1969 und 2005. Regelmäßig eroberte die Opposition – zumal zur Mitte der Legislatur – die Mehrheit im Bundesrat: nach 1969 die CDU/CSU, nach 1982 die SPD, nach 1998 wieder die CDU/CSU. Erst in der zweiten Auflage seines Buches »Parteienwettbewerb im Bundesstaat« von 1998 milderte Lehmbruch diese Strukturbruch-These ab und sprach von Inkongruenzen, die nicht mehr zur Blockade und zum Strukturbruch führen mussten, und betonte den Einfluss der informellen Kommunikation.[17]

---

16 Gerhard Lehmbruch, Parteienwettbewerb im Bundesstaat, Stuttgart 1976; Renate Mayntz/ Fritz Scharpf, Planungsorganisation. Die Diskussion um die Reform von Regierung und Verwaltung des Bundes, München 1973.

17 Lehmbruch, Parteienwettbewerb im Bundesstaat.

Auch wenn viele Anzeichen darauf hindeuten, so war die Bundesrepublik in den siebziger Jahren doch nicht auf dem Weg in die strikte Mehrheitsdemokratie nach britischem Vorbild. Es blieb nicht beim schroffen Gegensatz von Regierungsmehrheit im Bundestag und Oppositionsmehrheit im Bundesrat. Auch kam es nicht zu einer Blockade der CDU/CSU-Mehrheit im Bundesrat. Nur durchschnittlich 2 Prozent der Regierungsvorlagen scheiterten am Veto des Bundesrates zwischen 1972 und 1976. Zwischen 1976 und 1980 waren es mit 4 Prozent etwas mehr. Danach ging die Zahl der endgültig abgelehnten Gesetze wieder zurück. Wichtiger war ein anderer Mechanismus: Die Bundesratsstimmen dienten den Parteien als Hebel in Verhandlungen, um Zugeständnisse zu erreichen. Der Bundesrat wurde auch zwischen 1982 und 1998 nicht zu einem »Blockade-Instrument«, einer »Nein-sage-Maschine« oder einer »Oppositionskammer«. Die Oppositionsparteien qualifizierten sich mit ihrer Mehrheit im Bundesrat nicht durch Veto und Blockade für kommende Macht und künftigen Einfluss. Sie mussten die eigene politische Gestaltungsfähigkeit unter Beweis stellen. Ambitionierte Ministerpräsidenten konnten es sich schwerlich leisten, als Verhinderer dazustehen. Um als politische Gestalter wahrgenommen zu werden, war es kontraproduktiv, als Verhinderer zu gelten. Um politische Akzeptanz zu finden, neigten Ministerpräsidenten und Oppositionsführer zu Lösungen der zweiten Wahl. Bundestag und Bundesrat bildeten ein permanentes Verhandlungssystem mit der politischen Absicht, das Ergebnis der eigenen Klientel als Erfolg darstellen zu können. Das führte dazu, dass »politische time scapes«[18] und die Kontrolle über die Agenden an Bedeutung gewannen. Wer die Agenda kontrollierte, qualifizierte sich in den Augen der Öffentlichkeit als Gestalter.

In den beiden politischen Arenen Bundestag und Bundesrat galten unterschiedliche Entscheidungsregeln. Der Parlamentarismus basierte auf den Prinzipien Konkurrenz, Wettbewerb und Mehrheit, während im Föderalismus Verhandlung, Konsens, Proporz und in den Bundesratsausschüssen sogar Einstimmigkeit vorherrschten. Das Bindeglied zwischen diesen beiden Arenen waren die Parteien, die im Bundestag, in den Länderregierungen und daher auch im Bundesrat vertreten waren. Sie tarierten das Verhältnis zwischen den beiden politischen Arenen immer wieder neu aus. Das zeigte sich beim Rederecht im Bundestag und bei den Vollmachten, die sich die Länder aus der gleichen politischen Richtung wechselseitig für die Bundesratssitzungen erteilten. Mitglieder des Bundesrates besaßen Rederecht im Bundestag. Umgekehrt galt das nicht. Ambitionierte Mi-

---

18 Klaus H. Goetz, Kooperation und Verflechtung im Bundesstaat: Zur Leistungsfähigkeit verhandlungsbasierter Politik, in: Rüdiger Voigt (Hrsg.), Der kooperative Staat. Krisenbewältigung durch Verhandlung, Baden-Baden 1995, S. 145–166; Michael Howlett, Temporality and the Analysis of Policy Processes, in: Klaus H. Goetz (Hrsg.), The Oxford Handbook of Time and Politics, Oxford 2019.

nisterpräsidenten nutzten das Rederecht im Bundestag gerne für öffentlichkeitswirksame Auftritte. Der rheinland-pfälzische Ministerpräsident Helmut Kohl trat im Bundestag als Oppositionsführer auf, auch wenn er als Ministerpräsident von der Bundesratsbank aus das Wort ergreifen musste. Am 26. November 1975 begann er seine Bundestagsrede zum Rentenabkommen mit Polen demgemäß: »Ich stehe hier aus eigenem Recht und spreche für meine Freunde von der CDU/CSU Deutschlands.« Bundestagspräsidentin Annemarie Renger (FDP) rückte das zurecht: »Herr Ministerpräsident, nur eine Bemerkung: Sie sind natürlich als Mitglied des Bundesrates hier; Sie sprechen selbstverständlich auch für Ihre Freunde von der CDU/CSU!« Der SPD-Abgeordnete Klaus Arndt verlangte sogar, Kohls Rede aus dem Bundestagsprotokoll zu streichen.[19]

Das anfangs stark fragmentierte Parteiensystem im Bund konzentrierte sich bis 1961 auf ein Drei-Parteien-System und blieb bis zum Ende der siebziger Jahre erstaunlich stabil. Mit den Grünen während der achtziger Jahre und der PDS nach 1990 differenzierte es sich danach erneut aus. In der Folge nahm die Zahl der Koalitionsformate zu. Die Bundesregierung konnte sich je länger je weniger auf eine gleichgerichtete Koalitionsmehrheit im Bundesrat stützen. Die FDP regierte ab 1991 in Rheinland-Pfalz mit der SPD, und Grüne und PDS nahmen nach 1990 ebenfalls Einfluss auf Bundesratsabstimmungen. Dennoch unterschied sich der Parteienwettbewerb auf Bundesebene und Landesebene insgesamt deutlich. Während auf der Bundesebene kleine Koalitionen vorherrschten, kam es in den Ländern sehr viel häufiger zu absoluten Mehrheiten. Zwischen 1946 und 2007 gab es in den Ländern insgesamt 174 vollständig absolvierte Waldperioden, davon 45,8 Prozent mit kleinen Koalitionen, 35,4 Prozent mit Einparteienregierungen auf der Basis einer absoluten Mehrheit, 16,4 Prozent mit Allparteienkoalitionen und 2,5 Prozent mit Minderheitsregierungen. Auf Bundesebene kam es dagegen nur ein einziges Mal zu einer absoluten Mehrheit (1957–1961). In den Ländern waren damit andere Regierungsformate möglich und auch gebräuchlich. Die Länder blieben Experimentierlabore für Koalitionsbildungen.[20]

Zwar hielt der Parteienwettbewerb Einzug in den Bundesrat. Doch trat das eindeutige Mehrheitsprinzip nicht an die Stelle des komplexen Konsensprinzips. Es blieb auch in den 1970er Jahren, der Schlüsselperiode für die Geschichte der westdeutschen Demokratie, beim Primat der Verhandlung gegenüber der Mehrheitsentscheidung, was eine lange historische Tradition bis zurück zum Immer-

---

19 Weichlein, Föderalismus und Demokratie in der Bundesrepublik, S. 145; Gerhard Lehmbruch, Parteienwettbewerb im Bundesstaat: Regelsysteme und Spannungslagen im Institutionengefüge der Bundesrepublik Deutschland 1998, S. 150.

20 Werner Reutter, Parteien, Parteiensystem(e) und Demokratie im Bundesstaat, in: Astrid Lorenz/Werner Reutter (Hrsg.), Ordnung und Wandel als Herausforderungen für Staat und Gesellschaft, Opladen 2009, S. 233–253; Siegfried Mielke/Werner Reutter, Länderparlamentarismus in Deutschland. Geschichte – Struktur – Funktionen, Wiesbaden 2004.

während Reichstag des Alten Reiches in Regensburg hatte.[21] Zeitgenössisch begünstigte das die in allen Parteien verbreitete Planungseuphorie, mit der die Ziele eines langfristigen und nachhaltigen Wirtschaftswachstums und einer Krisenfestigkeit des politischen Systems jenseits der Legislaturperioden verbunden war.[22] Die 1969 von der Großen Koalition ins Grundgesetz aufgenommenen Gemeinschaftsaufgaben zwangen Bund und Länder, also Regierung und Opposition, zur Zusammenarbeit. In den Bereichen Hochschule und Bildung erwiesen sich die Gräben als zu tief, nicht jedoch bei der mehrjährigen Finanzplanung und generell im Finanzföderalismus, der immer mehr zum Kernbereich der föderalen Politikgestaltung avancierte.[23] Die Parteien standen im Zentrum der föderalen Verhandlungssysteme, was aber nicht zwingend die Parteiführungen meinte, sondern eher ein Geflecht aus Parteispitzen, Bundestagsfraktionen, Ministerpräsidenten und Landesverbänden mit teils divergierenden Interessen.

Auch die immer stärker verhandlungsdemokratischen Züge des deutschen Bundesstaates brachten einen eingebauten Widerspruch zwischen Parteiendemokratie und Föderalismus nicht zum Verschwinden. Die föderale Politikverflechtung verlangte von den Regierungen und von den Parteien eine hohe Konsensbereitschaft und Kompromissfähigkeit. Gleichzeitig konkurrierten die gleichen Parteien, die um Konsens bemüht sein mussten, um die Stimmen der Wähler mit ihren Parteiprogrammen und entgegengesetzten Interessen. Während die Demokratie die Autonomie der regierenden Parteien in Bund und Ländern verlangte, erforderte der Föderalismus Koordination, Kooperation und Kompromiss in einem permanenten Verhandlungssystem.[24] Die politischen Parteien bewegten sich

21 Gerhard Lehmbruch, Der unitarische Bundesstaat in Deutschland Pfadabhängigkeit und Wandel (MPIfG discussion paper, Nr. 02,2), Köln 2002; Gerhard Lehmbruch, Föderalismus als entwicklungsgeschichtlich geronnene Verteilungsentscheidungen, in: Hans-Georg Wehling (Hrsg.), Die deutschen Länder. Geschichte, Politik, Wirtschaft, Wiesbaden 2004, S. 337–354; Gerhard Lehmbruch, Der Entwicklungspfad des deutschen Bundesstaats–Weichenstellungen und Krisen, in: Gerold Ambrosius/Christian Henrich-Franke (Hrsg.), Föderalismus in historisch vergleichender Perspektive, Baden-Baden 2015, S. 327–370.
22 Gabriele Metzler, Konzeptionen politischen Handelns von Adenauer bis Brandt. Politische Planung in der pluralistischen Gesellschaft, Paderborn 2005.
23 Wolfgang Renzsch, Finanzverfassung und Finanzausgleich. Die Auseinandersetzungen um ihre politische Gestaltung in der Bundesrepublik Deutschland zwischen Währungsreform und deutscher Vereinigung (1948 bis 1990), Bonn 1991; Jochen Abraham Frowein/Ingo von Münch, Gemeinschaftsaufgaben im Bundesstaat. Berichte und Diskussionen auf der Tagung der Vereinigung der Deutschen Staatsrechtslehrer in Salzburg vom 4. bis 7. Oktober 1972, hrsg. v. Vereinigung der Deutschen Staatsrechtslehrer, Berlin (West) 1973.
24 Arthur Benz, Zwischen Parteipolitik, Verwaltung und Recht: Zur Entwicklung der föderalen Demokratie in Deutschland, in: Felix Knüpling/Mario Kölling/Sabine Kropp/Henrik Scheller (Hrsg.), Reformbaustelle Bundesstaat, Wiesbaden 2020, S. 115–133; Arthur Benz, Föderale Demokratie: Regieren im Spannungsfeld von Interdependenz und Autonomie, Baden-Baden 2020.

ständig zwischen dem autonomen und demokratisch legitimierten Gestaltungs-
anspruch und dem föderalen Erfordernis der Kooperation und des Konsenses.
Wo die Gegensätze unüberbrückbar waren, zeigte sich die Tendenz zur Verrecht-
lichung. Um nicht die Verantwortung für ungeliebte Kompromisse übernehmen
zu müssen, drängten die Parteien gerne das Bundesverfassungsgericht in die Rolle des Schiedsrichters zwischen Bund und Ländern bzw. zwischen Regierung und
Opposition. Das Karlsruher Gericht entzog sich der politischen Auseinandersetzung zwischen Regierung und Opposition und brachte Verfassungsgrundsätze
wie das Föderalismusgebot oder den Gleichheitsgrundsatz zur Geltung. Es stärkte
einerseits die Rechte der Länder, andererseits verfestigte er durch seine Auslegung
des Gleichheitsgrundsatzes als Einheitlichkeit der Lebensverhältnisse aber auch
die Unitarisierung der Politik. Der Parteienwettbewerb unter den Bedingungen
des Konsenszwanges bedeutete in der Bundesrepublik oft, dass politische Fragen
zu Verfassungsfragen wurden, die Parteien gerne die Verantwortung an das Bundesverfassungsgericht delegierten und sich dann dem Richterspruch beugten.[25]

3.   Parteien als Mehrebenengebilde

Die Parteien verbanden nicht nur die politischen Arenen Bundestag und Bundesrat, sondern auch die Gesellschaft mit der Politik bzw. mit dem Staat. Während
die staatliche Ordnung dezentralisiert und föderal aufgebaut war, war die Gesellschaft – nach Peter J. Katzenstein – spätestens in den 1970er Jahren weitgehend
vereinheitlicht.[26] Maßgeblich dafür waren die Selbstkoordination der Länder und
die zunehmenden Bundeskompetenzen mit zustimmungspflichtigen Gesetzen.
Für ärmere Länder war es oft finanziell günstiger und politisch gewinnbringen-
der, eigene Kompetenzen an den Bund abzugeben, um im Gegenzug Mitsprache
über den Bundesrat zu erlangen. Aus Teilnahme wurde vielfach Teilhabe, aus Autonomie Mitbestimmung. Konrad Hesse hatte diese gegenläufige Entwicklung
1962 auf den Begriff des »unitarischen Bundesstaates« gebracht.[27] Nicht nur der
Föderalismus dezentralisierte den Staat. Die Autonomie vieler Sachbereiche und
Institutionen verhinderte, dass ein politisches Zentrum entstand. Die Parteien
bildeten vor diesem Hintergrund einerseits die räumliche Ordnung des Staates
ab, andererseits aggregierten sie als Volksparteien die politischen Interessen aus
der Gesellschaft von den unteren Ebenen auf die Bundesebene. Sie bündelten die

---

25 Benz, Zwischen Parteipolitik, Verwaltung und Recht, S. 116 und 128.
26 Peter J. Katzenstein, Policy and politics in West Germany: the growth of a semi-sovereign state, Philadelphia 1987.
27 Konrad Hesse, Der unitarische Bundesstaat, Karlsruhe 1962.

Interessen der Gewerkschaften und der Kirchen, der Arbeitsgemeinschaften und der Parteiflügel, aber auch innerparteiliche Initiativen und schließlich die Karriereabsichten ehrgeiziger Ministerpräsidenten. Auch im Binnenleben der Parteien herrschte permanente Koalitionsbildung.

Dass Parteien diese Integrationsaufgabe im Bundesstaat übernehmen konnten, lag vor allem daran, dass sie selbst Mehrebenengebilde und damit selbst föderale Systeme waren. Auch im Binnenleben der Parteien dominierte eine Mehrebenenlogik von Orts-, Kreis-, Bezirks-, Landes- und Bundesverbänden. Das galt in erster Linie für die SPD, aber auch für die Sammlungspartei CDU. Bis weit nach 1949 konservierte die SPD noch die territoriale Ordnung des Kaiserreiches. Starke Bezirksverbände wie Hessen-Nord, Hessen-Süd oder Westfalen bildeten frühere Staaten oder preußische Provinzen ab. Nur die Grenzen der Parteibezirke in Bayern, West-Berlin, Schleswig-Holstein und später im Saarland stimmten durchgehend mit den staatlichen Grenzen überein, weil diese sich nicht geändert hatten. Erst allmählich glichen sich Staatsaufbau und Parteiorganisation einander an. In der SPD verteidigten die Bezirksverbände der SPD lange ihre starke Stellung. Seit den sechziger Jahren gab es Landesverbände der SPD mit eigenen Parteigeschäftsstellen und Landesvorständen.[28] Aber auch die »Verapparatung und Bürokratisierung« der Partei verdrängte nie vollständig die »lose verkoppelte Anarchie« in der SPD.[29] Aller historischen Abneigung gegen den Föderalismus zum Trotz wurde auch die SPD nicht zu einer straff und zentralistisch geführten Partei. Die Parteizentrale glich zwischen den Bezirks- und Landesverbänden aus und verstand sich als innerparteiliche Dienstleistungsagentur mit Fachabteilungen, die ein Bundesgeschäftsführer leitete, nicht aber ein Generalsekretär, der alle Fäden fest in der Hand hielt.[30]

In der CDU war die Parteizentrale lange nur schwach ausgebildet. Bundeskanzler Adenauer kümmerte sich um den Ausgleich zwischen den verschiedenen Strömungen in den Bezirks- und Landesverbänden, was seiner eigenen Stellung zugutekam. Nach seinem Rücktritt begann sich die Parteizentrale in Bonn zu professionalisieren. Die CDU entwickelte sich von einer Sammlungspartei allmählich zu einer Mitgliederpartei. Das Parteigesetz von 1967 beschleunigte diese Entwicklung. Die Kreisverbände sollten die kleinsten selbständig handelnden Einheiten in einer Partei sein. Im Ergebnis wuchs die Zahl der Parteimitglieder der CDU zwischen 1962 und 1969 um 22 Prozent auf ungefähr 300.000 Mitglieder an. Auch die CDU war jetzt eine Mehrebenen-Partei und bildete die

---

28 Peter Lösche, Die SPD: Klassenpartei – Volkspartei – Quotenpartei; zur Entwicklung der Sozialdemokratie von Weimar bis zur deutschen Vereinigung, Darmstadt 1992.

29 Karsten Grabow, Abschied von der Massenpartei die Entwicklung der Organisationsmuster von SPD und CDU seit der deutschen Vereinigung, Wiesbaden 2000, S. 39.

30 Weichlein, Föderalismus und Demokratie in der Bundesrepublik, S. 129.

staatlich-föderale Gebietsordnung in der eigenen Parteigliederung ab. Kreis-, Bezirks- und Landesverbände besaßen eigene, spezifische Kompetenzen. Für die langjährige Regierungspartei CDU ergaben sich aus dieser Aufteilung der Kompetenzen systemische Vorteile, weil sie potenzielle Konflikte in der Schul- und Kulturpolitik mit der säkularen FDP auf die Landesebene auslagern konnte, was die Regierungskoalition in Bonn entlastete.[31]

Die Parteienfinanzierung begünstigte die dezentrale Struktur. Lange besaßen nur die Kreisverbände der Parteien das Recht, von ihren Mitgliedern Beiträge zu erheben. Die Bundesparteien finanzierten sich nach 1949 anfangs von unten nach oben. Die Parteibürokratie der Bundesebene lebte von steuerabzugsfähigen Spenden. 1958 gab das Bundesverfassungsgericht den indirekten Hinweis auf eine Parteienfinanzierung durch den Bund, was der Bundestag sehr bald aufgriff. Er finanzierte die Parteien mit anfangs 5 Millionen DM aus dem Bundesetat. Bald wurde es mehr. Das milderte den finanziellen Druck der Basis auf die Parteiführungen. Die immer weiter erhöhte Parteienfinanzierung kam der Bundespartei und den Landesverbänden zugute. 1970 verhielt sich die finanzielle Ausstattung der Bundespartei zu derjenigen der Landesverbände in der CDU im Verhältnis 7:10, bis 1980 hatte sich das Verhältnis bis auf 9:10 angeglichen. Die Landesverbände blieben damit auch finanziell gut ausgestattet.[32]

Dass die Bundes- und Landesebene in der CDU distinkt, wenn auch nicht gänzlich getrennt blieben, verdeutlichte die Personalrotation. In der CDU wechselte man selten direkt zwischen den Landesgeschäftsstellen und der Bundesparteibürokratie hin und her. Wer für einen Landtagsabgeordneten arbeitete, ging später selbst in den Landtag, in die Landesregierung oder in die Geschäftsstelle der Landespartei, kaum aber in den Bundestag. Der Bundestag blieb das zentrale Rekrutierungsfeld für die Bundesminister. Doch achteten sowohl die CDU als auch die SPD darauf, dass das Regierungspersonal möglichst viele Länder abdeckte. Für das föderale Strukturmoment in den Bundestagsfraktionen standen die Landesgruppen aus Abgeordneten der einzelnen Länder. Mit den Fraktionsvorsitzenden wurden sie gleich zu Beginn einer Legislaturperiode gewählt und organisierten die Ämterverteilung in der Fraktion, den sogenannten »Teppichhandel«.

Die Rekrutierung des westdeutschen und später gesamtdeutschen politischen Führungspersonals beruhte auf einem föderalen Filter. Die Bundestagswahlen kannten Wahlkreise und Landeslisten, die von Landesparteitagen aufgestellt wurden, aber keine Bundeslisten. Das sicherte strukturell die Rückbindung des

---

31 Josef Schmid, Die CDU: Organisationsstrukturen, Politiken und Funktionsweisen einer Partei im Föderalismus, Opladen 2013, S. 57.

32 Rolf Ebbighausen, Die Kosten der Parteiendemokratie: Studien und Materialien zu einer Bilanz staatlicher Parteienfinanzierung in der Bundesrepublik Deutschland, Opladen 1996.

Führungspersonals im Bund an ihre Herkunft aus den Ländern und den Wahlkreisen. Die meisten Kanzlerkandidaten in der Geschichte der Bundesrepublik entstammten der Gruppe der Ministerpräsidenten und der Regierenden Bürgermeister. Diese Gruppe stellte die Führungsreserve in der Bundespolitik dar. Zumal in Zeiten der SPD/FDP-Koalition trafen sich die CDU-Ministerpräsidenten regelmäßig. Aus ihren Reihen kam das »föderale Schattenkabinett« der CDU. Die wichtigen Landesvorsitzenden waren Mitglieder in den Führungsgremien von CDU und SPD.

Generell unterschied sich die Personalrekrutierung in Bundesstaaten von denen in Zentralstaaten. Während letztere dem meritokratischen Prinzip folgten, kamen bei der föderalen Elitenrekrutierung Kreisläufe, Kooptationen und Filter, also Mitspracherechte mehrerer Gremien, zur Geltung. Davon ging ein nachhaltig integrierender Effekt aus. Der Politikwissenschaftler Oscar W. Gabriel kam zu dem Schluss: »Prozesse der Personalrekrutierung in Bundesstaaten [waren] denen in zentralistisch regierten politischen Systemen überlegen.«[33]

Besondere Aufmerksamkeit verdient unter den Parteien die bayerische CSU, die einerseits eine Landespartei, andererseits durch ihre Fraktionsgemeinschaft und Listenverbindung mit der CDU eine Bundespartei war. Sie verband mehr noch als andere Parteien den Föderalismus mit der Parteipolitik.[34] Bei den häufigen CDU/CSU-Regierungen im Kabinett gut vertreten, kommunizierte sie bayerische Anliegen in die Bundespolitik, vor allem aber die Politik der Bundesregierung nach Bayern. Die CSU-Landesgruppe im Bundestag nahm eine »strategisch-operative Schlüsselstellung« als Scharnier zwischen der Bundes- und der Landespolitik ein.[35] An den politischen Schlüsselentscheidungen, die zur Unitarisierung des westdeutschen Bundesstaates führten, hatten CSU-Minister maßgeblichen Anteil. Das traf vor allem auf den Finanzföderalismus zu. Die kleine Finanzreform von Bundesfinanzminister Fritz Schäffer (CSU) 1955 und die Große Finanzreform mit dem Großen Steuerverbund von Bundesfinanzminister Franz Josef Strauß (CSU) 1969 unitarisierten den westdeutschen Finanzföderalismus entscheidend. In München hegte die von der CSU geführte bayerische Landesregierung daher Vorbehalte gegenüber der Bonner Landesgruppe. Man habe dort

---

33 Gabriel, Föderalismus und Parteiendemokratie, S. 113.
34 Alf Mintzel, Die CSU. Anatomie einer konservativen Partei 1945–1972, 2. Aufl. (= Schriften des Zentralinstituts für Sozialwissenschaftliche Forschung der Freien Universität Berlin, Bd. 26), Opladen 1978; Petra Weber, Föderalismus und Lobbyismus. Die CSU-Landesgruppe zwischen Bundes- und Landespolitik 1949 bis 1969, in: Thomas Schlemmer/Hans Woller (Hrsg.), Politik und Kultur im föderativen Staat 1949 bis 1973, Bd. 3: Bayern im Bund, München 2004, S. 23–116.
35 Thomas Schlemmer/Hans Woller, Politik und Kultur im föderativen Staat 1949 bis 1973, München 2004, S. 13.

bayerische Interessen verraten. Die Bonner CSU-Parlamentarier waren dagegen der Ansicht, an der Isar herrschten Eigenbrötelei und Hinterwäldlertum vor.[36]

4. Zentralisierung und Dezentralisierung: ein Fazit

Der Föderalismus war nach 1945 nicht nur Staatsorganisation, sondern diente allen demokratischen Parteien mehr oder weniger stark als Demokratiesicherung nach dem Ende der zentralistischen Diktatur des Nationalsozialismus. Zwar blieb die Linke dem demokratischen Egalitarismus und dem Unitarismus verpflichtet. Aber auch in der SPD war das nicht gleichbedeutend mit dem Einheits- oder gar dem Zentralstaat. Dafür standen einerseits die Diktatur Hitlers nach 1933, der gleich zu Beginn den föderalen Reichsaufbau abgeschafft hatte, andererseits die zentralistische Diktatur der SED in der DDR. Beide Erfahrungen machten den Zentralismus zur wichtigsten Gegenvokabel des Föderalismus. Wenn aber Föderalismus nicht mehr gegen Partikularismus und Separatismus stand, wie in der Lesart des Kaiserreiches, sondern gegen Zentralismus, wie in der nationalsozialistischen und der ostdeutschen Erfahrung nach 1945, dann drängte er sich als Anti-Zentralismus zur Demokratiesicherung geradezu auf.[37] Alle Parteien eigneten sich, wiewohl in unterschiedlichem Maße, den Föderalismus an, was in Weimar nicht der Fall gewesen war.

Der nordamerikanische Politikwissenschaftler William Riker entfaltete diesen Zusammenhang systematisch, ohne den deutschen Kontext mit zwei Weltkriegen, Nationalsozialismus und SED-Diktatur vorauszusetzen. Er ging vom Dezentralisierungsgebot der nordamerikanischen Verfassung von 1787 aus, die mit »checks and balances« Vorsorge gegen den Zentralismus einer gesamtstaatlichen Regierung getroffen hatte. Historisch sah Riker die nachfolgende Entwicklung jedoch unitarisch geprägt. Die einzig feste und unumstößliche Gewähr gegen den Zentralismus bildeten die Parteien, die dezentralisiert blieben und der Peripherie eine politische Stimme gaben. Gesamtstaatliche und dezentralisierte Parteien in partiell zentralisierten föderativen Strukturen bildeten für Riker ein typisches Kennzeichen moderner Demokratien.[38] Die politischen Parteien stellten

---

36 Weber, Föderalismus und Lobbyismus, S. 25; Bayern-Kurier, 23.3.1963 (»Neues Gewand für den Föderalismus«).

37 Karin Böke, Zwischen Föderalismus und Zentralismus. Leitvokabeln zum bundesstaatlichen Aufbau, in: dies./Frank Liedtke/Martin Wengeler, Politische Leitvokabeln in der Adenauer-Ära, Berlin/New York 1996, S. 51–129.

38 William Riker, Federalism, in: Fred L. Greenstein/Nelson W. Polsby (Hrsg.), Handbook of Political Science, Bd. 5, Reading, MA 1975, S. 93–173.

die »peripheralizing institution« schlechthin dar und verhinderten den Machtzuwachs des politischen Zentrums. Er faßte das in seiner These zusammen, »that the proximate cause of variations in the degree of centralization (or peripheralization) in the constitutional structure of a federalism is the variable in degree of party centralization«.[39] Beide Entwicklungen lassen sich auch in der Bundesrepublik nach 1949 beobachten: die Unitarisierung des Bundesstaats und die Dezentralisierung des Parteiensystems und der Parteien selbst. Föderalismusgeschichtlich führt das in eine hochinteressante Paradoxie im Verhältnis von Föderalismus und politischen Parteien. Ursprünglich waren die Länder die Garanten räumlicher Dezentralisierung und territorialen Eigensinns. Im Laufe der Bundesrepublik trat diese Rolle der Länder immer weiter zurück. Die sachliche Differenziertheit des Gesamtkörpers der Bundesrepublik ging bis auf geringe Restbestände unter (Konrad Hesse).[40] Aus der Autonomie der Länder wurde Zug um Zug ihre Mitbestimmung im Bund. Freilich war dieser Prozess sehr viel älter und reichte tendenziell ins 19. Jahrhundert zurück.[41] Die dezentralisierten Parteien übernahmen gewissermaßen die Ausfallbürgschaft für das territoriale Moment. In ihren dezentralen Strukturen hielt sich der regionale Eigensinn mehr als im west- und später gesamtdeutschen Föderalismus.

---

39 William Riker, Federalism: origin, operation, significance, Boston 1964, S. 129.

40 Hesse, Der unitarische Bundesstaat.

41 Heinrich Triepel, Unitarismus und Föderalismus im Deutschen Reiche. Eine staatsrechtliche und politische Studie, Tübingen 1907; ders., Die Kompetenzen des Bundesstaates in der geschriebenen Verfassung, Staatsrechtliche Abhandlungen 1908, S. 247–335.

Föderalismusreformen in der Bundesrepublik Deutschland und die Gemeinschaftsaufgaben von Bund und Ländern

Stefan Oeter

1. Einleitung: Föderalismusreformen als Dauerthema der Bundesrepublik

Es war schon im Prozess der Verfassungsgebung Ende der 1940er Jahre praktisch Konsens, dass der neue deutsche Teilstaat, unter dem Namen »Bundesrepublik Deutschland«, nur als föderales Gebilde denkbar war. Dafür sorgte zum Zeitpunkt der Einberufung des Parlamentarischen Rates und dann während dessen Beratungen schon die politisch starke Stellung der Länder, die ja mehrere Jahre zuvor von den Besatzungsmächten (wieder) errichtet worden waren.[1] Mit dem Verfassungskonvent von Herrenchiemsee im Sommer 1948 versuchten die Ministerpräsidenten der Länder, erste Pflöcke in Richtung der künftigen Verfassungsstrukturen einzuschlagen – und der Herrenchiemseer Entwurf war im Ergebnis auch durchaus von erheblichem Einfluss auf die Verfassungsberatungen in Bonn.[2] Auch die Zusammensetzung des Parlamentarischen Rates, der in den Grundzügen aus Delegierten der Landtage bestand, ließ ein prinzipielles Abgehen von der Idee eines deutschen Bundesstaates kaum möglich erscheinen. Dies bedeutete allerdings nicht, dass der grundlegende Konsens sich auch auf die konkrete Gestalt und die konkrete institutionelle Ausformung der bundesstaatlichen Struktur erstreckt hätte[3] – hier war und blieb vieles strittig, im Parlamentarischen Rat wie auch in den Gründungsjahren der Bundesrepublik. Die vielfach in den Traditionen des bayerischen Separatismus sozialisierten Abgeordneten der CSU hatten hier ein ganz anderes Leitbild vor Augen als etwa die Mehrheit der sozi-

---

1 Vgl. Michael Stolleis, Besatzungsherrschaft und Wiederaufbau deutscher Staatlichkeit 1945–1949, in: Josef Isensee/Paul Kirchhof (Hrsg.), Handbuch des Staatsrechts der Bundesrepublik Deutschland, Bd. I, Heidelberg ³2003, S. 269–313, hier S. 291–308; sowie Stefan Oeter, Integration und Subsidiarität im deutschen Bundesstaatsrecht. Untersuchungen zur Bundesstaatstheorie unter dem Grundgesetz, Tübingen 1998, S. 99–103; ferner den Sammelband von Walter Först (Hrsg.), Die Länder und der Bund. Beiträge zur Entstehung der Bundesrepublik Deutschland, Essen 1989.

2 Vgl. zum Herrenchiemsee-Konvent Karl-Ulrich Gelberg, Hans Ehard: die föderalistische Politik des bayerischen Ministerpräsidenten, 1946–1954, Düsseldorf 1992, S. 172–180; ferner Oeter, Integration, S. 114–116.

3 Vgl. Oeter, Integration, S. 103–110 und 119–138.

aldemokratischen Abgeordneten, denen ein Modell des »dezentralisierten Einheitsstaates« vorschwebte. Letztlich aber musste man im Parlamentarischen Rat Kompromisse finden, etwa in der Frage der Senats- versus der Bundesratslösung.[4] Wenig umstritten waren hingegen Systematik und Umfang der Gesetzgebungskompetenzen wie auch die grundsätzliche Zuweisung der Vollzugskompetenz an die Länder – hier baute man ohne große Diskussionen auf den Verfassungstraditionen früherer Bundesstaatsverfassungen auf, ratifizierte im Blick auf die Gesetzgebungskompetenzen des Bundes aber auch die massiven Zuwächse an zentralen Gesetzgebungskompetenzen aus den Jahren der nationalsozialistischen Herrschaft. Überaus kontrovers war dagegen die bundesstaatliche Finanzverfassung – grundsätzliches Trennmodell mit fiskalischer Eigenständigkeit der Länder oder ein Verbundmodell, bei dem die Länder stark von fiskalischen Entscheidungen auf der Bundesebene abhängig waren.[5]

Die gefundenen Kompromisse stellten, wie nicht anders zu erwarten, nicht alle beteiligten Akteure und politischen Gruppierungen zufrieden, weshalb der Ruf nach Föderalismusreformen eigentlich von Anfang an vorprogrammiert war.[6] Blickt man aus der Vogelschauperspektive auf die nun nahezu 75-jährige Geschichte des bundesrepublikanischen Föderalismus, so begleiten Debatten um die Notwendigkeit von Föderalismusreformen die Bundesrepublik von Beginn an. Zentraler Gegenstand dieser Reformdebatten war zunächst der Bereich der Finanzverfassung, worüber im Parlamentarischen Rat besonders heftig diskutiert worden war – und bei dem die Mehrheit des Parlamentarischen Rates und die alliierten Militärgouverneure im Verlauf der Beratungen im Winter 1948/49 auf Kollisionskurs geraten waren.[7] Ein erstes Ergebnis dieser kollidierenden Vorstellungen war die Zurückweisung des ersten Entwurfes des Grundgesetzes durch die Militärgouverneure mit dem Memorandum vom 2. März 1949.[8] Letztlich wurde dann im Frühjahr 1949 ein Kompromiss gefunden, der bei der Mehrheit der deutschen Politiker jedoch weiterhin große Unzufrieden-

---

4 Vgl. zum Streit über Bundesrats- oder Senatslösung Klaus-Berto von Doemming/Rudolf Werner Füsslein/Werner Matz, Entstehungsgeschichte der Artikel des Grundgesetzes, in: Jahrbuch des öffentlichen Rechts NF 1 (1951), S. 1–941, hier S. 379–387; ferner Oeter, Integration, S. 127–131.

5 Vgl. von Doemming/Füsslein/Matz, Entstehungsgeschichte, in: Jahrbuch des öffentlichen Rechts NF 1 (1951), S. 750–776; ferner Oeter, Integration, S. 131–138.

6 Vgl. dazu im Detail Oeter, Integration, S. 145–153.

7 Vgl. John Gimbel, Amerikanische Besatzungspolitik in Deutschland 1945–1949, Frankfurt a. M. 1971, S. 294 f.; ferner Volker Otto, Das Staatsverständnis des Parlamentarischen Rates. Ein Beitrag zur Entstehungsgeschichte des Grundgesetzes für die Bundesrepublik Deutschlande, Bonn 1971, S. 116; sowie Oeter, Integration, S. 134.

8 Vgl. Gelberg, Hans Ehard, S. 248–254; und Hans-Jürgen Grabbe, Die deutsch-alliierte Kontroverse um den Grundgesetzentwurf im Frühjahr 1949, in: Vierteljahreshefte für Zeitgeschichte 26 (1978), S. 393–418, hier S. 396–415.

heit auslöste – und den Wunsch nach einer späteren Korrektur der Ergebnisse.[9] Mit der sogenannten »Großen Finanzreform« von 1969[10] war die mehrheitlich für diesen Bereich gesehene Reformbaustelle weitgehend abgearbeitet, und andere Punkte traten in den Vordergrund. Die folgenden Reformdebatten sind Ausdruck eines ganz spezifischen Zeitgeistes – der technokratischen Planungseuphorie der späten 1960er und frühen 1970er Jahre, welche nach einem System übergreifender »planification« im Sinne eines (gemeinsamen) Handelns von Bund und Ländern rief.[11] Ausdruck dieser Fixierung auf Planung und Koordination von Bund und Ländern war das Streben nach Mechanismen institutionalisierter Verflechtung in einer Reihe von Problembereichen – ein Fokus, der die Reformdebatten deutlich weitete und (als ein Resultat) zur Schaffung der Gemeinschaftsaufgaben führte.

Aus einer politikwissenschaftlichen Perspektive[12] ist dieser Fokus auf einer verbesserten und stärker institutionalisierten Koordinierung des Handelns von Bund und Ländern nicht verwunderlich, bildete sich doch genau in dieser Phase der 1960er Jahre das neue Paradigma des »kooperativen Föderalismus« aus.[13] Der deutsche Föderalismus trennt die Kompetenzen von Bund und Ländern auf drei Achsen in ganz unterschiedlicher Form voneinander – in Gesetzgebung, Verwaltung und der Verfügung über Finanzmittel.[14] Dieses diffizile Modell der Kompetenzteilung führt im Ergebnis zu einem ganz basalen Problem – die Kompetenzanteile passen nicht unbedingt immer zusammen, und es entstehen ungeahnte

---

9 Vgl. zur Kompromissfindung im Frühjahr 1949 Grabbe, Kontroverse, S. 405–415; zur Unzufriedenheit mit den Ergebnissen Oeter, Integration, S. 138–140.

10 Vgl. zur »Großen Finanzreform« und deren Entstehungsgeschichte im Detail Wolfgang Renzsch, Finanzverfassung und Finanzausgleich. Die Auseinandersetzung um ihre politische Gestaltung in der Bundesrepublik Deutschland zwischen Währungsreform und deutscher Vereinigung (1945–1990), Bonn 1991, S. 209–260.

11 Vgl. Oeter, Integration, S. 266–272.

12 Vgl. nur Fritz W. Scharpf, Entwicklungslinien des bundesdeutschen Föderalismus, in: Bernhard Blanke/Hellmut Wollmann (Hrsg.), Die alte Bundesrepublik – Kontinuität und Wandel, Opladen 1991, S. 146–159; sowie Gerhard Lehmbruch, Verfassungspolitische Alternativen der Politikverflechtung, in: Fritz W. Scharpf/Bernd Reissert/Fritz Schnabel (Hrsg.), Politikverflechtung II, Kronberg (Taunus) 1977, S. 87–93.

13 Vgl. zu diesem Paradigma nur Werner Patzig, Der kooperative Föderalismus, in: Deutsches Verwaltungsblatt 18 (1966), S. 389–396; Adolf Hüttl, Kooperativer Föderalismus und Gemeinschaftsaufgaben, in: Deutsches Verwaltungsblatt 19 (1967), S. 433–439; Renate Kunze, Kooperativer Föderalismus in der Bundesrepublik. Zur Staatspraxis der Koordinierung von Bund und Ländern, Stuttgart 1968; Rolf Gross, Kooperativer Föderalismus und Grundgesetz, in: Deutsches Verwaltungsblatt 21 (1969), S. 93–96 und 125–128; Konrad Hesse, Aspekte des kooperativen Föderalismus in der Bundesrepublik Deutschland, in: Theo Ritterspach/Willi Geiger (Hrsg.), Festschrift für Gebhard Müller, Tübingen 1970, S. 141–160.

14 Vgl. etwa Jost Pietzcker, Zuständigkeitsordnung und Kollisionsrecht im Bundesstaat, in: Josef Isensee/Paul Kirchhof (Hrsg.), Handbuch des Staatsrechts der Bundesrepublik Deutschland, Bd. VI, Heidelberg [3]2008, S. 515–565, hier S. 516–518.

Koordinationsbedürfnisse einer auf den drei Ebenen vielfach sehr fragmentierten Problembearbeitung. Der Bund neigt in seiner sehr ausgreifenden Gesetzgebung zur Begründung immer neuer Ansprüche der Bürger und zur Anhebung der Standards bei der Erfüllung staatlicher Aufgaben,[15] die jedoch im System eines im Prinzip landeseigenen Vollzugs von Bundesgesetzen letztlich durch die Länder erbracht werden müssen – und dies in einem System, in dem die Länder systemisch wenig Spielräume in ihrem Finanzgebaren haben und nicht selbst über ihr Einnahmenniveau entscheiden.[16] Die so vorprogrammierten Bruchlinien führen zu Defiziten in der Aufgabenwahrnehmung, was auf mittlere Sicht wiederum den Ruf nach Föderalismusreformen befeuert.

Die geforderten Reformen laufen insofern fast immer auf den Versuch hinaus, die drei Ebenen von Bund, Ländern und Gemeinden stärker miteinander zu verzahnen. Dies bedeutet im Regelfall, dass der Bund, der anteilig die Erfüllung notleidender Aufgabenbereiche mitfinanzieren soll, im Gegenzug Forderungen nach Mitspracherechten bei der inhaltlichen Programmierung der Aufgabenerfüllung stellt.[17] Besonders plastisch ließe sich dies für den Bereich der Wissenschaftspolitik demonstrieren. Dort war schon in den Anfangsjahren – und dann besonders deutlich in der Phase des Ausbaus der Hochschulen in den 1970er und 1980er Jahren – evident, dass die Länder die erforderlichen Leistungen nicht allein würden stemmen können.[18] Dies führte zur Schaffung der Gemeinschaftsaufgabe »Hochschulbau« und zur institutionalisierten Mischfinanzierung der großen Verbünde außeruniversitärer Forschung.[19] Einzige große Ausnahme von dieser Dynamik hin zu mehr Verflechtung war die Ära nach der Wiedervereinigung 1990, in der sich, aufbauend auf dem Paradigma der »Politikverflechtungsfalle«, als gegenteiliger Impuls der Ruf nach »Entflechtung« der Kompetenzen von Bund und Ländern regte.[20] Ergebnis dieser gegenläufigen Tendenz waren die beiden Födera-

---

15 Vgl. Oeter, Integration, S. 405–411 und 426–440.

16 Vgl. auch Hans Herbert von Arnim, Finanzzuständigkeit, in: Josef Isensee/Paul Kirchhof (Hrsg.), Handbuch des Staatsrechts der Bundesrepublik Deutschland, Bd. VI, Heidelberg ³2008, S. 837–874, hier S. 838–847.

17 Vgl. Oeter, Integration, S. 451–460.

18 Vgl. Dieter Engels, Finanzbeziehungen zwischen Bund und Ländern, Mischfinanzierungen nach Art. 91a, 91b und 104a Abs. 4 Grundgesetz, Stuttgart 2002, S. 16.

19 Vgl. Oliver Jauch, Wissenschaftsförderung nach der Reform des Föderalismus, Diss. Hamburg 2013, S. 74–80; außerdem Stefan Oeter, Wissenschaft und Föderalismus, in: Roland Broemel/Simone Kuhlmann/Arne Pilniok (Hrsg.), Forschung als Handlungs- und Kommunikationszusammenhang. Festschrift für Hans-Heinrich Trute zum 70. Geburtstag, Tübingen 2023, S. 21–40, hier S. 22–24.

20 Vgl. zum Paradigma der »Politikverflechtungsfalle« nur Fritz W. Scharpf, Die Politikverflechtungsfalle: Europäische Integration und deutscher Föderalismus im Vergleich, in: Politische Vierteljahresschrift 26 (1985), S. 323–356, sowie den Band von Fritz W. Scharpf/Bernd Reissert/Fritz Schnabel, Politikverflechtung. Theorie und Empirie des kooperativen Föderalismus in der Bundesrepublik, Kronberg (Taunus) 1976.

lismusreformen I und II, die vor allem im Bereich der Gesetzgebung zu Bemühungen um Rückverlagerung von Kompetenzen auf die Länder führten, ebenso zum Rückbau einiger Formate institutionalisierter Politikverflechtung, gerade auch im Bereich der Gemeinschaftsaufgaben.[21] Dieser Impuls ist allerdings in einer Gesamtperspektive weitgehend verpufft – und an die Stelle traten neue Formate der Mischfinanzierung und kooperativen Entscheidungsfindung, wie etwa die Exzellenzinitiative,[22] die Hochschulpakte, die Digitalpakte und vieles mehr. Der Drang nach Verflechtung scheint geradezu in den Genen deutscher Bundesstaatspolitik zu stecken.

2. Geschichtliche Hintergründe: Unzufriedenheit mit der Finanzverfassung und der Drang nach Rahmenplanung

Ausgangspunkt der Reformdebatten in den 1950er und 1960er Jahren war, wie schon erwähnt, der Kampf um den Umbau der Finanzverfassung. Hier hatte 1948/49 ein grundlegender Dissens zwischen der herrschenden Strömung deutscher Innen- und Fiskalpolitik und den alliierten Militärgouverneuren bestanden – die Mehrheit des Parlamentarischen Rates wollte ein fiskalisches Verbundsystem, in dem der Bundesgesetzgeber über Art und Höhe der Steuern entschied, von denen dann bestimmte Anteile den Ländern zuflossen; die Militärgouverneure beharrten dagegen im Grundsatz auf einem Trennsystem, in dem den Ländern eigene Steuern zugewiesen waren, über deren Höhe sie selbst bestimmten. Der erste Entwurf des Grundgesetzes blieb an diesem Dissens zunächst stecken, und der Entwurf wurde am 2. März 1949 von den alliierten Militärgouverneuren wegen der zu zentralistischen Finanzverfassung zurückgewiesen und zur Überar-

---

21 Zu den Ergebnissen der Föderalismusreformen I und II vgl. Katrin Gerstenberg, Zu den Gesetzgebungs- und Verwaltungskompetenzen nach der Föderalismusreform, Berlin 2009, S 173–287; sowie Hans-Peter Schneider, Der neue deutsche Bundesstaat: Bericht über die Umsetzung der Föderalismusreform, Baden-Baden 2013, S. 70–183 und 664–691; ferner die Sammelbände von Markus Heintzen/Arnd Uhle (Hrsg.), Neuere Entwicklungen im Kompetenzrecht: zur Verteilung der Gesetzgebungszuständigkeiten zwischen Bund und Ländern nach der Föderalismusreform, Berlin 2014; Julia Blumenthal/Stephan Bröchler (Hrsg.), Föderalismusreform in Deutschland: Bilanz und Perspektiven im internationalen Vergleich, Wiesbaden 2010; und Christian Starck (Hrsg.), Föderalismusreform, München 2007.

22 Als kritische Analysen der Exzellenzinitiativen vgl. Jauch, Wissenschaftsförderung, S. 197–220; und Oeter, Wissenschaft und Föderalismus, S. 34–37; ferner den Sammelband von Jürgen Kaube/Wolfgang Eßbach (Hrsg.), Die Illusion der Exzellenz: Lebenslügen der Wissenschaftspolitik, Berlin 2009.

beitung an den Parlamentarischen Rat zurückgegeben.[23] Die Alliierten saßen am längeren Hebel, und so kam es zu der gewünschten Nachbesserung, wenn auch unter großen Unmutsbezeugungen führender Politiker.[24] Das Ergebnis war erwartbar – es herrschte in der westdeutschen Politik eine sehr breite Unzufriedenheit mit der Finanzordnung des Grundgesetzes, der der Drang nach einer baldigen Reform des föderalen Systems eingeschrieben war, sobald die Bundesrepublik insoweit wieder eigenständig handlungsfähig war.

Ein erster Versuch zur Korrektur dieser Scharte wurde mit der Finanzreform von 1955 unternommen, die aber im Ergebnis eher halbherzig ausfiel.[25] Die Mehrzahl der Politiker der jungen Bundesrepublik war damit nicht zufrieden. So kam es im weiteren Verlauf 1964 zur Einsetzung der sogenannten Troeger-Kommission, die erneut Vorschläge für eine Reform der Finanzverfassung ausarbeitete, und zwar deutlich weiter gehend als in der »kleinen Finanzreform« des Jahres 1955.[26] Das Gutachten der Troeger-Kommission von 1966 gab den Bestrebungen um eine verstärkte Verflechtung von Bund und Ländern neuen Schub, verbunden mit dem dezidierten Ruf nach einer durchgreifenden Reform der Finanzbeziehungen.[27] Zentrales Stichwort war dabei die »Solidarität« von Bund und Ländern. Das somit auf den Weg gebrachte Reformunternehmen mündete schließlich – in der Zeit der Großen Koalition unter Bundeskanzler Kiesinger und Außenminister Brandt – in das Finanzreformgesetz vom 12. Mai 1969, mit dem weitgehend der Zustand hergestellt war, den sich der Parlamentarische Rat 1949 vorgestellt hatte.[28]

Der Reformschub der Jahre um 1969 beschränkte sich aber nicht allein auf die Finanzbeziehungen von Bund und Ländern. Der Ehrgeiz der Reformer richtete sich, im Bestreben nach verbesserten Mechanismen der Koordination, auch auf andere Schnittstellenbereiche der Kompetenzen von Bund und Ländern. Die Folge war – als Teil des Reformpakets – eine Reihe von weiteren Änderungsgesetzen zum Grundgesetz, mit denen massive Kompetenzverschiebungen zugunsten des Bundes bewirkt wurden, und zwar durch die Schaffung einer Reihe weiterer (neuer) Kompetenztitel.[29] Der wohl wichtigste Reformschritt – neben der Zent-

---

23 Vgl. die Nachweise oben in Anm. 8.

24 Vgl. Grabbe, Kontroverse, S. 409–415.

25 Vgl. dazu im Detail Renzsch, Finanzverfassung und Finanzausgleich, S. 130–169.

26 Vgl. zur »Troeger-Kommission« Renzsch, Finanzverfassung und Finanzausgleich, S. 214–217.

27 Vgl. zum Bericht der »Troeger-Kommission« Rolf Grawert, Finanzreform und Bundesstaatsreform, in: Der Staat 7 (1968), S. 63–83; sowie Oeter, Integration, S. 276–281.

28 Vgl. als zeitgenössische Bilanzen zur »Großen Finanzreform« etwa Werner Patzig, Soll und Haben der Finanzreform, in: Deutsches Verwaltungsblatt 21 (1969), S. 429–436; und Franz Josef Strauß, Die Finanzverfassung, München 1969, S. 107–110; ferner Renzsch, Finanzverfassung und Finanzausgleich, S. 221–260; und Oeter, Integration, S. 286–290.

29 Vgl. hierzu Oeter, Integration, S. 291 f.

ralisierung der Finanzverfassung – war die Schaffung des neuen Typus von institutionalisiertem Zusammenwirken von Bund und Ländern in Form der Gemeinschaftsaufgaben (Art. 91a und 91b GG).[30] Dieses neue Instrument durchbrach die bislang strikte Trennung von Gesetzgebungs- und Verwaltungskompetenzen sowie Finanzströmen und versuchte, alle drei Handlungsebenen in einem neuen Modus »kooperativer« Aufgabenerledigung miteinander zu verzahnen.

Auf fachliche Kritik stieß das neue Instrumentarium kaum, vielmehr wurde es allseits als positive Errungenschaft wahrgenommen.[31] Das neue Instrument der Gemeinschaftsaufgaben wurde nicht nur von der Politik, sondern auch von der Mehrheit der westdeutschen Staatsrechtslehre als konsequente Weiterentwicklung des (positiv konnotierten) »kooperativen Föderalismus« begrüßt. Das neue Instrumentarium beende endlich »die politischen Auseinandersetzungen zwischen dem Bund und den Ländern durch eine sach- und fachgerechte Ordnung der Verwaltungsaufgaben und ihrer Finanzierung«, wie es der SPD-Bundestagsabgeordnete Hartmut Soell formulierte.[32] Wenn es Kritik an der Reform gab, so drückte diese eher Enttäuschung über ein zu geringes Ambitionsniveau der Reformschritte aus. Aus heutiger Perspektive mag dies als paradox erscheinen, aber vielen Akteuren und Beobachtern in Politik, Verwaltung und Wissenschaft ging die Reform nicht weit genug. Dieser Geist prägte dann auch die Arbeit der 1970 eingesetzten »Enquêtekommission Verfassungsreform«.[33] Diese plädierte in ihrem Abschlussbericht von 1976 für ein System »integrierter Rahmenplanung« und eine generalklauselartige Ermächtigung zu Investitionsbeihilfen – Vorschläge, die noch weit über das 1969 erreichte Maß an Verflechtung hinausgingen.[34]

---

30 Vgl. Burkhard Tiemann, Gemeinschaftsaufgaben von Bund und Ländern in verfassungsrechtlicher Sicht, Berlin (West) 1970, S. 317–345; Peter Goroncy, Der Mitwirkungsbereich des Bundes bei den Gemeinschaftsaufgaben nach Art. 91a und 91b des Grundgesetzes, in: Die Öffentliche Verwaltung (DÖV) 23 (1970), S. 109–114; Jochen Abr. Frowein, Gemeinschaftsaufgaben im Bundesstaat, in: Veröffentlichungen der Vereinigung der Deutschen Staatsrechtslehrer (VVDStRL) 31 (1973), S. 13–50; Ingo von Münch, Gemeinschaftsaufgaben im Bundesstaat, in: Veröffentlichungen der Vereinigung der Deutschen Staatsrechtslehrer/VVDStRL 31 (1973), S. 51–86; Siegfried Marnitz, Die Gemeinschaftsaufgaben des Art. 91a GG als Versuch einer verfassungsrechtlichen Institutionalisierung der bundesstaatlichen Kooperation, Berlin (West) 1974, S. 55–74 und 178–197.

31 Vgl. hierzu Oeter, Integration, S. 292–301 m.w.N.; ferner sehr plastisch Ingo von Münch, Gemeinschaftsaufgaben im Bundesstaat, in: VVDStRL 31 (1973), S. 52–54.

32 Zitat von Hans Pagenkopf, Die Finanz- und Steuerpolitik in der 5. Legislaturperiode des Deutschen Bundestages, in:: DÖV 23 (1970), S. 299–308, hier S. 302 f.

33 Vgl. zu Einsetzung, Mandat und Beratungen der Enquêtekommission nur Walter Sandtner, Ein Jahr Enquêtekommission Verfassungsreform, in: Deutsches Verwaltungsblatt 24 (1972), S. 421–426; sowie Oeter, Integration, S. 304–307.

34 Vgl. Oeter, Integration, S. 307–312.

3. Gemeinschaftsaufgaben (Art. 91a und 91b GG)

Sehen wir uns im weiteren Verlauf das 1969 geschaffene und im Rahmen der Föderalismusreform I im Jahr 2006 modifizierte Instrumentarium der Gemeinschaftsaufgaben einmal etwas näher an. Einleitend ins Bewusstsein zu rufen ist zunächst der Umstand, dass ohne die verfassungsrechtliche Institutionalisierung der Gemeinschaftsaufgaben die enge Kooperation von Bund und Ländern, die für dieses Konstrukt prägend ist, verfassungsrechtlich nicht zulässig wäre. Es besteht ein grundsätzliches Verbot der »Mischverwaltung«, das es Bund und Ländern aus Gründen klarer Aufgaben- und Befugnistrennung untersagt, bei der Erfüllung bestimmter Sachaufgaben partizipativ, also in Formaten gemeinsamer Programmierung der inhaltlichen Modalitäten der Aufgabenerfüllung, gekoppelt mit einer gemeinsamen Finanzierung dieser Aufgabe, zusammenzuwirken.[35] Im Kern geht es bei den Gemeinschaftsaufgaben immer um genuine Verwaltungskompetenzen der Länder, deren Umsetzung in der Praxis tendenziell die Finanzkraft der Länder übersteigt, weshalb der Bund koordinierend und (mit-)finanzierend einspringt. Mit diesem Einstehen des Bundes – zunächst auf finanzieller Ebene, in der Folge aber gekoppelt mit Befugnissen kooperativer Mitsprache – wird eine Form an sich geächteter »Mischverwaltung« geschaffen. Die Regelungen des Kapitel VIIIa des Grundgesetzes über Gemeinschaftsaufgaben und Verwaltungszusammenarbeit kreieren eine (als systematische Ausnahme konzipierte) Sonderzuständigkeit, um in bestimmten Formen solche – an sich verbotenen – Formate der »Mischverwaltung« zu begründen.[36]

Geprägt sind die in Art. 91a ff. GG geregelten Gemeinschaftsaufgaben durch zwei charakteristische Strukturelemente. Erstes prägendes Strukturelement ist die gemeinsame Planung der Aufgabenerfüllung durch Bund und Länder, die dem Bund eine Mitsprache bei der inhaltlichen Festlegung der Modalitäten der Aufgabenerfüllung ermöglicht – bei der Schaffung der Gemeinschaftsaufgaben 1970 wurde dies als »Kernstück des Zusammenwirkens von Bund und Ländern« bezeichnet.[37] Die verfassungsrechtliche Vorgabe einer gemeinsamen Rahmenplanung wurde zwar bei der Föderalismusreform 2006 gestrichen; als Instrument

---

35 Vgl. zum Verbot der »Mischverwaltung« nur Hans D. Jarass/Bodo Pieroth, Grundgesetz für die Bundesrepublik Deutschland. Kommentar, München [17]2022, Art. 30 Rn. 10; Helmut Siekmann, Art. 91a Rn. 1, in: Michael Sachs (Hrsg.), Grundgesetz. Kommentar, München [9]2021; Oeter, Integration, S. 339 f. und 451–456.

36 Vgl. Johannes Hellermann, § 39 Kooperativer Föderalismus in Gestalt der Gemeinschaftsaufgaben nach Art. 91a ff. des Grundgesetzes, in: Ines Härtel (Hrsg.), Handbuch Föderalismus. Föderalismus als demokratische Rechtsordnung und Rechtskultur in Deutschland, Europa und der Welt, Bd. II, Berlin/Heidelberg 2012, S. 339–363, hier S. 340 f.

37 So Burkhard Tiemann, Die neuen Gemeinschaftsaufgaben (Art. 91a, b GG) im System des Grundgesetzes, in: DÖV 1970, S. 161–166, hier S. 163.

der näheren Festlegung der Modalitäten der gemeinsamen Aufgabenerbringung wurde vielmehr ein konkretisierendes Bundesgesetz vorgesehen, das der Zustimmung des Bundesrates bedarf (und damit der Mehrheit der Länder).[38] Die textliche Streichung der Rahmenplanung besagt jedoch nicht, dass eine solche gemeinsame Planung nicht mehr zulässig wäre – im Gegenteil scheint die Praxis aus guten Gründen an ihr festzuhalten.[39]Zweites prägendes Strukturelement ist die gemeinsame Finanzierung der Aufgabenerfüllung nach bestimmten Verteilungsschlüsseln.[40] Dem Bund wird somit ermöglicht, durch zusätzliche Finanzmittel den Ländern unter die Arme zu greifen und sie so fiskalisch dazu zu befähigen, der Aufgabe in einem gesamtstaatlich wünschbaren Ausmaß tatsächlich nachzukommen – um den Preis einer koordinierenden Mitsprache bei den Modalitäten der Aufgabenerfüllung. Das Element der Gemeinschaftsfinanzierung wurde, als die Gemeinschaftsaufgaben geschaffen wurden, als »Integrationsfaktor bundesstaatlicher Kooperation« postuliert.[41]

Zwischen den Gemeinschaftsaufgaben der Art. 91a und 91b GG bestehen Unterschiede in der verfassungsrechtlichen Rahmung, welche zu einer Kategorisierung als »echten« und »unechten« Gemeinschaftsaufgaben geführt haben .[42] Art. 91a GG sieht eine Verpflichtung zur Mitwirkung des Bundes an der Aufgabenerfüllung der Länder in bestimmten Sachbereichen, unter dem Vorbehalt gemeinsamer Planung und Finanzierung, vor.[43] Die ursprünglich von der Troeger-Kommission propagierte Einfügung einer Generalklausel, die Bund und Ländern auf unterverfassungsrechtlicher Ebene die Erfindung immer neuer Aufgabenbereiche für ein solches Zusammenwirken erlaubt hätte, wurde in den damaligen Beratungen über die Verfassungsnovelle verworfen – Art. 91a GG zählt enumerativ einige wenige Sachbereiche auf, in denen zur kooperativen Aufgabenwahrnehmung im Sinne einer »echten« Gemeinschaftsaufgabe ermächtigt

38 Vgl. Hellermann, Kooperativer Föderalismus, S. 353; ferner Uwe Volkmann/Ann-Katrin Kaufhold, Art. 91a Rn. 51, in: Hermann von Mangoldt/Friedrich Klein/Christian Starck, Grundgesetz-Kommentar, hrsg. von Peter M. Huber und Andreas Voßkuhle, Bd. 3, München ⁷2018.

39 Vgl. Reimund Schmidt-De Caluwe, Art. 91a Rn. 10, in: Winfried Kluth (Hrsg.), Föderalismusreformgesetz: Einführung und Kommentierung, Baden-Baden 2007, S. 214–219; ferner Hellermann, Kooperativer Föderalismus, S. 353; und Volkmann/Kaufhold, Art. 91a Rn. 54, in: von Mangoldt/Klein/Starck, Grundgesetz-Kommentar.

40 Vgl. Hellermann, Kooperativer Föderalismus, S. 353 f., und Volkmann/Kaufhold, Art. 91a Rn. 33, 60–62, in: von Mangoldt/Klein/Starck, Grundgesetz-Kommentar.

41 So Tiemann, Die neuen Gemeinschaftsaufgaben, S. 165.

42 Vgl. Hellermann, Kooperativer Föderalismus, S. 341 f.; und Volkmann/Kaufhold, Art. 91a Rn. 27, in: von Mangoldt/Klein/Starck, Grundgesetz-Kommentar.

43 Vgl. Hellermann, Kooperativer Föderalismus, S. 352.

wird.[44] Art. 91b GG dagegen schafft eine fakultative Möglichkeit, im Wege einer zwischen Bund und Ländern geschlossenen Vereinbarung sich auf eine gemeinsame Aufgabenwahrnehmung und -finanzierung zu einigen, unter näherer Festlegung der Modalitäten der Aufgabenerfüllung in der Vereinbarung bzw. in dem nachgelagerten Planungsausschuss.[45] Auch hier geht es um ein Zusammenwirken von Bund und Ländern bei der gemeinsamen Erledigung übergreifender »gesamtstaatlicher« Aufgaben, wiederum auf enumerativ bestimmten Sachgebieten. Daneben stehen die 2006 eingefügten Ermächtigungen zur Verwaltungszusammenarbeit gem. Art. 91c und 91d GG, die nicht im eigentlichen Sinne Formen einer Gemeinschaftsaufgabe statuieren.[46] Einzig der 2011 durch Verfassungsänderung eingefügte Art. 91e GG schafft ergänzend eine weitere Kategorie einer echten Gemeinschaftsaufgabe.[47]

Im Ergebnis legalisierte die Einfügung der Art. 91a ff. in das Grundgesetz eine – am Verfassungstext vorbei entwickelte – Praxis »kooperativer« Infrastrukturentwicklung, die in Form wuchernder Dotations- und Fondsstrukturen über die Jahre hinweg in der Verfassungspraxis entstanden, in ihrer verfassungsrechtlichen Zulässigkeit zugleich aber sehr kritisch gesehen worden war.[48] Im Prozess der Verfassungsänderung gelang es den Ländern, das für die Statik der Bundesstaatsverfassung heikle Potenzial einer um sich greifenden Durchbrechung des Verbots der »Mischverwaltung« einzuhegen und auf einige wenige Aufgabenbereiche zu beschränken.[49] Die ursprünglich vorgeschlagene Generalklausel des Art. 91a GG wurde ersetzt durch eine enumerative Auflistung derjenigen Gebiete, in denen kooperatives Zusammenwirken (als Gemeinschaftsaufgabe) zulässig ist. Darunter fielen

– der Ausbau und Neubau von Hochschulen (Hochschulbauförderung);
– die Verbesserung der regionalen Wirtschaftsstruktur;
– die Verbesserung der Agrarstruktur und des Küstenschutzes.

Der Sachbereich des Hochschulbaus wurde 2006 im Rahmen der Föderalismusreform I gestrichen. Allseits ging man davon aus, dass die große Welle an Neubau und Ausbau der Hochschulen, die prägend für die 1970er und 1980er Jahre der alten Bundesrepublik war, ergänzt durch den Ausbau der Hochschulen in den

---

44 Vgl. Volkmann/Kaufhold, Art. 91a Rn. 4, in: von Mangoldt/Klein/Starck, Grundgesetz-Kommentar.
45 Vgl. Hellermann, Kooperativer Föderalismus, S. 350 f.; sowie Volkmann/Kaufhold, Art. 91b Rn. 14, in: von Mangoldt/Klein/Starck, Grundgesetz-Kommentar.
46 Vgl. Hellermann, Kooperativer Föderalismus, S. 347 f.
47 Vgl. Hellermann, Kooperativer Föderalismus, S. 354.
48 Vgl. Oeter, Integration, S. 293 f.
49 Vgl. Volkmann/Kaufhold, Art. 91a Rn. 4, in: von Mangoldt/Klein/Starck, Grundgesetz-Kommentar.

neuen Bundesländern nach 1990, nunmehr an ihr Ende gekommen sei, und die Länder zum Erhalt der bestehenden Struktur und zu punktuellen Erweiterungs- und Neubaumaßnahmen allein in der Lage seien.[50] Ob dies in der politischen Praxis tatsächlich zutrifft, ist allerdings fraglich – in vielen Ländern herrscht ein erheblicher Renovierungsstau, da nicht ausreichend Mittel für den Bestandserhalt in die Landeshaushalte eingestellt worden waren. Ob der Bedarf an Ersatzbauten wirklich durchgängig von den Ländern gestemmt werden kann, ist durchaus fraglich.[51] Die (zumindest partielle) Ersatzkompetenz in Art. 91b Abs. 1 GG deckt den einschlägigen Bedarf nicht wirklich ab, da überwiegend dem Lehrbetrieb gewidmete Hochschulbauten nicht unter den Tatbestand der »Forschungsbauten« im Sinne des Satzes 3 dieser Vorschrift fallen.[52]

Art. 91b GG in seiner ursprünglichen Fassung des Jahres 1970 ergänzte diese Möglichkeit institutionalisierter Kooperation von Bund und Ländern durch (fakultative) Verfahren kooperativer Rahmenplanung in zwei weiteren Sachbereichen:
– Bildungsplanung und
– gemeinsame Förderung überregional bedeutsamer Forschungseinrichtungen und Forschungsvorhaben.

Der Leitgedanke auch dieser Vorschrift war das Ziel der »Gleichwertigkeit der Lebensverhältnisse«. Die Angleichung der wirtschaftlichen und sozialen Verhältnisse sei – bei stark divergierender Finanzkraft der Länder – nur zu erreichen durch übergreifende Planung und gemeinsame Finanzierung der für die nachhaltige Entwicklung der Bundesrepublik so zentralen Aufgaben in Bildung und Wissenschaft.[53] Das in der Verfassung verankerte Projekt einer gemeinsamen »Bildungsplanung« hat sich in der Folgezeit allerdings als Flop erwiesen, denn aus einer Reihe von Gründen ist die Befugnis zu einer kooperativen Bildungsplanung toter Buchstabe geblieben.[54] Schon von der Entstehung her war die Verankerung der »Bildungsplanung« als Gemeinschaftsaufgabe in Art. 91b GG ein halbherziger Kompromiss gewesen, weil die Länder dem Bund die von ihm er-

---

50 Vgl. Jauch, Wissenschaftsförderung, 81 f., ferner Volkmann/Kaufhold, Art. 91a Rn. 10 und 48, in: von Mangoldt/Klein/Starck, Grundgesetz-Kommentar.

51 Vgl. in diesem Sinne auch Guido Speiser, Das »Kooperationsverbot« – Status quo und Handlungsoptionen, in: DÖV 2014, S. 555–563, hier S. 559 f.; vgl. Achim Wiesner, Der alte und der neue Hochschulbau – die immerwährende Gemeinschaftsaufgabe, in: Margrit Seckelmann/ Stefan Lange/Thomas Horstmann (Hrsg.), Die Gemeinschaftsaufgaben von Bund und Ländern in der Wissenschafts- und Bildungspolitik, Baden-Baden 2010, S. 195–214.

52 Vgl. Hellermann, Kooperativer Föderalismus, S. 349; vgl. aber auch Volkmann/Kaufhold, Art. 91b Rn. 22, in: von Mangoldt/Klein/Starck, Grundgesetz-Kommentar.

53 Vgl. Hellermann, Kooperativer Föderalismus, S. 348 f.

54 Vgl. Volkmann/Kaufhold, Art. 91b Rn. 1, in: von Mangoldt/Klein/Starck, Grundgesetz-Kommentar.

strebte Kompetenz für eine bildungsbezogene Rahmengesetzgebung verweigert hatten.[55] Auf der Grundlage des Art. 91b GG haben Bund und Länder dann mit dem Verwaltungsabkommen vom 25. Juni 1970 (BLK-Abkommen)[56] die Bund-Länder-Kommission für Bildungsplanung geschaffen. Diese sollte als gemeinsames Gesprächsforum für alle Fragen des Bildungswesens dienen, die Bund und Länder gemeinsam betreffen.[57] Diese Bund-Länder-Kommission legte 1973 auch den »Bildungsgesamtplan« vor und beschrieb darin ein ambitioniertes Programm für die weitere Entwicklung des gesamten Bildungswesens, vom Kindergarten bis zur Erwachsenenbildung.[58] Erfasst waren darin alle Bildungsstufen, von der vorschulischen über die schulische Bildung, im Kern das allgemeinbildende Schulwesen, über den gesamten Hochschulbereich, das berufsbildende Erziehungswesen und die Weiterbildung bis hin zur Ausbildungsförderung und sonstigen Strukturfragen.[59] Die erstrebte Bildungsplanung sollte die organisatorischen und inhaltlichen Grundsätze für den Ausbau des Bildungswesens vorgeben, im Sinne eines einheitlichen Handlungsrahmens für Bund und Länder.[60] Als ein solcher gemeinsamer Handlungsrahmen blieb die Bildungsplanung allerdings ein Torso, zunehmend streitig verhandelt im parteipolitischen Raum, mit erheblichen politischen Differenzen über die Rolle der Gesamtschule als Regelmodell der allgemeinbildenden Sekundarstufe, eine für alle verbindliche Orientierungsstufe und Fragen der Lehrerbildung.[61] Diese Gegensätze traten schon bei der Verabschiedung des Bildungsgesamtplans offen zutage und führten dazu, dass die 1977 von der BLK beschlossene Fortschreibung des Bildungsgesamtplans im Entwurfsstadium steckenblieb.[62] Die Fortschreibung wurde dann mit Beschluss der BLK vom 29. März 1982 endgültig ausgesetzt – und um die gemeinsame »Bil-

---

55 Vgl. dazu im Detail Armin Dittmann, Bildungsplan als Gemeinschaftsaufgabe: Entwicklung, Rechtsbegriff, verfassungsrechtliche Stellung und organisatorische Möglichkeiten kooperativer Bildungsplanung von Bund und Ländern nach Art. 91b GG, Bad Honnef 1975, S. 33–40.

56 Vgl. zu dieser Form der Institutionalisierung ausführlich Hans-Heinrich Trute, Die Forschung zwischen grundrechtlicher Freiheit und staatlichen Institutionalisierung: Das Wissenschaftsrecht als Recht kooperativer Verwaltungsvorgänge, Tübingen 1994, S. 452–459.

57 Vgl. Volkmann/Kaufhold, Art. 91b Rn. 1, in: von Mangoldt/Klein/Starck, Grundgesetz-Kommentar.

58 Vgl. Kyrill-Alexander Schwarz, Art. 91b Rn. 2, in: Günter Dürig/Roman Herzog/Rupert Scholz (Hrsg.), Grundgesetz. Kommentar, München Stand 100. Ergänzungslieferung 2023; vgl. außerdem Volkmann/Kaufhold, Art. 91b Rn. 1, in: von Mangoldt/Klein/Starck, Grundgesetz-Kommentar.

59 Vgl. auch Ute Mager, Art. 91b Rn. 26, in: Ingo von Münch/Philip Kunig (Hrsg.), Grundgesetz-Kommentar, München ⁶2012, Bd. 2, S. 645.

60 Vgl. BT-Drs. 7/1474, S. 10.

61 Vgl. Volkmann/Kaufhold, Art. 91b Rn. 1, in: von Mangoldt/Klein/Starck, Grundgesetz-Kommentar.

62 Vgl. auch dazu ebenda.

dungsplanung« wurde es in der Folgezeit sehr still. Konsequenterweise wurde der Gegenstand der »Bildungsplanung« im Rahmen der Föderalismusreform I 2006 aus dem Text des Art. 91b GG gestrichen.[63]

Bedeutung erlangt hat im Blick auf die ursprüngliche Fassung des Art. 91b GG nur die Kompetenz zur gemeinsamen Förderung überregional bedeutsamer Forschungseinrichtungen und Forschungsvorhaben. Sie hat sowohl die Grundlage gelegt für die Verbünde außeruniversitärer Forschung (Max-Planck-Gesellschaft, Leibniz-Gemeinschaft, Helmholtz-Gesellschaft, Fraunhofer-Institute) als auch für die Strukturen der übergreifenden Forschungsförderung (Deutsche Forschungsgemeinschaft).[64] Die alte Formel der »Förderung von Einrichtungen und Vorhaben der wissenschaftlichen Forschung von überregionaler Bedeutung« wurde mit der Föderalismusreform I 2006 in zwei Tatbestände zerlegt – erstens die Förderung von »Einrichtungen und Vorhaben der wissenschaftlichen Forschung außerhalb von Hochschulen«, also die Förderung der Verbünde außeruniversitärer Forschung; und zweitens die Förderung von »Vorhaben der Wissenschaft und Forschung an Hochschulen«, beide gekoppelt an das Erfordernis »überregionaler Bedeutung«.[65] Eine institutionelle Förderung der Hochschulen war nach diesem Wortlaut, so auch die Absicht der Föderalismusreform, nicht mehr möglich. Ergänzend gab es einen dritten Tatbestand der erlaubten Förderung von Forschungsinfrastruktur (»Vereinbarungen über Forschungsbauten einschließlich Großgeräten«). Lehrgebäude und Nebenanlagen wie Verwaltungsgebäude, Mensen und Studentenwohnheime waren von der Förderung damit explizit ausgenommen.[66] Diese Beschränkung der Bund-Länder-Kooperation im Bereich von Forschung und Lehre stieß auf heftige Kritik[67] – ein Unmut, der sich in der Folge

---

63 Vgl. Hellermann, Kooperativer Föderalismus, S. 346; ferner Schwarz, Art. 91b Rn. 4, in: Dürig/Herzog/Scholz, Grundgesetz-Kommentar.

64 Vgl. Hellermann, Kooperativer Föderalismus, S. 349; sowie in den Einzelheiten Hans-Willy Hohn, Wissenschaftspolitik im semi-souveränen Staat – die Rolle der außeruniversitären Forschungseinrichtungen und ihrer Trägerorganisationen, in: Margrit Seckelmann/Stefan Lange/Thomas Horstmann (Hrsg.), Die Gemeinschaftsaufgaben von Bund und Ländern in der Wissenschafts- und Bildungspolitik, Baden-Baden 2010, S. 145–168.

65 Vgl. Volkmann/Kaufhold, Art. 91b Rn. 3, in: von Mangoldt/Klein/Starck, Grundgesetz-Kommentar; außerdem Margit Seckelmann, Konvergenz und Entflechtung im Wissenschaftsföderalismus von 1998 bis 2009 – insbesondere in den beiden Etappen der Föderalismusreform, in: Margrit Seckelmann/Stefan Lange/Thomas Horstmann (Hrsg.), Die Gemeinschaftsaufgaben von Bund und Ländern in der Wissenschafts- und Bildungspolitik, Baden-Baden 2010, S. 65–90.

66 Vgl. Volkmann/Kaufhold, Art. 91b Rn. 3, in: von Mangoldt/Klein/Starck, Grundgesetz-Kommentar.

67 Vgl. etwa Joachim Wieland, Von der Verhinderungsverfassung zur Ermöglichungsverfassung – Bildungsföderalismus und Kooperationsverbot, in: Zeitschrift für Gesetzgebung 27 (2012), S. 266–278, hier S. 266f.; Max-Emanuel Geis, Das »Kooperationsverbot« des Art. 91b GG. Oder: Die bildungspolitische Büchse der Pandora, in: Zeitschrift für Gesetzgebung 28

im Kampfbegriff des »Kooperationsverbots« niederschlug, welcher verfassungsrechtlich eigentlich keine wirkliche Grundlage hat.[68] Ergebnis der erhitzten Diskussion waren bald einsetzende Bemühungen um eine »Reform der Reform«, die
dann im verfassungsändernden Gesetz vom 23. Dezember 2014[69] ihren Niederschlag fand. Geändert (und geweitet) wurde damit die zu enge Formel der Förderung von »Vorhaben der Wissenschaft und Forschung an Hochschulen« hin zur
heutigen Fassung der »Förderung von Wissenschaft, Forschung und Lehre«, wobei die Differenzierung zwischen außeruniversitärer Forschung und Hochschul-
forschung aufgegeben wurde.[70] Diese erweiterte Kompetenz zur kooperativen
Steuerung des Wissenschafts- und Hochschulsystems deckt damit auch unstrei-
tig Formate wie die Exzellenzinitiativen und die Hochschulpakte ab.[71] Ergänzend
eingefügt wurde 2006 auch – als Reaktion auf den »PISA-Schock« der deutschen
Bildungspolitik[72] – mit dem neuen Absatz 2 des Art. 91b GG ein Passus zu »Vereinbarungen zur Feststellung der Leistungsfähigkeit des Bildungswesens im internationalen Vergleich«. Dies ermöglicht die gemeinsame Organisation und Finanzierung internationaler Vergleichsstudien im Bildungsbereich (wie etwa der
PISA-Studien), einschließlich der Erarbeitung daraus abgeleiteter Berichte und
Empfehlungen.[73]

Einen kurzen Seitenblick verdient noch der neue, 2011 eingefügte Art. 91e
GG, mit dem auf eine Entscheidung des Bundesverfassungsgerichts reagiert wurde.[74] Die im Gefolge der Hartz IV-Reformen geschaffene Struktur der verwal-

---

(2013), S. 305–318, hier S. 313–316; Guido Speiser, Das »Kooperationsverbot« – Status quo
und Handlungsoptionen, in: DÖV 2014, S. 555–563.

68 Vgl. zum Begriff des »Kooperationsverbots« Margrit Seckelmann, Das sog. »Kooperationsverbot« und die Mittel zu seiner Behebung – sollen Art. 91b bzw. 104b GG modifiziert werden?,
in: DÖV 2012, S. 701–709; außerdem Volkmann/Kaufhold, Art. 91b Rn. 5, in: von Man-
goldt/Klein/Starck, Grundgesetz-Kommentar.

69 BGBl. I, S. 2438.

70 Vgl. Volkmann/Kaufhold, Art. 91b Rn. 6, in: von Mangoldt/Klein/Starck, Grundgesetz-Kommentar.

71 Vgl. zur kontroversen Debatte über die Verfassungskonformität der Exzellenzinitiative unter der Vorfassung des Art. 91b GG nur exemplarisch Simon Sieweke, Verfassungsrechtliche
Anforderungen an die Fortsetzung der Exzellenzinitiative, in: DÖV 2009, S. 946–954, zur
heutigen Rechtslage Volkmann/Kaufhold, Art. 91b Rn. 22, in: von Mangoldt/Klein/Starck,
Grundgesetz-Kommentar.

72 Vgl. zum »PISA-Schock« und den dadurch ausgelösten Debatten um verbesserte Bund-Län-
der-Zusammenarbeit Annette Guckelberger, Bildungsevaluation als neue Gemeinschaftsaufgabe gemäß Art. 91b Abs. 2, in: Recht der Jugend und des Bildungswesens 2008, S. 267–282,
hier S. 268–272.

73 Vgl. dazu Volkmann/Kaufhold, Art. 91b Rn. 31 f., in: von Mangoldt/Klein/Starck, Grundgesetz-Kommentar.

74 Vgl. Hellermann, Kooperativer Föderalismus, S. 346 f.; sowie Volkmann/Kaufhold, Art. 91e
Rn. 1–3, in: von Mangoldt/Klein/Starck, Grundgesetz-Kommentar.

tungsmäßigen Durchführung der Grundsicherung für Arbeitssuchende nach SGB II, die auf einer engen Zusammenarbeit von Bundesagentur für Arbeit und den Sozialämtern der Länder und Kommunen beruht, wurde in einer Entscheidung des Bundesverfassungsgerichts von 2008 als grundgesetzwidrige Mischverwaltung qualifiziert und damit für verfassungswidrig erklärt.[75] Weil aus Sicht von Bund und Ländern diese kooperative Verwaltungsstruktur aber als überaus sinnvoll erschien, einigte man sich mit dem Gesetz zur Änderung des Grundgesetzes vom 29. Juli 2009[76] auf die Einfügung eines neuen Art. 91e GG, der die bestehenden Strukturen verfassungsrechtlich legitimiert. In der verfassungsrechtlichen Literatur wird diese Einführung einer neuen Gemeinschaftsaufgabe im Kontext des Art. VIIIa GG auch als systematisch stimmig und richtig platziert eingestuft.[77]

In ihren Kernbereichen hat sich die Institution der Gemeinschaftsaufgaben nach überwiegender Auffassung durchaus bewährt. Die große Welle an Hochschulneubauten und -ausbauten der 1970er und 1980er Jahre, als Reaktion auf den vorherigen Befund der drohenden »Bildungskatastrophe«, konnte damit in einer mehr oder weniger über das Bundesgebiet hinweg gleichwertige Verhältnisse gewährleistenden Form bewerkstelligt werden und hat einen fundamentalen Beitrag zum Ausbau der tertiären Bildung in Deutschland geleistet.[78] Die gemeinsame Finanzierung der großen Verbünde außeruniversitärer Forschung, aber auch der DFG hat zu tragfähigen Strukturen geführt, um die uns viele Länder beneiden; die im Gefolge des Art. 91b GG geschaffenen Strukturen erscheinen praktisch nicht mehr hintergehbar, ja, sie sind in ihrer Form – unter den obwaltenden institutionellen Bedingungen – nahezu alternativlos.[79] Auch das Zusammenwirken von Bund und Ländern bei der Verbesserung der regionalen Wirtschaftsstruktur wie auch bei der Verbesserung der Agrarstruktur und des Küstenschutzes wird politisch von kaum jemand in Frage gestellt und hat sich nach allgemeiner Auffassung bewährt, wenn auch hier kaum zu leugnende Interferenzen mit den parallelen Förderstrukturen der EU und den Disziplinen der unionalen Beihilfekontrolle bestehen.[80] Diese tendenziell positive Einschätzung des Instruments der Gemeinschaftsaufgaben bedeutet allerdings nicht, dass es keine kritischen Stimmen zu diesem Instrumentarium gäbe. Schon bald nach Schaffung der Gemeinschafts-

---

75 Bundesverfassungsgericht, Urteil vom 20. Dezember 2007, 2 BvR 2433/04, 2 BvR 2434/04, BVerfGE 119, 331.

76 58. Gesetz zur Änderung des Grundgesetzes vom 21.7.2010, BGBl. I, S. 944.

77 Vgl. dazu im Detail Volkmann/Kaufhold, Art. 91e Rn.4 f., 7, in: von Mangoldt/Klein/Starck, Grundgesetz-Kommentar.

78 So die allgemeine Sichtweise – vgl. nur die Nachweise bei Volkmann/Kaufhold, Art. 91a Rn.36 Fußn. 106, in: von Mangoldt/Klein/Starck, Grundgesetz-Kommentar.

79 Vgl. dazu Oeter, Wissenschaft und Föderalismus, S. 32 f.

80 Vgl. dazu Volkmann/Kaufhold, Art. 91a Rn. 11–18, in: von Mangoldt/Klein/Starck, Grundgesetz-Kommentar; sowie Hellermann, Kooperativer Föderalismus, S. 358 f.

aufgaben 1970 war Kritik an der Konzeption dieser Sondertatbestände erlaubter »Mischverwaltung« laut geworden.[81] So resümierte schon im Sommer 1972 der damalige Ministerpräsident von Baden-Württemberg, Hans Filbinger, die Institution der Gemeinschaftsaufgaben habe zu einer unrationellen Mischverwaltung und Mischfinanzierung geführt, welche die Aufgaben- und Finanzverantwortung von Bund und Ländern verwische und einen systematischen föderativen Finanzausgleich blockiere. Außerdem würden die Landesparlamente durch die Planung faktisch weitgehend gebunden, ohne am Planungsprozess hinreichend beteiligt zu sein. Auch werde die Integration der Aufgabenplanungen innerhalb der einzelnen Länder durch die Verflechtung der isolierten Ressortplanungen mit den entsprechenden Ressortplanungen von Bund und anderen Ländern gehemmt und die Verwaltung insgesamt unnötig erschwert und aufgebläht.[82]

Noch grundsätzlicher fiel die Kritik des großen Verfassungsrechtlers (und späteren Verfassungsrichters) Konrad Hesse aus.[83] Bundesstaatsreform unter dem Leitbild des »kooperativen Föderalismus« werde leider zusehends auf den praktisch-technischen Aspekt der Steigerung der Effizienz bei der Bewältigung der Aufgaben des modernen Planungs-, Lenkungs- und Vorsorgestaates reduziert. Kooperation aber wirke notwendig unitarisierend. Sie komme zwar den Notwendigkeiten des modernen Sozialstaats entgegen, schwäche aber auf der anderen Seite gerade die Wirkungen, die oft und mit Recht als Vorzug föderativer Ordnungen hervorgehoben würden. Wo im Wege der Kooperation einheitliche oder übereinstimmende Lösungen verwirklicht würden, entfalle notwendigerweise die Vielfalt der Gestaltungen, die dem Föderalismus überkommener Art das Gepräge gegeben habe. Im gleichen Maße schwänden auch die Möglichkeit zum begrenzten Experiment und, in engem Zusammenhang damit, der Wettbewerb zwischen den Ländern.[84]

Ganz von der Hand zu weisen ist diese Kritik nicht – und deshalb ist sie auch bis heute nicht völlig verstummt.[85] Von Gewicht sind – neben den grundsätzlichen Kritikpunkten von Konrad Hesse, die auf eine Schwächung der Experimentierspielräume bei der Suche nach geeigneten Lösungen hinweisen – die Be-

---

81 Vgl. als detaillierten Überblick der nach 1970 geäußerten Kritik Oeter, Integration, S. 292–301.

82 Landtag von Baden-Württemberg, 6. Wahlperiode, 7. Sitzung vom 18.7.1972, hier zitiert nach Frowein, Gemeinschaftsaufgaben im Bundesstaat, Veröffentlichungen der Vereinigung der Deutschen Staatsrechtslehrer 31 (1973), S. 19, Anm. 25.

83 Siehe vor allem Konrad Hesse, Aspekte des kooperativen Föderalismus in der Bundesrepublik Deutschland, in: Theo Ritterspach/Willi Geiger (Hrsg.), Festschrift für Gebhard Müller, Tübingen 1970, S. 141–160.

84 Siehe Hesse, Aspekte des kooperativen Föderalismus, S. 144 f.; vgl. aber auch als Polemik gegen das Paradigma des »Wettbewerbsföderalismus« Volkmann/Kaufhold, Art. 91a Rn. 37 f., in: von Mangoldt/Klein/Starck, Grundgesetz-Kommentar.

85 Vgl. nur Hellermann, Kooperativer Föderalismus, S. 359 f.

denken im Blick auf die Grundstrukturen der Finanzverfassung und der Aspekt der Diffusion der politischen Verantwortlichkeiten, unter weitgehender Marginalisierung der parlamentarischen Mitbestimmung und Kontrolle. Im Blick auf die Grundzüge der Finanzverfassung stellt sich bis heute das schon 1972 von Hans Filbinger angeführte Problem der Ungleichgewichte bei der Verteilung der Finanzmassen. Auf der einen Seite ist die Finanzverfassung im Detail ein Verschiebebahnhof der (im Grundansatz ja aus geteilten Steuern stammenden) Einnahmen. Auf der anderen Seite bleibt dem Bund, der als Gesetzgeber über die Steuern entscheidet, aber durchgängig ein relativ hoher Anteil des Gesamtsteueraufkommens. Dieser lässt dem Bund deutlich mehr fungible Mittel als den Ländern, deren Haushalte durch einen dominanten Block von (weitgehend fixen) Personalkosten bestimmt sind.[86] Die dominante Mitfinanzierung des Bundes führt zwar zu einer sozialstaatlich wünschenswerten Annäherung an das Ideal der »Gleichwertigkeit der Lebensverhältnisse«, doch erkauft sich der Bund damit zugleich erheblichen Einfluss auf das entsprechende politische Handeln der Länder.[87] Eine durchgreifende Neuverteilung der Finanzmittel, die auch die Länder zu auskömmlicher Finanzierung ihrer Aufgabenerfüllung befähigen würde, wird so eher blockiert – die Bund-Länder-Kooperation (mit Mischfinanzierung) lindert vielmehr nur die Symptome der strukturellen Unterfinanzierung der Länder, ohne sie nachhaltig zu beheben. Die eigentlich nötige Priorisierung der knappen Finanzmittel und der an sich fällige Ausgleich der unterschiedlichen Finanzkraft werden damit schon im Ansatz verfehlt.[88] Ganz im Gegenteil führen die Finanzierungs- und Governance-Modalitäten der Gemeinschaftsaufgaben durchgängig zu einer Verteilung nach dem Gießkannen-Prinzip mit Quotierung nach Länderanteilen. Ergebnis ist das Entstehen eines intransparenten Systems der »Mischfinanzierung« mit weitgehender Diffusion der politischen Verantwortlichkeiten.[89]

Ein Begleiteffekt dieser verwischten Verantwortlichkeiten im Rahmen der (grundgesetzlich erlaubten) »Mischverwaltung« der Gemeinschaftsaufgaben ist die Aushebelung der parlamentarischen Mitbestimmung in der normativen Programmierung der betroffenen Politikfelder.[90] Das gilt vor allem mit Blick auf die

---

86 Vgl. zu diesem Grundproblem der Finanzverfassung der Bundesrepublik nur Clemens Fuest/Michael Thöne, § 37 Der Finanzföderalismus in Deutschland und seine Reform, in: Ines Härtel (Hrsg.), Handbuch Föderalismus. Föderalismus als demokratische Rechtsordnung und Rechtskultur in Deutschland, Europa und der Welt, Bd. II, Berlin/Heidelberg 2012, S. 265–321.

87 Vgl. hierzu Oeter, Integration, S. 296 m.w.N.

88 Vgl. auch Stefan Korioth, Neuordnung der Bund-Länder-Finanzbeziehungen?, in: Zeitschrift für Gesetzgebung 22 (2007), S. 1–21, hier S. 5.

89 Vgl. etwa Siekmann, Art. 91a Rn. 61, in: Sachs (Hrsg.), Grundgesetz-Kommentar.

90 Vgl. hierzu Rüdiger Breuer, Gemeinschaftsaufgaben und Mischfinanzierung – eine Crux des Bundesstaates, in: Maximilian Wallerath (Hrsg.), Fiat iustitia, Recht als Aufgabe der Vernunft: Festschrift für Peter Krause zum 70. Geburtstag, Berlin 2006, S. 325–348, hier 339 f.;

Rolle der Landtage. Die Praxis der Gemeinschaftsaufgaben ›immunisiert‹ bestimmte Bereiche nachhaltig gegen die an sich vorrangige Haushaltshoheit der Parlamente. Es entsteht ein System fester Mittelbindung für bestimmte Bereiche, die technokratisch im Zusammenwirken spezifischer ›Fachbruderschaften‹ verteilt werden, ohne dass die Landtage in diesen Bereichen noch echte Mitgestaltungsrechte besäßen. In der Konsequenz führt dies zu demokratischen Mitwirkungs- und Kontrolldefiziten sowie zu Effizienzverlusten bei der Gestaltung der entsprechenden Politikbereiche.[91]

Trotz dieser Problemanzeigen hat sich das Instrumentarium der Gemeinschaftsaufgaben im Zeitverlauf behaupten können, gerade auch gegen die grundsätzlichen Anfechtungen im Kontext der Föderalismusreformen der frühen 2000er Jahre. Dies verweist darauf, dass die (sektorspezifische) Institutionalisierung von Formaten der »Mischverwaltung«, die mit dem Instrumentarium der Gemeinschaftsaufgaben erfolgt ist, für bestimmte Politikbereiche eine tragende Funktion erfüllt, die durch rigide Aufgabentrennung beeinträchtigt würde.[92] Evident ist dies für den Bereich der Forschungsförderung, wo die Länder häufig zu finanzschwach sind, um zukunftsfähige Strukturen auskömmlich zu finanzieren, und nur ein leistungsfähiger Verbund in der Lage ist, international wettbewerbsfähige Rahmenbedingungen zu gewährleisten.[93] Ähnliches lässt sich aber wohl auch für den Ausgleich regionaler Disparitäten im Kontext der Verbesserung der regionalen Wirtschaftsstruktur und der Verbesserung der Agrarstruktur und des Küstenschutzes feststellen, wo die betroffenen Länder allein überfordert wären. Trotz aller Kritik ist das Instrumentarium der Gemeinschaftsaufgaben aus der Verfassungspraxis der Bundesrepublik deshalb nicht mehr wegzudenken.

4. Investitionshilfen (Art. 104a GG a. F. bzw. 104b GG n. F.)

Eine ähnliche konstitutionelle Entwicklungsgeschichte, mit einer weitgehend gleichgelagerten Problematik der Institutionalisierung spezifischer Formen von Mischverwaltung und Mischfinanzierung sowie vergleichbarer verfassungspolitischer Kritik, zeigt sich beim Blick auf das ebenfalls 1969 in die Verfassung einge-

---

außerdem Christian Waldhoff, Mischfinanzierungen in der Bundesstaatsreform, in: Kritische Vierteljahresschrift für Gesetzgebung und Rechtswissenschaft 91 (2008), S. 213–230, hier S. 218.

91 Vgl. auch Oeter, Integration, S. 297, mit weiteren Nachweisen der einschlägigen Literatur in Anm. 217.

92 Vgl. dazu näher Hellermann, Kooperativer Föderalismus, S. 360 f.

93 Vgl. dazu Oeter, Wissenschaft und Föderalismus, S. 31–37.

fügte Instrumentarium der Investitionshilfen. Ursprünglich, mit der Änderung des Grundgesetzes im Rahmen der »Großen Finanzreform«, war dieses Instrument in Art. 104a Abs. 4 GG a. F. geregelt; im Kontext der Föderalismusreform I wurde die Regelung der Investitionshilfen dann in den (neuen) Art. 104b GG verlagert.

Ausgangspunkt war – wie bei den Gemeinschaftsaufgaben – die in den 1950er und 1960er Jahren wildwüchsig entstandene Fonds- und Dotationswirtschaft, bei der der Bund – ohne jegliche Grundlage im Text der Verfassung – den Ländern allerlei Finanzzuschüsse zu von ihm gewünschten Aktivitäten gewährte.[94] Dieses System von Mitfinanzierungen durch den Bund, bei dem der Bund den Ländern und Kommunen finanzielle Mittel zur Aufgabenwahrnehmung zur Verfügung stellte, war von den Ländern politisch nur schwer einzudämmen – die Länder waren angesichts der Drohung des Verlustes der zusätzlichen Finanzmittel letztlich wenig motiviert, sich dieser Form der Einmischung entgegenzustellen. Verfassungsrechtlich blieb die Zulässigkeit derartiger Finanzhilfen ständig umstritten: Sie führten nicht nur zu konstanten Kompetenz- und Kostenverteilungsstreitigkeiten, sondern stellten mittelfristig auch eine Gefahr für die Eigenstaatlichkeit der Länder dar.[95] Letzten Endes hatten beide Seiten ein Interesse an der Verregelung dieses Instrumentariums, was dazu führte, dass 1968 der Regierungsentwurf eines Finanzreformgesetzes[96] den Vorschlag enthielt, in Art. 104a GG – neben weiteren Regelungen – auch eine Finanzierungskompetenz des Bundes »zur Abwehr einer Störung des gesamtwirtschaftlichen Gleichgewichts« und »zur Abwehr von erheblichen Störungen der regionalen Wirtschaftsentwicklung« zu normieren. Bund und Länder verfolgten insoweit allerdings recht unterschiedliche Ziele: Der Bund wollte eine klare verfassungsrechtliche Grundlage für seine »Politik der goldenen Zügel« schaffen, während die Länder – mit Blick auf die mit dem Wuchern immer neuer Finanzhilfen gegebenen Gefahren für die Grundstatik der föderalen Ordnung – an einer Eingrenzung dieser Praxis, im Sinne einer Einhegung des damit verbundenen Gefahrenpotenzials für die institutionelle Architektur des Bundesstaates, interessiert waren.[97] Diese gegenläufigen Interessen

---

94 Vgl. dazu ausführlich Markus Heintzen, Art. 104a Rn. 4, in: Ingo von Münch/Philip Kunig (Hrsg.), Grundgesetz-Kommentar, Bd. 2, München ⁶2012, sowie Johannes Hellermann, Art. 104a Rn. 28, in: Hermann von Mangoldt/Friedrich Klein/Christian Starck, Grundgesetz-Kommentar, hrsg. von Peter M. Huber und Andreas Voßkuhle, Bd. 3, München ⁷2018.

95 Vgl. Kyrill-Alexander Schwarz, Art. 104b Rn. 1, in: Günter Dürig/Roman Herzog/Rupert Scholz (Hrsg.), Grundgesetz. Kommentar, München Stand 100. Ergänzungslieferung 2023.

96 Entwurf eines Gesetzes zur Änderung und Ergänzung des Grundgesetzes (Finanzreformgesetz) vom 30.4.1968, BT-Drs. V/2861, S. 31.

97 Vgl. Schwarz, Art. 104b Rn. 2, in: Dürig/Herzog/Scholz (Hrsg.), Grundgesetz-Kommentar; außerdem Frowein, Gemeinschaftsaufgaben im Bundesstaat, in: VVDStRL 31 (1973), S. 34–38.

führten dazu, dass der Wortlaut der neuen Bestimmung im Gesetzgebungsverfahren hochgradig umstritten war. Der Bundestag verlangte eine generelle Investitionshilfekompetenz »zur Wahrung der Einheitlichkeit der Lebensverhältnisse im Bundesgebiet«, was den Ländern als viel zu weitgehend erschien.[98] Der Bundesrat befürwortete schließlich eine enumerative Aufzählung einzelner Fördermöglichkeiten. Er wandte sich auch gegen die im Regierungsentwurf vorgeschlagene Möglichkeit von ergänzenden Verwaltungsvereinbarungen, denn dem Bund sollte nach einem Scheitern eines zustimmungsbedürftigen Gesetzes nicht mehr der Weg offenstehen, mit einzelnen oder mehreren Landesregierungen entsprechende formlose Verwaltungsvereinbarungen zu treffen.[99] Im Vermittlungsausschuss fand sich dann die Formulierung für die regional- und strukturpolitischen Förderziele, wie sie letztlich Eingang in Art. 104a Abs. 4 Satz 1, 1. und 3. Alt. GG a. F. gefunden hat.[100]

Der neue Art. 104a Abs. 4 GG (a. F.) erlaubte sehr breitgefächert die Gewährung von Finanzhilfen seitens des Bundes in Bereichen, die grundsätzlich in die Verwaltungskompetenz der Länder fallen, soweit diese Hilfen als erforderlich angesehen wurden zur:

– Abwehr einer Störung des gesamtwirtschaftlichen Gleichgewichts oder
– zum Ausgleich unterschiedlicher Wirtschaftskraft im Bundesgebiet oder
– zur Förderung des wirtschaftlichen Wachstums.[101]

Der mit Art. 104a Abs. 4 GG (a. F.) unternommene Versuch, das Hineinreden des Bundes in die Aufgabenerledigung der Länder durch die Gewährung konditionierter Finanzhilfen etwas zu disziplinieren, wurde in der Folge in seinem Grundanliegen auch durch das Bundesverfassungsgericht bestätigt und unterstützt.[102] Von Bedeutung ist hier vor allem die Entscheidung des BVerfG vom 4. März 1975 zur Praxis der Investitionshilfen nach dem Städtebauförderungsgesetz.[103] Auf der Grundlage eines vom Freistaat Bayern gegen das Städtebauförderungsgesetz angestrengten Normenkontrollverfahrens hatte das Gericht den Rahmen für Investitionshilfen nach Art. 104a Abs. 4 GG abgesteckt und die verbreitete Tendenz, diese Norm als pauschale Legitimierung der traditionellen Finanzhilfepraxis des

98 Vgl. Hellermann, Art. 104a Rn. 30, in: von Mangoldt/Klein/Starck, Grundgesetz-Kommentar.
99 Vgl. nur BR-Drs. 14/69, S. 8 f.
100 Vgl. Schwarz, Art. 104b Rn. 2, in: Dürig/Herzog/Scholz (Hrsg.), Grundgesetz-Kommentar.
101 Vgl. ausführlich zur systematischen Stellung des Art. 104a Abs. 4 GG a. F. und zu dessen weiten Förderzwecken Johannes Hellermann, Art. 104a Rn. 99–128, in: Hermann von Mangoldt/Friedrich Klein/Christian Starck (Hrsg.), Grundgesetz-Kommentar, Bd. 3, München ⁵2005.
102 Vgl. Oeter, Integration, S. 338–340.
103 Bundesverfassungsgericht, Urteil v. 4.3.1975, 2 BvF 1/72, BVerfGE 39, 96.

Bundes zu deuten, in ihre Schranken gewiesen. In seinen grundsätzlichen Erwägungen betonte das Verfassungsgericht, die bundesstaatliche Ordnung müsse grundsätzlich sicherstellen, dass Finanzhilfen aus dem Bundeshaushalt an die Länder Ausnahmen blieben und ihre Gewährung rechtlich so geregelt werde, dass sie nicht zum Mittel der Einflussnahme auf die Entscheidungsfreiheit der Gliedstaaten bei der Erfüllung der ihnen obliegenden Aufgaben würden.[104] Die Befugnis aus Art. 104a Abs. 4 GG sei dementsprechend kein Instrument direkter oder indirekter Investitionssteuerung zur Durchsetzung allgemeiner wirtschafts-, währungs-, raumordnungs- oder strukturpolitischer Ziele des Bundes in den Ländern. Außerhalb der Förderziele des Art. 104a Abs. 4 GG ließen diese Bundeszuschüsse eine Einflussnahme aus bundespolitischer Sicht auf die Aufgabenerfüllung der Länder nicht zu.[105] In der Folge müssten alle wesentlichen Vorgaben für die Vergabepraxis daher im Zustimmungsgesetz nach Art. 104a Abs. 4 S. 2 GG oder der entsprechenden Verwaltungsvereinbarung enthalten sein. Der Bund dürfe insoweit die Festlegung wesentlicher Modalitäten der Gewährung weder Verwaltungsvorschriften noch Ermessensentscheidungen eines Bundesministeriums noch gar einer bloßen Verwaltungspraxis überlassen.[106] Mitplanungs-, Mitverwaltungs- und Mitentscheidungsbefugnisse gleich welcher Art im Aufgabenbereich der Länder verstießen gegen das Verbot der sogenannten Mischverwaltung. Bedingungen und Dotationsauflagen finanzieller oder sachlicher Art, die unmittelbar oder mittelbar darauf abzielten, die Planungs- und Gestaltungshoheit der Länder außerhalb der Grenzen des Art. 104a Abs. 4 GG an bundespolitische Interessen oder Absichten zu binden, seien nach dieser Regelung nicht möglich.[107]

Das Bundesverfassungsgericht machte damit den Punkt stark, dass die vom Bund traditionell in Anspruch genommene allgemeine »Programmkompetenz« in Sachen administrativer Feinsteuerung nicht mehr bestehe, sondern die Steuerungsbefugnisse des Bundes durch die einschränkende Formulierung des Art. 104a Abs. 4 GG stark eingeengt worden seien. Dies mag als Indiz für den weiter schwelenden Dissens zwischen Bund und Ländern dienen. Zugleich zeigte sich, dass trotz der verfassungspolitischen Kompromissentscheidung, die parakonstitutionelle Fonds- und Dotationswirtschaft über die Einfügung des Art. 104a Abs. 4 GG a. F. zu verregeln, das Instrumentarium der Finanzhilfen Gegenstand starker Kritik blieb. Von dezidiert föderal orientierten Autoren wurde weiter der Einwand erhoben, dass das nunmehr im Grundgesetz aufgenommene System der Mischverwaltung und der Mischfinanzierung mittelfristig zu einer Beeinträchtigung der Eigenstaatlichkeit der Länder führen werde und Tendenzen einer in-

---

104 BVerfGE 39, 96, 107–109.
105 BVerfGE 39, 96, 111–114.
106 BVerfGE 39, 96, 116–119, 121.
107 BVerfGE 39, 96, 120 f.

effektiven und wenig rationellen Aufgabenbewältigung zeige.[108] Im Gegensatz dazu plädierte die Enquete-Kommission »Verfassungsreform« in ihrem Schlussbericht[109] für eine Beibehaltung der Mischfinanzierung und schlug eine Zusammenführung der Gemeinschaftsaufgaben aus Art. 91a GG a. F. und den Investitionshilfen nach Art. 104a Abs. 4 GG a. F. in einem neuen Art. 104b GG vor.[110] Im verfassungsrechtlichen und -politischen Schrifttum stieß dies nicht durchgängig auf Zustimmung; insbesondere wurde die Befürchtung geäußert, die vorgesehene Mitfinanzierung durch die Länder werde die finanziellen Spielräume von Ländern und Kommunen auf Dauer zu stark beeinträchtigen.[111] Der Blick auf das Instrumentarium der Finanzhilfen änderte sich allerdings mit dem Prozess der deutschen Einigung, in dessen Verlauf sich die Erkenntnis breit machte, dass mit Blick auf das erhebliche wirtschaftliche Gefälle zwischen alten und neuen Bundesländern wohl doch massive Finanzhilfen des Bundes erforderlich seien, um gezielt die teilungsbedingten Nachteile zu kompensieren.[112] Dies führte partiell zu einer Neubewertung des Instruments, was sich in einer Beruhigung der verfassungspolitischen Debatte widerspiegelte.

Doch die traditionelle Kritik war nicht verschwunden, sondern nur vorübergehend zum Schweigen gebracht. Im Kontext der Debatten um eine Reform der föderalen Ordnung lebte die alte Kritik wieder auf – mit den Hauptvorwürfen der Ausbildung einer intransparenten »Mischverwaltung«, eines verstärkten Hineinredens des Bundes in Länderaufgaben und eines Trends zur Entparlamentarisierung der betroffenen Handlungsfelder.[113] Dies führte nach dem Jahr 2000 zu recht breit erhobenen Forderungen, die Kompetenz des Bundes zur Gewährung von Investitionshilfen stärker zu disziplinieren – ein Petitum, das sodann auch

---

108 Vgl. dazu etwa Ulrich Häde, Finanzausgleich: Die Verteilung der Aufgaben, Ausgaben und Einnahmen im Recht der Bundesrepublik Deutschland und der Europäischen Union, Tübingen 1996, S. 122–124; Hellermann, Art. 104a Rn. 30, Art. 104b Rn. 3, in: von Mangoldt/Klein/Starck, Grundgesetz, Bd. 3; Ferdinand Kirchhof, Empfehlen sich Maßnahmen, um in der Finanzverfassung Aufgaben- und Ausgabenverantwortung von Bund, Länder und Gemeinden stärker zusammenzuführen? Gutachten D zum 61. Deutschen Juristentag, München 1996, S. D 43; Ulrike Kirste, Die Finanzhilfen des Bundes an die neuen Länder nach Art. 104a Absatz 4 Grundgesetz, Sinzheim 1995, S. 43; vgl. aber auch schon Peter Selmer, Finanzordnung und Grundgesetz, in: Archiv des öffentlichen Rechts 101 (1976), S. 238–269.
109 BT-Drs. 7/5924, S. 151, 171–175 und 178–181.
110 Vgl. dazu auch Schwarz, Art. 104b Rn. 3, in: Dürig/Herzog/Scholz (Hrsg.), Grundgesetz-Kommentar.
111 Vgl. ausführlich Hans-Günther Henneke, Reform der Aufgaben- und Finanzbeziehungen von Bund, Ländern und Kommunen – in Trippelschritten oder aus einem Guß?, Heidelberg 1999, S. 65–68.
112 Vgl. dazu Hellermann, Art. 104b Rn. 3, in: von Mangoldt/Klein/Starck, Grundgesetz, Bd. 3 – mit weiteren Nachweisen in Anm. 10.
113 Vgl. etwa Häde, Finanzausgleich, S. 122 f.; sowie Hellermann, Art. 104b Rn. 3, in: von Mangoldt/Klein/Starck, Grundgesetz, Bd. 3.

in Teilen die Arbeiten der Bund-Länder-Kommission »zur Modernisierung der bundesstaatlichen Ordnung« prägte.[114] Niederschlag fanden diese Debatten in der Folge in den Ergebnissen der Föderalismusreform I des Jahres 2006.[115] Im Rahmen dieser Verfassungsreform wurde die bisherige Regelung für Investitionshilfen des Bundes in Art. 104a Abs. 4 GG a. F. gestrichen. Die Interessen hinsichtlich einer finanzpolitischen Besitzstandswahrung wurden in der Übergangsvorschrift des Art. 125c GG berücksichtigt: Mit dieser wurde für die bisher von Art. 91a Abs. 2 GG a. F. und 104a Abs. 4 GG a. F. abgedeckten Bereiche eine Folgeregelung getroffen, über die eine partielle Fortgeltung des geltenden Rechts bis zum Jahre 2019 vorgesehen wurde.[116] Die Befugnis zur Gewährung von Finanz- bzw. Investitionshilfen sollte nicht umstandslos entfallen; als Ersatz für den alten Art. 104a Abs. 4 GG wurde vielmehr ein neuer Art. 104b in das Grundgesetz eingefügt. Laut der Begründung des Gesetzentwurfs sollte damit erreicht werden, dass die Finanzhilfen künftig gezielter eingesetzt, zugleich aber auf einen Kernbestand unbedingt notwendiger Hilfen zurückgeführt werden.[117] Prägende Bestandteile der neuen Regelungen waren zum einen eine (deren Anwendungsbereich stark einengende) Bindung der Finanzhilfen an die Gesetzgebungskompetenz des Bundes (so Art. 104b Abs. 1 Satz 1 GG), was Finanzhilfen im Bereich reiner Länderzuständigkeiten ausschloss.[118] Zudem wurden Vorgaben für eine Befristung, Überprüfung und degressive Gestaltung der Investitionshilfen in den Text aufgenommen (Art. 104b Abs. 2 Satz 2 und 3 GG aF, nunmehr Art. 104b Abs. 2 Satz 5 GG)[119] und eine Unterrichtungspflicht (Art. 104b Abs. 3 GG) zugunsten von Bundestag und Bundesrat eingeführt.[120]

Auf Seiten des Bundes war man mit den eingrenzenden Regelungen des neuen Art. 104b GG eher wenig zufrieden und in der Folge um eine erneute Weitung der Befugnis bemüht. Dies gelang dann mit der Föderalismusreform II im

---

114 Vgl. insoweit BT-Drs. 15/1685, 1; BR-Drs. 750/03 (Beschluss), 1.

115 Vgl. Schwarz, Art. 104b Rn. 4, in: Dürig/Herzog/Scholz (Hrsg.), Grundgesetz-Kommentar; Hellermann, Art. 104b Rn. 4, in: von Mangoldt/Klein/Starck, Grundgesetz, Bd. 3.

116 Vgl. als kritische Stimmen insoweit Kyrill-Alexander Schwarz, Der neue Art. 125c GG, in: Christian Starck (Hrsg.), Föderalismusreform. Einführung, München 2007, S. 67–72, hier S. 70–72; Heinrich-Amadeus Wolff, Art. 125c Rn. 4, in: Hermann von Mangoldt/Friedrich Klein/Christian Starck, Grundgesetz-Kommentar, hrsg. von Peter M. Huber und Andreas Voßkuhle, Bd. 3, München ⁷2018.

117 Gesetzentwurf der Fraktionen der CDU/CSU und SPD zur Änderung des Grundgesetzes vom 7.3.2006, BT-Drs. 16/813, S. 19.

118 Vgl. zu den Auswirkungen dieser Eingrenzung im Einzelnen Hellermann, Art. 104b Rn. 44–48, in: von Mangoldt/Klein/Starck, Grundgesetz, Bd. 3

119 Vgl. zu den Regelungen des Art. 104b Abs. 2 S. 5 GG im Detail Schwarz, Art. 104b Rn. 53–56, in: Dürig/Herzog/Scholz (Hrsg.), Grundgesetz-Kommentar, sowie Hellermann, Art. 104b Rn. 66–70, in: von Mangoldt/Klein/Starck, Grundgesetz, Bd. 3.

120 Vgl. insoweit nur Schwarz, Art. 104b Rn. 57–60, in: Dürig/Herzog/Scholz (Hrsg.), Grundgesetz-Kommentar.

Jahr 2009, in der Art. 104b GG einen erweiternden Passus in einem neuen Satz 2 des Absatzes 1 hinzugefügt bekam.[121] Die rigide Beschränkung der Befugnis des Bundes zur Gewährung von Finanzhilfen auf die Bereiche seiner eigenen Gesetzgebungsbefugnisse wurde aufgelockert, denn nach der neuen Fassung kann der Bund nun im Fall von Naturkatastrophen oder außergewöhnlichen Notsituationen, die sich der Kontrolle des Staates entziehen und die staatliche Finanzlage erheblich beeinträchtigen, auch ohne eigene Gesetzgebungsbefugnisse Finanzhilfen gewähren.[122] Absicht dieser Verfassungsänderung war es, dem Bund die Möglichkeit zu geben, die im Interesse der Bewältigung solcher Notsituationen erforderlichen Programme zur Belebung der Investitionstätigkeit der öffentlichen Hand durch unterstützende Investitionshilfen des Bundes anzuschieben, und zwar in allen Investitionsbereichen, in denen dies nötig erscheint.[123] Ziel dieser Verfassungsergänzung war es zunächst, das bereits im Rahmen des Konjunkturpakets II beschlossene und in Kraft getretene Zukunftsinvestitionsgesetz[124] verfassungsrechtlich abzusichern. Darüber hinausgehend hat der verfassungsändernde Gesetzgeber damit im Ergebnis die im Rahmen der Föderalismusreform I 2006 beschlossene materiell-rechtliche Beschränkung entscheidend gelockert und um einen Sondertatbestand ergänzt, der es ihm ermöglicht, in Sondersituationen entsprechende Finanzhilfen auch in Bereichen reiner Länderzuständigkeit zu gewähren.[125]

Damit ist die komplexe Geschichte der Einschränkung und anschließenden Aufweitung der Investitionshilfebefugnisse des Art. 104b GG aber noch nicht zu Ende. Eine erneute Änderung folgte 2017 im Rahmen der Neuregelung der bundesstaatlichen Finanzbeziehungen für die Jahre ab 2020.[126] Durch einen zusätzlich in Art. 104b GG eingefügten Passus wurde zum einen normiert, dass das Bundesgesetz oder die Verwaltungsvereinbarung Bestimmungen über die Ausgestaltung der jeweiligen Länderprogramme zur Verwendung der Finanzhilfen vorsehen kann (Art. 104b Abs. 2 Satz 2 GG n.F.), was die Option der administra-

---

121 Vgl. Schwarz, Art. 104b Rn. 5, in: Dürig/Herzog/Scholz (Hrsg.), Grundgesetz-Kommentar.

122 Vgl. dazu im Detail Hellermann, Art. 104b Rn. 55–61, in: von Mangoldt/Klein/Starck, Grundgesetz, Bd. 3.

123 Vgl. Gesetzentwurf der Fraktionen der CDU/CSU und SPD zum Gesetz zur Änderung des Grundgesetzes vom 24.3.2009, BT-Drs. 16/12410, S. 19.

124 Art. 7 des Gesetzes zur Sicherung von Beschäftigung und Stabilität in Deutschland (Zukunftsinvestitionsgesetz) vom 2.3.2009, BGBl. I, S. 416.

125 Vgl. als kritische Stimme dazu Hellermann, Art. 104b Rn. 5, in: von Mangoldt/Klein/Starck, Grundgesetz, Bd. 3; vgl. aber auch Werner Heun/Alexander Thiele, Art. 104b Rn. 2, in: Horst Dreier (Hrsg.), Grundgesetz-Kommentar, Tübingen ³2018.

126 Gesetz zur Änderung des Grundgesetzes (Art. 90, 91c, 104b, 104c, 107, 108, 109a, 114, 125c, 143d, 143e, 143f, 143 g) vom 13.7.2017, BGBl. I, S. 2347; vgl. dazu auch Hellermann, Art. 104b Rn. 5a, in: von Mangoldt/Klein/Starck, Grundgesetz, Bd. 3; sowie Siekmann, Art. 104b Rn. 45 f., in: Sachs (Hrsg.), Grundgesetz-Kommentar.

tiven Feinsteuerung im Kontext kooperativer »Programmierung« ermöglicht.[127] Die Festlegung der Kriterien für die Ausgestaltung der Länderprogramme hat nach Art. 104b Abs. 2 Satz 3 GG n.F. allerdings im Einvernehmen mit den betroffenen Ländern zu geschehen. Außerdem bestimmt Art. 104b Abs. 2 Satz 4 GG n.F., im Interesse einer Gewährleistung der zweckentsprechenden Mittelverwendung, dass die Bundesregierung Bericht und Vorlage der Akten verlangen und Erhebungen bei allen betroffenen Behörden durchführen kann.[128] Mit dem Gesetz zur Änderung des Grundgesetzes vom 28. März 2019[129] ist Art. 104b Abs. 2 GG zusätzlich um eine Regelung ergänzt worden, wonach die Mittel des Bundes für Investitionen zusätzlich zu den Mitteln der Länder gewährt werden (Satz 5). Dies soll sicherstellen, dass die Finanzmittel des Bundes im jeweils geförderten Investitionsbereich additiv zu den Investitionen des Landes wirken und Bundesmittel nicht lediglich die eigenen Investitionen der Länder ersetzen.[130]

Lässt man die verwickelte Geschichte der verfassungsrechtlichen Regulierung der Finanz- bzw. Investitionshilfen des Bundes Revue passieren, so zeigt sich im Zeitverlauf ein bemerkenswertes Überdauern der Bestrebungen um zunehmende finanzwirtschaftliche Verflechtung von Bund und Ländern, mit entsprechenden Eingriffsbefugnissen des Bundes in Zuständigkeiten der Länder. Allen Unkenrufen – und in Teilen berechtigter Kritik – von Länderseite zum Trotz hat die Befugnis des Bundes zur Gewährung von Investitionshilfen die Anfechtungen überlebt. Um die radikalen Forderungen zur Abschaffung der Investitionshilfekompetenz ist es sehr still geworden. Im Gegenteil: Die aus Sicht des Bundes über das Ziel hinausschießende Eingrenzung der Bundesbefugnisse im Kontext der Föderalismusreform I konnte in nachfolgenden Verfassungsänderungen wieder abgeschwächt werden, ja im Ergebnis nachhaltig geweitet werden. Letztlich ist den Ländern die Erlangung zusätzlicher Finanzmittel wichtiger als die Verteidigung prinzipieller ›roter Linien‹ im Interesse der Sicherung der Statik des bundesstaatlichen Systems – mit dem Ergebnis, dass der offensichtlich unaufhaltsame Drang zur Verflechtung, nach Ausnahmetatbeständen erlaubter Mischverwaltung und Mischfinanzierung, sich Zug um Zug im Text der Verfassung Bahn bricht.

---

127 Vgl. dazu im Detail Hellermann, Art. 104b Rn. 62–65d, in: von Mangoldt/Klein/Starck, Grundgesetz, Bd. 3.

128 Vgl. Hellermann, Art. 104b Rn. 65e, in: von Mangoldt/Klein/Starck, Grundgesetz, Bd. 3.

129 BGBl. I, S. 404.

130 Vgl. insoweit Schwarz, Art. 104b Rn. 50–52, in: Dürig/Herzog/Scholz (Hrsg.), Grundgesetz-Kommentar.

5. Epilog: Föderalismusreformen der vergangenen zwei Jahrzehnte

Der Prozess der Wiedervereinigung ab 1990 löste eine Welle von Aktivitäten des Bundes aus, die zu einer starken Zunahme der Verflechtung zwischen Bund und Ländern führten. Besonders markant war dieser Trend im Bereich der Finanz- bzw. Investitionshilfen, wo der Bund mit dem »Investitionsförderungsgesetz Aufbau Ost«[131] ein riesiges Programm zum Ausgleich der geringen Finanzkraft der neuen Länder auflegte. Ab 1995 flossen daraus Bundeshilfen für strukturverbessernde Investitionen in den neuen Ländern in Höhe von jährlich etwa 6,6 Mrd. DM.[132] Dieser neue Schub an Aufgaben- und Finanzverflechtung zwischen Bund und Ländern befeuerte dann auch die – vor 1990 schon lautstark geäußerte – Kritik an der zunehmenden »Überverflechtung«: eine Kritik, die an das Paradigma der »organisierten Verantwortungslosigkeit« anknüpfte, das seinerseits in Anlehnung an das in den 1970er Jahren von Fritz Scharpf geprägte Theorem der »Politikverflechtungsfalle« entstanden war. Nach gut zehn Jahren politisch weitgehend unumstrittener Bemühungen um den »Aufbau Ost« machte sich bei den Ländern zunehmend Ernüchterung breit, und Forderungen nach einer dezidierten Entflechtung der Aufgaben von Bund und Ländern wurden laut. Ein erster Anlauf zu einer grundlegenden Reform erfolgte dann mit der Bund-Länder-Kommission »zur Modernisierung der bundesstaatlichen Ordnung«, die in einem langwierigen und komplexen Beratungsprozess einen Konsens zu finden suchte – letztlich ohne Ergebnis, da Bund und Länder sich in der Folge über die Kompetenzverteilung im Bereich der Bildungspolitik zerstritten.[133] Die Beratungen waren damit im Ergebnis zunächst einmal gescheitert.

Der nächste Anlauf in den Jahren 2005/06 führte allerdings mit der sogenannten Föderalismusreform I zu ersten Ergebnissen.[134] Im Nachhinein wird

---

131 Gesetz zum Ausgleich unterschiedlicher Wirtschaftskraft und zur Förderung des wirtschaftlichen Wachstums in den neuen Ländern (Art. 35 des FKPG) v. 23.6.1993, BGBl. I, S. 944, 982.

132 Vgl. dazu auch Hellermann, Art. 104b Rn. 13, in: von Mangoldt/Klein/Starck, Grundgesetz, Bd. 3.

133 Vgl. insoweit Hans Meyer, Die Föderalismusreform 2006: Konzeption, Kommentar, Kritik, Berlin 2008, S. 22–36, ferner Fritz W. Scharpf, Föderalismusreform. Kein Ausweg aus der Politikverflechtungsfalle?, Frankfurt a. M. 2009, S. 101–103; und Stefan Oeter, Art. 72 Rn. 47, in: Hermann von Mangoldt/Friedrich Klein/Christian Starck, Grundgesetz-Kommentar, hrsg. von Peter M. Huber und Andreas Voßkuhle, Bd. 2, München ⁷2018.

134 Vgl. zusammenfassend zu den Beratungen und Ergebnissen der Föderalismusreform I die beiden Bücher von Hans Meyer, Föderalismusreform 2006, S. 42–53, 106–382, und Fritz Scharpf, Föderalismusreform, S. 169–115, 117–160, ferner die Sammelbände von Christian Starck (Hrsg.), Föderalismusreform, München 2007; Rainer Holtschneider/Walter Schön (Hrsg.), Die Reform des Bundesstaates. Beiträge zur Arbeit der Kommission zur Modernisierung der

man sagen können, dass die Versuche zur Entflechtung nicht gerade zu grund-stürzenden Änderungen führten. Mit Blick auf die Gemeinschaftsaufgaben und die Investitionshilfen wurde auf die Föderalismusreform I oben schon eingegangen, mit dem Befund eines dezidierten Versuches der Straffung und Einhegung dieser Instrumente erlaubter Mischverwaltung und Mischfinanzierung. Zentrale Elemente der 2006 vorgenommenen Eingrenzungen wurden in späteren Runden von Verfassungsänderungen jedoch wieder modifiziert, was die Ergebnisse der Föderalismusreform I in einer Gesamtschau nicht unbedingt als nachhaltige Veränderungen in der verfassungsrechtlichen Architektur der bundesstaatlichen Ordnung erscheinen lässt. Vergleichbare Befunde zeigen sich auch beim Blick auf die anderen Hauptlinien der (versuchten) Entflechtung.[135] Eine wichtige Arena der Trennung der Zuständigkeitsbereiche war die Verteilung der Gesetzgebungs-kompetenzen.[136] Die alte Kategorie der Rahmengesetzgebung wurde ganz abge-schafft, weil das mehrstufige Zusammenwirken von Bund und Ländern in der gesetzlichen Programmierung bestimmter Sachbereiche als zu komplex und lang-wierig (und letztlich auch unfallgefährdet) angesehen wurde.[137] Ein Großteil der Kompetenztitel des alten Art. 75 GG wurde in den Katalog des Art. 74 GG hi-neingeschoben, also den langen Katalog der Materien der konkurrierenden Ge-setzgebung, was dem Bund nun die Vollregelung dieser Materien erlaubt.[138] Im Gegenzug wurde eine Reihe von Kompetenztiteln der konkurrierenden Gesetzge-bungszuständigkeit gestrichen und damit der alleinigen Zuständigkeit der Länder überlassen[139] – zum Teil durch schlichte Streichung einzelner Titel im Katalog des Art. 74 GG, teilweise auch durch ausklammernde Zusätze, die einzelne Submate-rien aus der konkurrierenden Zuständigkeit des Bundes herausnahmen (wie etwa die Ausklammerung der Bereiche »Recht des Ladenschlusses, der Gaststätten, der

---

bundesstaatlichen Ordnung 2003/2004 und bis zum Abschluss des Gesetzgebungsverfahrens 2006, Baden-Baden 2007; Julia Blumenthal/Stephan Bröchler (Hrsg.), Föderalismusreform in Deutschland: Bilanz und Perspektiven im internationalen Vergleich, Wiesbaden 2010.

135 Vgl. auch die Bilanz von Hans Meyer, Föderalismusreform: Wie reformfähig ist unser System?, Berlin 2008, S. 24–39.

136 Vgl. dazu den Sammelband von Markus Heintzen/Arnd Uhle (Hrsg.), Neuere Entwicklungen im Kompetenzrecht: zur Verteilung der Gesetzgebungszuständigkeiten zwischen Bund und Ländern nach der Föderalismusreform, Berlin 2014.

137 Vgl. Hans-Peter Schneider, Der neue deutsche Bundesstaat: Bericht über die Umsetzung der Föderalismusreform I, Baden-Baden 2013, S. 133–138.

138 Vgl. dazu im Detail Stefan Oeter, Die von der Föderalismusreform tangierten Sachberei-che der konkurrierenden Gesetzgebungskompetenz im Einzelnen, in: Markus Heintzen/ Arnd Uhle (Hrsg.), Neuere Entwicklungen im Kompetenzrecht, Berlin 2014, S. 159–188, hier S. 165–178, sowie Katrin Gerstenberg, Zu den Gesetzgebungs- und Verwaltungskompetenzen nach der Föderalismusreform, Berlin 2009, S. 189–211.

139 Vgl. dazu Stefan Oeter, Neustrukturierung der konkurrierenden Gesetzgebungskompetenz, Veränderung der Gesetzgebungskompetenz des Bundes, in: Christian Starck (Hrsg.), Föderalismusreform, München 2007, S. 9–40, hier S. 33–38.

Spielhallen, der Schaustellung von Personen, der Messen, der Ausstellungen und der Märkte« aus der Zuständigkeit des Bundes für das »Recht der Wirtschaft«, Art. 74 Abs. 1 Nr. 11 GG). Die meisten dieser (an die Länder zurückübertragenen) Gesetzgebungsmaterien waren allerdings von so geringer politischer Bedeutung, das bis heute (gut 15 Jahre nach der Föderalismusreform I) viele Länder noch keinen eigenständigen Gebrauch von dieser Zuständigkeit gemacht haben, was nach den Übergangsvorschriften das alte Bundesgesetz bis auf Weiteres in Kraft bleiben lässt.[140] Vielleicht am wichtigsten von all den Verschiebungen konkreter Kompetenztitel war die prinzipielle Rückübertragung der Zuständigkeit für das öffentliche Dienstrecht der Beamten und Angestellten der Länder und Kommunen, was den Ländern nun eine eigenständige Dienstrechtspolitik (einschließlich der Besoldung) erlaubt.[141] Die geänderte Formulierung der Erforderlichkeitsklausel des Art. 72 Abs. 2 GG hat sich im Ergebnis als wenig wirksam erwiesen[142], ebenso die Schaffung der sogenannten »Abweichungsrechte« gem. Art. 72 Abs. 3 GG für bestimmte Materien der konkurrierenden Gesetzgebung.[143]

Wohl noch am weitreichendsten in den Wirkungen war die Eindämmung der Tatbestände, die im Kontext des Erlasses von Bundesgesetzen zur Zustimmungsbedürftigkeit von Gesetzen führen.[144] Am wichtigsten war dabei die Neurege-

---

140 Vgl. hierzu Iris Reus, Föderale Politikgestaltung im reformierten unitarischen Bundesstaat: Analyse der Landesgesetzgebung nach der Föderalismusreform I, Diss. Heidelberg 2021, S. 73–79; Fabian Leber, Landesgesetzgebung im neuen Bundesstaat: Handlungsmuster landespolitischer Akteure nach der Föderalismusreform 2006, Baden-Baden 2014, S. 93–290; Schneider, Der neue deutsche Bundesstaat, S. 184–574.

141 Vgl. Peter M. Huber/Arnd Uhle, Die Sachbereiche der Landesgesetzgebung nach der Föderalismusreform. Anmerkungen zur Verfassungsreform von 2006 und zu neueren Entwicklungen im Recht der Gesetzgebungsbefugnisse der Länder, in: Markus Heintzen/Arnd Uhle (Hrsg.), Neuere Entwicklungen im Kompetenzrecht, Berlin 2014, S. 83–158, hier S. 91–96; außerdem eingehend Julia Tews, Auswirkungen der Föderalismusreform auf das öffentliche Dienstrecht, Hamburg 2021, S. 32–48, 83–132.

142 Vgl. Joachim Stünker, Zur Entwicklung der Neufassung von Artikel 72 Abs. 2 GG (Erforderlichkeitsklausel) und Artikel 72 Abs. 3 GG (Abweichungsrechte), in: Rainer Holtschneider/Walter Schön (Hrsg.), Die Reform des Bundesstaates, Baden-Baden 2007, S. 91–103; ferner Oeter, Neustrukturierung der konkurrierenden Gesetzgebungskompetenz, S. 11–14; und Gerstenberg, Zu den Gesetzgebungs- und Verwaltungskompetenzen nach der Föderalismusreform, S. 217–234.

143 Vgl. Christoph Degenhart, Die Charakteristika der konkurrierenden Gesetzgebung des Bundes nach der Föderalismusreform, in: Markus Heintzen/Arnd Uhle (Hrsg.), Neuere Entwicklungen im Kompetenzrecht, Berlin 2014, S. 65–79, hier S. 72–79; außerdem Gerstenberg, Zu den Gesetzgebungs- und Verwaltungskompetenzen nach der Föderalismusreform, S. 241–269.

144 Vgl. dazu im Detail Hans-Heinrich Trute, Verwaltungskompetenzen und Art. 33 Abs. 5, in: Christian Starck (Hrsg.), Föderalismusreform, München 2007, S. 73–94, hier S. 74–89; vgl. ferner Norbert Röttgen/Henner Jörg Boehl, Abweichung statt Zustimmung. Die Re-Adjustierung des Verhältnisses von Bundestag und Bundesrat durch Änderung des Artikels 84 GG,

lung der Möglichkeit des Bundesgesetzgebers, Behördenaufbau und Verfahren im Rahmen des landeseigenen Vollzugs von Bundesgesetzen zu normieren, die traditionell einer der Hauptgründe für Zustimmungsbedürftigkeit gewesen war.[145] Zu erkennen ist hier eine Flucht in überkomplexe Normierungen, mit grundsätzlichem Abweichungsrecht der Länder und ausnahmsweise dann doch eintretender Zustimmungsbedürftigkeit, will der Bundesgesetzgeber zwingende Vorgaben für Behördenaufbau und Verfahren erlassen.[146] Auch eine Reihe anderer Zustimmungstatbestände wurden modifiziert – mit dem Ergebnis, dass wohl tatsächlich die Quote der zustimmungsbedürftigen Gesetze gesunken ist.[147] Angesichts der zunehmend komplexen und sich überkreuzenden Koalitionskonstellation auf Landesebene, in Kombination mit den gängigen Enthaltungsklauseln in Koalitionsverträgen für den Fall der Uneinigkeit zwischen den Koalitionspartnern, ist dies als Schritt der Entflechtung nicht gering zu schätzen.

Einzelne der Änderungen, die aus der Föderalismusreform I resultierten, hatten auch Implikationen für die Finanzverfassung. Hierzu gehören etwa die Stärkung des »Konnexitätsprinzips« im Blick auf Kostenfolgen von Bundesgesetzen gem. Art. 104a Abs. 3 und Abs. 4 GG[148] oder die oben schon behandelte (eingrenzende) Neuregelung der Investitionshilfen des Bundes in Art. 104b GG. In den Grundzügen sparte man allerdings 2006 den Versuch einer durchgreifenden Entflechtung der finanzwirtschaftlichen Verbundstrukturen für eine zweite Stufe der Föderalismusreform auf. Diese erfolgte wenige Jahre später mit der sogenannten Föderalismusreform II von 2009.[149] Die verfassungspolitische Ambition eines entscheidenden Schrittes hin zu einer stärkeren Trennung der finanzwirt-

---

in: Rainer Holtschneider/Walter Schön (Hrsg.), Die Reform des Bundesstaates, Baden-Baden 2007, S. 17–35; und Katharina Selg, Die Mitwirkung des Bundesrates bei der Gesetzgebung des Bundes: eine Untersuchung im Kontext der Föderalismusreform 2006, Frankfurt a. M. 2009, S. 53–70.

145 Vgl. dazu auch schon Oeter, Integration, S. 469–471.

146 Vgl. zu den Details dieser neuen Regelungen Hans-Heinrich Trute, Art. 84 Rn. 18–50, in: Hermann von Mangoldt/Friedrich Klein/Christian Starck, Grundgesetz-Kommentar, hrsg. von Peter M. Huber und Andreas Voßkuhle, Bd. 2, München [7]2018; sowie Gerstenberg, Zu den Gesetzgebungs- und Verwaltungskompetenzen nach der Föderalismusreform, S. 275–287; und Selg, Mitwirkung des Bundesrates, S. 119–170.

147 Vgl. – mit eher skeptischem Unterton zur realen Eindämmung der Zustimmungsbedürftigkeit – Trute, Art. 84 Rn. 3, in: von Mangoldt/Klein/Starck, Grundgesetz-Kommentar, Bd. 2.

148 Vgl. im Detail Johannes Hellermann, Bundesstaatliche Lastenverteilung (Art. 104a, 104b), in: Christian Starck (Hrsg.), Föderalismusreform, München 2007, S. 145–164, hier S. 148–153, ferner Rainer Holtschneider, Zu den Kostenfolgen von Bundesgesetzen (einschl. der Geldleistungsgesetze) gemäß Artikel 104 a Abs. 3 und Abs. 4 GG, in: Rainer Holtschneider/Walter Schön (Hrsg.), Die Reform des Bundesstaates, Baden-Baden 2007, S. 53–72.

149 Vgl. zur Föderalismusreform II und deren Problemfeldern Horst Risse, Föderalismusreform II – Stand der Verhandlungen: Konsens- und Problemfelder, in: Ralf Thomas Baus/Henrik Scheller/Rudolf Hrbek (Hrsg.), Der deutsche Föderalismus 2020: die bundesstaatliche Kom-

schaftlichen Verantwortlichkeiten von Bund und Ländern schrumpfte allerdings im Rahmen des Verhandlungsprozesses immer weiter zusammen. Letztlich legte man den Schwerpunkt der mit dieser zweiten Reformstufe bewirkten Änderungen stark auf die Problematik der Staatsschulden.[150] Zwar wurden einzelne Detailänderungen jenseits der Schuldenfrage vorgenommen, wie die Änderungen zur Grunderwerbsteuer, die Änderungen der auf den Kraftfahrzeugverkehr bezogenen Verkehrssteuern oder die Neuregelung zu Haftungsfragen im Kontext der Europäischen Union – doch in einer Gesamtbilanz waren dies eher Regelungen von untergeordneter Bedeutung.[151] Andere Änderungen hatten durchaus konkrete Wirkungen (wie die Neuregelungen der Art. 106b, 143c und 143d), doch musste für diese Änderungen ein politischer Preis gezahlt werden, der ihre Wirkung für die Gesamtstatik des föderalen Systems mehr oder weniger neutralisiert.[152] Überhaupt nicht angetastet wurde der mit der »Großen Finanzreform« von 1969 geschaffene Steuerverbund, die eine stärkere finanzwirtschaftliche Eigenständigkeit der Länder verhindert.[153] In einer Vogelschau wird man konstatieren müssen, dass mehrheitlich eine Abkehr vom sozialstaatlich motivierten »Unitarismus« nicht ernsthaft gewollt war.[154]

Die Praxis des deutschen Föderalismus zeigt damit ein starkes Übergewicht der Verflechtungszwänge und ein immer neues Bestreben um Vereinheitlichung der Rechts- und Wirtschaftsverhältnisse unter der Vorherrschaft des Bundes – und das weitgehende Fehlen jeglichen politischen Willens, an dieser Konstellation etwas zu ändern. Schlagendes Beispiel dafür ist die schon erwähnte »Neuregelung der bundesstaatlichen Finanzverfassung« vom Juli 2017, mit der etwa die Finanzhilfen nach Art. 104b GG wieder der administrativen Feinsteuerung des Bundes

petenz- und Finanzverteilung im Spiegel der Föderalismusreform I und II, Baden-Baden 2009, S. 67–71.

150 Vgl. Markus Heintzen, Vorb Art. 104a–115 Rn. 40, in: Ingo von Münch/Philip Kunig (Hrsg.), Grundgesetz-Kommentar, Bd. 2, München ⁶2012, sowie Daniel Buscher, Der Bundesstaat in Zeiten der Finanzkrise: ein Beitrag zur Reform der deutschen Finanz- und Haushaltsordnung (Föderalismusreform), Berlin 2010, S. 284 f.; vgl. außerdem im Detail Johannes Falter, Die Schuldenbremse des Grundgesetzes und ihre Umsetzung in den Ländern: ein Beitrag zum föderalen Staatsschuldenrecht nach der Föderalismusreform II, Berlin 2021, S. 48–67.

151 So auch Heintzen, Vorb Art. 104a–115 Rn. 40, in: von Münch/Kunig (Hrsg.), Grundgesetz-Kommentar, Bd. 2.

152 Vgl. Heintzen, Vorb Art. 104a–115 Rn. 40, in: von Münch/Kunig (Hrsg.), Grundgesetz-Kommentar, Bd. 2.

153 Vgl. dazu im Einzelnen Clemens Fuest/Michael Thöne, § 37 Der Finanzföderalismus in Deutschland und seine Reform, in: Ines Härtel (Hrsg.), Handbuch Föderalismus. Föderalismus als demokratische Rechtsordnung und Rechtskultur in Deutschland, Europa und der Welt, Bd. II, Berlin/Heidelberg 2012, S. 265–321.

154 Siehe auch Hans-Günter Henneke, Bundesstaat und kommunale Selbstverwaltung nach den Föderalismusreformen, Wiesbaden 2009, S. 98–102, ferner Heintzen, Vorb Art. 104a–115 Rn. 40, in: von Münch/Kunig (Hrsg.), Grundgesetz-Kommentar, Bd. 2.

über kooperative Programmierung unterstellt wurden. Insgesamt ist die komplexe Form der »Echternacher Springprozession«, als die sich die Eingrenzung und dann wieder Weitung der Bundeskompetenz zur Gewährung von Finanzhilfen nach Art. 104b GG beschreiben lässt, ein Paradebeispiel für das Funktionieren des deutschen »kooperativen Föderalismus«, wie er sich als System institutioneller Politikverflechtung über die nun gut sieben Jahrzehnte der Verfassungsentwicklung der Bundesrepublik entwickelt hat.

Insgesamt lässt sich ein enormes Beharrungsvermögen der Mechanismen der »Politikverflechtung« konstatieren.[155] Das bundesstaatliche System erweist sich, das sollte die detailreiche Schilderung der verschiedenen Wellen von Reformbemühungen in diesem Beitrag gezeigt haben, als nahezu immun gegen immer neue Anläufe von Föderalismusreformen.[156] Im Gegenteil gewinnen, wenn es denn einmal politisch ernst wird mit Reformläufen, im Zweifel immer die auf Unitarisierung orientierten Stimmen die Oberhand. Die Beispiele dafür sind Legion – man denke nur an die einschlägigen Phänomene der jüngeren Zeit wie den Digitalpakt, den Hochschulpakt, die Beteiligung des Bundes an der Flüchtlingshilfe oder jetzt den »Green Deal« und seine Entsprechungen in der deutschen Klimaschutzpolitik. Jedes Großthema der Politik führt zu erneuten Kooperationsbemühungen zwischen Bund und Ländern, stärkt mithin die Strukturen des »kooperativen Föderalismus«. Ein Ausweg aus dieser Dynamik fortschreitender Verflechtung ist offenbar kaum noch zu finden.

---

155 Vgl. Fritz W. Scharpf, Föderalismusreform: kein Ausweg aus der Politikverflechtungsfalle?, Frankfurt a. M./New York 2009, S. 119–159; vgl. außerdem Julia von Blumenthal, Im Zweifel für die Einheit(lichkeit)? Determinanten landespolitischer Entscheidungen, in: dies./Stephan Bröchler (Hrsg.), Föderalismusreform in Deutschland: Bilanz und Perspektiven im internationalen Vergleich, Wiesbaden 2010, S. 177–196.

156 Vgl. auch Charles B. Blankart/Erik R. Fasten, Die Mär von der Föderalismus-Reform in Deutschland, in: Ralf Thomas Baus/Henrik Scheller/Rudolf Hrbek (Hrsg.), Der deutsche Föderalismus 2020: die bundesstaatliche Kompetenz- und Finanzverteilung im Spiegel der Föderalismusreform I und I, Baden-Baden 2009, S. 87–95; ferner Fritz W. Scharpf, Verfassungsreform mit Vetospielern, in: Margrit Seckelmann/Stefan Lange/Thomas Horstmann (Hrsg.), Die Gemeinschaftsaufgaben von Bund und Ländern in der Wissenschafts- und Bildungspolitik, Baden-Baden 2010, S. 23–36.

Der deutsche Föderalismus unter dem Einfluss der europäischen Integration

Jonas Becker und Guido Thiemeyer

Das seit dem 19. Jahrhundert gewachsene und in der Zeit des Nationalsozialismus zerstörte System des deutschen Föderalismus wurde mit dem Grundgesetz vom 23. Mai 1949 wiederhergestellt und die Bundesrepublik Deutschland als Föderalstaat konstituiert. Das entsprach einerseits der deutschen Tradition, andererseits auch den alliierten Interessen, die eine zentralstaatliche Machtballung in der Mitte Europas verhindern wollten. Allerdings sah das Grundgesetz in Art. 24 (1) vor, dass der Bund Hoheitsrechte an internationale Organisationen übertragen konnte. Hieraus entstand ein grundsätzliches Problem für die Länder. Wenn der Bund im Rahmen der europäischen Integration in einem konkreten Politikfeld Hoheitsrechte an eine europäische Organisation übertrug, entzog er den Ländern gleichzeitig ihre über den Bundesrat zugesicherten Mitwirkungsrechte oder sogar exklusive Kompetenzen in diesem Politikfeld. Dieses Problem trat erstmals zu Beginn der 1950er Jahre auf, als über den Plan des französischen Außenministers Robert Schuman für eine Europäische Gemeinschaft für Kohle und Stahl verhandelt wurde. Schuman hatte vorgeschlagen, die Kompetenzen in Bezug auf dieses Politikfeld von den Mitgliedsstaaten auf eine »Hohe Behörde« zu übertragen. Es waren vor allem die Landes- bzw. Staatsregierungen von Nordrhein-Westfalen und Bayern, die nachdrücklich auf die hiermit verbundenen Probleme für den deutschen Föderalismus hinwiesen. Der nordrhein-westfälische Ministerpräsident Karl Arnold erklärte in der Sitzung des Bundesrates vom 27. Juni 1951:

»Wenn der Bund die verbrieften Rechte der Länder [...] beschneidet und sich dann selbst an die Stelle der Länder setzt, dann scheint mir der Vorgang dem Sinn und Wortlaut der Art. 79 und 50 GG zuwider zu laufen. Die Länder nehmen dann praktisch nicht mehr an der Gesetzgebung teil und es macht nach meiner Ansicht keinen Unterschied, dass die Tätigkeit der Europäischen Gemeinschaft als Teilbundesstaat sich nicht so klar in exekutive und legislative Funktionen aufteilen lässt. Auch das Argument, dass der Bund exklusiv für die auswärtige Politik zuständig ist, kann nicht zur Rechtfertigung einer Liquidierung der Länder angeführt werden.«[1]

---

1 Bundesrat, Stenographischer Bericht, 61. Sitzung, 27.6.1951, S. 446.

Nordrhein-Westfalen war aufgrund seiner Wirtschaftsstruktur in besonderem Maße von der europäischen Integration im Montansektor betroffen, der bayerischen Regierung ging es um die Grundsatzfragen des Föderalismus. Jedenfalls war das der Beginn einer Debatte um den deutschen Föderalismus und die europäische Integration, die in den 1980er Jahren ihren Höhepunkt erreichte und mit der Novellierung des durch die Wiedervereinigung obsolet gewordenen Art. 23 GG 1992 ihren vorläufigen Abschluss fand.

Im Folgenden wird in zwei Schritten vorgegangen. Zunächst sollen die Reaktionen der Länder auf die europäische Integration zwischen 1950 und 1980 in den Blick genommen werden. Ein zweiter Teil wird sich auf die 1980er Jahre konzentrieren, in denen die Länder verschiedene institutionelle Maßnahmen ergriffen, um ihre Handlungsfähigkeit im Zuge der immer intensiver werdenden europäischen Integration zu erhalten.

I.

Die Länder reagierten auf die europäische Integration und die dazugehörigen Folgen für den deutschen Föderalismus auf unterschiedliche Weise:

Zum einen versuchten sie im Rahmen des Bundesrates neue Institutionen zu schaffen, die ihnen Mitspracherechte im Bereich der Europapolitik garantierten. Der nordrhein-westfälische Ministerpräsident Fritz Steinhoff (SPD) schlug im April 1957 vor, im Bundesrat einen Ausschuss von Ländervertretern zu schaffen, der als zentrale Anlaufstelle für europapolitische Entscheidungsfindungen dienen sollte.[2] Eine solche Einrichtung hätte den Ländern großen Einfluss auf die deutsche Europapolitik eröffnet. Entsprechend ablehnend positionierte sich die Bundesregierung zu Steinhoffs Initiative. Selbst einige Länder waren dagegen.[3] Denn der Vorschlag war mit weitergehenden Problemen behaftet, nicht nur, weil es schwierig war, zu allen europapolitischen Fragen stets eine einheitliche Position der Länder zu formulieren, sondern auch, weil die Verhandlungen des Bundesrates öffentlich waren. Das hätte bedeutet, dass die deutsche Europapolitik im Gegensatz zu derjenigen der anderen EWG-Staaten in der Öffentlichkeit diskutiert worden wäre, was die deutschen Protagonisten als nachteilig empfanden. Zweitens versuchten die Länder, direkt mit dem Bund zu einer Übereinkunft über ihre

---

2 Landesarchiv Nordrhein-Westfalen, Abt. Rheinland (Duisburg) (künftig LAV NRW), NW 708, Nr. 80, Fernschreiben an die Ministerpräsidenten der Länder, betr. Vertrag zur Gründung der Europäischen Wirtschaftsgemeinschaft, 5.4.1957.

3 Vgl. das Antwortschreiben auf Steinhoffs Schreiben aus der Kieler Staatskanzlei, LAV NRW, NW 708, Nr. 80, Schleswig-Holsteinische Staatskanzlei an NRW-Staatskanzlei, 2.5.1957.

Beteiligung an der Europapolitik zu kommen. Das Ergebnis der Verhandlungen war das sogenannte »Lindauer Abkommen« vom Oktober 1957. Darin hieß es an entscheidender Stelle: »Soweit völkerrechtliche Verträge auf den Gebieten der ausschließlichen Zuständigkeit der Länder eine Verpflichtung des Bundes oder der Länder begründen sollen, soll das Einverständnis der Länder herbeigeführt werden.«[4] Damit hatten die Länder aus ihrer Sicht zwar eine politische Zusage der Bundesregierung für ihre Beteiligung an dem Abschluss völkerrechtlicher Verträge erreicht, eine rechtliche Verpflichtung des Bundes allerdings blieb aus.[5] Ein dritter Ansatz zielte darauf, den Einfluss der Länder über das Europäische Parlament zu stärken. Die Bundesrepublik entsandte in die Versammlung Parlamentarier des Bundestages. Der Hamburger Bürgermeister Kurt Sieveking (SPD) forderte, auch Delegierte des Bundesrates nach Straßburg zu entsenden.[6] Doch auch dies war problematisch, weil die Delegierten der Länder im Bundesrat in der Regel Mitglieder der Landesregierungen waren, die kaum Zeit hatten, zusätzlich ein Mandat im Europäischen Parlament zu übernehmen. Zudem waren die Rechte des Parlamentes im Institutionengefüge der EWG bis in die 1980er Jahre hinein sehr begrenzt. Daneben sperrte sich aber auch der Bundestag vehement gegen eine Entsendung von Delegierten aus dem Bundesrat.[7] Wichtiger wurde schließlich ein vierter Ansatz. Die Länder Baden-Württemberg und Bayern schlugen vor, einen Beobachter der Länder bei der EWG einzusetzen, der diese regelmäßig über die Vorgänge auf europäischer Ebene unterrichten sollte. Der 1958 eingesetzte »Beobachter der Länder bei den Europäischen Gemeinschaften« nahm seinen Sitz in der Vertretung des Landes Baden-Württemberg in Bonn. Er erhielt seine Informationen zum einen über das seit 1958 für EWG-Fragen zuständige Bundeswirtschaftsministerium, nahm aber auch selbst an den Sitzungen des Ministerrates, der ständigen Vertreter (COREPER) und an den Arbeitsgruppen zu konkreten Fragen in Brüssel als Mitglied der deutschen Delegation teil.[8] Der Länderbeob-

---

4 LAV NRW, NW 708, Nr. 80, Beschlüsse der Konferenz der Staatskanzleien in Lindau, 23.–25.10.1957.

5 Zumal die Meinungen darüber auseinander gingen, ob das Lindauer Abkommen überhaupt auf die Europapolitik des Bundes anwendbar war. Vgl. dazu: Rudolf Morawitz/Wilhelm Kaiser, Die Zusammenarbeit von Bund und Ländern bei Vorhaben der Europäischen Union, Bonn 1994, S. 48–51; außerdem: Hans Eberhard Birke, Die deutschen Bundesländer in den Europäischen Gemeinschaften, Berlin 1973, S. 60–62.

6 LAV NRW, NW 708, Nr. 82, Vermerk, betr. Besprechung der Regierungschefs und Länderminister über die Behandlung der Stellungnahme des Bundesrates zum Gemeinsamen Markt im Sonderausschuss des Bundestages, 21.6.1957.

7 Vgl. Peter Mehl, Die Europa-Kommission des Deutschen Bundestages. Eine neue Einrichtung interparlamentarischer Zusammenarbeit, Kehl am Rhein u. a. 1987, S. 20–31.

8 Vgl. dazu Fritz Stöger, Aufgaben und Tätigkeit des Beobachters der Länder bei den Europäischen Gemeinschaften, in: Siegfried Magiera (Hrsg.), Bundesländer und Europäische Gemeinschaft. Vorträge und Diskussionsbeiträge der Verwaltungswissenschaftlichen Arbeits-

achter entwickelte sich zum wichtigsten Informationsinstrument der Länder für die politischen Prozesse in der Europapolitik. Doch auch diesem Instrument waren Grenzen gesetzt: So lieferte der Beobachter zwar wichtige Informationen an die Länder, er konnte jedoch auf die nationale oder europäische Ebene keinen unmittelbaren Einfluss nehmen. Die Landesregierungen wurden zwar über die Vorgänge auf europäischer Ebene informiert, konnten aber ihre Interessen nicht einbringen.[9] Zudem war der Länderbeobachter bei den Europäischen Gemeinschaften bis 1988 keine Rechtspersönlichkeit.[10] Er blieb aus der Sicht des Bundes nur politisch geduldet. Zwar akzeptierte man in der Bundesregierung, vor allem im Bundeswirtschaftsministerium, seine Existenz, die Länder hatten aber keinen Anspruch darauf, dass er in den europapolitischen Aushandlungsprozessen einbezogen wurde. Schließlich entstand auch für den Länderbeobachter jenes Problem, das schon dem EWG-Ausschuss im Bundesrat bekannt war: Die Informationen aus den Europäischen Gemeinschaften führten zu einer wahren Informationsflut, die für ein einzelnes Büro kaum zu bewältigen war. Schon 1960 wurde deshalb dem Länderbeobachter ein Stellvertreter zur Seite gestellt, später ein weiterer nebenamtlicher Stellvertreter.[11] Das Grundproblem des deutschen föderalen Systems allerdings, die Tendenz zu einer schleichenden Entmachtung der Länder durch die europäische Integrationspolitik, blieb bestehen. Insgesamt kann daher festgehalten werden, dass auch in den 1960er Jahren die Versuche der Länder scheiterten, den durch die supranationale europäische Integration drohenden Kompetenzverlust durch strukturelle Reformen des Bundesrates zu verhindern. Das führte dazu, dass die Länder nun mehr und mehr neue, informelle Strukturen schufen, um einerseits Informationen über die Politik auf der supranationalen Ebene zu erlangen und andererseits dort Einfluss im Sinne ihrer Interessen zu nehmen. Langsam entwickelte sich so ein Netz informeller Strukturen zwischen den einzelnen Ländern und der EWG, das von beiden Seiten gepflegt wurde.[12] Hierzu gehörten seit den 1960er Jahren beispielsweise Besuche von Landesminis-

---

tagung 1987 des Forschungsinstituts für Öffentliche Verwaltung bei der Hochschule für Verwaltungswissenschaften Speyer, Berlin (West) 1988, S. 101–120, hier S. 102–106.

9 Ebenda, S. 114. Stöger betonte, dass der Länderbeobachter kein einflussnehmender, sondern nur ein informationsbeschaffender Akteur sei.

10 Vgl. »Abkommen über den Beobachter der Länder bei den Europäischen Gemeinschaften«, unter: Ministerialblatt für das Land Nordrhein-Westfalen, Nr. 85, ausgegeben am 23. Dezember 1988, S. 1884 f.

11 Vgl. Stöger, Aufgaben und Tätigkeit des Beobachters der Länder bei den Europäischen Gemeinschaften, S. 103–104.

12 So lud der Presse- und Informationsdienst der EG beispielsweise die Landwirtschaftsminister der Länder mehrmals zu sogenannten »Informationsbesuchen« nach Brüssel ein. Vgl. dazu den Briefwechsel zwischen dem bayerischen Beamten von Trotha und dem Hauptverwaltungsrat beim Presse- und Informationsdienst der EG, Grüneberg, 1965–1968, Bayerisches Hauptstaatsarchiv München (BayHStA), MELF-Abgabe 1998/07, Nr. 10.

tern oder Ministerpräsidenten bei der Europäischen Kommission. Auch Referenten aus den Landesministerien nutzten oft persönliche Kontakte zu Beamten der Kommission, um rasch an konkrete Informationen zu gelangen. Der Länderbeobachter Fritz Stöger rief die Länder dazu auf, diese inoffiziellen Kontakte aufzubauen und zu pflegen. Das Wirtschaftsministerium aus Nordrhein-Westfalen entsandte ab 1958 einen permanenten Vertreter zu den Beratungen der Parlamentarischen Versammlung der EWG nach Straßburg. Weil dieser nicht den Status eines Abgeordneten hatte, verfolgte er die Beratungen von der Zuschauertribüne aus.[13] Gleichwohl nahm er auch Kontakte zu Abgeordneten, insbesondere jenen aus Nordrhein-Westfalen, auf, von denen er mit Hintergrundinformationen versorgt wurde. Er schickte ausführliche Berichte an die Landesregierung in Düsseldorf. Aus der Sicht der Länder wurde dies umso wichtiger, als durch die in den 1960er Jahren entstehende gemeinsame europäische Agrarpolitik und die gemeinsame Außenhandelspolitik zentrale Interessen der Länder berührt wurden. Das Kernproblem der Länder indes blieb weiterhin bestehen. Zwar entstand mit dem Ausbau der EWG in den 1960er und 1970er Jahren ein zunehmend dichteres Netz von informellen Beziehungen zwischen den Ländern und der EWG, ein rechtlich garantiertes Mitspracherecht blieb den Ländern jedoch verwehrt. In der Mitte der 1970er Jahre unternahmen die Länder einen neuen Versuch, der Bundesregierung ein rechtlich garantiertes Mitspracherecht abzuringen. Auslöser waren verschiedene Rechtssetzungsinitiativen der EG in Bereichen, die ganz oder teilweise in die Kompetenzen der Länder fielen. Dazu gehörte etwa die Bildungs- und Kulturpolitik. Daneben kam auch das baden-württembergische Justizministerium zu dem Schluss, dass die bestehenden Beteiligungsmöglichkeiten nicht ausreichend seien. Daher forderten die Länder eine neue Vereinbarung nach dem Vorbild des »Lindauer Abkommens«, die den Bund zur Kooperation mit den Ländern verpflichtet hätte.[14] Das Ergebnis war schließlich ein Briefwechsel zwischen Bundeskanzler Helmut Schmidt und dem Vorsitzenden der Ministerpräsidentenkonferenz, dem nordrhein-westfälischen Ministerpräsidenten Johannes Rau, aus dem September 1979. Schmidt erklärte hierin für den Bund, dass sich dieser an das von der Verfassung vorgegebene Treueverhältnis zwischen Bund und Ländern halten werde und eine »enge und vertrauensvolle Zusammenarbeit« mit den Ländern in europapolitischen Fragen anstrebe. Deshalb wolle der Bund die Länder »rechtzeitig und umfassend« über die Vorhaben der EG informieren. Soweit diese Vorhaben ganz oder in einzelnen Bestimmungen in die Gesetzgebungskompetenz der Länder fielen, erhielten diese die Möglichkeit, ihren Standpunkt eingehend und um-

---

13 Vgl. Guido Thiemeyer, Nordrhein-Westfalen und die Entstehung des europäischen Mehrebenensystems 1950–1985, in: Geschichte im Westen 30 (2015), H. 30, S. 145–168, hier S. 154.

14 BayHStA, StK, Nr. 19479, Vermerk »Bund-Länderverhältnis in EG-Angelegenheiten«, 21.4.1975.

fassend darzustellen. Die Länder allerdings müssten in diesem Fall »eine einheitliche Haltung anstreben« und ihre Mitteilung »in angemessener Frist« machen.
Grundsätzlich werde sich der Bund bemühen, mit den Ländern zu einem »einver-
nehmlichen Standpunkt zu gelangen« und von diesem nur aus »zwingenden au-
ßen- und integrationspolitischen Gründen abweichen«. Sollten ausschließliche
Länderkompetenzen betroffen sein, so werde der Bund zwei Vertreter der Länder
zu den Beratungsgremien hinzuziehen, »soweit ihm dies möglich ist«. Zudem
werde eine Informationspflicht der Länder in die »Gemeinsame Geschäftsordnung« der Bundesministerien aufgenommen.[15] Johannes Rau bestätigte in seinem
Schreiben das Einverständnis der Länder mit den Zusagen des Bundeskanzlers.
Das daraus abgeleitete Verfahren zur einheitlichen Willensbildung der Länder in
den oben genannten Fällen erhielt den Namen »Länderbeteiligungsverfahren«.
Dieses erwies sich jedoch schnell aus mehreren Gründen als zu kompliziert und
damit ineffektiv.[16] Insgesamt änderten die Zusagen des Bundeskanzlers deshalb an
der politischen Situation der Länder nicht viel. Wie schon in den Vereinbarungen
mit dem Bund aus den 1950er Jahren war es auch diesmal nicht gelungen, den
Bund zur Kooperation mit den Ländern in der Europapolitik zu verpflichten. Der
Brief Schmidts enthielt, wie schon die Zusagen Adenauers, lediglich eine rechtlich unverbindliche, politische Selbstverpflichtung des Bundes gegenüber den
Ländern, die zudem sehr weitreichende Ausnahmen vorsah. Das mit dem Briefwechsel eingeleitete »Länderbeteiligungsverfahren« änderte also grundsätzlich
nichts am Dilemma der Länder in der europäischen Integration.

II.

In den 1980er Jahren beschleunigte sich die Europäisierung des deutschen Föderalismus erneut.[17] Verschiedene Prozesse verstärkten sich in dieser Hinsicht
wechselseitig. Am 19. November 1981 präsentierten der deutsche Außenminister
Hans-Dietrich Genscher und sein italienische Amtskollege Emilio Colombo vor
dem Europäischen Parlament einen Vorschlag, der auf eine Vertiefung der euro-

---

15 Der Bundeskanzler an den Vorsitzenden der Ministerpräsidentenkonferenz, Johannes Rau,
   19.9.1979, in: Rudolf Morawitz, Die Zusammenarbeit von Bund und Ländern bei Vorhaben
   der Europäischen Gemeinschaft, Bonn 1994, S. 153–155.
16 So hielt Länderbeobachter Stöger dazu fest, dass das Verfahren »praktisch nicht genutzt« worden sei. Vgl. Stöger, Aufgaben und Tätigkeit des Beobachters der Länder bei den Europäischen
   Gemeinschaften, S. 109.
17 Martin Hübler, Die Europapolitik des Freistaates Bayern. Von der Einheitlichen Europäischen Akte bis zum Amsterdamer Vertrag, München 2002.

päischen Integration abzielte.[18] Die Europäische Gemeinschaft sollte sich nicht mehr nur auf wirtschaftliche, sondern auch auf politische Fragen konzentrieren. Der seit 1974 informell existierende Europäische Rat in der Zusammensetzung der Staats- und Regierungschefs sollte institutionalisiert und zu einem politischen Entscheidungszentrum ausgebaut werden. Auch dem Europäischen Parlament wollten die beiden Außenminister einen größeren Handlungsspielraum auf Grundlage der Verträge zugestehen. Aus der Sicht der deutschen Länder war wichtig, dass sich die Vorschläge ausdrücklich auch auf den Bereich der Kultur bezogen, der im föderalen System der Bundesrepublik Deutschland zu den exklusiven Länderkompetenzen gehörte. Parallel zur Genscher-Colombo-Initiative verabschiedete das Europäische Parlament am 14. Februar 1984 den »Vorentwurf eines Vertrages zur Gründung der Europäischen Union«, der auch eine Antwort des Parlamentes auf den Vorstoß der Außenminister war. Der Entwurf des Parlamentes ging auf eine Initiative von Abgeordneten um den italienischen Föderalisten Altiero Spinelli zurück, der sich bereits seit dem Zweiten Weltkrieg für ein föderales Europa ausgesprochen hatte.[19] Kernpunkt seiner Vorstellungen war eine erheblich verstärkte Beteiligung des Europäischen Parlamentes am Rechtsetzungsprozess der Europäischen Gemeinschaft, die damit zur Europäischen Union ausgebaut werden sollte.[20] Aus beiden Initiativen ging der sogenannte »Dooge-Bericht« hervor, der im Juni 1985 vom Europäischen Rat in Mailand angenommen wurde. Am 12. März 1985 stellte zudem der neue Präsident der Europäischen Kommission, Jacques Delors, ein »Weißbuch« vor, in dem er vorschlug, den Europäischen Gütermarkt durch die Sektoren Arbeit, Kapital und Dienstleistungen zu erweitern.[21] Alle diese Initiativen mündeten schließlich in die »Einheitliche Europäische Akte«, die erste Veränderung des europäischen Primärrechts seit 1957. Die Einheitliche Europäische Akte veränderte die Entscheidungsstruk-

---

18 Deborah Cuccia, The Genscher-Colombo Plan. A forgotten page in the European Integration History, in: Journal of European Integration History, H. 1/2018, S. 59–78; Ulrich Lappenküper, Die deutsche Europapolitik zwischen der »Genscher-Colombo-Initiative« und der Verabschiedung der Einheitlichen Europäischen Akte (1981–1986), in: Historisch-politische Mitteilungen 10 (2003), S. 274–294.

19 Anita Prettenthaler-Ziegerhofer, Altiero Spinelli (1907–1986), in: Winfried Böttcher (Hrsg.), Klassiker des europäischen Denkens. Friedens- und Europavorstellungen aus 700 Jahren europäischer Kulturgeschichte, Baden-Baden 2014, S. 661–668.

20 Entwurf unter: http://www.cvce.eu/obj/european_parliament_resolution_on_the_draft_treaty_establishing_the_european_union_14_february_1984-en-8e8b5a0d-dc09–4574–9607–20dbb5d05913.html (letzter Abruf: 16.2.2022); Daniela Preda, Spinelli's Initiative and the European Parliament's Union Project, in: Michael Gehler/Wilfried Loth (Hrsg.), Reshaping Europe. Towards a Political, Economic and Monetary Union, 1984–1989, Baden-Baden 2020, S. 99–118.

21 Die Europäische Kommission 1986–2000. Geschichte und Erinnerung einer Institution, Luxemburg 2019, S. 233–403.

turen der Europäischen Gemeinschaft und eröffnete die Perspektive auf eine Vollendung des Binnenmarktes bis 1992. Und schließlich betraf auch das erste Schen-
gen-Abkommen[22] über die Abschaffung der Grenzkontrollen zwischen der
Bundesrepublik Deutschland, Frankreich und den Benelux-Staaten vom 14. Juni
1985, das in den folgenden Jahren ausgeweitet wurde, die Interessen der deutschen Länder. Diese dynamische Entwicklung auf der europäischen Ebene führte
zu intensiven Debatten unter den Ländern über die Europapolitik und den deutschen Föderalismus. Insgesamt fanden sich die Länder in jener Situation wieder,
die schon seit 1950 prägend für ihre Einstellung zur europäischen Integration war.
Allerdings ging es nun nicht mehr nur um einzelne Politikfelder, sondern um
Kernkompetenzen der Länder in der Bundesrepublik Deutschland. Das betraf im
Kontext des Schengen-Abkommens die Arbeit der Polizei, in der Einheitlichen
Europäischen Akte insbesondere die Bereiche des Verkehrs und der Kultur. Die
Landesregierungen leiteten unter dem Eindruck dieser Entwicklung, die sie zu-
nächst nicht beeinflussen konnten, grundlegende strukturelle Veränderungen in
den Beziehungen zu Bund und EG ein. Die ersten Informationen über die Initiativen auf europäischer Ebene waren den Landesregierungen vom »Länderbeobachter bei der Europäischen Gemeinschaft« übermittelt worden. Die Ministerpräsidenten der Länder vereinbarten im Herbst 1988, dass die Kompetenzen des
Länderbeobachters deutlich ausgebaut werden sollten.[23] Das betraf vor allem das
Personal des Büros, über dessen Finanzierung in den 1950er Jahren noch heftig
gestritten worden war. Zudem gelang es den Ländern, ihre Beziehungen zur Europäischen Kommission zu intensivieren. Am 19. Mai 1988 fand in Bonn ein Gespräch der Ministerpräsidenten mit dem Präsidenten der Europäischen Kommission, Jacques Delors, statt, in dem die Länderchefs auf die besondere Situation
der deutschen Teilstaaten in der europäischen Integration hinwiesen.[24] Zwar hatte
es bereits in den 1960er Jahren direkte Kontakte zwischen den Landesregierungen
und den Brüsseler Institutionen gegeben. Neu jedoch waren die Intensität der Beziehungen und vor allem deren Institutionalisierung. Die in dieser Form neuen
Kontakte zwischen Ländern und der Kommission sind ein wichtiger Beleg dafür,
wie sich das deutsche föderale System unter dem Eindruck der europäischen In-

---

22 Simone Paoli, The Relaunch of the Benelux Union and the Origins of the Schengen Agree-
    ment: The Interplay of two Sub-Regional Experiences, in: Michael Gehler/Wilfried Loth
    (Hrsg.), Reshaping Europe. Towards a Political, Economic and Monetary Union, 1984–1989,
    Baden-Baden 2020, S. 73–97.
23 LAV NRW, NW 736, Nr. 6, Bericht der Arbeitsgruppe der Staats- und Senatskanzleien der
    Länder zu dem Thema »Europa der Regionen – Beteiligung der Länder an der interregionalen
    Zusammenarbeit sowie Fortentwicklung der Rechte und politischen Wirkungsmöglichkeiten
    der Regionen in Europa«, 22.5.1990.
24 LAV NRW, NW 736, Nr. 459, Föderalismusdebatte in der EG 1988. Gespräch mit Jacques
    Delors in Bonn, 19.5.1988.

tegration in der zweiten Hälfte der 1980er Jahre wandelte. Wichtige Veränderungen vollzogen sich auch im Bundesrat. Schon in den 1950er Jahren waren im Rahmen der Ländervertretung verschiedene Institutionen geschaffen worden, die sich speziell mit Fragen der europäischen Integration befassen sollten. Dabei bewies der Bundesrat ein hohes Maß an Flexibilität. Wenn sich eine Institution als unpraktikabel herausstellte, wurde sie wieder abgeschafft, gleichzeitig wurde bei konkreten Problemen und Ereignissen ad hoc eine neue Einrichtung geschaffen. Als Reaktion auf die Initiativen des Europäischen Parlamentes wurde 1984 ein Unterausschuss »Europäische Union« gegründet, in dem die Europa-Referenten der Staats- und Senatskanzleien der Länder sich über die Konsequenzen europapolitischer Initiativen aus Brüssel austauschten. Der Ausschuss lud zudem Europa-Politiker ein, um einerseits mehr über die europäische Politik zu erfahren, andererseits aber auch die politischen Akteure auf europäischer Ebene für die Besonderheiten des deutschen Föderalismus zu sensibilisieren. Zum Beispiel diskutierte am 28. Februar 1985 der Ausschuss europapolitische Fragen mit den beiden deutschen Europa-Parlamentariern Hans-Joachim Seeler (SPD) und Axel Zarges (CDU). Die Landesregierungen fragten in diesem Gespräch nach den Hintergründen der Spinelli-Initiative und den Erfolgsaussichten dieses Konzeptes. Gleichzeitig wiesen sie die Europa-Parlamentarier auf die besondere Situation der deutschen Länder in der europäischen Integration hin.[25] Der Bundesrat diente auch als öffentliches Forum für die Europa-Debatten zwischen Bund und Ländern. Am 8. Februar 1985 erläuterte Bundeskanzler Helmut Kohl vor dem Bundesrat die Europapolitik der Bundesregierung. Auch die Regierungschefs der Länder und die Minister nutzten das Forum des Bundesrates, um ihre Positionen öffentlichkeitswirksam zu präsentieren. Auch das hatte es bereits seit den 1950er Jahren gegeben, allerdings nahm in der zweiten Hälfte der 1980er Jahre auch im Bundesrat die Intensität der Debatten deutlich zu. Dies führte zu einer erheblichen Ausweitung des mit der europäischen Integration befassten Personals des Bundesrates. Auf der Konferenz der Länder-Finanzminister in Bonn am 27. April 1989 wurde erläutert, dass der Bundesrat »mindestens 200 Vertreter der Länder (Beamte des höheren Dienstes) in Beratungsgremien der Europäischen Gemeinschaft« schicken werde. Auch in den nächsten Jahren werde das mit der Europapolitik der Ländervertretung beschäftigte Personal weiter aufgestockt werden müssen.[26] Berücksichtigt man das Personal in den Länderbüros in Brüssel und in den meist neu geschaffenen Europa-Abteilungen in den Senats- und Staatskanzleien der Länder, dann wird deutlich, in welchem Ausmaß das mit der Europapolitik beschäftigte Personal in der zweiten Hälfte der 1980er Jahre zunahm. Zu all

---

25 LAV NRW, NW 736, Nr. 440, Bundesrat: Dritte Sitzung des Unterausschusses »Europäische Union«, 28.2.1985.
26 LAV NRW, NW 736, Nr. 427, Finanzministerkonferenz am 27. April 1989 in Bonn.

diesen strukturellen Veränderungen kam noch eine weitere hinzu: Auch die Landesparlamente verlangten in der zweiten Hälfte der 1980er Jahre, in die Prozesse der Europapolitik einbezogen zu werden. Die Landes-Parlamentarier hatten schon lange darauf verwiesen, dass vor allem sie durch die Europapolitik schleichend entmachtet wurden. Während die Landesregierungen durch die oben genannten Institutionen zumindest einen begrenzten Einfluss auf die politischen Prozesse auf europäischer Ebene hatten, war den Parlamenten der Zugang zu Information und zur Mitentscheidung verwehrt geblieben. Bei einer Konferenz, die am 4./5. September 1986 in Trier stattfand, verabschiedeten die Präsidenten der Landtage eine Resolution. Die europäische Integration im Allgemeinen wurde begrüßt, aber die Mitwirkung der Länder müsse gesichert werden. Hierzu sei die »Beteiligung der Landesparlamente unverzichtbar«. Die Landesregierungen müssten die Parlamente über »alle Vorhaben im Rahmen der Europäischen Gemeinschaften, die für das Land von Interesse sein könnten«, unterrichten.[27] In den Landesregierungen wurde der Vorstoß ambivalent beurteilt. Einerseits gebot das demokratische Grundverständnis, dass die Parlamente über die Politik der Regierung in einem immer wichtigeren Politikfeld unterrichtet wurden und auch Einfluss auf Entscheidungen nehmen konnten. Andererseits hätten die Parlamente die Zahl der in diesem Politikfeld bereits zahlreichen Akteure deutlich erweitert, so dass es leicht zu einer Blockade der Politik hätte kommen können. Dies war auch das Argument, mit dem der nordrhein-westfälische Ministerpräsident Rau die weitreichenden Forderungen des Parlamentspräsidenten zurückwies.[28] Die Beziehungen zwischen Ländern, Bund und EG kam in der zweiten Hälfte der 1980er Jahre auch deshalb so grundsätzlich in Bewegung, weil den Landesregierungen klar wurde, dass die bislang übliche Trennung von Europa- und Innenpolitik in der Bundesrepublik Deutschland nicht mehr aufrechtzuerhalten war. Immer wieder betonten die Ländervertreter, dass durch die Einheitliche Europäische Akte ein neues politisches System entstehe. Demgegenüber hielt die Bundesregierung daran fest, dass der Bund alleine für die Außenbeziehungen der Bundesrepublik, und daher auch für die Europapolitik, zuständig war. Vor allem im Auswärtigen Amt, aber auch im Bundeswirtschaftsministerium betrachtete man die Ansprüche der Länder als eine ungerechtfertigte Einmischung in Bundesangelegenheiten. Dem hielten die Länder entgegen, dass sich die Trennung zwischen Innen- und Europapolitik angesichts der Entwicklungen auf europäischer Ebene nicht mehr aufrechterhalten ließe:

---

27 LAV NRW, NW 736 Nr. 448, Entwurf einer Entschließung. Erarbeitet auf der Sitzung einer Kommission der Landtagsdirektoren in Trier am 4./5. September 1986.
28 LAV NRW, NW 736, Nr. 448, Ministerpräsident Rau an den Präsidenten des Landtags, Denzer, 20.12.1986.

»Die Länder fordern nicht, wie oft fälschlicherweise behauptet wird, einen Anteil an der Außenpolitik. Aber sie bestehen auf ihrem Anteil an der Innenpolitik. [...] Hier geht es um deutsche Innenpolitik und nicht um die Regelung von Fragen mit Drittländern. Der Bund muss sich mehr um eine gemeinsame Entscheidungsfindung mit den Ländern im Rahmen der Europäischen Gemeinschaft bemühen und den Ländern Raum geben, ihre Interessen und Belange geltend zu machen«,

erklärte der rheinland-pfälzische Ministerpräsident Bernhard Vogel in der Bundesrats-Sitzung vom 16. Mai 1986.[29] Der nordrhein-westfälische Minister für Bundesangelegenheiten, Günther Einert, sekundierte Vogel und verwendete in der gleichen Sitzung für diesen Zusammenhang den Begriff der »Binnenpolitik«, wonach Europapolitik weder klassische Außen- noch ganz klar Innenpolitik sei.[30] Bei der Ministerpräsidentenkonferenz vom 21. bis zum 23. Oktober 1987 in München verabschiedeten die Regierungschefs der Länder die »10 Münchener Thesen zur Europapolitik«, in denen die Landeschefs forderten, die eindeutige Zuordnung der Europapolitik zur Außenpolitik aufzulösen.[31] Auf dieser Grundlage beauftragten die Regierungschefs im Oktober 1989 eine Arbeitsgruppe damit, Beispiele für die Verletzung der Länderrechte durch die Bundes- und Europapolitik zu ermitteln. Das Resultat waren Überlegungen zum »Föderalismus in der Europäischen Gemeinschaft«, die im Wesentlichen auf den »Münchner Thesen« der Ministerpräsidenten von 1987 basierten.[32] Der Föderalismus müsse das Strukturprinzip der Europäischen Gemeinschaft bleiben. Eng verbunden damit sei das Subsidiaritätsprinzip, das etwa die Kulturhoheit der Länder bewahre. Dieses Prinzip sahen die Regierungschefs der Länder in besonderem Maße bedroht.[33] Während die Bundesministerien wenig Verständnis für die Interessen der Länder zeigten, signalisierte das Bundeskanzleramt unter der Leitung von Helmut Kohl durchaus Entgegenkommen. Kohl war als ehemaliger Ministerpräsident von Rheinland-Pfalz mit der Perspektive der Länder in der Europapolitik vertraut. Zudem wusste er, dass er für die Ratifizierung der Einheitlichen Europäische Akte auf die Länder angewiesen war. Schon in einem Gespräch mit den Ministerpräsidenten der Länder am 7. Juni 1984 hatte der Kanzler diesen signalisiert, dass er

---

29 Bundesrat, Stenographischer Bericht, 564. Sitzung, 16. Mai 1986, S. 302f.

30 Ebenda, S. 303.

31 Vgl. Martin Hübler, Die Europapolitik des Freistaats Bayern. Von der Einheitlichen Europäischen Akte bis zum Amsterdamer Vertrag, München 2002, S. 81–85.

32 Rudolf Hrbek, Der Ertrag der »Verfassungsdebatte« von Maastricht. Ein Erfolg für den Föderalismus und die deutschen Länder?, in: Jürgen F. Baur (Hrsg.), Europarecht, Energierecht, Wirtschaftsrecht. Festschrift für Bodo Börner zum 70. Geburtstag, Köln u. a. 1992, S. 125–149, hier S. 132–133.

33 LAV NRW, NW 736, Nr. 6, Bericht der Arbeitsgruppe der Staats- und Senatskanzleien der Länder zu dem Thema »Europa der Regionen – Beteiligung der Länder an der interregionalen Zusammenarbeit sowie Fortentwicklung der Rechte und politischen Wirkungsmöglichkeiten der Regionen in Europa«, 22. Mai 1990.

grundsätzlich Verständnis für ihre Nöte habe.[34] In diesem Sinne akzeptierte die Bundesregierung auch, dass die Länder mit der Einheitlichen Europäischen Akte die nunmehr rechtlich verbindliche Zusage für ein Mitspracherecht in Fragen der Europapolitik erhielten. Das Gesetz zur Einheitlichen Europäischen Akte vom 19. Dezember 1986 war daher aus der Sicht der Länder ein wesentlicher Fortschritt gegenüber den politischen Zusagen der 1950er bis 1970er Jahre.[35]

Die oben genannten Kontakte zwischen EWG/EG und den deutschen Ländern wurden vor dem Hintergrund des auflebenden Integrationsprozesses ab Anfang der 1980er Jahre auf eine qualitativ neue Stufe gehoben. Zwischen 1984/85 und 1988 gründeten nach und nach alle elf Länder der alten Bundesrepublik, entweder einzeln oder auch gemeinsam, sogenannte »Länderbüros«[36] zur direkten Interessenvertretung bei der EG in Brüssel. Diese vor allem von Seiten der Bundesregierung als »Nebenaußenpolitik« kritisierten Vertretungen wurden schnell zur wichtigsten Stütze der europapolitischen Anstrengungen der Länder und traten in einem gewissen Sinne auch in Konkurrenz zum Länderbeobachter.[37] Die Kommission begrüßte hingegen die Vertretungen und brachte die Hoffnung zum Ausdruck, dass diese zur »besseren Information und Konsultation« zwischen den beiden Ebenen beitragen würden.[38] Die Befürworter dieser Einrichtungen waren der Ansicht, dass Einfluss »zu einem wesentlichen Teil durch konstante Präsenz erreicht« werde.[39] Diesen Leitgedanken griff zuerst der schleswig-holsteinische Ministerpräsident Uwe Barschel (CDU) auf, als er in einem Zeitungsinterview am 14. März 1984 für viele Beteiligte überraschend die Gründung einer Vertretung der norddeutschen Länder (und Berlins) in Brüssel ankündigte. Während der nord-

---

34 LAV NRW, NW 736, Nr. 418, Besprechung des Bundeskanzlers mit den Regierungschefs der Länder am 7.6.1984 in Bonn.

35 Gesetz zur Einheitlichen Europäische Akte vom 28. Februar 1986, 19.12.1986, in: Bundesgesetzblatt, Jahrgang 1986, Teil II, S. 1102.

36 Aus arbeitsökonomischen Gründen werden die Begriffe »Länderbüro« und »Ländervertretung« synonym verwendet, obwohl die Länder bis Anfang der 1990er Jahre explizit darauf achteten, letzteren Begriff nicht zu benutzen, um die Bundesregierung nicht noch weiter zu verärgern.

37 Die Haltung der Bundesregierung zu diesem Thema kann auch dadurch verdeutlicht werden, dass die Ländervertretungen demonstrativ kein Teil des Art. 2 des Gesetzes zur Einheitlichen Europäischen Akte wurden und auch im dazugehörigen Ausführungsabkommen vom 17. Dezember 1987 unerwähnt blieben. Vgl.: Rudolf Hrbek, Europapolitik als Kontroversthema zwischen Bund und Ländern, in: Hanns Jürgen Küsters (Hrsg.), Deutsche Europapolitik christlicher Demokraten. Von Konrad Adenauer bis Angela Merkel, Düsseldorf 2014, S. 383–418, hier S. 395–396.

38 LAV NRW, NW 736, Nr. 460, Zusammenfassung eines Gesprächs von Kommissionspräsident Delors mit den Ministerpräsidenten der Länder am 19.5.1988 in Bonn.

39 Rudolf Strohmeier, Möglichkeiten der Einflußnahme auf den Entscheidungsprozeß der Europäischen Gemeinschaften durch die Deutschen Bundesländer nach Errichtung von Länderbüros in Brüssel, in: Die Öffentliche Verwaltung 41 (1988), S. 633–637, hier S. 637.

rhein-westfälische Ministerpräsident Rau (SPD) noch am 9. April 1984 in einem Brief an Barschel und seine Ministerpräsidentenkollegen veritable Bedenken gegen diesen Vorstoß äußerte, zog das Saarland schnell nach und eröffnete am 9. April 1985, also knapp vier Monate nach der Eröffnung des norddeutschen »Hanse-Office«, seine eigene Vertretung in Brüssel.[40] Die vor allem von der nordrhein-westfälischen Staatskanzlei getragene Opposition, die für den Ausbau des Länderbeobachters warb,[41] bröckelte dadurch immer weiter und kulminierte am 10. Juni 1985 in der nüchternen Ankündigung Raus, ein eigenes Büro Nordrhein-Westfalens in Brüssel zu eröffnen.[42] Während Nordrhein-Westfalen damit noch vergleichsweise früh nachzog, zierte sich ausgerechnet der »Lordsiegelbewahrer des Föderalismus«[43], der Freistaat Bayern, lange. Obwohl Teile der Sekundärliteratur nachträglich darum bemüht waren, die Idee zur Gründung einer eigenen Vertretung in Brüssel »bis in die siebziger Jahre« zurückzuverlegen,[44] konnte sich die Staatsregierung erst am 10. Februar 1987 dazu durchringen, die Eröffnung einer eigenen Vertretung in Brüssel zu beschließen.[45] Bayerns Zögern hing auch damit zusammen, dass die Staatsregierung in München noch länger die Idee verfolgte, dem Länderbeobachter spezifische Stellvertreter zur Seite zu stellen, die dann zum Beispiel norddeutsche Interessen verfolgen sollten.[46] Daher können gleich drei verschiedene Reaktionen auf Barschels Vorstoß ausgemacht werden: die Befürwortung der Gründung von Ländervertretungen (Hamburg, Schleswig-Holstein, das Saarland), die Ablehnung solcher Büros und die Stärkung des Länderbeobachters

---

40 Vgl. zu Barschels Brief: Thiemeyer, Nordrhein-Westfalen und die Entstehung des europäischen Mehrebenensystems 1950–1985, S. 160–162. Vgl. zur Vertretung des Saarlandes: Michael Borchmann, Bundesstaat und europäische Integration. Die Mitwirkung der Bundesländer an Entscheidungsprozessen der EG, in: Archiv des öffentlichen Rechts 112 (1987), H. 4, S. 586–622, hier S. 596–597.

41 Noch Ende Mai 1984 hatten Beamte der Staatskanzlei in Düsseldorf intern offensiv für eine Zurückweisung von Barschels Vorstoß geworben und dabei auch explizit auf die Problematik hinsichtlich Art. 32 (1) GG verwiesen. Stattdessen sollte der Länderbeobachter gestärkt werden. Vgl. LAV NRW, NW 736, Nr. 418, Bauer an Rau vom 29. Mai 1984.

42 Vgl. LT-NRW, Plenarprotokoll 10/3 vom 10. Juni 1985, S. 38.

43 So exemplarisch der Abg. Mann (Grüne) gegenüber einem Auftritt des bayerischen Staatsministers Schmidhuber im Bundestag aus Anlass der Ratifikationsdebatte zur Einheitlichen Europäischen Akte. Vgl. Bundestag, Stenographischer Bericht, 246. Sitzung, 13.11.1986, S. 18979.

44 Vgl. Martin Hübler, Bayern in Europa. Determinanten der bayerischen Europapolitik bis zur EU-Osterweiterung, München 2003, S. 55. Dagegen richtigstellend: Christian Schramek, Als Regionalpartei in Brüssel und Straßburg. Die europapolitischen Akteure der CSU, in: Gerhard Hopp/Martin Sebaldt/Benjamin Zeitler (Hrsg.), Die CSU. Strukturwandel, Modernisierung und Herausforderungen einer Volkspartei, Wiesbaden 2010, S. 309–334, hier S. 315.

45 Hübler, Bayern in Europa, S. 56.

46 LAV NRW, NW 736, Nr. 417, Entwurfsschreiben zu einem Bericht der Länderarbeitsgruppe »Verbesserung der Information und Beteiligung der Länder in EG-Angelegenheiten« aus dem Bayerischen Wirtschaftsministerium, 16.4.1984.

(NRW) und schließlich die Erweiterung des Länderbeobachters durch spezielle Stellvertreter (Bayern). Schon aus Prestigegründen sollte sich die erste Variante durchsetzen. Während der ersten Jahre legten die Ländervertretungen Grundlagen für die bis heute wirksame Repräsentation der Länder auf europäischer Ebene.[47] Seit Anfang der 1990er Jahre wurden jedoch von Seiten der häufig zuständigen Staats- und Senatskanzleien eine Verstetigung der Abläufe erwirkt und die Kontrolle der Arbeit vor Ort stark erhöht. Sichtbarster Ausdruck dieses Umschwungs war die offizielle Umbenennung mehrerer Länderbüros in »Ländervertretungen«, was wiederum neue Konflikte mit dem Bund provozierte.[48] Die Länder drückten dadurch ihr weiter gewachsenes Selbstbewusstsein aus. Für das Hanse-Office lässt sich zeigen, dass die Wahrnehmung des Büros durch die Organe der Europäischen Gemeinschaft schon Jahre vor der offiziellen Umbenennung der Büros in »Vertretung« dem einer »Botschaft« entsprach.[49] Die Entwicklung des Hanse-Office ist hier typisch. Obwohl die Initiative zur Gründung einer norddeutschen Vertretung von Barschel ausging, griff Hamburg die Idee zunächst selbständig auf und präsentierte am 6. November 1984 den damals noch im Amt befindlichen EG-Kommissar Wilhelm Haferkamp als zukünftigen Leiter des Büros in Brüssel.[50] Dieser nahm am 5. Januar 1985 offiziell die Geschäfte in Brüssel auf und prägte das Hanse-Office in den ersten Jahren seines Bestehens. Für die ersten Jahre kann von einer chaotischen Organisation gesprochen werden. Die Akteure vor Ort in Brüssel gerieten in dieser Zeit mehrfach mit den verantwortlichen Staats- und Senatskanzleien aneinander.[51] Dabei ging es um personalrechtliche Fragen, aber auch um die finanzielle Ausstattung.[52] Während Haferkamp immer wieder um höhere Mittelzuweisungen aus den beteiligten Ländern bat und die eingeschränkten Möglichkeiten vor Ort kritisierte,[53] wies der Erste Bürgermeister Henning Voscherau (SPD) Ha-

---

47 So gab der langjährige erste Leiter der NRW-Vertretung, Schreiber, an, dass Gas-, Strom- und Wasserverträge zunächst lange auf seinen Namen liefen, da den belgischen Behörden Nordrhein-Westfalen als Rechtsperson unbekannt gewesen wäre. Vgl. Folker Schreiber, Anfänge der Vertretungen deutscher Länder in Brüssel, in: Wolfgang Renzsch/Thomas Wobben (Hrsg.), 20 Jahre ostdeutsche Landesvertretungen in Brüssel. Eine Bilanz der Interessenvertretung der Länder aus unterschiedlichen Blickwinkeln, Baden-Baden 2012, S. 45–51, hier S. 47.

48 Ebenda, S. 49.

49 Staatsarchiv Hamburg (StA HH), 131–1 II, 10008, Wirtschaftsplan für das Haushaltsjahr 1992, 25.7.1991.

50 StA HH, 135–1 VI, 1044, »Haferkamp wird Hamburgs Mann in Brüssel«, Pressemeldung AP, 6.11.1984.

51 Seit dem 19. Juni 1987 waren auch Schleswig-Holstein und Niedersachsen offizielle Mitglieder des Hanse-Office. Vgl. StA HH, 135–1 VI, 1044, Ausschnitt aus der Hannoverischen Allgemeinen Zeitung, 20.6.1987.

52 Vgl. die entsprechenden Auseinandersetzungen unter: StA HH, 131–1 II, 10007 und 10008.

53 So hieß es im Februar 1991 aus Brüssel, dass das Hanse-Office bei der derzeitigen Mittelausstattung nicht mal mehr ein »Minimum an Information und Vertretung« für Hamburg und Schleswig-Holstein leisten könne. Repräsentationsveranstaltungen seien »nur noch in einem

ferkamp noch Mitte März 1991 darauf hin, dass das Hanse-Office sein »besonderes Augenmerk« auf die »Einhaltung der Grundsätze der Wirtschaftlichkeit und Sparsamkeit« zu richten habe.[54] Vor diesem Hintergrund hatte schon der Haushaltsausschuss der Hamburger Bürgerschaft die Leistungsfähigkeit der Vertretung in Brüssel Ende 1990 als »äußerst kritisch« eingestuft.[55] Auch der Europabeauftragte der Hamburger Senatskanzlei, Peterscheck, schlug in eine ähnliche Kerbe, als er im März 1991 eine Art Zwischenbilanz zum Hanse-Office zog. Dort hätten sich »zahlreiche Defizite und Mängel« ergeben, die nun beseitigt werden müssten. Darunter fiel demnach auch eine bisher nicht bestehende Genehmigungspflicht von Urlaubs- und Dienstreisen.[56] In der Außendarstellung hatte dies hingegen einige Jahre zuvor noch ganz anders geklungen. Der Erste Bürgermeister Klaus von Dohnanyi (SPD) hatte das Hanse-Office bei einem Besuch des EG-Kommissars Abel Matutes 1987 in Hamburg als »sehr erfolgreich« agierendes »Bindeglied zwischen der Region und den Institutionen der EG« gelobt.[57] Schaut man auf die Aufgaben der Vertretungen in Brüssel, so kann allgemein auf die Ausführungen des Chefs der nordrhein-westfälischen Staatskanzlei und zugleich Europabeauftragter der Landesregierung, Klaus Dieter Leister, verwiesen werden. Dieser führte im September 1986 aus, dass das Büro in Brüssel eine »Informations- und Serviceeinrichtung« für die Interessen des Landes sei. Zudem obliege dem »Mann in Brüssel« die Aufgabe des »erste[n] Lobbyist[en]«.[58] Diese Ausführungen unterstreichen die beiden Hauptaufgaben der Landesvertretungen: Informationssammlung und -weiterleitung sowie Werbung für die Interessen des jeweiligen Landes. Für den bayerischen Fall kann hier gezeigt werden, dass der Arbeitsschwerpunkt der Vertretung auf der Koordinierung der aus verschiedenen Quellen zusammengetragenen und schließlich aggregierten Informationen zwischen Brüssel und München lag und man daneben dem »Aufbau und [der] Pflege von Kontakten« vor Ort besonderes Augenmerk schenkte.[59] Eine gewisse Entspannung erfuhr das Verhältnis zwischen Bund und Ländern in der Frage der Länderrepräsentanz in Brüssel schließlich im Nachgang der Ratifikation des Vertrages von Maastricht und der damit verbundenen Novellierung des Art. 23 GG. Das Ausführungsgesetz »über die Zusammenarbeit von Bund und Ländern in Angelegenheiten der Europäischen Union (EUZBLG)

---

nahezu bedeutungslosen Ausmass [sic!]« möglich. Vgl. dazu StA HH, 131–1 II, 10007, Haferkamp an Voscherau, 4.2.1991.

54 StA HH, 131–1 II, 10007, Peterscheck an Nelissen, 12. März 1991.

55 Vgl. Bürgerschafts-Drs. 13/7100; u. a. abgelegt unter: StA HH, 131–1 II, 10007.

56 StA HH, 131–1 II, 10008, Peterscheck an Voscherau und Vahrenholt, 18.3.1991.

57 StA HH, 135–1 VI, 1044, Ausschnitt aus der Hannoverischen Allgemeinen Zeitung, 20.6.1987.

58 LAV NRW, NW 745, Nr. 177, Rede des CdS, Klaus Dieter Leister, zum Thema »Nordrhein-Westfalen und die Europäische Gemeinschaft«, 13.9.1986.

59 BayHStA, MELF-Abgabe 1998/07, Nr. 24, Hausanordnung 9/88, 1.12.1988.

vom März 1993 erkannte in § 8 die Ländervertretungen formal an.[60] Damit konnte eine vor allem seit der Jahrtausendwende bestehende ›friedliche Koexistenz‹ begründet werden.[61] Neben diesen Fragen von grundsätzlicher Natur rückten in der zweiten Hälfte der 1980er Jahre konkrete Politikfelder in die Diskussion, in denen die EG Aufgaben übernahm, die ihr aus Sicht der Länder nicht zustanden. Ein Beispiel hierfür war die Rundfunkpolitik.[62] Seit 1984 war in den EG-Gremien über die Harmonisierung dieses Politikfeldes diskutiert worden; 1986 hatte die Kommission einen Entwurf für eine Richtlinie vorgelegt. Das Ziel der Kommission war es, angesichts der technischen Entwicklung (Kabel- und Satellitenfernsehen) den freien Informationsfluss innerhalb der EG durch eine allgemeine Liberalisierung zu vereinheitlichen. Im Oktober 1986 lehnten die Ministerpräsidenten der Länder auf einer Konferenz in Hamburg eine Einmischung der EG in die Rundfunkpolitik ab, weil diese in der Bundesrepublik eine alleinige Kompetenz der Länder sei. Es gebe weder im Vertrag über den Gemeinsamen Markt noch in der Einheitlichen Europäischen Akte eine rechtliche Ermächtigung der EG für den Rundfunksektor. Die EG-Kommission hingegen berief sich auf ihre Rechte zur Harmonisierung des Dienstleistungsverkehrs innerhalb der Gemeinschaft. Rundfunk wurde von ihr also als Dienstleistung aufgefasst, der in ihren Kompetenzbereich falle. Demgegenüber betonten die deutschen Länder, dass die besondere kulturelle und gesellschaftliche Funktion des Rundfunks eine einseitige wirtschaftliche Betrachtungsweise verbiete.[63] Nachdem die Kommission einen neuen Entwurf vorlegte, wurde die Richtlinie am 3. Oktober 1989 in Brüssel mit Zustimmung der Bundesregierung verabschiedet. Die Länder sahen ihre Interessen nicht nur von der EG-Kommission, sondern auch von der Bundesregierung außer Acht gelassen.[64] Bayern ging sogar so weit, vor dem Bundesverfassungsgericht zu klagen, konnte sich jedoch mit seinem Kernanliegen, die Bundesregierung habe mit ihrer Zustimmung gegen Art. 30 GG verstoßen, nicht durchsetzen.[65] Ähnlich war die Situation im Be-

---

60 BGBl. I, S. 313. § 8 enthielt jedoch die deutliche Einschränkung, dass die Vertretungen »keinen diplomatischen Status« erhalten sollten. Die Stellung der Ständigen Vertretung der Bundesrepublik in Brüssel müsse unbeschädigt weiterbestehen.

61 Vgl. Schreiber, Anfänge der Vertretungen deutscher Länder in Brüssel, S. 49.

62 Kiran Klaus Patel/Hans Christian Röhl, Transformation durch Recht. Geschichte und Jurisprudenz europäischer Integration 1985–1992, Berlin 2020, S. 154–166.

63 LAV NRW, NW 736, Nr. 457, Arbeitsgruppe Föderalismus in der Europäischen Gemeinschaft 1988. Abschnitt 3 einzelne Politikbereiche: Rundfunk, Entwurf 2.3.1988.

64 Kommissionspräsident Delors hatte den Ländern noch im Mai 1988 versichert, dass man »nicht mehr darüber [d.h. die Rundfunkrichtlinie] [sprechen würde]«, wenn die Länder *und* der Bund dazu Nein sagen würden. Er beteuerte weiter, die EG »oktroyiere nicht auf, sondern schlage vor«. Vgl. LAV NRW, NW 736, Nr. 460, Zusammenfassung eines Gesprächs von Kommissionspräsident Delors mit den Ministerpräsidenten der Länder, 19.5.1988.

65 Vgl. dazu Jan Grünhage, Entscheidungsprozesse in der Europapolitik Deutschlands. Von Konrad Adenauer bis Gerhard Schröder, Baden-Baden 2007, S. 199–200.

reich der Forschungspolitik. Auch diese gehörte zu den Kernkompetenzen der deutschen Länder. Gleichzeitig wurden aber der Gemeinschaft in Art. 130 des EWG-Vertrages forschungspolitische Kompetenzen zugesprochen. Auch wenn sich die Landesregierungen sicher waren, dass die forschungspolitischen Kompetenzen der EG »der wirtschaftlichen Zielsetzung und dem Subsidiaritätsprinzip« untergeordnet sind, wurde auch hier eine Bedrohung für die Kompetenzen der Länder gewittert.[66] Die beiden Beispiele machen deutlich, wie stark die Europäische Gemeinschaft begonnen hatte, das deutsche föderale System zu transformieren. Einzelne Akteure in den Ländern sahen sogar deren Existenz in Gefahr und wurden in dieser Wahrnehmung auch durch wissenschaftliche Berater bestärkt. Im Oktober 1989 kursierte in der Europaabteilung der Düsseldorfer Staatskanzlei das Manuskript eines Vortrags des Kölner Politikwissenschaftlers Fritz Scharpf, in dem dieser in zugespitzter Weise seine bereits zuvor publizierte These von der »Politikverflechtungsfalle« darlegte.[67] »Diese Rede lohnt die Lektüre«, schrieb ein Beamter darüber.[68]

III.

Die Länder wähnten sich im Jahr 1989 in einer existenziellen Krise, der deutsche Föderalismus und damit die Existenz der Länder als eigenständige Staaten schienen durch die europäische Integration akut gefährdet. Dies wirkte auf die Verantwortlichen in den Landesregierungen umso bedrohlicher, weil diese Probleme von der deutschen Öffentlichkeit aus ihrer Sicht kaum wahrgenommen wurden. Es gab in der zweiten Hälfte der 1980er Jahre – sieht man von der Diskussion unter Politikwissenschaftlern und im Bundesrat ab – keine öffentliche Debatte um die europäische Integration und den deutschen Föderalismus. Gleichwohl änderte sich das deutsche föderale System zwischen 1984 und 1989 massiv. Regieren fand nun deutlich sichtbar nicht mehr primär auf zwei Ebenen zwischen Bund und Ländern statt, sondern die politischen Veränderungen der europäischen Integration führten dazu, dass Entscheidungen nun in Verhandlungen zwischen Ländern, Bund und EG getroffen wurden, wobei es keine klare Hierarchie

---

66 LAV NRW, NW 736, Nr. 457, Arbeitsgruppe Föderalismus in der Europäischen Gemeinschaft 1988. Einzelne Politikbereiche: Forschung, Entwurf 2.3.1988.
67 Fritz W. Scharpf, Die Politikverflechtungs-Falle: Europäische Integration und deutscher Föderalismus im Vergleich, in: Politische Vierteljahresschrift 26 (1985), S. 323–356.
68 LAV NRW, NW 736, Nr. 462, Föderalismusdebatte in der EG 1988. Fritz W. Scharpf, Regionalisierung des europäischen Raumes. Die Zukunft der Bundesländer im Spannungsfeld zwischen EG, Bund und Kommunen, September 1988 (Manuskript).

zwischen den Ebenen gab. Die dominante Rolle in den Entscheidungsprozessen nahm, abhängig vom jeweils verhandelten Politikfeld, eine der drei Ebenen ein. Die Länder hatten sich gegen die Veränderungen erfolgreich behauptet. Allerdings war das den Verantwortlichen der Länder Ende der 1980er Jahre noch nicht klar. Sie betrachteten sich als Verlierer im Prozess der europäischen Integration, den sie grundsätzlich befürworteten und deswegen nicht blockieren wollten.[69] Eben diese Karte spielten die Länder gegenüber dem Bund im Rahmen des Ratifikationsverfahrens des Vertrages von Maastricht nun entschieden aus. In einem von allen Ländern mitgetragenen Antrag des Bundesrates formulierten sie daher: »Der Bundesrat unterstreicht seine Auffassung, dass die Verabschiedung des Gesetzes über die Zusammenarbeit von Bund und Ländern in Angelegenheiten der Europäischen Union auf der Grundlage von Art. 23 GG (neu) eine unabdingbare Voraussetzung für die Ratifizierung des Vertrages über die Europäische Union durch den Bundesrat darstellt.« Die »Fortentwicklung der Länderbeteiligung auf der Grundlage einer Verankerung im Grundgesetz zur Erhaltung der Länderstaatlichkeit [ist] zwingend«. Damit gelang es den Ländern im Zusammenhang mit der Vereinigung der beiden deutschen Staaten ein europapolitisches Ziel zu erreichen, das bereits seit 1950 diskutiert wurde. Ihre Beteiligung an der Europapolitik wurde in Art. 23 des Grundgesetzes verankert.[70] Damit erwirkten die Länder – zumindest vordergründig[71] – das Ende einer jahrzehntelangen Auseinandersetzung mit dem Bund um eine adäquate Beteiligung an der Europapolitik. Die grundgesetzlich gesicherte Mitwirkung der Länder über den Bundesrat und die Vertretungen in Brüssel sowie die ebenfalls nach wie vor bestehenden Länderbeobachter wies die Anstrengungen der Länder als Erfolg aus. Auf diesem europapolitischen Fundament starteten die deutschen Länder gestärkt in die 1992/93 geschaffene Europäische Union.

---

69 Vgl. hierzu exemplarisch die Ausführungen des bayerischen Ministerpräsidenten Streibl im Bundesrat: Bundesrat, Stenographischer Bericht, 610. Sitzung, 16. März 1990, S. 85 f.

70 LAV NRW, NW 736, Nr. 99, Drucksache zum Antrag aller Länder zum Entwurf eines Gesetzes über die Zusammenarbeit von Bund und Ländern in Angelegenheiten der Europäischen Union, undatiert (1992).

71 Der durchaus fragwürdige Erfolg des Art. 23 GG (neu) und des dazugehörenden EUZBLG für die Zeit nach 1992/93 wurde zuletzt thematisiert bei: Michael Ruck, »Mehrebenensystem«. Ein Impuls für die Landesgeschichte im 21. Jahrhundert?, in: Zeitschrift für Bayerische Landesgeschichte 84 (2021), H. 1, S. 11–24, hier S. 17–18.

Die Wiedergründung der ostdeutschen Länder 1990

Andreas Malycha

Nach dem Sieg der Alliierten über das nationalsozialistische Deutschland knüpften die Siegermächte innerhalb ihrer Besatzungszonen an die historischen Traditionen des Föderalismus in Deutschland an. Die Grenzen der sowjetischen Besatzungszone wurden am 12. September 1944 von der European Advisory Commission (EAC), einem Unterausschuss der alliierten Außenminister, in London markiert und im Februar 1945 von den Regierungs- bzw. Staatschefs der drei Großmächte, Winston Churchill, Franklin D. Roosevelt und Josef Stalin, in Jalta festgelegt.[1] Zur sowjetischen Zone gehörten die vormalige preußische Provinz Brandenburg, das Land Mecklenburg unter Einschluss Vorpommerns, die aus der Provinz Sachsen und dem Freistaat Anhalt gebildete Provinz Sachsen-Anhalt sowie die Länder Sachsen und Thüringen. Durch die Aufteilung Deutschlands in Besatzungszonen war Preußen zerrissen worden und hatte faktisch aufgehört zu bestehen. Die Oder-Neiße-Linie bildete die Ostgrenze der sowjetisch besetzten Zone. Im Juli 1945 setzte die Sowjetische Militäradministration in Deutschland (SMAD) Landesverwaltungen für die Länder Sachsen, Thüringen und Mecklenburg-Vorpommern sowie Provinzialverwaltungen für die Provinzen Brandenburg und Sachsen-Anhalt ein. Reguläre Landesregierungen gingen aus den Landtagswahlen am 20. Oktober 1946 hervor. Nach der formellen Auflösung Preußens durch das Kontrollratsgesetz Nr. 46 vom 25. Februar 1947 erhielten die Provinzen Brandenburg und Sachsen-Anhalt gemäß Befehl Nr. 180 der SMAD vom 21. Juli 1947 den staatsrechtlichen Status von Ländern und waren damit auch *de jure* den übrigen Ländern der sowjetischen Zone gleichgestellt.[2] Berlin bildete aufgrund des Viermächte-Status eine besondere politische Einheit.

In den Jahren von 1946 bis 1952 trieben sowohl die sowjetische Besatzungsmacht als auch die Führung der Sozialistischen Einheitspartei Deutschlands

---

1 Vgl. Wilfried Loth, Die Teilung der Welt. Geschichte des Kalten Krieges 1941–1955, München 1980, S. 84 f.; Boris Meissner (Hrsg.), Die Deutschlandfrage von Jalta und Potsdam bis zur staatlichen Teilung Deutschlands 1949, Berlin 1993.

2 Vgl. Barbara Fait, Landesregierungen und -verwaltungen. Einleitung, in: Martin Broszat/ Hermann Weber (Hrsg.), SBZ-Handbuch. Staatliche Verwaltungen, Parteien, gesellschaftliche Organisationen und ihre Führungskräfte in der Sowjetischen Besatzungszone Deutschlands 1945–1949, München 1990, S. 74.

(SED) die Zentralisierung in Politik, Verwaltung und Wirtschaft voran. Das Streben nach einer Monopolisierung politischer Macht und die Bemühungen, die ostdeutschen Landesregierungen zu Befehlsausführungsinstanzen der im Oktober 1949 gebildeten DDR-Ministerien in Ost-Berlin zu degradieren, konnten 1952 noch keineswegs als gelungen gelten. Zwar lag die politische Entscheidungsgewalt im Ost-Berliner Parteizentrum der SED, doch traten selbst Landesfunktionäre der SED noch immer mit lokalem Eigensinn in Erscheinung und blockierten mitunter die Umsetzung zentraler Beschlüsse. Obgleich die Einheitspartei zum dominanten Strukturelement im Herrschaftsapparat der DDR geworden war, erschienen die Länder mit ihren SED-Landesverbänden noch immer als vermeintliche Störfaktoren im Prozess der Monopolisierung der Macht. Es bedurfte weiterer Schritte, um den umfassenden Herrschaftsanspruch der SED auch in jedem Winkel ihres Machtbereichs entfalten zu können.

Vor diesem Hintergrund verabschiedete die Volkskammer am 23. Juli 1952 entsprechend einer Vorlage des SED-Politbüros das »Gesetz über die weitere Demokratisierung des Aufbaus und der Arbeitsweise der staatlichen Organe in den Ländern der Deutschen Demokratischen Republik«.[3] Das zunächst harmlos klingende Gesetz begründete eine bis 1990 geltende administrativ-territoriale Neugliederung der DDR. An die Stelle der bisherigen fünf Länder traten nun 14 Bezirke.[4] Ost-Berlin hatte als DDR-Hauptstadt einen besonderen Status, zählte aber *de facto* als 15. Bezirk. Die Anzahl der Kreise wuchs von bisher 132 auf 217 an. Mit der Auflösung der Länder waren auch die letzten Reste föderalistischer Traditionen zerschlagen worden. Es wurden folgende Bezirke gebildet:
– Mecklenburg: Neubrandenburg – Rostock – Schwerin;
– Brandenburg: Cottbus – Frankfurt (Oder) – Potsdam;
– Sachsen: Chemnitz – Dresden – Leipzig;
– Sachsen-Anhalt: Halle – Magdeburg;
– Thüringen: Erfurt – Gera – Suhl.

Der Rat des Bezirkes und der Bezirkstag traten an die Stelle von Landesregierung und Landtag. An der Spitze der neuen Verwaltungseinheit stand der Vorsitzende des Rates des Bezirkes, der sich auf einen starken hauptamtlichen Apparat stützen konnte. Als die eigentliche Machtzentrale in den neuen Bezirken traten die jeweiligen Bezirksleitungen der SED in Erscheinung, deren 1. Sekretär über eine herausgehobene Position verfügte. In den kommenden Jahrzehnten war das Denken vieler Menschen allerdings noch immer stark von den vormaligen regiona-

---

3 Vgl. Gesetzblatt der DDR 1952, Nr. 99 vom 24.7.1952, S. 613.
4 Vgl. Henning Mielke, Die Auflösung der Länder in der SBZ/DDR. Von der deutschen Selbstverwaltung zum sozialistisch-zentralistischen Einheitsstaat nach sowjetischem Modell 1945–1952, Stuttgart 1995.

len Strukturen der Länder geprägt. Besonders in Sachsen, Thüringen und Mecklenburg blieb die geistige Bindung an die ehemalige Länderstruktur erhalten. So konnte es auch nicht überraschen, dass im Zuge des Abbaus des zentralistischen Staatsapparates seit dem Herbst 1989 die Forderung nach einer Wiederherstellung der bis 1952 geltenden Ländergliederung nicht mehr überhört werden konnte. Gleichwohl gab es kontroverse Diskussionen darüber, mit welchem territorialen Zuschnitt an die traditionellen Strukturen des Föderalismus angeknüpft werden konnte.[5]

1. Die Diskussion um die Neu- oder Wiedergründung der Länder 1989/90

Unter dem Druck beginnender medialer Auseinandersetzungen kündigte Ministerpräsident Hans Modrow in seiner Regierungserklärung vom 17. November 1989 eine Verwaltungsreform an, die auf eine dezentrale Struktur ausgerichtet war. Er wollte »eine Verwaltungsreform mit dem Ziel, die staatliche Leitung und Verwaltung zu demokratisieren, ihre Arbeit überschaubarer zu machen sowie nicht zuletzt den Verwaltungsaufwand finanziell und personell erheblich zu verringern«.[6] Doch diese Ankündigung blieb inhaltlich vage. In der sich anschließenden Volkskammerdebatte forderte der Vorsitzende der Christlich-Demokratischen Union Deutschlands (CDU), Lothar de Maizière, die Auflösung der Bezirke und deren Zusammenführung in der vor 1952 existierenden Länderstruktur.[7] Auch der Vorsitzende der Nationaldemokratischen Partei Deutschlands (NDPD), Günter Hartmann, unterstützte während der Volkskammerdebatte die Forderung nach Wiederherstellung jener Territorialstruktur, die in den Jahren von 1945 bis 1952 in Ostdeutschland Bestand hatte.

Regierungschef Modrow setzte daraufhin am 18. Dezember 1989 die »Regierungskommission für die Vorbereitung und Durchführung der Verwaltungsreform« unter Leitung von Peter Moreth ein. Moreth war Mitglied der Liberaldemokratischen Partei Deutschlands (LDPD), seit November 1989 Stellvertreter des Vorsitzenden des Ministerrates für örtliche Staatsorgane und wurde dann im März 1990 der erste Chef der Treuhandanstalt. In der von Modrow eingesetzten

---

5 Vgl. Karl-Heinz Blaschke, Alte Länder – neue Länder. Zur territorialen Neugliederung der DDR, in: Aus Politik und Zeitgeschichte, B 27/1990, S. 39–54.

6 Eine Regierung der Koalition, eines neu verstandenen, kreativen politischen Bündnisses. Regierungserklärung Modrows vom 17.11.1989, in: Neues Deutschland, 18./19.11.1989.

7 Vgl. Bundesarchiv Berlin, DA 1/18657, Stenographische Niederschrift der 12. Volkskammertagung am 18.11.1989.

Regierungskommission wurde Rainer Dudek am 18. Dezember 1989 zum Sekretär ernannt.[8] Dudek war zuvor Sektorenleiter in der Instrukteurabteilung des DDR-Ministerrates gewesen. Innerhalb der Regierungskommission war die »Arbeitsgruppe administrativ-territoriale Gliederung« für die konzeptionelle Vorbereitung der Länderbildung zuständig. Zugleich wurde im Dezember 1989 eine Abteilung Verwaltungsreform beim Ministerrat der DDR gebildet. Leiter der Abteilung wurde Rainer Dudek. Der aus Freital in Sachsen stammende Dudek koordinierte damit die Arbeit zweier zentraler Institutionen, die die Länderbildung vorbereiteten. Sowohl die Regierungskommission als auch die Abteilung Verwaltungsreform des Ministerrates entwickelten Vorschläge für die Wieder- bzw. Neubildung von Ländern in der DDR. Durch die Doppelfunktion Dudeks als Abteilungsleiter und Sekretär der Kommission ergab sich nicht nur eine enge personelle, sondern auch eine inhaltliche Verzahnung der Arbeit in diesen beiden Gremien.

Die Kommission Verwaltungsreform reichte im Januar 1990 eine Vorlage für den Ministerrat über »Zielstellungen, Grundsätze und erste Maßnahmen zur Durchführung einer Verwaltungsreform in der DDR« ein.[9] Als Ziel formulierte die Kommission in der Vorlage eine Reform der politisch-territorialen Gliederung der DDR, deren Kern »die grundsätzliche Aufwertung der Städte und Gemeinden, insbesondere der Groß- und Mittelstädte sowie die Herausbildung von Ländern« bildete. Über die konkrete Gestaltung einer Länderstruktur sollte ein Gutachten mit Empfehlungen für die Ausarbeitung einer neuen Verfassung der DDR erarbeitet werden. Diese Vorlage wurde am 1. Februar 1990 im Ministerrat beschlossen und dem Zentralen Runden Tisch als Standpunkt der Regierung übergeben.[10] Die Abteilung Verwaltungsreform des Ministerrates entwickelte dann im Februar 1990 »Gedanken und Vorschläge zur Sicherung der Arbeitsfähigkeit der Bezirke«, die auf die Bildung der Länder auf Grundlage der bestehenden Bezirke abzielten, wobei »unterschiedliche Auffassungen größerer Bevölkerungsgruppen zur Zuordnung bestimmter Gebietsteile durch Bürgerentscheide« zu klären waren.[11] Bereits zu den Volkskammerwahlen am 18. März 1990 sollte durch einen Volksentscheid über die Bildung von »föderativen Ländern« abgestimmt werden.

---

8 Vgl. Bundesarchiv Berlin, N 2645/18, Berufungsschreiben für Rainer Dudek zum Mitglied der Regierungskommission Verwaltungsreform vom 18.12.1989.

9 Vgl. Bundesarchiv Berlin, DO 5/183, Vorlage für den Ministerrat über Zielstellungen, Grundsätze und erste Maßnahmen zur Durchführung einer Verwaltungsreform in der DDR vom 26.1.1990.

10 Der am 7.12.1989 gebildete paritätisch besetzte »Zentrale Runde Tisch« war bis zur Volkskammerwahl am 18. März 1990 eine Zusammenkunft von Vertretern von SED/PDS und der nach Eigenständigkeit strebenden Blockparteien mit Abgesandten der neu entstandenen oppositionellen Bürgerbewegungen.

11 Bundesarchiv Berlin, DO 5/183, Gedanken und Vorschläge zur Sicherung der Arbeitsfähigkeit der Bezirke vom 8.2.1990.

Der Zeitplan dieser Vorschläge sah vor, bis Mai 1990 Varianten zur Neugliederung des Staatsgebietes der DDR in Länder zu erarbeiten sowie anschließend öffentlich zu diskutieren und im Herbst 1990 ein Gesetz über die Bildung von Ländern in der DDR durch die Volkskammer beschließen zu lassen.

Über den generellen Neuzuschnitt der ostdeutschen Länder herrschte bis zum Sommer 1990 keine Einigkeit. Seit Beginn des Jahres 1990 wurden hierzu verschiedene Varianten entworfen. Noch während der Amtszeit Modrows beriet die Regierungskommission Verwaltungsreform über die Zweckmäßigkeit sowie die Umsetzungschancen von Varianten der Länderbildung. Der von der Evangelischen Landeskirche Greifswald und politischen Gruppierungen geforderten Bildung eines eigenständigen Landes Vorpommern räumte die Regierungskommission Anfang Februar 1990 kaum Chancen zur Umsetzung ein.[12] Vergleichbare Skepsis gab es über die Bildung eines Landes Lausitz aus den 12 zweisprachigen (Sorbisch/Deutsch) Kreisen der Bezirke Dresden und Cottbus. Gleichwohl zeichneten sich im Siedlungsraum der sorbischen Bevölkerung Konflikte ab. Der Wunsch zur territorialen Neugliederung war im Bezirk Cottbus stark emotional geprägt. Grundsätzlich sprach sich die Regierungskommission gegen die Umwandlung des bisherigen Bezirks Cottbus zum Land Lausitz und gegen einen Anschluss der Oberlausitzer Kreise Bautzen, Kamenz, Görlitz/Stadt und Land, Löbau, Weißwasser und Zittau aus. Zur Bildung eines Landes Lausitz fehlte nach Auffassung der Kommission eine auskömmliche wirtschaftliche Basis. Zudem konnten die starken Bestrebungen in diesen zweisprachigen Kreisen, sich dem künftigen Land Sachsen anzugliedern, nicht ignoriert werden. Eine einheitliche Zuordnung aller zweisprachigen Kreise entweder zum Land Sachsen oder zum Land Brandenburg erschien unter Beachtung der in diesem Gebiet lebenden deutschen Bevölkerung wiederum als nicht realisierbar.

In ihren »Grundsätzen der Länderbildung sowie zu den Grundzügen der Aufgabenstellung künftiger Länderparlamente und -regierungen« vom Februar 1990 schlug die Regierungskommission Verwaltungsreform einen Volksentscheid über die Einführung der Länderstruktur vor, in dem über drei Varianten abgestimmt werden sollte:

1. Bildung von fünf Ländern (Sachsen, Sachsen-Anhalt, Brandenburg, Thüringen, Mecklenburg-Vorpommern);
2. Bildung von vier Ländern (Sachsen, Brandenburg, Thüringen, Mecklenburg-Vorpommern);
3. Beibehaltung der Bezirksstruktur.[13]

---

12 Bundesarchiv Berlin, DO 5/146, Vermerk über die Beratung der Arbeitsgruppe administrativ-territoriale Gliederung der Regierungskommission am 6.2.1990.

13 Vgl. ebenda, Regierungskommission für die Vorbereitung und Durchführung der Verwaltungsreform. Arbeitsgruppe administrativ-territoriale Gliederung: Vorlage zu den Grundsät-

Sobald das Ergebnis vorliege, solle die Volkskammer – nach Ansicht der Kommission – eine entsprechende Verfassungsänderung beschließen, um die Länderbildung auch verfassungsrechtlich zu legitimieren. Zugleich schlug die Kommission vor, dass die Volkskammer im Juni 1990 ein Gesetz über die Landtagswahlen verabschiede. Wahlen zu den Landtagen plante die Kommission für Ende Oktober/ Anfang November 1990.

Detaillierte und ausgereifte Konzepte für die anzustrebende Länderstruktur in der DDR entwarf Karlheinz Blaschke.[14] Der habilitierte Historiker hatte während seiner von 1951 bis 1968 dauernden wissenschaftlichen Tätigkeit im Landeshauptarchiv Dresden regelmäßig über die Geschichte Sachsens und die Ländergeschichte in Deutschland publiziert. Blaschke galt als profunder Kenner der sächsischen Landesgeschichte. Er übernahm 1969 eine Dozentur am Theologischen Seminar Leipzig, einer staatlich nicht anerkannten Hochschule in der Trägerschaft der Evangelisch-Lutherischen Landeskirche Sachsens. An dem 1990 in Kirchliche Hochschule Leipzig umbenannten Institut lehrte Blaschke bis zur Auflösung der Hochschule 1992. In seiner Denkschrift über die territoriale Neugliederung des Territoriums der DDR vom Februar 1990 wandte er sich vehement gegen die schematische Wiedereinführung der bis 1952 existierenden Länder.[15] Die bevorstehende territoriale Neugliederung der DDR bezeichnete er als eine Gelegenheit, wie sie nur selten in der Geschichte geboten werde. Weiter hieß es:

»Es wäre ein schwerer Fehler, diese Chance zu verspielen, indem ein enges Denken lediglich die Wiederherstellung von Ländern herbeiführen würde, die durch dynastische Zufälligkeiten und machtstaatliche Willkür geschaffen worden sind. Die künftigen Länder auf dem Boden der heutigen DDR sollen nicht bloße Verwaltungseinheiten sein, nicht nur mit zwei oder drei multiplizierte Bezirke. Sie müssen lebensfähige und leistungsfähige Staatsgebilde sein, in denen frei gewählte Volksvertretungen und demokratisch zusammengesetzte Regierungen politische Verantwortung ausüben können.«[16]

Mit diesen Argumenten plädierte Blaschke für eine Variante mit den drei Ländern Mecklenburg, Brandenburg und Sachsen-Thüringen. Diese »große Lösung« entspreche den von ihm genannten Bedingungen, vor allem im Hinblick auf wirtschaftliche Leistungsfähigkeit und politisch-kulturelle Lebensfähigkeit. Überdies sprächen auch die historischen Wurzeln dieser möglichen drei Länder für die »große Lösung«. Besonders wichtig war für Blaschke, dass die preußische Provinz Sachsen aufgelöst wird: »Sie war ein durchaus künstliches Gebilde und ein

---

zen der Länderbildung sowie zu den Grundzügen der Aufgabenstellung künftiger Länderparlamente und -regierungen vom 22.2.1990.

14 Vgl. Blaschke, Alte Länder – neue Länder, S. 39–54.

15 Vgl. Bundesarchiv Berlin, DO 5/147, Denkschrift über die territoriale Neugliederung des Territoriums der DDR vom Februar 1990.

16 Ebenda.

Ergebnis preußischer Machtpolitik, die Deutschland in zwei Weltkriege mit katastrophalem Ausgang hineingeführt hat.« Abschließend hieß es in seiner Denkschrift: »Die Gesellschaft der DDR sollte den Mut haben, eine große Lösung der jetzt vor ihr stehenden Aufgabe in bezug auf die territoriale Neugliederung herbeizuführen.«[17]

Die Denkschrift stieß auf unterschiedliche Resonanz. Der Rat des Bezirkes Leipzig berief sich im Februar 1990 auf die Denkschrift Blaschkes und befürwortete die Bildung der drei genannten Länder. Unter Rückgriff auf die Argumente Blaschkes hieß es:

»Die Varianten Zusammenfassung von Bezirken zu Ländern in Anlehnung an die Struktur der Länder bis 1952 und Wiedereinführung der Länder, wie sie bis 1952 bestanden haben, schöpfen offensichtlich die Entwicklungspotenzen von Ländern in einem Föderativstaat nicht aus.«[18]

Der Rat des Bezirkes Leipzig sprach sich für die Herausbildung eines Föderativstaates mit wirtschaftlich starken Ländern aus: »Alle Arten staatlicher Organe – gesetzgebende, vollziehende und rechtsprechende – sollen sowohl auf der Ebene der Zentrale als auch der Länder vorhanden sein.«[19] Auch bei einem Kolloquium der Humboldt-Universität zu Berlin, an der Vertreter der Regierungskommission Verwaltungsreform teilnahmen, wurde stark auf die Argumente Blaschkes zur Ablehnung der Wiedereinrichtung der fünf Länder in den Grenzen von 1952 zurückgegriffen:

»Die Wiedereinführung der alten Länder- und Kreiseinteilung wäre mit erheblichen Aufwendungen für die Grenzveränderungen auf Länder- und Kreisebene sowie daran geknüpfter territorialer Organisationsformen der Wirtschaft und des gesellschaftlichen Lebens verbunden.«[20]

Unter anderem würden dadurch industrielle Ballungsgebiete im Raum Halle-Merseburg und Leipzig-Borna sowie wichtige Schwerpunkte der Braunkohle- und Energieerzeugung des Bezirkes Cottbus auf das Territorium dreier Länder aufgeteilt.

Die Denkschrift Blaschkes ebenso wie andere Konzepte zur Länderbildung lagen der Regierungskommission Verwaltungsreform vor und wurden auch dort beraten. Sie flossen in die Vorlage der Regierungskommission zur Länderbildung in der DDR vom 9. März 1990 ein, in der sich die Kommission grundsätzlich für

---

17 Ebenda.
18 Bundesarchiv Berlin, DO 5/147, Rat des Bezirkes Leipzig: Überlegungen zur Verwaltungsreform vom 20.2.1990.
19 Ebenda.
20 Bundesarchiv, DO 5/183, Thesen zum Kolloquium am 16.2.1990 in Berlin: Zur Neugestaltung der politisch-administrativen Gliederung in der DDR.

die Umwandlung der DDR von einem Einheitsstaat in einen Bundesstaat (Föderation) aussprach:

»Die Schaffung einer föderalen Struktur ist seitens der DDR die grundlegende Bedingung für die angestrebte Vereinigung mit der BRD. Damit ergeben sich auch günstige Möglichkeiten für die Transformation von bewahrenswerten Besonderheiten der DDR in ein einheitliches Deutschland.«[21]

Die zu bildenden Länder seien hinsichtlich ihrer Rechtsstellung als Gliedstaaten in einer Föderation zu begreifen, deren Parlamente und Regierungen über die entsprechenden Zuständigkeiten und Kompetenzen verfügen müssten.

Der Verzicht auf die Wiederherstellung des Landes Sachsen-Anhalt hielt die Regierungskommission insbesondere deshalb für bedenkenswert, weil dieses nach 1945 gebildete Land eine Schöpfung ohne historische und kulturelle Identität gewesen sei. Damit wäre auch ausgeschlossen, dass eine Landesgrenze quer durch das Ballungsgebiet Halle-Leipzig-Bitterfeld verläuft. So befürwortete die Regierungskommission für die Vorbereitung und Durchführung der Verwaltungsreform in einer Regierungsvorlage vom 22. Februar 1990 die Bildung von vier Ländern:

»Danach würden neben den lage- und naturbegünstigten kleineren Ländern Mecklenburg-Vorpommern und Thüringen durch die Aufteilung des Landes Sachsen-Anhalt auf die Länder Brandenburg und Sachsen im zentralen Teil der DDR zwei leistungsfähige, mit den Bundesländern mittlerer Größe in der BRD vergleichbare Länder entstehen, die auch im gesamteuropäischen Maßstab eine wesentliche Rolle spielen könnten. Auf die Neubildung eines Landes Vorpommern sollte verzichtet werden wegen nichtausreichender Größe, Bevölkerungszahl und struktureller Leistungsfähigkeit.«[22]

Ein Grundproblem der frühen Überlegungen zur Länderbildung bestand in der Frage, ob die DDR als Einheitsstaat mit Ländern in Form von eigenständigen Selbstverwaltungskörperschaften nach dem Beispiel Frankreichs oder als Föderativstaat (Bundesstaat) mit Ländern in Form von Gliedstaaten zu konzipieren sei. Diese Frage wurde dann letztlich durch die Entscheidung für den Beitritt der ostdeutschen Länder zur Bundesrepublik nach Paragraph 23 des Grundgesetzes entschieden. Strittig war zudem die Frage, ob mit der Bildung von Ländern auch die früheren Landeshauptstädte wieder Geltung erlangen würden. Dies betraf insbesondere die Länder Mecklenburg-Vorpommern (Rostock oder Schwerin), Sachsen (Leipzig oder Dresden) und Sachsen-Anhalt (Halle oder Magdeburg). Die Städte Schwerin, Halle und Dresden gingen von der Wiedergründung der frü-

---

21 Ebenda, DO 5/161, Vorlage zur Länderbildung der Regierungskommission Verwaltungsreform vom 9.3.1990.

22 Bundesarchiv Berlin, DO 5/183, Regierungskommission für die Vorbereitung und Durchführung der Verwaltungsreform: Vorlage zu den Grundsätzen der Länderbildung vom 22.2.1990.

heren Länder (bis 1952) und damit auch von ihrem damaligen Rang als Landeshauptstädte aus. Deshalb wurde von ihnen die Durchführung einer Bürgerbefragung zur künftigen Landeshauptstadt abgelehnt. Mit diesem Argument konnten sich die Städte letztlich auch durchsetzen.

Nach den Wahlen zur ersten freien Volkskammer vom 18. März 1990 bildeten die Parteien der »Allianz für Deutschland« aus Christlich-Demokratischer Union (CDU), Deutscher Sozialer Union (DSU) und Demokratischer Aufbruch (DA) sowie die Sozialdemokratische Partei Deutschlands (SPD) und der Bund Freier Demokraten (BFD) eine Koalitionsregierung unter Ministerpräsident Lothar de Maizière (CDU). In den Grundsätzen der Koalitionsvereinbarung zwischen den Fraktionen der CDU, der DSU, dem DA, den Liberalen (BFD, F.D.P.) und der SPD vom 12. April 1990 hieß es zu der angestrebten Verwaltungsreform:

»Es ist Ziel, eine föderative Republik zu schaffen, einschließlich einer notwendigen Länderkammer. Die Abgrenzung zwischen Länderrecht und Bundesrecht ist kompatibel dem Grundgesetz anzugleichen. Angemessene Verbundstrukturen zwischen den aus der DDR hervorgehenden Ländern sind zu schaffen. Die Schaffung der Länder soll möglichst in Anlehnung an die bis 1952 geltende Struktur einschließlich der Neuorganisation der Landkreise erfolgen. Die Länderstrukturen sind in enger Abstimmung mit der Bevölkerung unter Berücksichtigung ökonomischer Aspekte und den verwaltungsrechtlichen Erfordernissen [sic!] zu bilden.«[23]

In seiner Regierungserklärung vom 19. April 1990 umriss de Maizière die wirtschaftspolitischen Zielsetzungen seiner Regierung ganz im Sinne der Koalitionsvereinbarung. Details einer Verwaltungsreform bzw. zur Länderbildung erwähnte er jedoch nicht.[24] In Anbetracht der Diskussionen und öffentlichen Forderungen nach Abschaffung der zentralistischen Verwaltung und der Einführung föderaler Strukturen und effektiver Formen der kommunalen und regionalen Selbstverwaltung richtete Ministerpräsident de Maizière im April 1990 ein Ministerium für Regionale und Kommunale Angelegenheiten ein, an dessen Spitze Manfred Preiß (BFD) stand. Preiß war seit 1964 Mitglied der Liberaldemokratischen Partei Deutschlands (LDPD), von Januar bis März 1990 Staatssekretär im Ministerium für Örtliche Staatsorgane in der Regierung Modrow und danach im Kabinett von de Maizière bis Oktober 1990 Minister für Regionale und Kommunale Angelegenheiten. Aufgabe des Ministeriums war es, die Leitlinien des Ministerpräsidenten zur Vorbereitung und Durchführung der Länderbildung umzusetzen sowie Gesetzesvorlagen zur Verwaltungs- und Gebietsreform zu erarbeiten. Die von Rainer Dudek bislang geleitete Abteilung »Verwaltungsreform« des Mi-

---

23 Bundesarchiv Berlin, DA 1/19101, Grundsätze der Koalitionsvereinbarung vom 12.4.1990.
24 Protokoll der 3. Sitzung der Volkskammer am 19.4.1990, in: Deutscher Bundestag (Hrsg.), Protokolle der Volkskammer der Deutschen Demokratischen Republik, 10. Wahlperiode (5. April bis 2. Oktober 1990), Bd. 1, Wiesbaden 2000, S. 44.

nisterrates wurde dem neu gebildeten Ministerium für Regionale und Kommunale
Angelegenheiten zugeordnet.

Nach Diskussionen über die künftige Territorialstruktur mit zwei, vier oder
fünf Ländern sprach sich die Regierungskommission »Verwaltungsreform« bei ihrer Sitzung am 17. April 1990 gegen die Fünf-Länder-Variante aus und schlug die
Bildung von vier Ländern vor: Mecklenburg-Vorpommern, Brandenburg, Sachsen und Thüringen.[25] Die Wiederherstellung des Landes Sachsen-Anhalt war in
dieser Variante wie bereits zuvor nicht vorgesehen. Der Bezirk Magdeburg sollte dem Land Brandenburg und der Bezirk Halle dem Land Sachsen zugeordnet
werden.[26] Ausschlaggebend für diese Variante mit vier Ländern war ein Kompromiss »zwischen der traditions- und emotionsbetonten 5-Länder-Variante einerseits und den in erster Linie aus Effizienzgründen erarbeiteten Varianten der
Bildung von wenigen leistungsstarken und eigenständigen Großländern andererseits«.[27] Die Regierungskommission begründete diese Vier-Länder-Variante mit
einer notwendigen »Wettbewerbsfähigkeit der Länder in einem künftigen einheitlichen Deutschland. Aber auch unter dem Aspekt der europäischen Einigung
wäre die Bildung weniger, aber leistungsfähigerer Länder auf dem Gebiet der
DDR zweckmäßiger.«[28] Darüber hinaus wurde in der Kommission die Variante
mit zwei oder drei Ländern diskutiert, die einer wirtschaftlichen Zweckmäßigkeit
sowie einer notwendigen Wettbewerbsfähigkeit künftiger Länder in einem einheitlichen Deutschland Rechnung trugen. Die Variante mit der Bildung von zwei
Ländern (Mecklenburg/Brandenburg sowie Sachsen/Thüringen) wurde jedoch
sehr schnell verworfen, da hierbei eine starke Ablehnung sowohl der Bevölkerung
als auch der Regionalpolitiker zu befürchten war.[29] Die Bildung eines Landes Lausitz wurde ebenfalls verworfen, »da eine solche Regelung zur Zersplitterung und
zur Herausbildung eines strukturschwachen Landes führt. Zur Wahrung der kulturellen Eigenständigkeit wird empfohlen, den Sorben in ihren Siedlungsgebieten

---

25 Bundesarchiv Berlin, DO 5/24, Vermerk zur Sitzung der Regierungskommission Verwaltungsreform am 17.4.1990.
26 Vgl. Blaschke, Alte Länder – neue Länder, S. 49.
27 Zitiert in: Werner Rutz/Konrad Scherf/Wilfried Strenz, Die fünf neuen Bundesländer. Historisch begründet, politisch gewollt und künftig vernünftig?, Darmstadt 1993, S. 88.
28 Bundesarchiv Berlin, DO 5/146, Entwurf der Regierungskommission für ein Gesetz zur Bildung von Ländern in der DDR vom April 1990.
29 Vgl. Werner Rutz, Die Wiedereinrichtung der östlichen Bundesländer, ihr Zuschnitt und dessen Vorläufigkeit, in: Gerhard Hirscher (Hrsg.), Die Zukunft des kooperativen Föderalismus
   in Deutschland, Bayreuth 1991, S. 105–142; Konrad Scherf/Lutz Zaumseil, Zur politisch-administrativen Neugliederung des Gebietes der DDR, in: Raumforschung und Raumordnung
   48 (1990), H. 4/5, S. 231–240.

in den künftigen Ländern Brandenburg und Sachsen länderübergreifend, verfassungsmäßig garantierte kulturelle Autonomie zu gewährleisten.«[30]

Der ursprüngliche Vorschlag der Regierungskommission in der Variante mit vier Ländern blieb jedoch durch die rasante Entwicklung in den bisherigen Bezirken wirkungslos. Denn die Vorsitzenden der Räte der Bezirke bereiteten bereits die Bildung von fünf Ländern unter Rückgriff auf die Länderstruktur von 1952 vor. Sowohl Regionalpolitiker als auch große Teile der Bevölkerung der Bezirke Magdeburg und Halle lehnten den Verzicht auf die Bildung des Landes Sachsen-Anhalt vehement ab.[31] Unter diesen Umständen schlug die Kommission schließlich die Wiedereinführung der fünf Länder in den Grenzen von 1952 vor. Kommissionssekretär Dudek notierte hierzu ein Jahr später, im April 1991:

>»Frühzeitig entschieden war die Zahl der zu bildenden Länder. Der nachdrücklich geäußerte Wille einer breiten Öffentlichkeit verlangte die Rückkehr zu den Traditionen vor der Verwaltungsreform von 1952. Im Vorfeld der Beschlüsse erarbeitete Varianten mit weniger als fünf neuen Ländern waren politisch nicht durchsetzbar.«[32]

Die Berücksichtigung historisch gewachsener Strukturen und wirtschaftlicher Verflechtungen bzw. Abhängigkeiten spielte schließlich eine untergeordnete Rolle.

Gleichwohl konnte die frühere Struktur von 1952 nicht schematisch wiederhergestellt werden, da es in einigen Kreisen Abweichungen zwischen der Zugehörigkeit der Bevölkerung zu den bisherigen Bezirken und ehemaligen Ländern gab. So blieb die territoriale Zugehörigkeit bestimmter Landkreise vorläufig ungeklärt. Dies betraf vor allem Kreise, die durch die damalige Bezirksbildung ganz oder teilweise getrennt wurden. Vor diesem Hintergrund hatte der Ministerrat am 2. Mai 1990 Volksentscheide in diesen Kreisen in Erwägung gezogen.[33] Am 6. Juni wurde diese Maßgabe allerdings per Regierungsbeschluss durch unverbindliche, von den Kreistagen zu bestätigende Bürgerbefragungen ersetzt.[34] Das Argument für die Kehrtwende lautete: Man wolle die Kommunalvertretungen, die am 6. Mai 1990 erstmals frei gewählt worden waren, nicht gleich wieder in einer wichtigen Frage entmündigen. So mussten Kompromisse gefunden werden, die auch den Meinungen der Einwohner und den Resultaten von Bürgerbefragungen Rechnung trugen. Unter den Bewohnern derjenigen Kreise, die 1952

---

30 Bundesarchiv Berlin, DO 5/146, Entwurf der Regierungskommission für ein Gesetz zur Bildung von Ländern in der DDR vom April 1990.
31 Vgl. Bundesarchiv Berlin, DO 5/24, Vermerk über die informelle Beratung mit den Vorsitzenden der Räte der Bezirke zu den Varianten der Länderbildung vom 23.4.1990.
32 Bundesarchiv Berlin, DO 5/185, Rainer Dudek, Probleme der administrativen Stärkung der Kommunen in den neuen Bundesländern (Analytische Betrachtung zu Aspekten einer kommunalen Gebietsreform, insbesondere der Landkreise) vom April 1991.
33 Vgl. Bundesarchiv Berlin, DC 20-I/3/2948, Protokoll der 4. Sitzung des Ministerrates am 2.5.1990.
34 Vgl. ebenda, DC 20-I/3/2980, Protokoll der 10. Sitzung des Ministerrates am 6.6.1990.

ganz oder überwiegend zu einem anderen Land gehört hatten, wurden dann im Juni und Juli 1990 Bürgerbefragungen organisiert (insgesamt in 15 Kreisen).[35]

Für die gesetzliche Regelung der territorialen Gliederung der Länder gründete sich eine Gesetzgebungskommission zur Erarbeitung eines »Verfassungsgesetzes zur Bildung von Ländern in der DDR – Ländereinführungsgesetz (LEG)« unter Leitung von Minister Preiß, die am 18. Mai 1990 erstmalig tagte.[36] Deren Ziel war es, bis zum 7. Juni 1990 einen Gesetzentwurf für die erste Lesung in der Volkskammer vorzulegen, die dann am 22. Juni 1990 stattfand. Allerdings wurde bereits in der Sitzung des Ministerrates am 2. Mai 1990 ein Entwurf für einen »Beschluss zum Vorschlag für ein Gesetz zur Bildung von Ländern in der DDR einschließlich Ländergliederung (Ländereinführungsgesetz)« diskutiert und bestätigt.[37] Dieser Beschluss war zentral für die Wiedereinführung der Länder in der DDR. Mit dem Entwurf für das Ländereinführungsgesetz wurde die zukünftige Aufteilung des Staatsgebietes der DDR in fünf Länder auf der Basis der Bezirksterritorien vorgeschlagen. Der Ministerrat hatte sich auch gegen die Bildung eines Landes Vorpommern entschieden:

»Die Regierung vertritt den Standpunkt, dass ein eigenständiges Land Vorpommern als künftig kleinstes Land mit extremer Randlage und geringer eigener ökonomischer Potenz nicht zweckmäßig ist. Es stünde zugleich einer perspektivischen Lösung einer sich herausbildenden europäischen Nordregion entgegen. Mit der Entscheidung, ein Land Mecklenburg-Vorpommern zu bilden, wurde zugleich der Notwendigkeit Rechnung getragen, die gesamte Küstenregion zu einem einheitlichen Struktur- und Lebensbereich zu entwickeln.«[38]

Damit folgte dieser Beschluss den Empfehlungen der Regierungskommission Verwaltungsreform zur Bildung der Länder Brandenburg, Mecklenburg-Vorpommern, Sachsen-Anhalt, Sachsen und Thüringen.

2. Die Wiedereinführung der fünf Länder

Weil die 1952 innerhalb der DDR-Bezirke neu festgelegten Grenzen der Kreise nicht mehr mit den ursprünglichen Ländergrenzen übereinstimmten, mussten Kompromisse für 32 Kreise mit rund zwei Millionen Einwohnern gefunden

---

35 Vgl. Rutz/Scherf/Strenz, Die fünf neuen Bundesländer, S. 94.
36 Bundesarchiv Berlin, DO 5/24, Niederschrift über die Konstituierung der Gesetzgebungskommission für das Ländereinführungsgesetz am 18.5.1990.
37 Vgl. ebenda, DC 20-I/3/2948, Protokoll der 4. Sitzung des Ministerrates am 2.5.1990.
38 Bundesarchiv Berlin, DO 5/120, Schreiben von Minister Preiß an die Evangelische Landeskirche Greifswald vom 18.6.1990.

werden. Besonders stark betroffen waren 15 Kreise, die 1952 von den neu gebildeten Bezirksgrenzen willkürlich zerschnitten oder von ihren alten gewachsenen Verbindungen abgeschnitten worden waren. In diesen 15 Kreisen fanden im Juni und Juli 1990 »Bürgerbefragungen« statt, bei deren Ergebnissen in zwölf Fällen den Wünschen der Einwohner Rechnung getragen wurde. In drei Fällen entschieden die Abgeordneten der betroffenen Kreistage mehrheitlich gegen die Bürgervoten.[39] Besonders umstritten war die Entscheidung des Kreistages Altenburg für Thüringen. Hier hatten 53,8 Prozent der Einwohner für das Land Sachsen und 46,2 Prozent für das Land Thüringen votiert.[40] Dementsprechend protestierten die Befürworter der Angliederung an Sachsen gegen die Entscheidung des Kreistages, so wie etwa die Beschäftigten des Modehauses Altenburg GmbH »Lucie Kaiser Collection« in einem Schreiben an das Ministerium für Kommunale und Territoriale Angelegenheiten vom 19. Juli 1990:

»Als Bürger des Kreises Altenburg sind wir empört über die Entscheidung der Abgeordneten des Kreistages Altenburg, unseren Kreis dem zukünftigen Land Thüringen zuzuordnen. Jeder Bürger unseres Kreises hatte die Möglichkeit, an der Bürgerbefragung teilzunehmen. Die Beteiligung lag zwar nur bei 55 %, aber das liegt in der Entscheidung eines jeden einzelnen selbst. Der größte Teil der Bürger stimmte für das Land Sachsen. Mit der Abstimmung von 68 Abgeordneten des Kreistages wurde diese Entscheidung wieder umgestoßen. Aus welchem Grund werden dann solche Bürgerbefragungen überhaupt durchgeführt, wenn die Entscheidungen der Bürger wieder ignoriert werden? Diese Vorgehensweise wurde 40 Jahre lang praktiziert, jetzt werden die Bürger wieder betrogen! Wir fordern hiermit, dass die Ergebnisse der Bürgerbefragung als verbindlich anerkannt werden.«[41]

Auf der anderen Seite gingen im Ministerium Zuschriften ein, in denen eine Anbindung an Thüringen ausdrücklich begrüßt wurde. So hieß es in einem Schreiben mehrerer Bürger der Stadt Altenburg an Minister Preiß vom 18. Juli 1990:

»Mit der geringen Wahlbeteiligung von 55 % ist ein knappes Ergebnis von ca. 52 % für Sachsen herausgekommen. Das soll nun bedeuten, dass Altenburg/Thür. zu Sachsen kommen soll? Damit fühlen wir Thüringer uns wieder in das alte Regime versetzt. Nichts gegen die Sachsen, das sind uns liebe Menschen. Aber einen Sachsen zum Thüringer zu machen oder einen Bayern zum Preußen, das geht ebenso nicht wie einen Thüringer zum Sachsen. […] Wir möchten mit unserem Schreiben erreichen, dass uns nicht die Bindung zu dem Land Thüringen genommen wird. Wir sind der Meinung, dass durch die Wah-

---

39 Vgl. Michael Kilian, Wiedererstehen und Aufbau der Länder im Gebiet der vormaligen DDR, in: Josef Isensee/Paul Kirchhof (Hrsg.), Handbuch des Staatsrechts der Bundesrepublik Deutschland, Band VII: Die Einheit Deutschlands–Entwicklung und Grundlagen, Heidelberg 1995, S. 72.

40 Vgl. Bundesarchiv Berlin, DO 5/126, Zusammenfassung der Ergebnisse der Bürgerbefragung in den Kreisen.

41 Ebenda, Schreiben des Modehauses Altenburg GmbH »Lucie Kaiser Collection« an das Ministerium für kommunale und territoriale Angelegenheiten vom 19.7.1990.

lentscheidung von nur etwa einem Viertel der Bürger für Sachsen keine bleibende Entscheidung getroffen werden kann. Wir bitten Sie, sich für uns Thüringer einzusetzen. Wir möchten immer Thüringer in Altenburg bleiben.«[42]

Vergleichbare Ansichten prallten in den Kreisen Bad Liebenwerda, Hoyerswerda, und Senftenberg aufeinander. So hatten sich die Abgeordneten des Kreistages von Bad Liebenwerda am 21. Juli 1990 in geheimer Wahl für die Zuordnung ihres Kreises zum künftigen Land Brandenburg entschieden, obwohl bei der Bürgerbefragung 53,1 Prozent für Sachsen, 25,5 Prozent für Brandenburg und 21,4 Prozent für Sachsen-Anhalt votiert hatten.[43] Bei der Stimmabgabe für Sachsen war die territoriale Nähe der sächsischen Nachbarkreise Riesa und Großenhain ausschlaggebend. Nach der Entscheidung des Kreistages organisierte die Bürgerinitiative »Allianz für Sachsen« mit der Losung »Unser Sachsenland« zahlreiche Protestkundgebungen.[44]

Die »Allianz für Sachsen« machte auch im Kreis Senftenberg für die Anbindung des Kreises an Sachsen mobil. Dem Aktionsbündnis schlossen sich 24 Städte und Gemeinden des Kreises Bad Liebenwerda sowie 21 aus der Nachbarregion im Kreis Senftenberg an. In Senftenberg hatten bei der Bürgerbefragung 45,9 Prozent für Brandenburg und 54,1 Prozent für Sachsen votiert.[45] Hier war die Teilnahme der Abstimmungsberechtigten mit 61,7 Prozent vergleichsweise hoch. Dennoch beschloss der Kreistag mit denkbar knapper Mehrheit die Angliederung an das Land Brandenburg.[46] Der Sprecher des Bündnisses, der Ortrander Bürgermeister Reinhard Kißro, organisierte daraufhin am 22. Juli 1990 eine Demonstration von rund 2.000 Personen, die zeitweilig die Autobahn Berlin–Dresden blockierten. Die Allianz forderte die Angliederung der protestierenden Kommunen an das künftige Land Sachsen gemäß dem Votum der Bürgerbefragung. Die explosive Stimmung im Kreis verdeutlicht das Schreiben von Einwohnern aus Schwarzheide an die Präsidentin der Volkskammer Sabine Bergmann-Pohl vom 20. Juli 1990:

»Im Rahmen der Vorbereitung zur Länderbildung in der DDR wurde auch im Kreis Senftenberg eine Bürgerbefragung über die zukünftige Länderzugehörigkeit (Sachsen oder Brandenburg) des Kreises durchgeführt. Dabei stimmten ca. 54 % der Bürger für Sachsen.

---

42 Bundesarchiv Berlin, DO 5/126, Schreiben an das Ministerium für Regionale und Kommunale Angelegenheiten vom 18.7.1990.

43 Ebenda, Schreiben der Kreisverwaltung Bad Liebenwerda an Ministerpräsident de Maizière vom 10.8.1990.

44 35 Städte und Gemeinden im heutigen Südbrandenburg schlossen sich im Frühjahr/Sommer 1990 zu dieser Bürgerinitiative zusammen. Ihr Ziel war die Angliederung an Sachsen.

45 Vgl. Bundesarchiv Berlin, DO 5/126, Übersicht über die Ergebnisse der Bürgerbefragungen vom 22.7.1990.

46 Vgl. ebenda, Schreiben des Landrates von Senftenberg an die Präsidentin der Volkskammer vom 20.7.1990.

Entgegen diesem Bürgerwillen entschied der Kreistag am 19.07.1990[,] einen Antrag auf Beitritt zum Land Brandenburg bei der Volkskammer der DDR einzubringen. Gegen diese Verfahrensweise erheben wir entschieden Einspruch. Die Entscheidung der Kreistagsabgeordneten gegen den Willen ihrer Wähler empfinden wir als Vertrauensmißbrauch. Eine Bürgerbefragung verliert so ihren Sinn, entmündigt die Bürger und verstößt gegen die Demokratie. Wir fordern eine Überprüfung dieser Angelegenheit und die Respektierung des mehrheitlichen Willens der Bevölkerung des Kreises Senftenberg.«[47]

Letztlich waren die Entscheidungen der jeweiligen Kreistage bindend, die auf einer Sondersitzung der Volkskammer am 22. Juni 1990 bestätigt wurden. Für die Kreistage waren für ihre Entscheidung die in den Jahrzehnten zuvor gewachsenen Verwaltungs- und Handelsstrukturen mit benachbarten Kreisen wichtiger als landesspezifische Traditionen.

Die juristische Basis für die Wiedereinführung der Länder bildete das am 22. Juli 1990 von der Volkskammer verabschiedete Verfassungsgesetz zur Bildung von Ländern in der Deutschen Demokratischen Republik – Ländereinführungsgesetz (LEG).[48] Der in dem Gesetz vorgenommene Zuschnitt der Länder berücksichtigte die Gebietsänderungen, die von den betreffenden Kreistagen zuvor beschlossen worden waren. Demnach sollten mit Wirkung vom 14. Oktober 1990 folgende fünf Länder gebildet werden:

– Mecklenburg-Vorpommern durch Zusammenlegung der Bezirksterritorien Neubrandenburg, Rostock und Schwerin (ohne die Kreise Perleberg, Prenzlau und Templin);
– Brandenburg durch Zusammenlegung der Bezirksterritorien Cottbus, Frankfurt/Oder und Potsdam (ohne die Kreise Hoyerswerda, Jessen und Weißwasser, zuzüglich der Kreise Perleberg, Prenzlau und Templin);
– Sachsen-Anhalt durch Zusammenlegung der Bezirksterritorien Halle und Magdeburg (ohne den Kreis Artern, zuzüglich des Kreises Jessen);
– Sachsen durch Zusammenlegung der Bezirksterritorien Dresden, Karl-Marx-Stadt/Chemnitz und Leipzig (ohne die Kreise Altenburg und Schmölln, zuzüglich der Kreise Hoyerswerda und Weißwasser);
– Thüringen durch Zusammenlegung der Bezirksterritorien Erfurt, Gera und Suhl (zuzüglich der Kreise Altenburg, Artern und Schmölln).

Berlin, Hauptstadt der DDR, sollte Landesbefugnisse erhalten, die von der Stadtverordnetenversammlung und vom Magistrat wahrgenommen werden sollten.

In den allermeisten Fällen wurde – mit Ausnahme der erwähnten 15 Kreise – bei der Länderbildung an den bis 1952 bestehenden Landkreisen festgehalten. Da-

---

47 Vgl. Bundesarchiv Berlin, DO 5/126, Schreiben von Gabriele Oder aus Schwarzheide an die Präsidentin der Volkskammer Bergmann-Pohl vom 20.7.1990.
48 Vgl. Gesetzblatt der DDR, Teil I, Nr. 51 vom 14.8.1990.

raus entstanden wiederum Konflikte in jenen Städten und Gemeinden, die einen Wechsel in ein anderes Land wünschten. Spezielle Regelungen des Ländereinführungsgesetzes waren deshalb darauf gerichtet, Städten und Gemeinden eine nachträgliche Veränderung der Landeszugehörigkeit zu ermöglichen. Nach dem Ländereinführungsgesetz ergab sich für 403 Städte und Gemeinden das Recht, den Wechsel der Länderzugehörigkeit zu beantragen.[49] Ende 1990 bestand in rund 60 Städten und Gemeinden die erklärte Absicht eines Länderwechsels, größtenteils durch mehrheitliche Ergebnisse von Bürgerbefragungen sowie entsprechende Beschlüsse von Stadtverordnetenversammlungen bzw. Gemeindevertretungen unterlegt.[50] Es handelte sich überwiegend um Gemeinden, deren Gemeindeflächen unmittelbar an das erwählte Land angrenzen. Allerdings waren die Anträge zu einem Länderwechsel grundsätzlich an die Zustimmungspflicht der Regierungen der neuen Länder gebunden. Die Landesregierungen waren jedoch kaum bereit, zusätzliche Staatsverträge abzuschließen, um dem Wechselwunsch der betreffenden Gemeinden stattzugeben.[51]

Mit seinen rund 4,9 Millionen Menschen bildete zu dieser Zeit Sachsen das bevölkerungsreichste Land unter den fünf neuen Ländern. Brandenburg war damals mit 29.060 km² das flächengrößte Land. Im Vergleich zu den westdeutschen Ländern war für Mecklenburg-Vorpommern, Brandenburg und Sachsen-Anhalt ein deutliches West-Ost-Gefälle in der wirtschaftlichen Nutzungsintensität und damit der wirtschaftlichen Leistungskraft erkennbar. Die anfangs in Sachsen und Thüringen vorhandenen wirtschaftlichen Entwicklungspotenziale wurden in den folgenden Jahren durch eine von der Bundesregierung und der Treuhandanstalt forcierte Deindustrialisierung und daraus folgender Abwanderung qualifizierter Erwerbstätiger weitgehend zunichte gemacht. Dies hatte u. a. auch langfristige Folgen für die politischen, administrativen und finanziellen Handlungsspielräume der neuen Landesregierungen, da die Finanzkraft jedes Landes weitgehend von deren wirtschaftlicher Leistungsfähigkeit abhängt. Insofern war es von Anfang an fraglich, ob der territoriale Zuschnitt der fünf Länder es möglich machen würde, alle verfassungsmäßig vorgeschriebenen Aufgaben unabhängig und aus eigener Wirtschaftskraft zu bewältigen. Zu dieser Frage wurde bereits damals von westdeutschen Experten häufig auf den Artikel 29, Absatz 1 des Grundgesetzes verwiesen, der eine Länderabgrenzung fordert, die wirtschaftlich zweckmäßig sein soll und die Erfordernisse der Raumordnung und Landesplanung berück-

---

49 Vgl. Rutz, Die Wiedereinrichtung der östlichen Bundesländer, S. 112.
50 Vgl. Bundesarchiv Berlin, DO 5/185, Probleme der administrativen Stärkung der Kommunen in den neuen Bundesländern.
51 Vgl. Rutz, Die Wiedereinrichtung der östlichen Bundesländer, S. 122.

sichtigt.[52] Folgerichtig gab es nicht nur in den 1990er Jahren immer wieder Vorschläge zur Länderneubildung auf dem früheren Gebiet der DDR, die jedoch stets verworfen wurden.[53] Vergleichbare Vorschläge zur territorialen Neugliederung der Bundesrepublik in den 1960er und 1970er Jahren, die ebenso auf die Bildung wirtschaftlich leistungsstarker Länder in Westdeutschland abzielten, scheiterten am politischen Widerstand auf Bundes- und Länderebene.[54] Auch die Überlegungen zur Zusammenlegung mehrerer Länder sowohl in West- als auch in Ostdeutschland (Sieben-Länder-Modell) Anfang der 1990er Jahre führten zu keinen Grenzverschiebungen.

Bis zur Konstituierung der Länder und bis zu den Wahlen der Landtage traten Übergangsregelungen in Kraft. Mit Wirkung vom 31. Mai 1990 wurden in den Bezirken Regierungsbevollmächtigte eingesetzt. Sie lösten die Vorsitzenden der Räte der Bezirke ab und spielten in der praktischen Vorbereitung der Länderbildung eine maßgebliche Rolle. Der Ministerrat setzte dann am 29. August 1990 sogenannte Landessprecher ein.[55] Die Landessprecher leiteten als Landesbevollmächtigte die Verwaltung ihres (künftigen) Landes und hatten ein Weisungsrecht gegenüber den Bezirksverwaltungsbehörden sowie bei übertragenen Aufgaben auch gegenüber den Gemeinden und Landkreisen. Sie amtierten nach dem 3. Oktober 1990 bis zur Wahl der jeweiligen Ministerpräsidenten in der Verantwortung der Bundesregierung und unterstanden deren Weisungen.[56]

Das Datum zur Ländereinführung, das ursprünglich für den 14. Oktober 1990 vorgesehen war, wurde durch den Einigungsvertrag auf den 3. Oktober 1990 vorverlegt.[57] Weil Artikel 23 des Grundgesetzes zwingend einen Beitritt eines oder mehrerer Länder zur Bundesrepublik Deutschland vorsah, mussten zum Beitrittstermin am 3. Oktober 1990 die ostdeutschen Länder wiedererrichtet sein. Es war eben nicht die DDR als Ganzes in Gestalt eines einzigen neuen Bundeslandes, die der Bundesrepublik Deutschland beitrat.[58] Die am 3. Oktober 1990 gebildeten fünf

---

52 So beispielsweise auf einem Experten-Seminar zum Ländereinführungsgesetz der DDR am 28./29.5.1990 in der Konrad-Adenauer-Stiftung in Sankt Augustin.

53 Vgl. Rutz/Scherf/Strenz, Die fünf neuen Bundesländer, S. 114–119.

54 Vgl. Benjamin-Immanuel Hoff, Länderneugliederung. Ein Modell für Ostdeutschland, Opladen 2002, S. 80–91.

55 Vgl. Bundesarchiv Berlin, DO 5/24, Information des Ministeriums für Regionale und Kommunale Angelegenheiten über die Bestellung der Landessprecher und über die durch die Landessprecher benannten Beauftragten für die Bildung der künftigen Ministerien auf Länderebene vom 4.9.1990.

56 Vgl. Kilian, Wiedererstehen und Aufbau der Länder im Gebiet der vormaligen DDR, S. 75.

57 Vgl. den Einigungsvertrag vom 31.8.1990, Anlage II, Kapitel II, Sachgebiet A, in: Bundesgesetzblatt 1990/II, S. 181.

58 Vgl. Kilian, Wiederstehen und Aufbau der Länder im Gebiet der vormaligen DDR, S. 73.

Länder der DDR sowie Berlin (mit einer Sonderregelung) traten laut Artikel 23 des Grundgesetzes am selben Tag der Bundesrepublik bei.[59]

Am 14. Oktober 1990 fanden in Mecklenburg-Vorpommern, Brandenburg, Sachsen-Anhalt, Sachsen und Thüringen Landtagswahlen statt. Brandenburg war das einzige neue Bundesland, bei dessen Wahl sich die SPD an diesem Tag als stärkste Kraft durchsetzen konnte. In den anderen vier neuen Ländern erhielt die CDU die meisten Stimmen. Im Oktober/November 1990 wurden folgende Ministerpräsidenten der ostdeutschen Länder gewählt:

– Mecklenburg-Vorpommern: Alfred Gomolka (CDU) am 27. Oktober 1990;
– Sachsen-Anhalt: Gerd Gies (CDU) am 28. Oktober 1990;
– Brandenburg: Manfred Stolpe (CDU) am 1. November 1990;
– Sachsen: Kurt Biedenkopf (CDU) am 8. November 1990;
– Thüringen: Josef Duchač (CDU) am 8. November 1990.

Die am 14. Oktober 1990 gewählten Landtage verabschiedeten zunächst vorläufige Landesverfassungen. Diese umrissen knapp die verfassungsrechtliche Stellung der Landtage und Landesregierungen. Die endgültigen Landesverfassungen traten zwischen Juni 1992 (Sachsen) und Oktober 1992 (Thüringen) in Kraft. In Brandenburg bestätigte ein Volksentscheid am 14. Juni 1992 mit 94 Prozent Ja-Stimmen die neue Verfassung.[60]

3. Resümee

Der seit dem Herbst 1989 nachdrücklich geäußerte Wille einer breiten Öffentlichkeit verlangte die Rückkehr zu den Traditionen der bis 1952 existierenden Länder. Die Idee des Föderalismus hatte jedoch in den letzten vier Jahrzehnten lediglich in einem diffusen Gefühl der Regionalzusammengehörigkeit, insbesondere in Sachsen, überlebt. Die im Herbst 1989 entstandenen politischen Oppositionsgruppen und Bürgerbewegungen betrachteten die Wiedergründung der Länder als Schritt hin zur Zerschlagung des staatlichen Zentralismus und der Machtkonzentration der SED. Die vor der Verabschiedung des Ländereinführungsgesetzes im Februar/März 1990 diskutierten Varianten mit weniger als fünf neuen Ländern waren politisch nicht durchsetzbar. Die seit der Bildung von Bezirken 1952 entstandenen Veränderungen der industriellen Standorte (Ballungsgebiete) und

---

59 Der Artikel 23 GG wurde mit dem Beitritt der Länder der DDR zur Bundesrepublik Deutschland am 3.10.1990 aufgehoben. Durch ein Gesetz vom 21.12.1992 wurde der heutige Artikel 23 GG, der sogenannte Europa-Artikel, an seiner Stelle neu eingefügt.

60 Vgl. Hellmut Wollmann, Um- und Neubau der politischen und administrativen Landesstrukturen in Ostdeutschland, in: Aus Politik und Zeitgeschichte, B 5/1998, 23.1.1998, S. 21.

der territorialen Bevölkerungsstruktur sowie wirtschaftliche Beziehungen bzw. Abhängigkeiten spielten bei der Länderbildung nur eine untergeordnete Rolle.

Die föderativ zu schaffende Einheit war nicht über einen »Anschluss« der gesamten DDR, sondern nur über einen Beitritt der noch zu bildenden ostdeutschen Länder nach Artikel 23 des Grundgesetzes denkbar.[61] Für eine Debatte über eine gesamtdeutsche Länderneugliederung fehlte hauptsächlich die Zeit, aber auch der politische Wille. Der Aufbau der Landesregierungen und ihrer Ministerien erfolgte überwiegend nach dem Modell der westdeutschen Landesverwaltungen. Eine Übernahme wesentlicher Elemente der Organisations- und Verfassungsgrundsätze bundesdeutscher Landesverwaltungen wurde während eines Expertenseminars zum Ländereinführungsgesetz der DDR am 28./29. Mai 1990 in der Konrad-Adenauer-Stiftung in Sankt Augustin vereinbart; unter Beteiligung von Mitgliedern der Gesetzgebungskommission für das Ländereinführungsgesetz der DDR sowie Bernhard Vogel als Vorsitzender der Konrad-Adenauer-Stiftung, Vertretern des Bundesinnenministeriums, Ministerialbeamten der westdeutschen Länder und Staatsrechtslehrern aus der Bundesrepublik.[62]

Obgleich bei der Länderbildung Grenzveränderungen vorgenommen wurden, bildeten sich durch das Ländereinführungsgesetz vom 22. Juli 1990 wieder jene fünf Länder, die bereits von 1945 bis 1952 auf dem Territorium der DDR bestanden hatten. Spezielle Regelungen des Ländereinführungsgesetzes waren darauf ausgerichtet, Städten und Gemeinden eine nachträgliche Veränderung der Landeszugehörigkeit zu ermöglichen.

Die am 3. Oktober 1990 gebildeten ostdeutschen Länder gehörten aufgrund ihres geringen wirtschaftlichen Potenzials und räumlichen Zuschnitts zu den kleinen und leistungsschwächeren Ländern der Bunderepublik. Ihre fehlende Wirtschafts- und Finanzkraft bei gleichzeitig erheblichen Struktur- und Sozialausgaben führte zu einer starken finanziellen Abhängigkeit vom Bund. So erhielten die ostdeutschen Länder und Kommunen zwischen dem 3. Oktober 1990 und Dezember 1994 Transferzahlungen aus dem Fonds »Deutsche Einheit« und andere Zuweisungen des Bundes. Noch 1994 stammten rund 60 Prozent der Einnahmen der Haushalte ostdeutscher Landesregierungen aus westlichen Transferleistungen.[63] Während der Debatte über das Ländereinführungsgesetz in der Volkskammer am 22. Juli 1990 prophezeite DDR-Finanzminister Walter Romberg (SPD), was später Wirklichkeit werden sollte: »Wer wirklich ein föderatives Deutschland will, muss dafür sorgen, dass wir unter den zukünftigen 16 Ländern nicht eine Zweiklassen-Aufteilung be-

---

61 Vgl. Kilian, Wiedererstehen und Aufbau der Länder im Gebiet der vormaligen DDR, S. 63.

62 Vgl. Bundesarchiv Berlin, DO 5/24, Protokoll des Experten-Seminars zum Ländereinführungsgesetz der DDR am 28./29.5.1990.

63 Vgl. Hellmut Wollmann u. a., Transformation der politisch-administrativen Strukturen in Ostdeutschland, Opladen 1997, S. 13.

kommen, bei der die fünf Länder der DDR auf Jahrzehnte hinaus nur die ›armen Verwandten‹ sind.«[64] Seit dem 1. Januar 1995 sind die ostdeutschen Länder in den Länderfinanzausgleich eingebunden. Aus dieser Situation erwuchsen Probleme der kommunalen Selbstverwaltung. Denn die Ende 1990 bestehenden 7.537 kreisangehörigen Städte und Gemeinden waren ebenso wie die 189 Landkreise überwiegend nicht in der Lage, wesentliche Teile der ihnen neu zugewiesenen Kompetenzen aus eigener Kraft zu bewältigen.[65] Immer deutlicher wurde, dass zumindest längerfristig die Herausbildung einer effektiven kommunalen Selbstverwaltung nach einer Gebietsreform drängt, die die stark zergliederte administrative Struktur auf kommunaler Ebene ändert und neben Aspekten der Verwaltungseffektivität auch Gesichtspunkte der Raumordnung sowie das Traditionsverständnis der Menschen berücksichtigt.[66]

---

64 Protokoll der 27. Tagung der Volkskammer am 22.7.1990, in: Deutscher Bundestag (Hrsg.), Protokolle der Volkskammer der Deutschen Demokratischen Republik, 10. Wahlperiode (5. April bis 2. Oktober 1990), Bd. 3, Wiesbaden 2000, S. 1228.

65 Vgl. Bundesarchiv Berlin, DO 5/185, Probleme der administrativen Stärkung der Kommunen in den neuen Bundesländern.

66 Vgl. Rutz/Scherf/Strenz, Die fünf neuen Bundesländer, S. 127–130; Hellmut Wollmann/ Wolfgang Jaedicke, Neubau der Kommunalverwaltung in Ostdeutschland – zwischen Kontinuität und Umbruch, in: Wolfgang Seibel/Arthur Benz/Heinrich Mäding (Hrsg.), Verwaltungsreform und Verwaltungspolitik im Prozeß der deutschen Einigung, Baden-Baden 1993, S. 98–116; Sabine Lorenz u. a., Kommunale Verwaltungspolitik in Ostdeutschland, Basel 1997.

Die Corona-Krise und der deutsche Föderalismus

Christian Walter

Mit dem vorliegenden Beitrag zur Corona-Krise kommt dieser Themenband über das Verhältnis des Föderalismus zum Nationalstaat in der jüngsten Vergangenheit an. Der Band umspannt damit einen langen Zeitraum und eine breite Themenpalette. Zeitlich reicht er von den Vorjahren der Reichsgründung über das Kaiserreich, die Weimarer Republik und den Nationalsozialismus bis in die DDR sowie die alte und die neue Bundesrepublik. Thematisch werden dabei unter anderem Grundfragen föderaler Ordnungen, die Parteien, die Rolle der Bundesländer in der EU und das breite Feld der Föderalismusreformen berührt. Wie lässt sich da zum Abschluss die »Corona-Krise« so einordnen, dass es gelingt, in sinnvoller Weise Querbezüge herzustellen?

Aus der zeitlichen Perspektive dieses Bandes sind drei Jahre offensichtlich ein extrem kurzer Zeitraum. Aber angesichts der immer wieder beschworenen und von uns allen erlebten »Dynamik« der pandemischen Entwicklung ist der Zeitraum ganz so kurz dann auch wieder nicht. Dementsprechend gab es bereits während des Pandemiegeschehens durchaus Bewertungen und Analysen dazu, wie wir als Staat und als Gesellschaft durch die Pandemie kommen. Der frühere Bundesverfassungsrichter Udo Di Fabio hatte sogar schon im Jahr 2021 eine »Bilanz« der Corona-Erfahrungen gezogen[1] und die von Jens Kersten und Stephan Rixen verfasste Monographie »Der Verfassungsstaat in der Corona-Krise«, die schon 2020 in erster Auflage erschienen ist, erlebte 2021 eine im Umfang mehr als verdoppelte Neuauflage[2] und erschien 2022 sogar in dritter Auflage.[3] Generell lässt sich sagen, dass die Verfassungsrechtswissenschaft die Corona-Politik von Anfang an kritisch begleitet hat, gelegentlich vielleicht etwas alarmistisch, im Großen und Ganzen aber konstruktiv und mit wichtigen Impulsen auch im Gesetzgebungsprozess. Im Vordergrund standen und stehen (die gerichtliche Aufarbeitung ist noch immer nicht abgeschlossen) dabei naturgemäß grundrechtliche und rechtsstaatliche Fragen von Freiheits-

---

1 Udo Di Fabio, Coronabilanz, München 2021.
2 Jens Kersten/Stephan Rixen, Der Verfassungsstaat in der Corona-Krise, 2. Aufl., München 2021.
3 Jens Kersten/Stephan Rixen, Der Verfassungsstaat in der Corona-Krise, 3. Aufl., München 2022.

einschränkungen. Aber das Schlagwort von der Pandemie als »Bewährungsprobe«[4] oder als »Stresstest«[5] gilt eben nicht nur für das Thema Freiheit, sondern es betrifft in gleicher Weise das staatliche Sicherheitsversprechen: Wie handlungsfähig war der Bundesstaat in der Krise? Hat die Pandemie den Bundesstaat verändert? Sollten wir in Reaktion auf die Erfahrungen der letzten Jahre über Änderungen nachdenken? Solche Fragen werden nun vermehrt gestellt. Die nachfolgenden Überlegungen wollen einen Beitrag zu ihrer Beantwortung leisten.

I. Zwei grundlegende Weichenstellungen im Vorfeld der Reichsgründung 1871: Kompetenzverteilung und Rolle des Bundesrates

Im Umgang mit der Corona-Pandemie haben sich zwei zentrale Weichenstellungen des deutschen Föderalismus als bedeutsam erwiesen, die beide auf die Phase vor der Reichsgründung zurückgehen. Die erste betrifft die Kompetenzverteilung zwischen Bund und Ländern unter dem Gesichtspunkt der Gewaltenteilung, die zweite die Rolle des Bundesrats.

1. Kompetenzverteilung zwischen Gesetzgebung und Verwaltungsvollzug

Anders als insbesondere das amerikanische Bundesstaatsmodell, das in der 1787 verabschiedeten US-Verfassung verankert wurde, nimmt das Grundgesetz keine vollständige Zuweisung bestimmter Gegenstände zum Bund oder den Ländern vor, sondern es differenziert nach Gesetzgebungs-, Verwaltungs- und Rechtsprechungszuständigkeiten. Während nach dem amerikanischen Modell die Bundeszuständigkeit für einen bestimmten Gegenstand im Grundsatz einheitlich die Gesetzgebungs-, Verwaltungs- und Rechtsprechungszuständigkeit nach sich zieht, wird in Deutschland die Mehrzahl der Bundesgesetze durch die Länder vollzogen. Ebenso erstreckt sich die Gerichtsbarkeit der Länder auch auf Bundesrecht. Kennzeichnend für den deutschen Föderalismus ist also ein Ineinandergreifen der drei Gewalten von Bund und Ländern.

---

4 Kersten/Rixen, Verfassungsstaat in der Corona-Krise, 2. Aufl., S. 21.
5 Konrad-Adenauer-Stiftung (Hrsg.), Stresstest für die Verfassungsordnung. Die Corona-Krise und ihre Folgen für das Zusammenspiel von Staat, Wirtschaft und Gesellschaft, Berlin 2020, https://www.kas.de/documents/252038/7995358/Stresstest+fu%CC%88r+die+Verfassungsordnung.pdf/f9d06d88–2474–12de-f4ff-c646e4b5eed5?version=1.0&t=1590150610442 (letzter Abruf: 19.7.2023).

Diese Konzeption geht zurück auf die spezifische Situation des deutschen Konstitutionalismus in der zweiten Hälfte des 19. Jahrhunderts. Bismarck wollte einerseits den Forderungen nach einem direkt gewählten gesamtdeutschen Parlament möglichst weit entgegenkommen, andererseits aber die praktischen Steuerungsmöglichkeiten dieses Parlaments begrenzt halten. Die Lösung lag im dezentralen Vollzug durch die Exekutive der Länder; entsprechend schwach war die Exekutive des Bundes ausgestaltet. Die hier angelegte Spannung zwischen Bundesgesetzgebung und Landesvollzug ist, wie sogleich aufgezeigt werden wird, ein Dauerthema der Corona-Maßnahmen in Deutschland gewesen.

2. Der Bundesrat als Organ der Länderexekutive

Der bei der Kompetenzverteilung eingeschlagene Weg fand ebenfalls schon im Kaiserreich auch bei der Zusammensetzung des Bundesrates eine konsequente Fortsetzung. Erneut im Gegensatz zum amerikanischen Modell einer direkten Wahl der Senatorinnen und Senatoren in den Bundesstaaten wurde der Bundesrat als Organ zur Repräsentation der Regierungen der Länder ausgestaltet. Präsent waren also nicht demokratisch gewählte Abgeordnete, sondern von den Landesfürsten abhängige Regierungen. Hiermit sollte die Exekutive vom Einfluss des Bundesparlaments abgeschirmt werden.

Selbstverständlich haben sich die Abhängigkeiten inzwischen geändert. Heute bestehen auf der Ebene der Länder ebenfalls parlamentarische Regierungssysteme, in denen die Regierungen den vom Volk gewählten Repräsentantinnen und Repräsentanten verantwortlich sind. Die im Bundesrat vertretene Länderexekutive ist nun ihrerseits ebenso demokratisch legitimiert wie verantwortlich. Geblieben ist aber die Ausrichtung des Bundesrats auf die Exekutive. Das wirft beim Corona-Management eigene Fragen nach der Gewaltenteilung und der Rolle der Parlamente auf. Deshalb ist auch die zweite Bismarck'sche Weichenstellung, die Konstruktion des Bundesrates als Organ der Exekutive, ein wichtiger Aspekt bei der Analyse der bundesstaatlichen Dimension der Corona-Krise.

II. Die Kompetenzverteilung im Infektionsschutz als Ausgangspunkt der weiteren Analyse

Die zentrale bundesgesetzliche Regelung zur Pandemiebekämpfung ist das Bundesinfektionsschutzgesetz. Die verfassungsrechtliche Grundlage und damit die Kompetenzzuweisung an den Bund findet sich in Art. 74 Abs. 1 Nr. 19 GG, mit-

hin im Bereich der konkurrierenden Gesetzgebung. Ob das Bundesinfektionsschutzgesetz die Materie abschließend regelt und damit Sperrwirkung gegenüber
eigenen Landesinfektionsschutzgesetzen entfaltet, ist weiterhin nicht geklärt und
angesichts der Einführung von solchen Landesgesetzen in einigen Bundesländern[6] auch eine durchaus relevante Rechtsfrage.[7] Praktische Bedeutung hat sie
aber bislang soweit ersichtlich nicht erlangt, so dass sie hier nicht weiter verfolgt
wird.

   Die Vollzugskompetenz folgt dem Regelfall des landeseigenen Vollzugs von
Bundesrecht durch die Länder nach Art. 83 und 84 GG. Der landesübergrei-
fende, ja globale Charakter der Pandemie änderte an dieser normativen Vorgabe
nichts. Dementsprechend bestimmten die Länder auch in der Pandemie die Ver-
waltungsorganisation, d. h. sie entschieden über die Behördeneinrichtung und
das anwendbare Verfahren. Auf Bundesebene gab (und gibt) es insoweit lediglich die Grundlage für die Einrichtung einer selbstständigen Bundesoberbehörde,
von welcher der Bund mit der Errichtung des Robert-Koch-Instituts Gebrauch
gemacht hat.[8] Dem Robert-Koch-Institut kamen allerdings keine operativen
Steuerungsaufgaben im Bund-Länder-Verhältnis zu. Vielmehr handelt es sich
vornehmlich um eine Einrichtung zur wissenschaftlichen Beratung und Vorbereitung gesundheitspolitischer Entscheidungen. Die relativ schwache bundesrechtli-
che Steuerung des Infektionsschutzes war schon vor der Corona-Pandemie immer
wieder kritisiert worden.[9]

   Im Grunde genommen bestätigt diese Beschreibung der Kompetenzverteilung
das generell für den deutschen Bundesstaat gebräuchliche Stichwort des »Exekutivföderalismus«.[10] Einer Konzentration der Gesetzgebungsbefugnisse überwiegend
beim Bund stand ein weitgehender Vollzug durch die Länder gegenüber. Daraus lassen sich Fragen in zwei Richtungen ableiten: Die eine betrifft die Rolle des
Bundes beim Vollzug und fragt nach Tendenzen und möglicherweise auch einem
Bedürfnis für eine stärkere Steuerung des Vollzugs durch den Bund. Die andere

---

6 Bayern, Bayerisches Infektionsschutzgesetz (BayIfSG) vom 25. März 2020 (GVBl. 2020,
  S. 174); Baden-Württemberg, Gesetz über den Erlass infektionsschützender Maßnahmen vom
  23. Juli 2020 (GBl. 2020, S. 649); Hessen, Gesetz über den Erlass infektionsschützender Maßnahmen vom 11. Dezember 2020 (GVBl. 2020, S. 922), außer Kraft getreten zum 31.12.2022.
7 Siehe Wissenschaftliche Dienste des Deutschen Bundestags, WD, Gesetzgebungskompetenz
  für den Infektionsschutz, 3 – 3000 – 081/20, 9. April 2020, S. 3 ff.; Lamia Amhaouach/Stefan
  Huster/Andrea Kießling/Lynn Schaefer, in: NVwZ 2021, S. 825 ff.
8 § 4 IfSG.
9 Vgl. Klaus G. Meyer-Teschendorf, DVBl 2009, S. 1221 und 1226 f.; Andreas Walus, DÖV
  2010, S. 127 und 131 f.; zur Antikritik vgl. Andreas Engels, DÖV 2014, S. 464 und 474; Klaus
  Ritgen, in: Sebastian Kluckert (Hrsg.), Das neue Infektionsschutzrecht, Baden-Baden 2021,
  2. Aufl., § 12 Rn., S. 85 ff.
10 Siehe etwa Stefan Oeter, Integration und Subsidiarität im deutschen Bundesstaatsrecht, Tübingen 1998, S. 401 ff.

betrifft die Rolle der Länderparlamente. Aufgrund der Konstruktion des Bundesrats als Repräsentation der Gubernative waren sie bei der Pandemiebekämpfung weitgehend außen vor.

III. Formelle und informelle Zentralisierungstendenzen beim Vollzug

1. Die Feststellung einer epidemischen Lage von nationaler Trageweite durch den Deutschen Bundestag als formeller Lösungsversuch

Der Deutsche Bundestag hatte im März 2020 seine Steuerungsmöglichkeiten mit einer Änderung des Infektionsschutzgesetzes durch das »Gesetz zum Schutz der Bevölkerung bei einer epidemischen Lage von nationaler Trageweite«[11] – das erste Bevölkerungsschutzgesetz – ausgebaut, mit der er eine gesetzestechnische Konstruktion aufgriff, die sich auch in anderen für Notstandssituationen gedachten Regelungen findet: ein Feststellungsbeschluss des Bundestags, der erweiterte Zuständigkeiten von Bundesorganen begründet.[12] Rechtstechnisch ist der Mechanismus schnell erklärt. Er basiert auf einem vom Bundestag zu treffenden Feststellungsbeschluss (also keinem Gesetz), der als Folgewirkung besondere Befugnisse des Bundesgesundheitsministers nach § 5 IfSG begründet, die in Einzelheiten in der Folge dann noch geändert wurden. In grundsätzlicher Hinsicht wurde aber die Möglichkeit zum Erlass von Verordnungen und auch von Anordnungen im Einzelfall geschaffen. Beides erweist sich aus unterschiedlichen Gründen als problematisch.

Mit Blick auf *Anordnungen im Einzelfall* ist vor dem Hintergrund der Verteilung der Vollzugskompetenzen zwischen Bund und Ländern bereits die Form problematisch. Art. 83 GG begründet eine doppelte Vermutung zugunsten der Länder. Auf der ersten Stufe steht die die grundsätzliche Annahme, dass die Gesetze des Bundes von den Ländern vollzogen werden und der Bund einer ausdrücklichen Kompetenzzuweisung bedarf, wenn dies anders sein soll. Auf der zweiten Stufe wird hinsichtlich der konkreten Ausgestaltung vermutet, dass der Vollzug durch die Länder als ihre eigene Angelegenheit i.S.d. Art. 84 GG erfolgt, d.h. nicht im Auftrag des Bundes (Art. 85 GG). Für den Erlass von Anordnungen (Verwaltungsakte oder Allgemeinverfügungen) ist dabei kein Raum. Der Versuch, über die dazwischengeschaltete Feststellungsentscheidung des Bundestags

---

11 BGBl. 2020 I, S. 587.
12 Foroud Shirvani, JZ 2021, S. 109 und 110 f.

Verwaltungskompetenzen des Bundes zu begründen, die ihm nach dem System der Art. 83 und 84 GG nicht zustehen, muss demnach scheitern.[13]

Für *Rechtsverordnungen* besteht grundsätzlich die Möglichkeit, dass der Bundesgesetzgeber die Bundesregierung oder auch einzelne Bundesminister ermächtigt (Art. 80 Abs. 1 GG).[14] Allerdings verlangt Art. 80 Abs. 2 GG für den Fall des Landeseigenvollzugs, der ja beim Infektionsschutzgesetz wie gesehen vorlag, die Zustimmung des Bundesrats. Da die in § 5 Abs. 2 IfSG vorgesehenen Verordnungen sämtlich »ohne Zustimmung« des Bundesrats möglich sein sollen, lag auch hier ein verfassungsrechtliches Problem vor. Das Erfordernis der Zustimmung des Bundesrats kann durch die Konstruktion über einen Feststellungsbeschluss nicht unterlaufen werden. Im Ergebnis erwiesen sich die mit dem Gesetz zum Schutz der Bevölkerung bei einer epidemischen Lage von nationaler Tragweite unternommenen Versuche der Zentralisierung des Vollzugs als unvereinbar mit der Kompetenzverteilung zwischen Bund und Ländern nach Art. 83 und Art. 84 GG.

2.   Die »Konferenz der Bundeskanzlerin mit den Ministerpräsidenten« als Instrument informeller Koordination

Das öffentlich wohl sichtbarste »Organ« der Pandemie-Bekämpfung war die sogenannte Ministerpräsidentenkonferenz (MPK). Die Bezeichnung ist verkürzt, weil es sich nicht nur um eine Zusammenkunft der Ministerpräsidentinnen und Ministerpräsidenten der Länder handelte, sondern neben diesen auch die damalige Bundeskanzlerin Angela Merkel und der damalige Chef des Bundeskanzleramts Helge Braun an den Gesprächen teilnahmen (also MPK-BK). Verfassungsrechtlich vorgesehen ist ein solches Zusammentreffen nicht. Es steht auch in mindestens doppelter Hinsicht quer zu zentralen Merkmalen des deutschen Föderalismus. Zum einen überspielt es die eigentlich relativ klare Konzeption einer Zuweisung der Kompetenzen entweder zum Bund oder zu den Ländern. Eine gemeinschaftliche Aufgabenerledigung ist die Ausnahme (vgl. Art. 91a ff. GG) und wird auch allgemein eher kritisch betrachtet. Exekutivlastigkeit, Entmachtung der Landesparlamente und die Verwischung von Verantwortlichkeiten waren zentrale Kritikpunkte.[15] Mit der Exekutivlastigkeit ist zugleich ein zweites Charakteristikum des Föderalismus angesprochen, die mit ihm verbundene zu-

---

13 Horst Dreier, DÖV 2021, S. 229 und 238 f.; Wissenschaftliche Dienste des Deutschen Bundestags, WD, Staatsorganisation und § 5 Infektionsschutzgesetz, 3 – 3000 – 080/20, 2. April 2020, S. 9 f.

14 Georg Hermes, Der deutsche Exekutivföderalismus in der Pandemie. Rechtsverordnungen des Bundes als Ausweg aus der Konsensfalle, VerfBlog, 3.4.2021, https://verfassungsblog.de/der-deutsche-exekutivfoderalismus-in-der-pandemie (letzter Abruf: 19.7.2023).

15 Etwa Janbernd Oebbecke, HStR VI, Heidelberg 2008, 3. Aufl., § 136 Rn., S. 134.

sätzliche Gewaltenteilung und Gewaltenbalance (Stichwort: vertikale Gewaltenteilung). Durch die Koordination von Bund und Ländern auf Regierungsebene wird auch dieser Effekt ein Stück weit unterlaufen. All dem lässt sich natürlich die Notwendigkeit eines raschen und entschlossenen Handelns entgegenhalten. Um nun doch das Schlagwort zu bemühen: ›In der Krise schlägt nun einmal die Stunde der Exekutive‹, so könnte man argumentieren.

In der Literatur hat Oliver Lepsius das Format der MPK-BK sehr deutlich kritisiert. Es habe eine Ent-Institutionalisierung bei gleichzeitiger Personalisierung stattgefunden: »Ent-Institutionalisierung«, weil die Entscheidungsfindung an den eigentlich dazu berufenen Gremien vorbeigelaufen sei, Personalisierung, weil sie mit Köpfen – und damit mit der Exekutive (oder besser: der Gubernative) – verbunden wurde. Zudem sei die Rollenverteilung unter Kompetenzgesichtspunkten unklar geblieben. Wenn es um die Verordnungsgebung zur Umsetzung des Infektionsschutzes gehe, fehle dem Bund (und damit der Bundeskanzlerin) die Zuständigkeit.[16] Und auch die mit dem Gesetz zum Schutz der Bevölkerung bei einer epidemischen Lage von nationaler Tragweite begründete Bundeskompetenz zum Erlass von Rechtsverordnungen habe nicht bei der Bundesregierung gelegen, sondern beim Bundesgesundheitsminister. Die damit fehlende eigene Kompetenz der Bundeskanzlerin habe ihr auf informeller Ebene eine vorstrukturierende und moderierende Rolle ermöglicht, die trotz formaler Schwäche *de facto* sehr stark gewesen sei. Föderative Eigenständigkeit sei beweislastpflichtig geworden und so ein Zug zur Vereinheitlichung entstanden. Wenn man diese Kritik zusammenfasst, so läuft sie auf den Vorwurf einer verdeckten bundesweiten Richtlinienkompetenz für die Bundeskanzlerin hinaus, die verfassungsrechtlich nicht vorgesehen und keiner klaren parlamentarischen Kontrolle unterworfen gewesen ist.[17]

Während diese Beobachtungen in der Sache zutreffend sind, lässt sich dies nicht in gleicher Weise für die doch recht weitgehende Kritik sagen. Zunächst erscheint es offensichtlich, dass der Zwang zur raschen Reaktion gerade angesichts der grundsätzlichen föderalen Kompentenzverteilung (Gesetzgebung beim Bund, Vollzug weitgehend bei den Ländern) eine Abstimmung im Vorfeld wichtig werden ließ. Auch der Vorwurf der durch die MPK-BK-Treffen bewirkten Ent-Institutionalisierung leuchtet nur begrenzt ein. Am Ende muss die Gesetzgebung des Bundes im Bundestag erfolgen. Dessen institutionelle Stellung ändert sich nicht, und ein entsprechender öffentlicher Druck, von der Bundesregierung öffentlich vorgeschlagene und vorbereitete Maßnahmen zu beschließen, hätte sicherlich auch ohne die MPK-BK-Treffen bestanden. Man kann in diesem Zusammenhang auf die Praxis der sogenannten »Formulierungshilfe« verweisen, mit der die bei

---

16 Oliver Lepsius, JöR 69 (2021), S. 705 und 720.
17 Christian Waldhoff, NJW 2021, S. 2772 und 2774.

Regierungsvorlagen eigentlich nach Art. 76 Abs. 2 Satz 1 GG zunächst erforderliche Beteiligung des Bundestags umgangen wird – ein Weg, der etwa bei der »Bundesnotbremse« eingeschlagen wurde.[18]

Der als Alternative vorgeschlagene Weg einer Delegation der Verordnungsbefugnis auf den Bund (statt wie bisher nur auf die Länder) mit dem damit einhergehenden Zustimmungserfordernis des Bundesrats nach Art. 80 Abs. 2 GG[19] erscheint jedenfalls nicht klar vorzugswürdig. Es ist richtig, dass er eine formalisierte Koordination im dafür vorgesehenen Organ bewirken würde. Aber diese Koordination würde nachgelagert auf der Grundlage eines bereits vorhandenen Entwurfs der Bundesregierung/des Bundesgesundheitsministers erfolgen. Ob das den praktischen Erfordernissen der Pandemie hinreichend Rechnung getragen hätte, wäre zunächst noch zu diskutieren.

Gewicht hat der Hinweis auf eine Gefahr der Verunklarung von Verantwortlichkeiten. Denn in der Tat, wie Christian Waldhoff es pointiert formuliert hat: Wenn alle für alles verantwortlich sind, dann ist keiner mehr für etwas konkret verantwortlich. Man kann aber bezweifeln, dass die im Jahr 2021 gescheiterte Osterruhe ein gutes Beispiel für die Verunklarung von Verantwortlichkeiten ist. Damals hatte Bundeskanzlerin Merkel öffentlich sehr klar die Verantwortung übernommen, obwohl die Entscheidung eigentlich gar nicht so eindeutig allein in ihrer Verantwortung gelegen hatte. Auch das immer wieder zu beobachtende lange Zögern vor sich abzeichnenden neuen Infektionswellen dürfte weniger am Format der MPK-BK gelegen haben als an den komplexen tatsächlichen Entscheidungsbedingungen.

Ein größeres Problem liegt an einer Stelle, die – soweit ersichtlich – so bislang nicht thematisiert worden ist: nämlich der Zusammensetzung der Koalitionsregierungen. Das Format MPK-BK könnte über eine lange Phase der Corona-Pandemie auch deshalb recht gut funktioniert haben, weil auf der Ebene des Bundes mit der Großen Koalition aus CDU/CSU und SPD eine Konstellation bestand, die über die Parteien eine gewisse disziplinierende Funktion gegenüber den Landesregierungen ausüben konnte. Das hat sich mit der Bundestagswahl 2021 und der Bildung der Ampelkoalition geändert. Es mag sein, dass die gesetzlichen Vorgaben des Bundes in Bezug auf den Vollzug der im Format der MPK-BK »be-

---

18 Christoph Brüning/Frederik Thomsen, NVwZ 2021, S. 1183 (1185); näher zur Problematik: Johannes Masing/Horst Risse, in: Hermann v. Mangoldt/Friedrich Klein/Christian Starck, GG-Kommentar, Band II, 7. Aufl. 2018, Art. 76 Rn. 105; Jens Kersten, in: Günter Dürig/Roman Herzog/Rupert Scholz, GG, 95. EL Juli 2021, Art. 76 Rn. 113; Christoph Brüning, in: Wolfgang Kahl/Christian Waldhoff/Christian Walter, Bonner Kommentar zum Grundgesetz, 210. EL Feb. 2021, Art. 76 Rn. 148 ff.; Brun-Otto Bryde, in: Ingo von Münch/Philip Kunig, GG-Kommentar, Band II, 7. Auflage 2021, Art. 76 Rn. 31; Martin Kment, in: Hans D. Jarass/Bodo Pieroth, GG, 17. Aufl. 2022, Art. 76 Rn. 5.
19 Christian Waldhoff, DÖV 2021, S. 2772 und 2775.

schlossenen« Impfpflicht unvollständig waren und man seitens der Länder noch Nachbesserungsbedarf hatte. Dennoch hatte die zugespitzte Reaktion aus Bayern, bei der Ministerpräsident Markus Söder vom »Aussetzen« der auf Bundesebene beschlossenen Impfpflicht sprach,[20] sehr viel mit den geänderten Koalitionsverhältnissen in Berlin (und einer Neuausrichtung des »Teams Vorsicht« auf ein »Team Augenmaß«) zu tun. Es ist an dieser Stelle nicht notwendig, den Vorgang selbst politisch zu bewerten. Für das bundesstaatliche Thema der Koordination von Bund und Ländern bei der Pandemie-Bekämpfung genügt es festzuhalten, dass das Format MPK-BK möglicherweise bei stärker polarisierten Verhältnissen von Regierungsmehrheit und Opposition im Bund-Länder-Verhältnis sehr viel schneller an Grenzen stoßen könnte, als das in den Jahren 2020 und 2021 der Fall war. Das könnte dafür sprechen, die Aufarbeitung der gemachten Erfahrungen zu nutzen, um über andere, vielleicht weniger stark gubernativ, sondern eher exekutiv geprägte Formate der Koordination nachzudenken.

3.   Die »Bundesnotbremse« als Vollzugsmaßnahme im Gesetzesgewand?

Mit dem 4. Bevölkerungsschutzgesetz wurden bundeseinheitlich Schwellenwerte festgelegt, ab denen bestimmte Maßnahmen (Kontakteinschränkungen, Schulschließungen, Ausgangssperren etc.) von Gesetzes wegen wirksam werden.[21] Bezugsgröße waren die Landkreise und kreisfreien Städte. Diese sogenannte »Bundesnotbremse« war so ausgestaltet, dass sie keiner weiteren Umsetzung durch Landesrecht bedurfte, sondern unmittelbar vollzugsfähig war. Für die Einordnung in die bundesstaatliche Diskussion ist wichtig, dass die hier vom Bundesgesetzgeber beschlossenen Maßnahmen auch ohne eine Neuregelung von den Ländern in eigener Verantwortung hätten getroffen werden können. Das ist unter dem Gesichtspunkt der föderalen Kompetenzverteilung ein interessanter Gesichtspunkt: Was zuvor durch Delegation eines Verordnungsrechts von den Ländern wahrgenommen wurde (und damit unterschiedlich geregelt werden konnte), wird nun vom Bundesgesetzgeber vereinheitlicht. Hieran zeigt sich, dass Rechtsverordnungen als »exekutische Rechtssetzung«[22] in gewisser Weise zwischen Gesetzgebung und Vollzug stehen.

---

20 Vgl. die Beschreibung bei Lamia Amhaouach/Andrea Kießling, NJW 2022, S. 2798 und 2802.

21 § 28b IfSG, eingefügt durch das Vierte Gesetz zum Schutz der Bevölkerung bei einer epidemischen Lage von nationaler Tragweite vom 22. April 2021 (BGBl I, S. 802).

22 Siehe etwa Barbara Remmert, in: Günter Dürig/Roman Herzog/Rupert Scholz, GG-Kommentar, 79. EL Dezember 2013, Art. 80 Rn., S. 32.

Der Umstand, dass der Bund mit der Bundesnotbremse den Ländern Regelungsbefugnisse entzogen hat, hat für eine gewisse Aufregung gesorgt. Der Ministerpräsident von Sachsen-Anhalt, Rainer Haseloff, sprach im Bundesrat von einem »Tiefpunkt der föderalen Kultur in Deutschland« und erklärte den Verzicht auf einen Einspruch nur mit der Notwendigkeit, rasch zu einer Entscheidung zu kommen.[23] Höhen und Tiefen der föderalen Kultur in Deutschland sollen hier nicht weiter analysiert werden. Die zentrale Frage nach den verfassungsrechtlichen Grundlagen ist spätestens nach der Entscheidung des Bundesverfassungsgerichts im Verfahren »Bundesnotbremse II (Schulschließungen)«[24] recht klar zu beantworten. Im Ausgangspunkt ist festzuhalten, dass nach der verfassungsrechtlichen Systematik nur dann eine Zustimmungspflicht des Bundesrats besteht, wenn dies im Grundgesetz ausdrücklich angeordnet ist. Allein der Umstand, dass Länderinteressen berührt sind oder eine bisher den Ländern zukommende Gestaltungsmöglichkeit vom Bund einheitlich gesetzlich geregelt wird, reicht nicht aus.[25]

Das Bundesverfassungsgericht hat in seiner Entscheidung die Frage der Zustimmungspflichtigkeit des Gesetzes ausführlich geprüft und konnte weder in der Finanzverfassung (das wurde damals in der Rechtswissenschaft relativ intensiv diskutiert)[26] noch in Art. 80 Abs. 2 GG eine Grundlage dafür erkennen.[27] Dementsprechend trägt die Bundesgesetzgebungskompetenz in Art. 74 Abs. 1 Nr. 19 GG auch eine solche bundeseinheitliche Grenze für bestimmte Schutzmaßnahmen. Die Bundesnotbremse lief am 30. Juni 2021 aus und wurde nicht verlängert. Das ist nach der vorstehenden Analyse aber in erster Linie eine rechtspolitische Entscheidung des Bundesgesetzgebers, bei der auch die Verhältnismäßigkeit der mit der Bundesnotbremse verbundenen Grundrechtseingriffe eine wichtige Rolle spielt. Eine im Bundesstaatsprinzip begründete verfassungsrechtliche Notwendigkeit für die Abschaffung der Bundesnotbremse gab es dagegen nicht (man hätte beispielsweise auch den Maßnahmenkatalog abmildern können). Anders als bei Grundrechtseingriffen kommt es für die Kompetenzabgrenzung zwischen Bund und Ländern auf Fragen der Verhältnismäßigkeit einer Einschränkung von Län-

---

23 Bundesrat – 1003. Sitzung – 22. April 2021, BR-PlPr. 1003, S. 154.
24 BVerfGE 159, S. 355.
25 Holger Greve/Philipp Lassahn, NVwZ 2021, S. 665 und 665 f.
26 BVerfGE 159, S. 355 und 398 ff., Rn. 89 ff.; für die Diskussion in der Literatur Christian Waldhoff, NJW 2021, 2772 (2776); Holger Grefrath, Die »Bundesnotbremse« ist nicht zustande gekommen. Der Reform des Infektionsschutzgesetzes fehlt die Zustimmung des Bundesrates, https://verfassungsblog.de/die-bundesnotbremse-ist-nicht-zustande-gekommen (letzter Abruf: 19.7.2023).
27 BVerfGE 159, S. 355 und 404 f., Rn. 106.

derkompetenzen nicht an. Das hat der hessische Ministerpräsident Volker Bouffier in der gleichen Bundesratssitzung sehr deutlich so gesagt.[28]

4. Zwischenfazit

In Richtung einer stärker den Vollzug steuernden Hand des Bundes lässt sich also eine ganze Reihe von Faktoren ausmachen, die weiterer Beobachtung und Analyse bedürfen. Beim »Gesetz zum Schutz der Bevölkerung bei einer epidemischen Lage von nationaler Tragweite«[29] – dem ersten Bevölkerungsschutzgesetz – war nicht die gewählte Rechtskonstruktion mit einem besondere Befugnisse auslösenden Feststellungsbeschluss des Bundestages problematisch, sondern diejenigen Befugnisse, die dann dem Bundesgesundheitsminister zukamen. Für Anordnungen im Einzelfall fehlte dem Bund ganz generell im Bereich des landeseigenen Vollzugs von Bundesgesetzen die Befugnis. Und die Handlungsform der Rechtsverordnung bedurfte nach Art. 80 Abs. 2 GG der Zustimmung des Bundestags. Verfassungsrechtlich unproblematisch waren dagegen den Vollzug steuernde (teilweise auch bis ins Detail steuernde) Regelungen im Bundesgesetz selbst. Hier ergab sich eine etwaige Zustimmungspflicht des Bundestags nicht allein aus der Detailfreudigkeit der Regelung.

IV. Begrenzte Möglichkeiten der Parlamentarisierung auf Landesebene

Die bisher beschriebene Rechtslage wirft die Frage nach der Rolle der Landtage als Landesparlamente in der Corona-Pandemiebekämpfung auf. Sie war offensichtlich sehr begrenzt: Die Gesetzgebungskompetenz lag beim Bund und der Vollzug bei der Exekutive. Diese Situation war freilich kein Spezifikum der Pandemie-Bekämpfung, sondern Folge der verfassungsrechtlichen Kompetenzverteilung zwischen Bund und Ländern. Es hatte allerdings schon vor der Covid-19-Pandemie (und in deren Folge noch einmal verstärkt) Bestrebungen gegeben, die Beteili-

---

28 Bundesrat – 1003. Sitzung – 22. April 2021, BR-PlPr. 1003, 147: »Um das mal gleich abzuräumen: Ich bin oft gefragt worden, ob jetzt die Länder entmachtet werden. Das ist reiner Blödsinn. Der Bundestag hat von Anfang an die Möglichkeit gehabt, durch Bundesgesetz zu entscheiden. Das Infektionsschutzgesetz sah das immer vor. Das hätte er seit einem Jahr machen können, das hätte er vor einem halben Jahr machen können, vor einem Vierteljahr. Diese Debatte ist aus meiner Sicht völlig überflüssig.«
29 BGBl. 2020 I, S. 587.

gung der Landtage auszubauen. Diese Bestrebungen werden im Folgenden systematisiert zusammengefasst.

1.   Verordnungsvertretende Gesetze nach Art. 80 Abs. 4 GG

Bereits 1994 wurde im Grundgesetz die Möglichkeit geschaffen, dass die Landtage Verordnungsermächtigungen des Bundesgesetzgebers an die Landesregierungen an sich ziehen können.[30] Sie können dann anstelle der eigentlich vorgesehenen Verordnung der Landesregierung ein Landesgesetz erlassen, das allerdings selbstverständlich die Vorgaben des ermächtigenden Bundesgesetzes beachten muss. Förmlich haben die Länder von dieser Möglichkeit bislang keinen Gebrauch gemacht, auch nicht in der Pandemie.[31] Teilweise angestellte Überlegungen, hier eine Pflicht der Länder anzunehmen, vermögen nicht zu überzeugen.[32] Wesentlichkeitstheorie und Bestimmtheitsgrundsatz verpflichten den Bundesgesetzgeber schon beim Erlass des Bundesgesetzes. Konkret für die Situation der Pandemie bezogen heißt das: bei der Ausgestaltung des IfSG. Werden die Anforderungen der Wesentlichkeitstheorie und des Bestimmtheitsgrundsatzes auf Bundesebene nicht beachtet, zieht das die Verfassungswidrigkeit des Bundesgesetzes (konkret also des IfSG) nach sich. Eine Korrektur dieses Fehlers durch die Landesgesetzgeber wäre nicht möglich.[33] Alle genannten Erwägungen sind nicht pandemiespezifisch, sondern gelten allgemein für das Bund-Länder-Verhältnis. Im Ergebnis bleibt es also dabei, dass es den Landtagen (auch in Bezug auf den Infektionsschutz) freisteht, von der Möglichkeit des Art. 80 Abs. 4 GG Gebrauch zu machen – oder eben auch nicht.

2.   Parlamentsbeteiligungsregelungen

Auf rein verfahrensrechtlicher Ebene angesiedelt sind unterschiedliche Formen der Parlamentsbeteiligung beim Verordnungserlass durch die Landesregierung. Vielfach findet sich eine Informationspflicht der Landesregierung sogar im Landesverfassungsrecht. Einige Bundesländer – darunter Hessen[34] – haben hier im

---

30 Gesetz zur Änderung des Grundgesetzes vom 27.10.1994 (BGBl. 1994 I, S. 3146).
31 Siehe allerdings zu Überlegungen in diese Richtung Hinnerk Wißmann, JöR 69 (2021), S. 619 ff. und 631 ff.
32 Arne Pautsch/Volker Haug, NJ 2020, S. 281 und 285.
33 Überzeugend Lamia Amhaouch/Stefan Huster/Andrea Kießling/Lynn Schaefer, NVwZ 2021, S. 825 und 826 f.
34 § 3 Abs. 1 Gesetz über den Erlass infektionsschützender Maßnahmen vom 23. Juli 2020, HessGVBl. Nr. 65 vom 11.12.2020, S. 922 ff.

Zuge der Corona-Pandemie Neuregelungen beschlossen und Informationspflichten entweder neu begründet oder verstärkt (z. B. durch die Vorgabe von Fristen).

Neben reinen Informationspflichten gibt es Regelungen, die ein vorheriges oder nachträgliches Vetorecht vorsehen. In Berlin wurde sogar eine ausdrückliche Zustimmungspflicht im sogenannten Covid-19-Parlamentsbeteiligungsgesetz verankert.[35] In Nordrhein-Westfalen wurde mit dem Instrument sogenannter »Pandemischer Leitlinien«, die vom Landtag beschlossen wurden,[36] ein ganz eigener Weg beschritten. Anders als die bisher beschriebenen Regelungen, die rein verfahrensrechtlicher Natur waren, zielten die Leitlinien auf materielle Vorgaben des Parlaments. Die rechtlichen Wirkungen blieben allerdings unklar. Nach § 3 Abs. 2 S. 1 des nordrhein-westfälischen Infektionsschutz- und Befugnisgesetzes war die Landesregierung zwar zur »Beachtung« der Leitlinien verpflichtet;[37] ob eine solche Pflicht in Form von Leitlinien, die nicht in einem förmlichen Gesetz beschlossen wurden, überhaupt möglich ist, erscheint sehr zweifelhaft.[38] Da die Leitlinien zeitlich befristet waren und inzwischen ausgelaufen sind,[39] ist eine Klärung dieser Frage vorerst nicht zu erwarten.

Im Ergebnis verblieb die parlamentarische Legitimation auf Landesebene also praktisch ausschließlich im formellen Bereich und blieb damit eher schwach. Angesichts der massiven Grundrechtsbeschränkungen, die sich aus den Landesinfektionsschutzverordnungen ergaben, kann man das aus rechtsstaatlicher Perspektive beklagen.[40] Bundesstaatlich lässt sich dem nach gegenwärtig geltendem Verfassungsrecht entgegenhalten, dass die parlamentarische Legitimation für den Grundrechtseingriff eben nicht aus dem Landesrecht, sondern aus dem IfSG des Bundes kam. Hält man das nach den Erfahrungen der letzten Jahre für unzureichend, so wäre hierüber eine rechtspolitische Diskussion zu führen, die sich

---

35 § 4 Abs. 1 Berliner COVID-19 Parlamentsbeteiligungsgesetz.

36 Siehe Landtag Nordrhein-Westfalen – 127. Sitzung – 30. April 2021, PlBPr 17/127 unter https://www.landtag.nrw.de/portal/WWW/dokumentenarchiv/Dokument/MMPB17–127.pdf (letzter Abruf: 19.7.2023) sowie zu den »Pandemischen Leitlinien«: Landtag Nordrhein-Westfalen, Drucksache 17/13540, unter https://www.landtag.nrw.de/portal/WWW/dokumentenarchiv/Dokument/MMD17–13540.pdf (letzter Abruf: 19.7.2023).

37 § 3 Abs. 2 S. 1 Infektionsschutz- und Befugnisgesetz NRW: »Die Landesregierung muss die vom Landtag beschlossenen Leitlinien bei den von ihr zu treffenden Entscheidungen im Rahmen des pandemischen Geschehens beachten.«

38 Ablehnend Lamia Amhaouch/Stefan Huster/Andrea Kießling/Lynn Schaefer, Lynn, NVwZ 2021, S. 825 und 830.

39 Die Leitlinien sind nach ihrer vierten Verlängerung am 7. April 2022 ausgelaufen. Siehe dazu Landtag Nordrhein-Westfalen – 162. Sitzung – 17. Februar 2022, PlBPr 17/162, unter https://www.landtag.nrw.de/portal/WWW/dokumentenarchiv/Dokument/MMP17–162.pdf (letzter Abruf: 19.7.2023) sowie zu den »Pandemischen Leitlinien«: Landtag Nordrhein-Westfalen, Drucksache 17/16488, unter https://www.landtag.nrw.de/portal/WWW/dokumentenarchiv/Dokument/MMD17–16488.pdf (letzter Abruf: 19.7.2023).

40 Etwa Christoph Brüning/Frederik Thomsen, NVwZ 2021, S. 1183 und 1187.

wahrscheinlich sehr grundsätzlich mit den historischen Bedingungen der bundesstaatlichen Strukturen auseinandersetzen müsste, weil von den Landesparlamenten nur dann eine echte zusätzliche Legitimation erwartet werden kann, wenn sie
auch eine Gesetzgebungszuständigkeit besitzen.

V. Schlussbemerkung zu möglichen Folgewirkungen beim Rechtsschutz

Die Analyse hat wohl deutlich gemacht, dass die Erfahrungen aus dem Pandemie-
management im Bundesstaat durchaus Anlass geben kann, über einige grundsätzliche Aspekte der Ausgestaltung des Föderalismus unter dem Grundgesetz nachzudenken. Sie sind aber keineswegs so negativ, wie das die großen Schlagworte
aus der Pandemiezeit vom »Flickenteppich« oder der »Ent-Institutionalisierung«
nahelegen. In vielem sind sie auch schlicht die Folge jener historischer Weichenstellungen und Pfadabhängigkeiten, die eingangs skizziert wurden.

Wenn eine solche grundsätzliche Aufarbeitung der Erfahrungen stattfindet,
dann sollte in jedem Fall auch die Rechtsschutzperspektive bedacht werden. Auch
hier ist der bundesstaatliche Befund nämlich durchaus vielschichtig: § 47 Abs. 1
Nr. 2 VwGO ermöglicht eine Normenkontrolle von Landesrechtsverordnun-
gen, nicht aber von Landesgesetzen. Das wäre bei der Diskussion über verordnungsvertretende Landesgesetze nach Art. 80 Abs. 4 GG zu bedenken, denn diese
könnten Rechtsschutzlücken nach sich ziehen. Umgekehrt besteht nach derzei-
tiger Rechtslage keine verwaltungsgerichtliche Normenkontrollmöglichkeit gegenüber Rechtsverordnungen des Bundes. Das spricht gegen einen Ausbau dieser
Form von Zentralisierung des Vollzugs ohne die Schaffung entsprechender neuer
Rechtsschutzmöglichkeiten. Der bei der Bundesnotbremse gewählte Weg einer
Regelung durch Bundesgesetz hat immerhin die Möglichkeit der Rechtssatzver-
fassungsbeschwerde eröffnet und damit vergleichsweise schnell zu einer gerichtli-
chen Überprüfung durch das Bundesverfassungsgericht geführt. Diese föderalen
Probleme sind Teil der viel grundlegenderen Frage, wie sich effektiver und schneller Rechtsschutz unter den Bedingungen einer Pandemie organisieren lässt. Aber
das wäre ein anderes Thema.

Autorinnen und Autoren

Jonas Becker ist Wissenschaftlicher Mitarbeiter am Lehrstuhl für Neuere Geschichte an der Heinrich-Heine-Universität Düsseldorf. In Lehre und Forschung beschäftigt er sich mit der Geschichte der europäischen Integration und den Veränderungen des deutschen Föderalismus. Im November 2023 erfolgte zu diesen beiden Themen die Promotion.

Manfred Görtemaker ist emeritierter Professor für Neuere Geschichte an der Universität Potsdam und Mitglied zahlreicher wissenschaftlicher Gremien, unter anderem des Beirats der Stiftung Haus der Geschichte der Bundesrepublik Deutschland in Bonn und des Kuratoriums der Stiftung Ernst-Reuter-Archiv in Berlin. In seinen Schriften hat er sich vorwiegend mit der Geschichte Deutschlands seit dem 19. Jahrhundert beschäftigt, wobei der Schwerpunkt auf der Geschichte der Bundesrepublik liegt. Zuletzt erschien von ihm 2023 eine Biografie über Rudolf Hess.

Bernhard Gotto arbeitet als Wissenschaftlicher Mitarbeiter am Institut für Zeitgeschichte München–Berlin. Zu seinen Forschungsschwerpunkten zählen die Demokratiegeschichte, die Geschichte der NS-Diktatur und die Kulturgeschichte der öffentlichen Verwaltung im 20. Jahrhundert. Sein Beitrag in diesem Band gehört zu einem größeren Forschungsprojekt über das bayerische Finanzministerium zwischen 1919 und 1979.

Oliver F. R. Haardt ist ein an der Universität Cambridge ausgebildeter Historiker. Nach seiner Promotion war er mehrere Jahre als Research Fellow am Magdalene College Cambridge tätig. Seine 2020 erschienene neue Geschichte des Kaiserreichs »Bismarcks ewiger Bund« gewann 2023 den Wissenschaftspreis des Deutschen Bundestages. Heute wirkt er als freier Autor.

Andreas Hedwig ist seit 2018 Präsident des Hessischen Staatsarchivs und seit 2016 Honorarprofessor an der Philipps-Universität Marburg. Er studierte Geschichte, Deutsch sowie Erziehungswissenschaft und promovierte mit einer Arbeit zur frühmittelalterlichen Grundherrschaft. Ein besonderer Arbeitsschwerpunkt liegt auf der hessischen Landeszeitgeschichte.

Michael Kißener ist Professor für Zeitgeschichte an der Johannes Gutenberg-Universität Mainz. Er forscht und publiziert zur Geschichte des Nationalsozialismus und des Widerstands, zur deutschen Justizgeschichte im 19. und 20. Jahrhundert sowie zur regionalen Zeitgeschichte.

Ariane Leendertz ist Zeithistorikerin und Wissenschaftliche Mitarbeiterin der Historischen Kommission bei der Bayerischen Akademie der Wissenschaften in München. Ihre Forschungsschwerpunkte liegen in der deutschen und US-amerikanischen Geschichte, der Föderalismusgeschichte, der Ideen-, Politik- und Wissenschaftsgeschichte sowie der Geschichte des Neoliberalismus.

Lars Lehmann ist Wissenschaftlicher Koordinator des Schelling-Forums der Bayerischen Akademie der Wissenschaften an der Julius-Maximilians-Universität Würzburg. Zu den Forschungsschwerpunkten des promovierten Historikers gehören die Geschichte der europäischen Integration sowie das Erbe des deutschen Kolonialismus.

Detlef Lehnert ist Professor (i. R.) für Politikwissenschaft an der FU Berlin, Präsident der Hugo-Preuß-Stiftung und Vorstandsvorsitzender der Paul-Löbe-Stiftung Weimarer Demokratie sowie Herausgeber der Reihe »Historische Demokratieforschung«.

Andreas Malycha hat in Leipzig Geschichte studiert und an verschiedenen Universitäten und Forschungsinstituten zur Geschichte des politischen Systems der DDR sowie zur deutsch-deutschen Wissenschafts- und Wirtschaftsgeschichte gearbeitet. Von 2010 bis 2022 war er Wissenschaftlicher Mitarbeiter am Institut für Zeitgeschichte München–Berlin.

Wolfgang Neugebauer hatte Lehrstühle an der Julius-Maximilians-Universität Würzburg und der Humboldt-Universität zu Berlin inne. Er ist ordentliches Mitglied der Berlin-Brandenburgischen Akademie der Wissenschaften und leitet dort ein Akademieprojekt.

Stefan Oeter ist seit 1999 Professor für Öffentliches Recht und Völkerrecht sowie Direktor des Instituts für internationale Angelegenheiten der Universität Hamburg. Zu seinen Forschungsschwerpunkten zählen u. a. die vergleichende Föderalismusforschung, der Schutz von Sprach- und Kulturminderheiten, das Humanitäre Völkerrecht sowie die Theorie des Völkerrechts und der internationalen Beziehungen.

Guido Thiemeyer ist Professor für Neuere Geschichte an der Heinrich-Heine-Universität Düsseldorf. Zu seinen Forschungsschwerpunkten gehören die internationale Geschichte Europas im 19. und 20. Jahrhundert, die Geschichte der europäischen Integration sowie die Geschichte der internationalen Währungsbeziehungen.

Christian Walter ist Inhaber des Lehrstuhls für Völkerrecht und Öffentliches Recht an der Ludwig-Maximilians-Universität München. Zu seinen Forschungsschwerpunkten zählen u. a. das Friedenssicherungsrecht, das Recht der Internationalen Organisationen, der internationale Menschenrechtsschutz sowie die Verfassungsgerichtsbarkeit und das Religionsverfassungsrecht.

Siegfried Weichlein ist ordentlicher Professor für Europäische und Schweizerische Zeitgeschichte an der Université de Fribourg. Zu seinen Forschungsschwerpunkten gehören die Geschichte des Nationalismus, des Föderalismus und des Regionalismus, die Geschichte der Parteien, die Kulturgeschichte des Kalten Krieges, die politische Ikonographie und die moderne Religionsgeschichte des Christentums. Er war wiederholt Gastwissenschaftler am Center for European Studies der Harvard University.

Hermann Wentker war nach einem Studium der Geschichte und Germanistik und der Promotion zu dem Thema »Die britischen Kriegsziele im Krimkrieg« von 1990 bis 1993 als Assistent am Lehrstuhl für Neuere und Neueste Geschichte der Universität Bayreuth angestellt. Seit 1994 ist er am Institut für Zeitgeschichte München–Berlin tätig, seit 1998 als Leiter der Forschungsabteilung Berlin. Außerdem ist er außerplanmäßiger Professor an der Universität Potsdam. Zu seinen Forschungsschwerpunkten gehören die internationalen Beziehungen im 19. Jahrhundert, die Geschichte des Kalten Krieges und die Geschichte der SBZ/DDR.

Andreas Wirsching ist Direktor des Instituts für Zeitgeschichte München–Berlin und Inhaber des Lehrstuhls für Neueste Geschichte an der Ludwig-Maximilians-Universität München. Zu seinen Forschungsschwerpunkten zählen u. a. die deutsche und französische Geschichte im 20. Jahrhundert, die Geschichte der Weimarer Republik, des Kommunismus, des Faschismus und des Nationalsozialismus sowie die europäische Geschichte seit den 1970er Jahren.

Danksagung

Dieser Themenband ist aus dem FULDAER FÖDERALISMUS FORUM zum Thema »150 Jahre Nationalstaat und Föderalismus in Deutschland (1871–2021)«. hervorgegangen, das vom 9. bis 12. März 2022 im Stadtschloss Fulda stattfand.

Ein besonderer Dank gebührt dem Sprecher der Bürgerschaftlichen *INITIATIVE*, Josef Hoppe, der sich mit der Idee einer Veranstaltung zur Föderalismusgeschichte an uns wandte und uns zu einem Planungstreffen nach Fulda einlud. Gemeinsam mit dem Leiter des Kulturamts der Stadt Fulda, Dr. Thomas Heiler, entwickelte sich dort eine konkrete Vorstellung über den thematischen und organisatorischen Rahmen der Tagung und der zu veröffentlichenden Ergebnisse. Wir danken Dr. Thomas Heiler und der Stadt nachdrücklich für die so große Unterstützung, die er uns für die Umsetzung der Tagung und des vorliegenden Bandes zuteilwerden ließ.

Dank gebührt darüber hinaus auch dem Leiter des Bereichs Publikationen am Institut für Zeitgeschichte München–Berlin, Günther Opitz, der den Veröffentlichungsprozess betreute. Dem Campus-Verlag und seinem Wissenschaftslektor Jürgen Hotz sei für die Aufnahme und Betreuung des Bandes ebenso gedankt wie Christoph Roolf für seine akribische Durchsicht des Manuskripts.

Schließlich und ganz besonders gilt unser Dank den Teilnehmerinnen und Teilnehmern des FULDAER FÖDERALISMUS FORUMS sowie den Autorinnen und Autoren für ihre Beiträge – die vielen gemeinsamen Gespräche und anregenden Diskussionen bleiben in bester Erinnerung.

Prof. Dr. Andreas Wirsching   *Dr. Lars Lehmann*

Personenregister